Mosaik
bei GOLDMANN

Buch

Die Bestsellerautorin Barbara Rütting schreibt in ihrem neuen Buch über ihre langjährige Erfahrung und die neuesten Erkenntnisse in Sachen Ernährung und Vollwertküche. Übersichtlich, einfach erklärt und ergänzt durch praktische Tipps stellt sie ihre Lieblingsrezepte aus der »üppigen« Vollwertküche vor und bietet außerdem abwechslungsreiche tiereiweißfreie und vegane Vollwertrezepte, die Lust auf eine gesunde Ernährung wecken.

Autorin

Barbara Rütting, erfolgreiche Schauspielerin, Autorin und Gesundheitsberaterin, lebt in der Nähe von Rosenheim. Seit Jahrzehnten gibt sie ihr Wissen in Sachen Gesundheit in Büchern und Vorträgen an unzählige Menschen weiter. Barbara Rütting engagiert sich darüber hinaus – seit kurzem auch als Politikerin – aktiv im Umwelt- und Tierschutz.

Waltraud Becker, die vor allem für das Kapitel »Die tiereiweißfreie Vollwertkost« verantwortlich zeichnet, ist Gesundheitsberaterin und Autorin.

Von Barbara Rütting
außerdem bei Mosaik bei Goldmann:

Mein Kochbuch (10838)
Mein neues Kochbuch (13760)

Barbara Rütting
Essen wir uns gesund!

Mit vielen köstlichen
Rezepten aus 30 Jahren
Vollwert-Ernährung

Unter Mitarbeit von Waltraud Becker

Die Ratschläge in diesem Buch sind von der Autorin und vom Verlag sorgfältig erwogen und geprüft, dennoch kann eine Garantie nicht übernommen werden. Eine Haftung der Autorin bzw. des Verlags und seiner Beauftragten für Personen-, Sach- und Vermögensschäden ist ausgeschlossen.

Bildnachweis:
Ulrich Kerth, München: S. 31, 41, 67, 87, 107, 163, 193, 249, 341, 433
Mosaik Verlag/Spitta: S. 15, 135, 219, 273, 299, 313, 325, 379, 393, 463
Vegetarier-Bund Deutschlands e.V.: S. 18 (Grafik)

Umwelthinweis:
Alle bedruckten Materialien dieses Taschenbuches
sind chlorfrei und umweltschonend.

2. Auflage
Vollständige Taschenbuchausgabe Juli 2004
Wilhelm Goldmann Verlag, München,
ein Unternehmen der Verlagsgruppe Random House GmbH
© 2002 F. A. Herbig Verlagsbuchhandlung GmbH, München
Umschlaggestaltung: Design Team München
Umschlagfoto: Heinz Gebhardt, München
Satz: Barbara Rabus, Sonthofen
Druck: GGP Media GmbH, Pößneck
Verlagsnummer: 16634
Kö/ue · Herstellung: Ina Hochbach
Printed in Germany
ISBN 3-442-16634-9
www.goldmann-verlag.de

Inhalt

Vorwort 9

Wissenswertes zur vegetarischen Vollwertkost . . 15

Vegetarisch leben zur Heilung der Erde? 16

Die vegetarischen Ernährungsformen 20

Der Mensch ist, was er isst 21

Vollwertkost – wie sieht sie aus? 24

Die Geräte in der Vollwertküche 26

Zu den Rezepten 27

Die üppige Vollwertkost 31

Vollwertköstlers Frühstück 32

Wichtiges zur Fettfrage –
über Nüsse, Mandeln, Ölsaaten und Speiseöle 43

Wie viel Salz braucht der Mensch –
vom weißen Gold zum weißen Gift? 54

Frischkost-, Salat- und Vorspeisenbüfett 58

Rohe und gekochte Saucen 77

Für den kleinen Hunger, den Abend und die Party 93

Pikante und süße Suppen 112

Gemüsegerichte 125

Zum Vegetarier in sechs Tagen
mit Barbara Rütting 155

6   *Inhalt*

Kartoffelgerichte 161

Wissenswertes zum Getreide 174

Empfehlungen für die Getreideküche 188

Getreidegerichte 190

Kernige Brote, Brötchen und Fladen 206

Pikante und süße Brotaufstriche 221

Crêpes, Nudeln, Pizza und Quiche 228

Kuchen und Torten 254

Kleingebäck 273

Nachspeisen – süß und pikant 281

Eis und Halbgefrorenes 297

Süße Saucen 303

Getränke, Kräutertees & Co. 307

Die tiereiweißfreie Vollwertkost 313

Tiereiweißfrei oder vegan, das ist hier die Frage 314

Tiereiweißfreie Vollwertkost 317

Das Frühstück 321

Frischkost – Salate und Vorspeisen 323

Rohe und gekochte Saucen 328

Pikante und süße Suppen 331

Gemüsegerichte 335

Kartoffelgerichte 343

Getreidegerichte 350

Brote, Brötchen und Fladen 357

Inhalt 7

Pikante und süße Brotaufstriche 367

Kuchen, Torten und Kleingebäck 370

Süßspeisen 375

Die vegane Vollwertkost 379

Die Leiden der (fast) jungen (Fast-)VeganerIn 380

Was VeganerInnen frühstücken 386

Womit Veggies würzen 390

Frischkost – Salate und Vorspeisen 392

Rohe und gekochte Saucen 396

Let's go veggi! 401

Pikante und süße Suppen 408

Gemüsegerichte 411

Kartoffelgerichte 417

Kann denn Essen Sünde sein ...? 421

Getreidegerichte 426

Brote, Brötchen und Fladen 437

Pikante und süße Brotaufstriche 441

Tierloser Landbau – geht denn das? 446

Wenn auch Raubtiere zu Vegetariern werden 449

Kuchen, Torten und Kleingebäck 451

Süßspeisen 457

Wie wär's denn mal mit Rohkost pur? 460

Vegetarier, die sind lustig, Vegetarier, die sind froh ... 466

Anhang 469

Allerlei Köstlichkeiten für das Partybüfett 469

Literatur 471

Adressen 472

Sachregister 473

Rezeptregister 475

Vorwort

Ach du grüner Kater (Titel eines meiner Kinderbücher), was habe ich mir da eingebrockt!

Kein Problem, meine in 30 Jahren gesammelten vegetarischen Lieblingsrezepte auf tiereiweißfrei und dann auch noch auf vegan umzufunktionieren, dachte ich.

Dachte ich! Und dass es nicht viel Neues mehr zu sagen gäbe zum Thema gesunde Ernährung.

Die ersten zaghaften Versuche mit einer Ernährung ohne Fleisch machte ich Anfang der 70er Jahre, weil ich an Rheuma litt, von der Mutter geerbt, wie es hieß. Tabletten brachten keine Besserung, vielleicht würde eine Ernährungsumstellung helfen?

Das Ergebnis war mein erstes Kochbuch, an dessen Erfolg damals niemand glaubte – außer mir. Keine Fleisch-, keine Fischrezepte – wer sollte so ein Buch schon kaufen?

Es wurde ein Bestseller. Um meine als kochende Hausfrau gesammelten Erfahrungen wissenschaftlich zu untermauern, ließ ich mich bei Dr. Max Otto Bruker zur Gesundheitsberaterin ausbilden, ein Entschluss, der wohl als der gescheiteste meines Lebens gelten darf.

»Mein neues Kochbuch«, Niederschlag des neu gewonnenen Wissens, wurde wieder ein Bestseller. Und ich bin glücklich, nicht nur mir selbst, sondern auch noch so vielen anderen Menschen allein durch die Ernährungsumstellung zu einem gesünderen und vitaleren Dasein verholfen zu haben.

Dabei ging es mir wie den meisten, die den Fleischtöpfen Lebewohl sagen: Statt des gewohnten Bratens und der Wurst wird vermehrt zu Milchprodukten gegriffen. Ich kochte von nun an ovo-lacto-vegetabil, schwelgte üppig in Milchprodukten wie Butter, Sahne, Käse – und Eiern. Ich liebe gutes Essen, und die Abkehr von der herkömmlichen Ernährungsweise sollte ja nicht mit Verzicht einhergehen, sondern im Gegenteil zu mehr Genuss, Vitalität, Gesundheit und Lebensfreude führen. Auch heute noch ist meine Devise: Essen muss phantastisch schmecken, hinreißend aussehen *und* gesund erhalten.

Meine Kochbücher sind wohl auch deshalb so beliebt, weil sie alle diese Kriterien erfüllen. Man spürt, da ist eine Genießerin am Werkeln.

Es ist interessant, auch für mich selbst, in meinen Büchern die zunehmende Sensibilisierung gegenüber allem, was da kreucht und fleucht zu verfolgen, ja sogar allem, was nicht kreucht und fleucht, weil in der Erde verwurzelt. Wer das Buch »Das geheime Leben der Pflanzen« gelesen hat, weiß, dass auch sie Empfindungen haben, der Salatkopf vermutlich leidet, wenn ich ihn aus der Erde ziehe, die Petersilie Angst verspürt, wenn ich ihr mit der Schere zu Leibe rücke.

Ist es also auch unethisch, Pflanzen zu verzehren?

Aus dem Dilemma kann vielleicht ein Satz des Ernährungswissenschaftlers Professor Kollath helfen: »Leben lebt von Leben, und jedes Individuum soll nur so viel davon nehmen, als ihm nötig ist. Jeder Missbrauch ist unmoralisch.«

Solange wir leben, werden wir schuldig, weil wir anderes Leben nehmen. Es geht wohl vor allem darum, sich das bewusst zu machen und zu überlegen, wie viel ich verantworten kann. Der reine Früchteesser richtet sicher am wenigsten Schaden an, isst nur, was von selbst vom Baum, vom Strauch herab- oder aus der Pflanze herausfällt. Diese Stufe werden vermutlich die wenigsten von uns erreichen. Angeblich leben bereits einige Menschen sogar nur von Prana, kosmischer Energie, ohne jegliche materielle Nahrung, noch schwerer nachvollziehbar für den Normalbürger.

Ich denke, jede noch so winzige Sensibilisierung in Bezug auf das, was wir essen, ist ein Gewinn, nicht nur für uns selbst, sondern auch für den Planeten Erde.

Denn – davon bin ich überzeugt – meine Ernährung ist durchaus nicht nur reine Privatsache, sondern ein Politikum. Mit dem, was ich verzehre, trage ich dazu bei, ob diese Erde zugrunde geht oder doch noch zu retten ist.

»Wo aber Gefahr ist, wächst das Rettende auch ...«, sprach schon Hölderlin.

In meinem Buch »Bleiben wir schön gesund« gibt es ein Kapitel »Milch, das tödliche Gift«. So lautete der Vortrag eines Ernährungswissenschaftlers beim Weltvegetarier-Kongress in Toronto im Jahr 1999. Milch habe schon mehr Menschen umgebracht als alle Kriege zusammen, vernahmen die überwiegend fassungslosen Zuhörer. Eine provokative These, aber überzeugend.

Allein in Deutschland leiden 8 Millionen Menschen an Osteoporose, und das trotz des hohen Verbrauchs an Milchprodukten – nein, gerade wegen des hohen Verzehrs an Milchprodukten, sagen die Milchgegner. Besonders den Frauen in den Wechseljahren wird ja geradezu eingetrichtert, sie bräuchten unbedingt das Kalzium aus der Milch zur Stabilisierung ihrer Knochen.

Das ist falsch, falsch, falsch!, wettern die Vertreter der Anti-Milch-Kampagne und liefern einen überzeugenden Gegenbeweis. Die Osteoporoserate ist am höchsten in den Ländern mit hohem, am niedrigsten in den Ländern mit geringem Verzehr von Milchprodukten, wie in den asiatischen Ländern. Hier deckt sich die These mit den Forschungen von Prof. Lothar Wendt. Es sei an sein Buch »Die Eiweißspeicherkrankheiten« erinnert.

Auch Rheuma, Neurodermitis, Asthma, die so genannten Er-
kältungskrankheiten, um nur einige zu nennen, sind zumindest zu lindern, wenn nicht gar zu heilen durch das Weglassen
von Milchprodukten und natürlich sowieso vom tierischen Eiweiß in Fleisch, Wurst, Fisch und Eiern.
Natürlich stirbt niemand an einem Glas Milch oder Joghurt
oder am geriebenen Käse auf dem Auflauf. Auch hier trifft wohl
das Sprichwort zu »Dosis facet venenem« – die Dosis bestimmt,
was giftig ist.

Aufgrund dieser ganzen Überlegungen lag für mich jedenfalls
auf der Hand, ein Gesundheitsbuch muss her, das den neuesten Erkenntnissen gerecht wird. Sosehr sich die unterschiedlichen Ernährungspäpste auch widersprechen, allen gemein
dürfte doch die Auffassung sein, dass die Ernährung so natürlich, so wenig denaturiert wie möglich sein sollte, egal ob sie
nun auf die Vollwertkost, die tiereiweißfreie, die vegane oder
gar die Rohkost schwören.
Ich habe hier meine schönsten Vollwertrezepte – vegetarisch,
aber noch mit Eiern und Milchprodukten – für die »Neuein-
steiger« aufgeschrieben. Für die Fortgeschrittenen stelle ich zu
gleichen Teilen tiereiweißfreie und vegane Rezepte vor.

Die Rezepte ohne tierisches Eiweiß werden vor allem diejenigen
interessieren, die ihre Ernährung aus gesundheitlichen Gründen ändern wollen, weil sie an den so genannten Zivilisationskrankheiten leiden, also den berüchtigten Eiweißspeicherkrankheiten, während die veganen Rezepte ihre AnhängerIn-
nen wohl überwiegend unter den zumeist jungen Tierfreun-
den finden werden, die einfach gar nichts mehr vom Tier essen
wollen, weil sie wissen, dass auch der Verzehr von Milchprodukten indirekt zur überwiegend quälerischen Massentierhal-

Vorwort 13

tung beiträgt. Von ihnen hört man oft: »Tiere sind meine Freunde, und meine Freunde esse ich nicht.« Oder, wie von Paul Mc Cartney: »Ich esse nichts, was Augen hat.«

Es gibt zwar bereits eine ganze Reihe veganer Kochbücher, aber alle, die ich kenne, verwenden Eiweißkonzentrate wie Sojaprodukte, die dem Geschmack von Fleisch, Wurst, Milch oder Sahne nachempfunden sind, oder süßen mit Fabrikzucker, Ahornsirup oder anderen Zuckerkonzentraten, die natürlich nicht in die Vollwert-Küche gehören.

In diesem Buch nun richte ich mich wie auch in meinen früheren Büchern nach den Kriterien von Dr. Max Otto Brukers Gesellschaft für Gesundheitsberatung (siehe auch Seite 21ff.). Ich denke, dass sowohl die Anhänger der ovo-lacto-vegetabilen wie auch der tiereiweißfreien und der veganen Ernährungsform interessante und köstliche Rezepte finden werden und niemand auf kulinarische Genüsse verzichten muss.

Wer sich nicht unbedingt für die eine oder andere Kostform entscheiden will, kann ja auch zappen, wie es so schön heißt, mal hier, mal da probieren, um herauszufinden, wie man sich am wohlsten fühlt.

Denn darum geht es doch: Nicht mehr Jahre ins Leben zu bringen, sondern mehr Leben in die Jahre.

Dabei wünsche ich uns gemeinsam viel Erfolg!

Ihre

Barbara Wüsig

Wissenswertes zur vegetarischen Vollwertkost

Vegetarisch leben
zur Heilung der Erde?

*»Nichts wird die Chancen für ein
Überleben auf der Erde so steigern wie der
Schritt zur vegetarischen Ernährung.«*
Albert Einstein

Niemand soll hier mit Gewalt zum Vegetarier oder gar Veganer umfunktioniert werden.

Wohl aber möchte ich die LeserInnen ermuntern, sich mehr und mehr mit der vegetarischen Vollwertkost anzufreunden, sich dafür zu begeistern.

Noch vor knapp 200 Jahren machten pflanzliche Lebensmittel mit ihrem hohen Gehalt an Kohlenhydraten und Faserstoffen den Hauptbestandteil der menschlichen Ernährung aus, heute hingegen werden überwiegend tierische Produkte mit viel Eiweiß und Fett verzehrt. Der Fleischkonsum ist in den westlichen Industrieländern geradezu grotesk gestiegen, zum Schaden von Pflanze, Tier und Mensch (siehe Grafik auf Seite 18).

Damit ein Kilo tierisches Eiweiß überhaupt entstehen kann, sind sieben bis zehn Kilo pflanzliches Eiweiß als Futtermittel nötig. Der Umweg über das Tier bedeutet also eine unverantwortliche Verschwendung, zumal wenn man bedenkt, dass täglich etwa 100 000 Menschen verhungern. Sie könnten überleben, wenn alle Menschen sich vegetarisch ernähren würden. Hinzu kommt die Umweltverschmutzung durch quälerische Massentierhaltung, die zusammen mit den Schlachthöfen am Waldsterben und an der Grundwasserverseuchung beteiligt ist.

Neben den ethischen und ökologischen Gründen sprechen aber auch ganz handfeste egoistische Gründe für die Annäherung an eine vegetarische Ernährungsform. In Deutschland zum Beispiel werden jährlich bereits rund 70 Milliarden Euro für die Behandlung ernährungsbedingter Zivilisationskrankheiten ausgegeben, Krankheiten also, die Folge unserer zu tiereiweißreichen, industriell hergestellten Nahrungsmittel sind. Vegetarier leben gesünder, zahllose Langzeituntersuchungen beweisen es. Aus eigener Erfahrung kann ich hinzufügen: Vegetarier – in Deutschland zurzeit ungefähr vier Millionen – leben nicht nur gesünder, sondern auch genussvoller, und haben dadurch mehr vom Leben. Denn vegetarische Vollwertkost schmeckt nicht nur hervorragend, sondern sieht auch noch hinreißend aus, macht gute Laune und ist – richtig eingekauft und zubereitet – sogar billiger als die Normalkost.

Eine vegetarische Lebensweise ist ganz gewiss einer der möglichen Ansatzpunkte zur Heilung der Erde. Schweinepest, Salmonellen, Rinderwahn – »die Rache der verspeisten Tiere«, konstatierte ein amerikanischer Arzt, »wir mästen und töten Tiere, und dann töten sie uns« – das alles würde uns dann nicht mehr treffen können.

All diese Lebensmittelskandale haben jedoch auch ihr Gutes. Immer mehr Menschen wachen auf, leben bewusster, auch und gerade, was die Ernährung angeht.

Durch die Art, wie ich mich ernähre, trage ich dazu bei, ob diese Erde zugrunde geht oder doch noch zu retten ist.

Nicht alle LeserInnen werden sich nun gleich zu hundertprozentigen Vegetariern mausern. Aber es sind die kleinen Schritte, die zählen. Wenn jede/r von uns bewusster lebt, die Ernährung in Richtung einer vegetarischen Kost umstellt, den Verzehr von tierischen Produkten reduziert, ist schon viel gewonnen.

18 *Die vegetarische Vollwertkost*

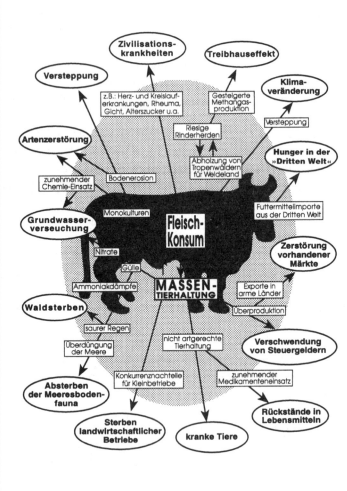

Die weitreichenden Folgen des Fleischkonsums

Natürlich meiden wir alles, was mit dem Quälen von Tieren verbunden ist, wie Gänseleberpastete und Froschschenkel – die Gänse werden zwangsernährt, die »Delikatesse« wird aus einer krankhaft vergrößerten Leber hergestellt, und den Fröschen werden die Schenkel bei lebendigem Leibe ausgerissen, der noch lebende, zuckende Leib wird weggeworfen; wir kaufen keine Eier von in Legebatterien eingepferchten Hühnern, tragen keine Tierpelze – sie sind ein Relikt aus der Steinzeit. Es gibt heute so wunderbar leichte, warme und noch dazu billige Webpelze. Wir unterstützen die Biobauern durch den Kauf ökologisch gewonnener Lebensmittel; verwenden nur Kosmetik, für die keine Tierversuche mehr gemacht werden (die Liste der entsprechenden Firmen kann über den Deutschen Tierschutzbund bezogen werden, Adresse siehe Anhang); wir achten auch im Haushalt auf umweltverträgliche Produkte, behandeln kleine Unpässlichkeiten nicht gleich mit der chemischen Keule, sondern mit Naturheilmitteln, mit Homöopathie, Schüßlersalzen, Ayurveda, Bachblüten etc.

»Die Menschen gehen lieber zugrunde, als dass sie ihre Gewohnheiten ändern« – finden Sie nicht, dass dieser pessimistische Satz des russischen Dichters Tolstoi – übrigens ein radikaler Vegetarier – endlich der Vergangenheit angehören sollte? Bekanntlich gibt es nichts Gutes, außer man tut es.

Tun wir es doch gemeinsam! Denn:

»Wenn viele kleine Menschen an vielen kleinen Orten viele kleine Schritte tun, dann ändert sich die Welt!«

Die vegetarischen Ernährungsformen

Wer oder was ist überhaupt ein Vegetarier? Nach den Grundsätzen der Internationalen Vegetarier-Union (IVU) wird ein Vegetarier folgendermaßen definiert:

»Vegetarier ist jeder, der keine Nahrungsmittel zu sich nimmt, die von getöteten Tieren stammen. Das schließt Fische, Weich- und Schalentiere genauso ein wie tierische Fette, zum Beispiel Speck, Rinder- und Schweinefett.«

Die Vegetarier-Union untergliedert die Vegetarier in

- *Ovo-Lacto-Vegetarier* – sie essen kein Fleisch von getöteten Tieren, wohl aber tierische Produkte wie Milch, Milchprodukte und Eier;
- *Lacto-Vegetarier* – wie oben, verzichten aber auch auf Eier;
- *Veganer* – sie lehnen den Verzehr sämtlicher vom Tier stammender Lebensmittel ab, sogar den Honig der Biene.

Die Veganer leben die konsequenteste Form des Vegetarismus. Etwa 5 Prozent der Vegetarier halten sich an diese strengen Regeln. Ein Veganer trägt auch keine Schuhe aus Leder. Einige essen sogar nur, was die Pflanze freiwillig hergibt, was von selbst herunter- oder herausfällt – die Frucht vom Baum, das Korn aus der Ähre. Sie ziehen nicht einmal einen Salatkopf oder eine Möhre aus dem Boden.

Mein Tipp: Nähern Sie sich der vegetarischen Ernährung behutsam. Nicht jedem liegt ein radikaler Umstieg. Oft bringen die berühmten kleinen Schritte mehr Erfolg als zu große Sprünge.

Der Mensch ist,
was er isst

Ernährung und Gesundheit hängen eng zusammen. Ein Auto streikt sofort, wenn ihm falscher Treibstoff zugeführt wird. Der menschliche Organismus jedoch hilft sich bei Fehlernährung (leider) viel zu lange über die Runden, versucht mit aller Anstrengung den Schaden auszugleichen – und wenn er es dann eines Tages nicht mehr schafft, hat der Mensch nach 15 oder 20 Jahren falschen Essverhaltens »plötzlich« Rheuma, »plötzlich« einen Herzinfarkt, »plötzlich« Krebs.

Laut Dr. Max Otto Bruker, berühmter Arzt und Ernährungsfachmann, bei dem ich die Ausbildung zur Gesundheitsberaterin gemacht habe, »erkrankt der Durchschnitt der Bevölkerung schon etwa 25 Jahre vor dem Tod an einem ernährungsbedingten Zivilisationsleiden, das dann später oft zur Todesursache wird«.

Bei den Zivilisationskrankheiten unterscheiden wir nach ihren Ursachen:

1. ernährungsbedingte Zivilisationskrankheiten;
2. lebens- oder spannungsbedingte Zivilisationskrankheiten;
3. umweltbedingte Erkrankungen.

Bei den folgenden Erkrankungen handelt es sich (auch) um ernährungsbedingte Zivilisationskrankheiten:
- Gebissverfall – Zahnkaries und Parodontose;
- Erkrankungen des Bewegungsapparates – rheumatische Erkrankungen, Arthrose und Arthritis, Wirbelsäulen- und Bandscheibenschäden;

22   *Die vegetarische Vollwertkost*

- Alle Stoffwechselkrankheiten wie Fettsucht, Zuckerkrankheit, Leber-, Gallenblasen-, Bauchspeicheldrüsen- sowie Dünn- und Dickdarmerkrankungen, Verdauungs- und Fermentstörungen;
- Gefäßerkrankungen wie Arteriosklerose, Herzinfarkt, Schlaganfall und Thrombosen;
- Mangelnde Infektabwehr – Katarrhe und Entzündungen der Luftwege, so genannte Erkältungen, auch Nierenbecken- und Blasenentzündungen;
- Manche organische Erkrankungen des Nervensystems (MS).

Auch an der Entstehung von Krebs soll die Fehlernährung in einem gewissen Maße beteiligt sein.

Leider finden die meisten Menschen erst durch Schicksalsschläge zu einem bewussteren Leben. Die Aufklärung über den Zusammenhang zwischen Ernährung und Gesundheit müsste viel früher beginnen – im Kindergarten, in der Schule, bei den werdenden Müttern und Vätern.

Was jeder Einzelne für die gesündere Ernährung tun kann

- Biologisch erzeugte Produkte kaufen;
- Selbst Gemüse biologisch anbauen (sofern Garten vorhanden);
- In Naturkostläden oder Reformhäusern nach biologischen Produkten fragen;
- Gleichgesinnte in der Nachbarschaft suchen und gemeinsam Einkaufsgemeinschaften organisieren;
- Direkteinkauf beim Bauern tätigen;
- Einem Bauern während der Umstellung auf biologische Landwirtschaft Abnahmegarantien geben;

- Ein Modell, das Schule machen sollte: Erzeuger und Verbraucher tun sich zusammen, um eine bessere Verteilung der biologischen Erzeugnisse zu erreichen: Der Bio-Bauer liefert den Korb mit den Öko-Produkten direkt an die Haustür der Verbraucher (Eier, Fleisch- und Milchprodukte von artgerecht gehaltenen Tieren, Gemüse, Obst, Getreideprodukte);
- Einen Partyservice mit Vollwertgerichten nutzen oder vielleicht sogar selber organisieren.

Vollwertkost –
wie sieht sie aus?

*»Die meisten
Zivilisationskrankheiten
sind ernährungsbedingt.«*

Dr. med. Max Otto Bruker

Vier Dinge sollten Sie meiden – vier Dinge sollten Sie täglich zu sich nehmen, wenn Sie gesund bleiben oder wieder gesund werden wollen!

Was Sie meiden sollten:

1. Jede Fabrikzuckerart (weißer oder brauner Zucker, Traubenzucker, Fruchtzucker etc.) und damit gesüßte Nahrungsmittel;
2. Auszugsmehl und auch alle Produkte daraus (das heißt also, alle Mehlprodukte, die nicht aus reinem Vollkorn hergestellt sind);
3. Fabrikfette (z. B. Margarine, spezielle Bratfette, erhitzte Öle);
4. Säfte, gekochtes Obst (gilt besonders für Leber-, Galle-, Magen- oder Darmempfindliche).

Was Sie täglich essen sollten:

1. Frisches rohes Getreide (als Vollkornbrei);
2. Vollkornprodukte (Vollkornbrot, Vollkornnudeln, Vollkorngebäck);
3. Frischkost (Salate aus rohem Obst und Gemüse);
4. natürliche Fette (Butter, Sahne, kaltgepresste Öle).

Professor Kollath hat es so ausgedrückt: »Lasst unsere Nahrung so natürlich wie möglich.« So einfach ist das.

Fangen Sie noch heute damit an!

Ihre guten Vorsätze unterstütze ich in diesem Buch durch nützliche Rezepte aus der Vollwertküche. Sie finden diese Rezepte unterteilt in »vollwertig üppig«, »vollwertig tiereiweißfrei« und »vollwertig vegan«.

In den Rezepten ohne tierisches Eiweiß verwenden wir nach wie vor den Fettanteil der Milch, also Butter und Sahne (auch Sauerrahm), in den veganen Rezepten gar nichts vom Tier.

Hier 3 Beispiele für Speisen und Gebäcke, die in allen drei Rezeptteilen angeboten werden, sich jedoch in den geschmacksgebenden Zutaten unterscheiden:

Zwiebelkuchen:
- vollwertig üppig mit Käse, Ei, Milch, Sahne, Butter;
- vollwertig tiereiweißfrei mit Sahne, Crème fraîche, Butter, besonderen Getreiden;
- vollwertig vegan mit Öl, Ölsaaten und Produkten daraus, speziellen Getreiden.

Kartoffelgratin:
- vollwertig üppig mit Käse, Ei, Milch, Butter;
- vollwertig tiereiweißfrei mit Sahne, Crème fraîche, Butter;
- vollwertig vegan mit Öl, Ölsaaten und Produkten daraus.

Brotaufstriche:
- vollwertig üppig mit Käse, Ei, Sahne, Butter;
- vollwertig tiereiweißfrei mit Crème fraîche, Butter, Ölsaaten, Nuss- und Mandelmusen;
- vollwertig vegan mit Öl, Ölsaaten und Produkten daraus, Nuss- und Mandelmusen.

Die Geräte in der Vollwertküche

Sie brauchen kaum zusätzliche Geräte, eine Getreidemühle allerdings wird unentbehrlich. Je nach Personenzahl und Getreideverbrauch empfiehlt sich eine Handmühle oder eine elektrisch betriebene und eine Flockenquetsche. Lassen Sie sich im Naturkostfachhandel oder Reformhaus beraten.

Sehr hilfreich:

- Ein elektrisches Handrührgerät.
- Dünsttöpfe, die Gemüse schonend und mit wenig Flüssigkeit garen.
- Verschiedene Stielpfannen zum Braten von Getreideküchlein, Eierkuchen etc.
- Feuerfeste Formen in verschiedenen Größen und Formen (oval, rechteckig, rund).
- Backformen, Springformen und Kuchenbleche.
- Ein Spätzlesieb.
- Spritzbeutel zum Garnieren von Kuchen etc.
- Ein Reibeisen aus Glas für die Frischkost der Kleinkinder.
- Für mich unentbehrlich ist die Ali Baba Tajine (siehe Adressen), ein marokkanisches Lehmkochgeschirr. Sie wird nach überlieferter Tradition aus reiner Lehmerde bei niedriger Temperatur gebrannt. In der Tajine kann ich mit wenig Wasser im eigenen Saft Gemüse, Kartoffeln, Hülsenfrüchte, Getreide garen, sogar Brot backen, und alles schmeckt hervorragend. Es gibt sie in 3 Größen: Für 1–2, 2–3 und 3–5 Personen.
- Ideal speziell zum Backen ist ein Manz-Backofen. Er ist einem Steinbackofen nachempfunden. Gebacken wird direkt auf der heißen Platte (siehe Adressen).

Zu den Rezepten

- Wasser wird, den Kochbuchrichtlinien entsprechend, in ml angegeben. Besonders bei den Gebäcken ist die genaue Wassermenge für das Gelingen entscheidend. Am besten also die Flüssigkeitsmengen genau auswiegen (bei Wasser: ml = g)!
- Mehl bedeutet immer: frisch gemahlenes Vollkorn (siehe die Kapitel Getreidegerichte und Brote, Seite 190 und 206).
- Zur Sahne gehört:
  - *Süße Sahne*, 28–30 Prozent Fettgehalt – daraus kann Süßrahmbutter werden;
  - *saure Sahne*, 10 Prozent Fettgehalt;
  - *Schmand*, 24 Prozent Fettgehalt (Sauermilchprodukt);
  - *Crème fraîche*, 28–32 Prozent Fettgehalt (= Sauerrahm), daraus kann Sauerrahmbutter gerührt werden.
- Pfeffer bedeutet immer: frisch gemahlen aus der Mühle.
- Knoblauch bedeutet immer: frisch durch die Presse gedrückt.
- Mit Semmelbrösel sind immer Vollkornbrösel gemeint.
- Geriebener Käse bedeutet immer: frisch gerieben (der neben Parmesan und Gruyère erwähnte Bergkäse ist eine preiswertere Käsesorte, die sich ebenfalls gut reiben lässt).
- Backpulver bedeutet immer: Backpulver mit natürlichem Weinstein.
- Eier: sollten nur von frei laufenden Hühnern sein.
- Zitrusfrüchte möglichst aus ökologischem Anbau verwenden, Trockenobst sollte immer ungeschwefelt sein.
- Zum Salzen am besten Steinsalz, Kristallsalz oder Kräutersalz verwenden (siehe auch das Kapitel »Wie viel Salz braucht der Mensch«, Seite 54).

28   *Die vegetarische Vollwertkost*

- Alles, was Sie nicht kennen, ist in Naturkostläden und Reformhäusern erhältlich.
- Mit »Springform« ist immer eine Form mit einem Durchmesser von 28 cm gemeint.
- TL = Teelöffel.
- EL = Esslöffel.
- Msp. = Messerspitze.
- gestr. = gestrichen.
- Tasse = normale Haushaltstasse (knapp $1/4$ l).
- Agar-Agar ist ein aus der Meeresalge Agar-Agar hergestelltes Pulver, das bis zu 50 Teilen seines Gewichtes an Wasser aufnehmen kann. In Flüssigkeit aufgelöst und bis zum Siedepunkt erhitzt, wird es in erkaltetem Zustand fest. Ideal für Puddings, Torten, Gelees, Marmeladen, Gemüsesülzen etc. Etwa 8 g Agar-Agar in $1/2$ l Flüssigkeit ergeben ein steifes Gelee, die Gebrauchsanweisung liegt der Packung bei. Agar-Agar benötigt keinen Zucker, um zu gelieren, muss aber gekocht werden. Der Geliervorgang beginnt bereits nach wenigen Minuten Kochzeit. Bei besonders sauren Früchten verliert es jedoch seine Gelierwirkung.
- Ein weiteres pflanzliches Geliermittel ist Apfelpektin.
- Als Bindemittel nehmen wir gern Reismehl. Zum Binden von kalten Flüssigkeiten empfiehlt sich Johannisbrotkernmehl.
- Carobpulver kann statt Kakao verwendet werden. Carob wird aus den Schoten des Johannisbrotbaumes gewonnen, ist von Natur aus süß und ohne die anregenden Stoffe des Kakaos.
- Galgant ist die pulverisierte Wurzel der Galgantpflanze (nach Hildegard von Bingen). Sie ist von curryähnlichem Geschmack und herzstärkend.
- Vanillerum für Süßspeisen selbst gemacht: 1–2 Stangen Vanille klein schneiden, mit 1 TL Vanillepulver in 100–150 ml

Zu den Rezepten   29

Rum geben, gut durchschütteln und 10 Tage stehen lassen. Sehr ergiebig, man kann immer wieder Rum nachfüllen.

- Umweltfreundliches Backpapier »ECHO natur« (siehe Adressen) ist beim Emu Verlag zu beziehen.
- Die bei Kuchen, Eis etc. erwähnten »Papierbackförmchen« gibt es in Haushaltswarengeschäften von mehreren Anbietern.
- Unter »Womit Veggies würzen« in dem veganen Rezeptteil finden Sie ein großes Angebot an Gewürzvorschlägen auch für die (noch) Nichtveggies.

Die Rezepte sind, wenn nicht anders angegeben, für 4 Personen berechnet.

Die üppige Vollwertkost

Vollwertköstlers Frühstück

Morgens essen wie ein König, mittags wie ein Edelmann, abends wie ein Bettler – das haben wir als Kinder gelernt. Nun vernimmt der verdutzte Mensch, den man seit seiner Kindheit mit einem »guten Frühstück« getriezt hat, das sei absolut »out«.

Nicht mal auf die Sprichwörter ist heutzutage mehr Verlass!

Als »Frühstücksmuffel« dagegen sind Sie »in« – bei denjenigen, die behaupten, der Körper sei vormittags mit dem Ausscheiden beschäftigt und will deshalb bis mittags entweder gar nichts oder nur frisches Obst. Manche verzehren gar nichts anderes mehr als nur noch Früchte – das sind die Frugivoren!

Und immer wieder wird gegen unseren geliebten Frischkornbrei gewettert. Er liege schwer wie ein Stein im Magen, ihn zu verdauen sei so anstrengend, dass man sich gleich nach dem Frühstück völlig erschöpft wieder ins Bett legen müsse, energiemäßig total am Ende.

Sie habe 20 Jahre Frischkornbrei und Frischkost gegessen und es sei ihr wunderbar gegangen, schreibt eine Frau, »aber nun höre ich, das ist gar nicht gesund! Ich bin total verunsichert! Was soll ich jetzt bloß machen?«

In Indien habe ich mal das Yoga-Frühstück probiert: Morgens nur Wasser mit Apfelessig und Honig trinken, dazu 7 Pfefferkörner kauen. Man fühlt sich dabei tatsächlich sehr fit, ohne Hunger bis mittags, aber in Ekstase geraten bin ich dadurch nicht gerade.

Wir sind so verschieden! Was dem Schmied taugt, zerreißt den Schneider – um ein anderes Sprichwort zu zitieren.

Ich habe mir angewöhnt, in mich hineinzuhören: Worauf hat mein Körper jetzt Lust? An einem heißen Sommertag nur auf eine Hand voll Kirschen oder Erdbeeren? Morgen könnte ihm der Frischkornbrei behagen, an einem trüben Novembermorgen wiederum gelüstet es ihn vielleicht nach einem warmen Hirsebrei mit Pflaumenmus oder einer Vollkornwaffel mit Nussmus und Sesam.

Bei mir hängt der Morgenappetit sehr stark von der Jahreszeit ab – und vom Wetter.

Frischkornbrei

Die berühmte Energiebombe ...

Sie können ihn aus Weizen, Roggen, Hafer oder Gerste zubereiten, oder aus einer Mischung all dieser Getreidesorten plus Hirse.

Sie können auch statt Sahne Kefir, Milch oder Sauermilch verwenden, müssen dann aber Obst und Trockenobst weglassen, weil die Kombination bei Empfindlichkeit nicht gut vertragen wird.

Pro Person:
3 EL Getreide Ihrer Wahl
1 Apfel (gerieben oder gewürfelt)
ein paar Spritzer Zitronensaft (nach Geschmack)
1 EL Sahne oder mit Honig gesüßte Schlagsahne
1 Spur Naturvanille

Nüsse oder Mandeln
eventuell eingeweichtes Trockenobst wie Äpfel, Birnen, Pflaumen, Aprikosen
frisches Obst/Beeren nach Saison
nach Belieben ein Stückchen Banane

34   *Die üppige Vollwertkost*

Das Korn grob mahlen, in einer Getreidemühle oder einer alten Kaffeemühle. Das gemahlene Getreide mit gerade so viel kaltem Leitungswasser anrühren, dass ein steifer Brei entsteht und nach dem Quellen nichts weggeschüttet werden muss. 5–12 Stunden eingeweicht stehen lassen, dann die gewünschten Zutaten zugeben.

Haferflockenmüsli einfach

Pro Person: *im Original ¹/₄ l Milch*
3 EL Vollkornhaferflocken   *alternativ gleiche Menge*
1 EL Honig   *Wasser mit Sahne vermischt*

Haferflocken am besten frisch gequetscht mit der eigenen Flockenquetsche in einen Teller geben, Honig drüberträufeln und Milch bzw. Wasser/Sahne drübergießen.

Hafergrütze

Pro Person: *Sahne*
2–3 EL frisch und ziemlich   *Honig nach Geschmack*
grob gemahlenen Nackthafer
(Haferschrot)

¹/₄ l kochendes Wasser über den Haferschrot gießen, umrühren, die Sahne zufügen und mit Honig süßen.
Diese Hafergrütze ist im Winter ein ideales Frühstück, wenn man keine Lust auf ein kaltes Müsli hat.

Getreidebrei aus ganzen gekeimten Körnern

Pro Person:
2–3 EL Weizen oder Roggen (wegen der verschiedenen Keimzeiten
getrennt einweichen)

Die ganzen Körner abends mit Wasser bedeckt einweichen, am nächsten Morgen in einem Sieb mit frischem kaltem Wasser abspülen, tagsüber trocken stehen lassen. Abends wieder mit Wasser bedecken, am nächsten Morgen wieder spülen. Diesen Vorgang so lange wiederholen (im Durchschnitt genügen dreimal), bis die Körner keimen und die Keimlinge ca. $1/3$ cm lang sind.

Die gekeimten Körner anmachen wie den Frischkornbrei. Sie können auch jedem Salat beigegeben werden – sie schmecken nussig und brauchen kaum ein Gewürz.

Wichtig: Das zum Keimen aufgestellte Gut mindestens einmal pro Tag gründlich abspülen. Auch Körner und Bohnen scheiden Stoffwechselprodukte aus!

Der Keim ist der wichtigste Teil des Getreidekornes, aus ihm entsteht die neue Pflanze. Zu ihrem Wachstum braucht sie die in den Randschichten des Korns sitzenden Fermente und Mineralien. Ihren Energiebedarf deckt sie aus dem Keimöl, das zugleich Vitaminspeicher ist, sowie aus den Kohlenhydraten des Mehlkerns (Prof. Kollath).

Diese kurze Beschreibung des Getreidekorns macht doch klar, warum wir das volle Getreidekorn essen sollten und nicht nur einen Teil davon! (Siehe auch das Kapitel Frischkost.)

36   *Die üppige Vollwertkost*

Gerösteter Sesam mit Honig

Pro Person:
1 TL Honig
1 EL Sesam

Den Sesam (ich nehme ihn ungemahlen) in trockener heißer Pfanne kurz rösten. Auf dem Teller mit Honig vermischen. Wenn was übrig bleibt, kleine Kugeln formen, trocknen lassen. Ein herrliches Konfekt!

Hirsebrei mit Pflaumen

Pro Person:	*evtl. etwas Sahne oder Butter*
125 g ungemahlene Hirse	*evtl. etwas Honig*
Salz	*3 frische Pflaumen*

Die gewaschene Hirse in 1 l kaltes Wasser geben. Unter Rühren aufkochen, salzen und ca. 15 Minuten leise köcheln lassen. Eventuell mit etwas Sahne verrühren oder einen Klacks Butter in die Mitte geben, mit Honig süßen. Die klein geschnittenen Pflaumen zufügen.

Der hohe Kieselsäuregehalt der Hirse festigt Haut, Haare, Zähne, Knochen, Nägel!

Mein Tipp: Stellen Sie Kürbiskerne auf den Frühstückstisch, Sonnenblumenkerne, Hasel- und Walnüsse und Äpfel!

Kollath-Frühstück nach Professor Kollath

Pro Person: *1 EL Nüsse*
2–3 EL frisch geschrotete   *Sahne*
Weizenkörner   *Zitronensaft nach Geschmack*
150 g Obst je nach Jahreszeit

Die Weizenkörner am Abend zuvor grob mahlen und sofort in 2–5 EL Wasser einweichen. Zu diesem Schrotbrei am Morgen das Obst (geriebene Äpfel, Beeren etc.), die Nüsse, Sahne und Zitronensaft hinzufügen.

Sie können praktisch alle Obstsorten für die Getreidefrischbreie und Müslis verwenden, möglichst natürlich ungespritztes Obst: Orangen, Bananen, Erdbeeren, Himbeeren, Sanddornbeeren, Heidelbeeren.

Porridge

Pro Person: *1 EL Honig*
3 EL Nackthafer, geflockt   *Sahne*
1 Prise Salz

Frisch gequetschte Haferflocken in 5 EL kaltem Wasser ansetzen, kurz aufkochen lassen, mit Salz abschmecken. Bei geschlossenem Deckel nachquellen lassen, sodass ein dicker Brei entsteht. Bei Tisch Honig hineingeben, mit der kalten Sahne übergießen.

38   *Die üppige Vollwertkost*

Obstmüsli

Pro Person:
2 Feigen
1 EL Rosinen
1 Apfel

1 Birne
1 Banane
1 EL Nüsse oder Mandeln

Feigen und Rosinen über Nacht einweichen. Das Obst waschen, Apfel, Birne und Feigen in Würfel schneiden, Banane in Scheiben. Nüsse oder Mandeln grob hacken, Rosinen zugeben. Alles mischen.

Müslis möglichst sofort essen, der Sauerstoff zerstört die Vitamine! Feine Gewürze zu Müslis sind: Anis, Fenchel, Vanille, Zimt, Ingwer, Kakao. Alle Obstsorten, Beeren und Nussarten sowie Trockenfrüchte eignen sich zum Obstmüsli. Man kann das Ganze im Mixer pürieren (ich hab's allerdings lieber ganz) und Schlagsahne drübergeben.
Probieren Sie auch einmal statt der Nüsse ein fertiges Nussmus – gibt es aus Haselnüssen, Erdnüssen, Cashewnüssen und Mandeln. Diese Muse sind auch ein herrlicher Brotaufstrich, zum Beispiel auf Zwiebäcken mit Honig!

Anis und Fenchel pflegen Ihre Bronchien! (Entweder gemahlen verwenden oder mit den Trockenfrüchten zusammen einweichen.)

Barbaras Wunder-Müsli

Pro Person:
Je 1 EL geflockter Nackthafer
und geflockte Hirse
1 EL am Abend vorher ein-
geweichte zerkleinerte Feigen
etwas Honig

1 EL Nüsse
1 Prise Salz
1 EL Sesam
etwas Wasser zum Befeuchten
Sahne

Die Zutaten mischen, am Schluss mit der Sahne übergießen. Wenn ich zu Hause bin, röste ich den Sesam in trockener Pfanne kurz an.

Dieses Müsli morgens gegessen – und Ihr Tag ist eine wahre Wonne. Der Gewinn an Vitalität ist enorm. Der Hafer schafft stramme – und dennoch runde! – Konturen; die Hirseflocken kräftigen Bindegewebe, Zähne, Nägel, Haar; die Feigen kurbeln die Verdauung an und versüßen die ganze Angelegenheit. Frucht- und Traubenzucker des Honigs werden unmittelbar in die Blutbahn aufgenommen und spenden sofortige Energie, darüber hinaus stärkt der Honig Magen und Herz und das zarte Öl des Sesams pflegt die Schleimhäute.
Wollen Sie dieses Wunder-Müsli nicht auch mal versuchen?
Übrigens: Wenn Sie lieber Brot essen, lohnt es sich zu überlegen, ob man morgens lieber in eine »tote« Semmel beißt oder in ein »lebendiges« Vollkornbrot. Vollkornbrot hält viel länger satt. Hunger spüren Sie nämlich, wenn Ihr Blutzuckerspiegel sinkt – haben Sie Vollkornbrot gegessen, fällt der Blutzuckerspiegel langsamer ab. Außerdem haben die im Vollkorn(brot) enthaltenen Faserstoffe die Eigenschaft, im Darm zu quellen. Dadurch regen sie ihn zu stärkerer Bewegung an – Ihre Verdauung kommt in Schwung und Ihre Linie profitiert.

40   *Die üppige Vollwertkost*

Was also bietet der vegetarische Frühstückstisch außer meinem Wunder-Müsli? Vollkornbrote und Brötchen, Butter, Honig, Rohmarmeladen ohne Zucker, vollwertige Brotaufstriche, für die Veganer statt der Butter Nuss- und Mandelmus.

Was trinkt der Vollwertköstler? Sie ahnen schon, dass Bohnenkaffee, schwarzer, aber auch grüner Tee nicht empfohlen werden, da sie aufputschen. Also bleiben Getreidekaffee und immerhin eine Vielzahl von Kräutertees (siehe Seite 308).
Mein Lieblingstee ist eine Mischung aus Rosmarin (regt den Kreislauf an) und Salbei (gut gegen Wechseljahrsbeschwerden). Abends trinke ich gern Fencheltee – beruhigt, enthält natürliche Östrogene und wirkt stimmungsausgleichend. Allerdings liebe ich auch einen guten biologischen Wein, wie Sie aus meinen Rezepten ersehen, ab und zu ein Bier – trinke auch mal grünen oder schwarzen Tee oder ein Tässchen (Bohnen-) Kaffee.

Um dieses schwere Leben etwas erträglicher zu gestalten haben die Menschen seit jeher zu Lustverstärkern gegriffen. Besonders bei Meditierenden ist der Tee beliebt. Es soll sogar Rohköstler geben, die Haschisch rauchen! Wieder mal macht's wohl die Dosis ... und es ist sicher beglückender, 80 Prozent der gesteckten Ziele zu erreichen als die komplette 100-Prozent-Latte aus lauter Frust komplett aufzugeben. (Siehe auch die Kapitel »Kann denn Essen Sünde sein« und »Das 80:20-Gesetz«.) Das zum Trost.

42   *Die üppige Vollwertkost*

Und für alle diejenigen, die auch morgens schon Lust haben, ein

Indianischer Liebestrank (mit Milch)

3 Vanilleschoten	*1 Msp. Cayennepfeffer*
1 l Milch	*1 Prise Kräuter- oder Kristall-*
4 EL Kakao	*salz*
4 EL Honig	*weißer Rum nach Geschmack*

Die Vanilleschoten in der Milch 10 Minuten köcheln lassen. Schoten herausnehmen. Vanillemark herauskratzen und mit dem Kakao in $^1/_8$ l Wasser verrühren. In die heiße Milch gießen. Honig, Cayennepfeffer und Salz zugeben, zum Schluss den Rum. Heiß oder kalt trinken!

In »Vegetarisch fit« (siehe Adressen, Seite 473) lese ich verblüfft die Antwort auf eine Leseranfrage, wie ein vegetarisches »Kater«-Frühstück aussehen könne.
Vegetarier können also auch einen Kater kriegen?!
Hier die Antwort der Redaktion: »Ein Katerfrühstück sollte immer salzig-sauer sein, da der Körper durch den Alkoholgenuss vermehrt Salze und damit Flüssigkeit ausgeschieden hat. Wichtig ist vor allem, reichlich zu trinken, am besten Mineralwasser oder Kräutertee. Das bringt den Wasserhaushalt des Körpers wieder ins Lot. Bei einem vegetarischen Katerfrühstück kann Folgendes auf dem Tisch stehen: eine kräftige Gemüsesuppe oder Gemüsebrühe mit Einlage, Vollkornbrot mit Käse, einem herzhaften Aufstrich und Gewürzgurken oder aber ein würziges Rührei mit Champignons und Schnittlauch. Übrigens helfen auch eine lauwarme Dusche und anschließend ein ausgedehnter Spaziergang an der frischen Luft ...«

Wichtiges zur Fettfrage –
über Nüsse, Mandeln, Ölsaaten
und Speiseöle

Butter ist ungesund, verkündet der eine Professor, essen Sie Margarine – der nächste Professor behauptet genau das Gegenteil. Der Verbraucher ist ratlos. Wenn's der Herr Professor doch gesagt hat! Aber welcher Herr Professor hat denn nun Recht?

Ich habe mir angewöhnt, meinem gesunden Menschenverstand zu vertrauen. Der Wert eines Lebensmittels sinkt mit der Dauer seiner Zubereitung. Logischerweise werden Sahne und Butter, womöglich noch unpasteurisiert, neben den so genannten kaltgepressten Pflanzenölen auf die ersten Plätze kommen.

Auch die ungehärteten Pflanzenmargarinen aus dem Reformhaus bzw. Naturkostladen sind nicht akzeptabel. Alle anderen, die Industriefette, sind künstlich gehärtet und abzulehnen, außerdem alle auf dem Markt befindlichen entsäuerten, laugenraffinierten, gebleichten, desodorierten, blankfiltrierten und geschönten Öle, bar aller lebensnotwendigen fettlöslichen Vitamine und hochungesättigten Fettsäuren.

Wichtig ist, dass auch die Fette, die wir essen, lebendige, möglichst naturbelassene Fette sind. Von lebendigen Fetten wird man nicht dick. Im Gegenteil, sie kurbeln den Stoffwechsel an.

Übrigens: Falls Sie sich verunsichert fühlen durch die berüchtigten E-Nummern (Lebensmittelzusatzstoffe): einfach nichts kaufen, was diese Farbstoffe, Konservierungsmittel, Antioxydanzien, Emulgatoren, Stabilisatoren, Säuerungsmittel, Gelierverdickungsmittel und Geschmacksverstärker enthält! *Wir brauchen sie nicht, wenn wir naturbelassene Lebensmittel verwenden.* Wenn Sie genau wissen wollen, was sich hinter den E-Nummern verbirgt: Informationen dazu gibt es bei allen Verbraucherzentralen.

Cashewkerne – auch Kaschu- oder Acajou-Nüsse genannt
Es handelt sich um nierenförmige Steinfrüchte des kultivierten westindischen Nierenbaumes. Heute werden diese Nüsse meistens aus Indien und Afrika importiert.
Der Nierenbaum kann 10 m hoch werden, seine Früchte sitzen auf birnenförmigen fleischigen Fruchtstielen, die in den Tropen als Obst gegessen werden. Die Kerne enthalten das Acajou-Öl. Um genießbar zu werden, müssen die Kerne geröstet werden. Geröstete, geknackte und enthäutete Samen sollten rein weiß sein.

Erdnüsse
Botanisch gesehen gehören Erdnüsse zu den Hülsenfrüchten (Leguminosen). Es sind Früchte der Erdnusspflanze, die ursprünglich aus Brasilien stammt. Heute werden Erdnüsse in vielen tropischen und subtropischen Ländern, auch in den USA, in Großkultur angebaut. Nach der Fruchtbildung neigt sich der Stängel zur Erde, die Früchte graben sich 5–8 cm in den Boden ein und reifen dort aus. In jeder Hülse sitzen 1–3 Samen, die von einer dünnen, rotbraunen Samenschale umhüllt sind. Erdnüsse mit hellem und weißem Kern sind besonders geschätzt. Sie sind als geschälte und ungeschälte Ware, geröstet oder roh bzw. gesalzen im Handel. Das Rösten wird nicht nur wegen der Haltbarkeit und des besonderen Geschmacks wegen vorgenommen, sondern auch, um den Bitterstoff zu beseitigen. Der Fettgehalt von Erdnüssen liegt bei 40–60 Prozent.

Haselnüsse

Sie sind die Früchte des Haselnuss-Strauches. In unseren Breiten wächst er am Waldrand oder als Feldgehölz wild, im Mittelmeerraum als kultivierter Haselnuss-Strauch. Die Kulturpflanzen bringen größere Früchte mit mehr Inhaltsstoffen und Geschmack hervor. Gehandelt werden Lambertnüsse, Levantiner-, Römer- oder Taragona-Nüsse; sie alle stammen aus südlichen Ländern. Der Ölgehalt der Samen liegt bei 50–65 Prozent.

Haselnüsse spielen in der Vollwertküche eine bedeutende Rolle, besonders bei der Getreide- und Gemüsefrischkost, bei Gebäcken und Süßspeisen. Es sollten stets nur Nusskerne mit der inneren Fruchtschale gekauft und gelagert werden. Gehackte oder stark beschädigte Nüsse können über den Oxydationsprozess relativ schnell ranzig werden, was Geschmacks- und Vitalstoffverlust bedeutet.

Der Naturkosthandel hält für uns das feine Haselnussöl und Haselnussmus bereit.

Kokosnüsse

Kokosnüsse sind die großen Früchte der Kokospalme, die vorzugsweise in den Küstenstreifen der Tropen und Subtropen gedeiht. Die Früchte wiegen 500–1000 g, sie bestehen aus einer hölzernen dicken Schale, dem 50–60 Prozent Fett enthaltenden Kokosfleisch – Kopra genannt – und dem Samenkern. Qualitätsware sollte einige Kriterien erfüllen: Lieferung möglichst ohne Bastfasern, aber mit Bart (zum Schutz der drei grübchenförmigen Keimporen oder Augen, die sich an der dem Stiel zugekehrten Seite befinden), ferner mit der im Fruchtinneren befindlichen Kokosmilch.

Das Kokosfleisch wird entölt, nach dem Trocknen können daraus Kokosflocken hergestellt werden. Das Öl aus der Kopra ist

Rohstoff für Kokosplattenfett und dies dient der Margarine-
herstellung. Das Rohöl aus der Kopra ist nicht genießbar, weil
bei der Gewinnung unerwünschte Begleitstoffe mit austreten,
sodass umfangreiche Raffinationsverfahren folgen müssen.
Damit kann Kokosplattenfett, egal ob es anschließend gehärtet wird oder nicht, leider nicht als naturbelassen angesehen
werden.

Paranüsse – werden auch Amazonenmandeln, Brasil- oder To-
canüsse genannt
Paranüsse, die dreikantigen Früchte wachsen fast ausschließ-
lich in Brasilien. Ihren Namen haben sie vom brasilianischen
Bundesstaat Paraná erhalten. Der Paranussbaum wächst
wild, er zählt zu den imposantesten Bäumen des Amazonas-
Waldes und wird bis zu 50 m hoch bei einem Umfang von 3–4
Metern.
Die Verwendung in der Vollwertküche entspricht den Hasel-
und Walnüssen.

Peca-Nusskerne – auch Pekan- oder Hickory-Nüsse genannt
Diese Nussart kommt aus Kalifornien und aus der Toskana.
Die Bäume wachsen wild, bisweilen zu der imposanten Höhe
von 50 m; sie sind mit dem Walnussbaum verwandt. Auch die
Nusskerne sind den Walnüssen sehr ähnlich, nicht jedoch die
den Kern umschließende Schale, sie ist dünner, glatter und
leichter zu öffnen. Der Kern schmeckt sehr mild, sein Fettgehalt liegt bei 50 Prozent.

Pinienkerne
Sie stammen von einer Kiefernart aus dem Mittelmeerraum.
Die Kerne reifen in den eirunden, 10–15 cm langen, zimtbrau-
nen Zapfen der Pinien. Die Samen werden Pignolen oder Pinio-

len genannt, sie liegen in einer harten Schale. Sie sind 1–2 cm lang, schmal, etwas gekrümmt und weiß, ihr Fettgehalt beträgt 45–50 Prozent. Pinienkerne schmecken mandelartig.

Pinienkerne sind bei uns rar und teuer, darum ist ihr Einsatz in der Vollwertküche eher begrenzt. Mit ihrer Form und ihrem Geschmack sind die Kerne als Verzierung auf Gebäck und Süßspeisen geeignet und beliebt.

Walnüsse – auch Welsche Nüsse genannt

Der Walnussbaum wurde in Süd- und Mitteleuropa sowie in Südamerika kultiviert. Die Ernte erfolgt zwischen Mitte September und November. Walnussbäume wachsen auch in unseren Breiten, vorzugsweise in Süd- und Südwestdeutschland. Die Früchte unterscheiden sich jedoch erheblich in Größe, Inhaltsstoffen und Geschmack von den Sorten aus Südländern. Walnüsse sollten möglichst immer in der Schale gekauft und gelagert werden. Nach dem Aufknacken der hölzernen Schale liegen die inneren Kerne meist ohne Schutz vor Oxydation frei. Leicht kann sich ein Bittergeschmack einstellen. Der Fettanteil liegt bei 50–60 Prozent.

Die Walnüsse sind für die Vollwertküche etwas ganz Besonderes. Es lassen sich mit ihnen viele Speisen und Gebäcke zubereiten.

Mandeln

Sie stammen vom Mandelbaum, der in Vorder- und Zentralasien beheimatet ist. Mildes Klima ist für den Mandelbaum angezeigt, denn seine Blüten sind frostempfindlich. Der größte Teil der Welternte gedeiht in den Ländern Italien, Spanien und Kalifornien. Unsere geringe deutsche Eigenernte wächst in der Pfalz und am Oberrhein.

Süße Mandeln (weiß blühend) und bittere Mandeln (rötlich

48   *Die üppige Vollwertkost*

blühend) werden unterschieden. Die Urform des Mandelbaumes brachte die bitteren Mandeln (= ätherische Bittermandelöle) hervor, sie sind meist kleiner und spitzer im Kern und enthalten das Kohlenhydrat Amygdelin, aus dem sich bei Anwesenheit von Wasser (auch Speichel oder Säften des Verdauungstraktes) leicht Blausäure abspaltet. Bei Erwachsenen sind es 50–60, bei Kindern 5–10 rohe, bittere Mandeln, die gefährlich werden könnten. Beim Kochen und Backen verflüchtigt sich die frei werdende Blausäure. Der bittere Geschmack ist aufdringlich und unerträglich, darum wird auch jedes Kind sofort eine versehentlich gegessene »falsche« Mandel wieder ausspucken. Ganz anders, wenn die Dosis stimmt: Einige wenige Bittermandeln geben Gebäck und Speisen ein feines Aroma.

Pistazien – auch Pistazienmandeln, grüne Mandeln oder Pimpernüsse genannt
Es sind Früchte der im östlichen Mittelmeer beheimateten immergrünen Pistazienbäume bzw. -sträucher. Ohne Schalen ist der Samenkern hellgrün und ölreich, er schmeckt ebenfalls mandelartig. Die Ernte kommt aus Sizilien bzw. Tunis. Der Nährstoffgehalt ähnelt dem der Mandel. Pistazienkerne sind noch teurer als Pinienkerne. Auch sie werden im Allgemeinen für die Verzierung von feinen Gebäcken und Speisen verwendet. In der Alltagskost werden sie kaum eine Rolle spielen.

Der Hanf
Die Wiederentdeckung dieser neuen alten Wunderpflanze, einer der ältesten Kulturpflanzen der Erde, könnte mithelfen, die Menschheit ausreichend mit Nahrung, Kleidung, Papier, Öl, Brennstoff, Baumaterial und vielen Medizinen zu versorgen. Darum sei ihr auch besonders viel Platz eingeräumt.

Jack Herer, der Autor des Buches »Die Wiederentdeckung der Nutzpflanze Hanf« (siehe Literaturverzeichnis) behauptet, dass der Anbau des Hanfs, einst die »Milch der Götter« genannt, nicht nur den Treibhauseffekt umzukehren vermag, sondern der Hanf als nachwachsender Rohstoff für einen großen Teil der Gebrauchsgüter Verwendung finden kann und zusätzlich imstande ist, die Umweltverschmutzung einzudämmen, die Böden zu verbessern und die Luft zu reinigen. Es gibt kaum etwas, was der Hanf nicht kann.

Hier geht es um seine Rolle in der Ernährung.

Hanfsamen zählt zur Familie der Nüsse und eignet sich hervorragend als schmackhafte Ergänzung für Brot und Gebäck, zur Verfeinerung von Salaten, Saucen und Müsli. Er enthält ca. 30 Prozent Öl, das aufgrund seines ungewöhnlich hohen Anteils von essenziellen Fettsäuren (80 Prozent) als das wertvollste Speiseöl überhaupt gilt. Hervorzuheben ist hier besonders der ca. 2-prozentige Gehalt an Gamma-Linolensäure, welche mit Erfolg bei der Behandlung von Neurodermitis und anderen chronischen Hautkrankheiten eingesetzt wird.

Essenzielle Fettsäuren sind verantwortlich für die Immunreaktion und beeinflussen Wachstum, Vitalität und geistige Beweglichkeit, Linol- und Linolensäure spielen eine bedeutende Rolle bei der Umwandlung von Nahrungsmitteln in Energie und beim Transport des Sauerstoffs in die einzelnen Körperzellen.

Hanföl wird aus den Hanfsamen kaltgepresst und darf auch nicht erhitzt werden, da sonst die wertvollen Fettsäuren zerstört werden. Die Pressrückstände, Hanföltrüb (Hanfbutter) und Presskuchen, stellen ideale Grundstoffe für eine weitere Vielzahl von Verwendungsmöglichkeiten dar. So wird aus dem eiweißreichen Presskuchen Hanfmehl gewonnen, welches zwar nicht backfähig ist – es enthält kein Klebereiweiß –, aber als

Beimengung Weizen-, Dinkel- oder Roggenmehl ein zarthanfiges Aroma verleiht.

Hanfanbau – *die* Lösung zum Überleben der Bauern? Damit wir nicht weiterhin in Milchseen ersaufen und an Fleischbergen ersticken?

Leinsaat

Leinsaaten stammen von der Leinpflanze, die auch Flachs genannt wird. Es ist eine uralte Kulturpflanze, die in den zurückliegenden Zeiten weit verbreitet war. Die Leinpflanze liefert mehrere Produkte: einmal die Fasern (Flachs) für Textilien, Garne und zahlreiche andere Produkte, dann die Samen zum Direktverzehr, zur Ölgewinnung bzw. für medizinische Zwecke.

In der Vollwertküche verwenden wir geschrotete Leinsaat als Zutat zu Getreidefrischkost, ferner für die Brot- und Brötchenbäckerei und für zahlreiche weitere Speisenzubereitungen. Die Rezepte für die tiereiweißfreie und vegane Vollwertkost enthalten oftmals kleine Mengen an Ölsaaten, weil deren emulgierende Wirkung hilft, auch ohne Eier und Quark zufrieden stellende Ergebnisse zu erzielen. Sehr wichtig ist es, Leinsaat erst kurz vor dem Verzehr oder der Verarbeitung zu schroten bzw. mit harten Getreidekörnern zu mahlen. Die Oxydationsgefahr ist bei dem besonderen Fettsäuremuster (hochungesättigte Fettsäuren) der Leinsaat hoch.

Der Naturkostfachhandel bietet das naturbelassene Leinöl in kleinen Mengen an, für bestimmte Speisen eine köstliche Zutat, jedoch zum Erhitzen nicht geeignet. Leinsaat wird auch als »Linosit« angeboten, das ist eine goldgelbe Variante von hohem Wohlgeschmack.

Mohn – auch Schlafmohn oder Gartenmohn genannt

Ähnlich der Leinpflanze ist die Geschichte des Mohns sehr alt; älteste Funde von Samen stammen aus den ersten Ackerbaukulturen der Jungsteinzeit.

2 verschiedenartige Produkte des Mohns werden seit jeher verwendet: zum einen der Samen zur Fettversorgung und als Gebäckzutat, zum anderen der milchige Saft als Rauschgift und Medizin. Der weiße Saft, der sich überwiegend in der unreifen Mohnkapselwand befindet, wird getrocknet und ist das Opium. Aus Opium wird Morphium gewonnen. In den Mohnsamen selbst ist kein Opium enthalten. Der Ölgehalt der Samen liegt bei 40 Prozent. In der Vollwertküche wird Mohn gern und vielseitig für Feinbackwaren eingesetzt. Gemahlener bzw. gequetschter Mohn kann als Gebäckfüllung bzw. für Süßspeisen genutzt werden. Wenn Mohn sehr bitter schmeckt, ist die Oxydation bereits eingetreten, was bei geöffneten Samen sehr rasch gehen kann.

Der Naturkostfachhandel bietet aus den Mohnsamen naturbelassenes Mohnöl an, das köstlich schmeckt.

Sesamsamen

Das sind die Samen der Sesamgewächse, Pflanzen von etwa $1^1/_2$ m Höhe mit etlichen Untersorten. Sie gehören mit zu den ältesten Ölpflanzen. Vor einigen tausend Jahren gelangten sie aus Indien in die Mittelmeerländer, wo sie seither auf großen Feldern angebaut werden. Das feine Sesamöl wurde hoch geschätzt sowohl für Speisen und Gebäcke als auch in der Heilkunde und für kultische Handlungen. In den »Märchen aus tausendundeiner Nacht« bildet das Wort Sesam (semsem) einen Zauberspruch zum Öffnen von Türen.

Wir kennen die winzigen eiförmigen, platt gedrückten Sesamsamen ungeschält und geschält. Geschält sehen die Samen fast weiß aus, sie lassen sich intensiver rösten, ihre Haltbarkeit ist jedoch kürzer. In der Vollwertküche schätzen wir Sesamsaat bei der Gebäckherstellung, als Brotaufstrich und auch – mit Getreidekörnern mitgemahlen – als gutes Teigbindemittel. Der Ölgehalt der Samen liegt bei 50–60 Prozent.

Im Naturkostfachhandel finden wir neben den Saaten das wunderbare naturbelassene Sesamöl sowie auch eine Sesamcreme mit Salzzusatz z. B. für die Zubereitung von pikanten Brotaufstrichen und/oder Saucen.

Sonnenblumenkerne

Diese Kerne bringt die Sonnenblume mit ihren vielen Unterarten hervor. Die Pflanze hat einen übergroßen Blütenkopf, manchmal auch mehrere. Die einjährige Ölpflanze oder »Sonnenrose« stammt von nordamerikanischen Wildformen ab. Sie kann zwischen 1 und 2,5 m groß werden. Sie trägt einen von leuchtend gelben Strahlenblüten umrahmten Blütenkorb im Durchmesser von 25–40 cm, der sich nach der Sonne dreht.

Die verschiedenen Pflanzengattungen bringen großkörnige und dickschalige oder kleinkörnige Samen mit geringeren Schalenanteilen hervor. Besonders in Russland und Südosteuropa, auch Nord- und Südamerika, werden Sonnenblumen wegen ihrer Dürre-Resistenz und des hohen Ölertrages großräumig angebaut. Im Rahmen der landwirtschaftlich geförderten Aktion »nachwachsende Rohstoffe« sehen wir in unseren Breiten mehr und mehr Sonnenblumenfelder zur Ölgewinnung.

In der Vollwertküche verwenden wir von allen naturbelassenen Ölen wohl das Sonnenblumenöl am meisten. Es ist weitestgehend geschmacksneutral und eignet sich andererseits auch für Erhitzungsprozesse, ohne dabei über Gebühr geschädigt zu werden.

Speiseöle

Entsprechend der Vielzahl von Ölsaaten bietet uns der Natur-kostfachhandel eine große Palette von Speiseölen an. Die Nähr- und Vitalstoffe bzw. die Fettsäuremuster der Ölsaaten und damit auch der Speiseöle weisen zum Teil erhebliche Unterschiede auf. Für sich genommen darf jede Ölsaat als voll-wertig angesehen werden, es sind keimfähige Samen mit ihrem eigenen Stoffwechsel. So ist es also nicht erforderlich, die Spei-seöle nach bestimmten spezifischen Inhaltsstoffen auszuwäh-len. Das wichtigste Kriterium ist die Art der Gewinnung. »Un-sere« Öle sollten aus der ersten und so genannten Kaltpres-sung stammen, wo lediglich Reibungswärme auf die Öle ein-wirkt. Nach der Pressung sind sie sofort speisefähig. Auf den Dosen oder Flaschen ist zu lesen, dass die Öle »garantiert nicht raffiniert« wurden und ihre Samen aus ökologischer Herkunft stammen. So reduziert sich die Auswahl eines Öles auf den Ge-schmack, bisweilen allerdings auch auf die Preisfrage, denn manche Ölsaaten bringen bei der Erstpressung nur eine ge-ringe Ausbeute hervor. Öle aus Heiß- und Mehrfachpressun-gen, vor allem aus Extraktionsverfahren, bei denen Leichtben-zin zur absoluten Fettausbeute eingesetzt werden, sind viel preiswerter. Diese Verfahren bringen Rohöle in ungenießbarer Form mit zahlreichen unerwünschten Begleitstoffen hervor.

Um aus ungenießbar genießbar zu machen, sind zahlreiche Reinigungsverfahren erforderlich, sie werden »Raffinationsver-fahren« genannt. Das Ergebnis sind hygienisch einwandfreie, klare, neutral schmeckende, lagerfähige, hocherhitzungsfähi-ge Öle, biologisch jedoch als tote Fabriköle anzusehen.

Auch für Bratvorgänge setzen wir naturbelassene Öle ein – zu-meist Sonnenblumenöl. Die Qualitätseinbußen, die sie in der Bratpfanne bei mäßiger Hitze erleiden, sind keinesfalls ver-gleichbar mit den biologischen Schäden der Fabriköle.

Wie viel Salz braucht
der Mensch – vom weißen Gold
zum weißen Gift?

Wasser und Salz – zwei gleichberechtigte Partner – sind die Bausteine allen Lebens. Das Wort »Salz« stammt vom lateinischen Wort »Sal« ab, dies wiederum von »Sol«. Sol ist gleichbedeutend mit »Sole«, der Lösung aus Wasser und Salz, aber auch die Bezeichnung für die Sonne.

»Mythologisch und von seiner Bedeutung her bezeichnet die Sole flüssiges Sonnenlicht – flüssige Lichtenergie, gebunden in eine geometrische Struktur, die in der Lage ist, Leben zu schaffen und Leben zu erhalten. Spätestens hier können wir auch sprachlich erkennen, wo das Leben entstanden ist: Aus der Sole unserer Urmeere.« (Peter Ferreira).

»Die Viecher kriegen ein besseres Salz als wir Menschen!« Mit diesem Ausspruch verblüffte mich vor Jahrzehnten ein Bauer, der mir die Salzlecksteine für meine Pferde verkaufte, schöne weiß-rosarot geäderte Steinsalzbrocken. Seit ich Peter Ferreiras Buch mit dem Titel »Wasser und Salz – die Essenz des Lebens« (siehe Literaturverzeichnis) gelesen habe, verstehe ich, was er meinte.

Wie Meersalz besteht auch das aus dem Berg geschlagene Steinsalz aus allen natürlichen Elementen, aus denen auch unser Körper besteht. Unser Blut ist eine Sole, die in ihrer Zusammensetzung mit dem Urmeer identisch ist. Im Zuge der Industrialisierung indessen wurde das natürliche Salz »chemisch gereinigt«, essenzielle Mineralien und Spurenelemente wurden entfernt. Von den ursprünglich 92 Elementen blieben ganze 2 übrig, nämlich Natrium und Chlorid, das unnatürlich isolierte Natriumchlorid, unser heutiges Kochsalz. Ähnlich wie beim weißen raffinierten Zucker wurde aus dem weißen Gold »weißes Gift«, das dem Körper schadet.

»Kochsalz ist ein gefährliches Zellgift und wird vom Körper unter großem Aufwand ausgeschieden oder unschädlich gemacht. Natürliches Salz hingegen ist lebensnotwendig, um vitale Funktionen aufrechtzuerhalten.«

In meinen früheren Rezepten habe ich Meersalz verwendet und Kräutersalz. Bei der entsetzlichen Verschmutzung der Meere kann man beim besten Willen kein Meersalz mehr empfehlen. Da bietet sich also das ursprüngliche Steinsalz an oder – noch besser – das Kristallsalz, das im Vergleich zum einfachen Steinsalz über Jahrmillionen enormen Druckverhältnissen ausgesetzt war und deshalb besonders gesundheitsfördernd sein soll. Man findet es heute noch in Salzbergwerken, dort, wo vor Millionen von Jahren die Urmeere durch Sonnenenergie ausgetrocknet wurden. Es ist so rein und naturbelassen wie die früheren Urmeere.

Manchem werden die Aussagen Peter Ferreiras vielleicht ein ungläubiges Kopfschütteln abverlangen, mich aber überzeugen sie.

Ich zitiere weiter:

- Wasser und Salz sind die Urkräfte des Lebens.
- Salz ist für unseren Körper genauso lebensnotwendig wie Wasser.
- Kristallsalz enthält sämtliche Mineralien und Spurenelemente, aus denen der menschliche Körper besteht.
- Die meisten Menschen leiden an Salzarmut, obwohl sie mit Natriumchlorid übersättigt sind.
- Übrigens: Die Zugabe von Jod und Fluor erhöht die Aggressivität von Kochsalz.

56   *Die üppige Vollwertkost*

- Eine Hand voll Quarzkristalle genügt schon, um Wasser wiederzubeleben.
- Krankheit ist ein Defizit an Energie. Mit Salz können wir genau das Schwingungsmuster bekommen, das uns fehlt.

Es können hier nur die wichtigsten Thesen vorgestellt werden. Bitte das Buch unbedingt lesen, es kann eine Wende in Ihr Leben bringen, hin zu mehr Gesundheit und Lebensfreude.

Hier ein paar praktische Anleitungen, wie ich Sole aus Kristallsalz selbst herstellen und wie ich sie benutzen kann:
»Die Salzkristallbrocken in ein sauberes Weckglas mit Deckel legen. Mit so viel Wasser auffüllen, bis die Kristalle bedeckt sind (ideal ist natürlich Quellwasser, in Ermangelung dessen normales Leitungswasser). Nach etwa einer Stunde ist eine 26-prozentige gesättigte und gebrauchsfertige kristalline Solelösung entstanden.
Von dieser gebe ich 1 Teelöffel in ein Glas Wasser, das ich am besten morgens auf nüchternen Magen trinke.
Ich kann immer wieder Wasser nachfüllen, so lange, bis sich alle Salzkristalle aufgelöst haben.«

Mit der Solelösung kann man auch gurgeln, z. B. bei beginnender Erkältung, man kann sie inhalieren, damit Umschläge machen (bei Psoriasis!), darin baden – kurzum, sie scheint ein wahres Wundermittel zu sein.

Und was die Verwendung von Kristallsalz in der Küche betrifft: Ich habe mir sofort eine kleine handliche Salzmühle angeschafft, damit mahle ich meine Salzbrocken jedes Mal frisch – denn selbstverständlich ist das Kristallsalz nicht künstlich rieselfähig gemacht worden.

Wie viel Salz braucht der Mensch? 57

Nun zum Kräutersalz, das ich in vielen Rezepten verwende. Das meiste Kräutersalz enthält zur einen Hälfte Kochsalz, zur anderen getrocknete Kräuter und Gewürze.

Deshalb bevorzuge ich das Kräutersalz aus der Gewürzmühle Brecht mit den Inhalten Steinsalz, Bierhefe, Koriander, Knoblauch, Zwiebel, Muskatnuss, Dill, Sellerieblatt, Liebstöckel, Pfeffer, Basilikum, Thymian, Lauch, Wacholder, Schabziegerklee, Lorbeer.

Es salzt nicht nur, sondern würzt gleichzeitig. $1–1^1/_2$ EL auf 1 l Wasser ergeben eine schnelle Gemüsebrühe (siehe auch Suppen).

Frischkost-, Salat- und Vorspeisenbüfett

Wichtigster Bestandteil der Vollwertkost ist die Frischkost. Frischkost heißt soviel wie Rohkost. Aber roh allein genügt eben nicht, das Rohe sollte darüber hinaus noch möglichst frisch sein. Ein welkes, biologisch-dynamisch gezogenes Salatblatt oder ein ebensolcher vergammelter Sellerie sind nicht oder kaum mehr lebendig – aber nur Lebendiges erhält lebendig.

Von höchster Lebendigkeit ist alles, was in die Erde gesteckt neues Leben gibt, also jeder Samen, jede Nuss, jeder Fruchtkern.

Beispiele für den Verlust an Lebendigkeit:

Spinat büßt 12 Prozent seines Vitamin-C-Gehaltes ein, wenn er einen Tag bei Zimmertemperatur gelagert wird, am zweiten Tag sind es bereits 43 Prozent. Feldsalat verliert bei Lagerung im Sonnenlicht schon nach drei Stunden zwei Drittel seines Vitamins C, mehr als die Hälfte aller B-Vitamine und über ein Drittel des Vitamins A.

Hier ein paar Grundregeln zur Vollwertkost

- Frischkost sollte immer zu Beginn der Mahlzeit gegessen werden, weil sie so am besten ihre vitalisierenden Eigenschaften entfalten kann.
- Ein Drittel bis die Hälfte der täglichen Nahrung sollte aus Frischkost bestehen.
- Möglichst sowohl über der Erde wie unter der Erde gewachsene Pflanzenteile verwenden, da die einzelnen Teile unterschiedliche Vitalstoffe enthalten.

Frischkost-, Salat- und Vorspeisenbüfett 59

- Obst und Gemüse sollte so frisch wie möglich sein und aus biologischem Anbau stammen.
- Obst und Gemüse möglichst mit der Schale verzehren, z. B. Gurken, Möhren, Rote Rüben. Auch wenn die Gurke aus chemisch gedüngtem Anbau stammt, ist es besser, die Schale mitzuessen, weil sie Vitalstoffe enthält, die sonst verloren gehen und die die chemische Düngung sozusagen einigermaßen ausgleichen.
- Gemüse und Obst nie lange im Wasser liegen lassen, kurz waschen oder bürsten (Gemüsebürste verwenden).
- Nur naturbelassene, so genannte kaltgepresste Öle wie Sonnenblumen-, Distel-, Oliven-, Sesam-, Kürbiskernöl verwenden.
- Für die Sauce nehmen Verfechter der Vollwertkost außer Öl, Zitronensaft, Obstessig, Weinessig auch süße oder saure Sahne, Joghurt, Quark, Schlagsahne, Sauerkrautsaft oder den Saft von milchsauer eingelegten Gemüsen (Unterschiede gibt es natürlich in der tiereiweißfreien und veganen Vollwertkost).
- Gesüßt wird in der Vollwertküche mit Honig und süßen frischen Früchten, nur gelegentlich mit eingeweichten Trockenfrüchten.
- Gesalzen wird mit Steinsalz bzw. Kristallsalz oder Kräutersalz.
- Verschwenderisch mit frischen und getrockneten Kräutern, Zwiebeln, Knoblauch, Meerrettich und ganz besonders mit Wildkräutern umgehen. Wildkräuter sind besonders vitalstoffreich. Auch mal mit etwas Senf oder Sojasauce (Tamari) würzen.
- Besonders im Winter viel gekeimte Samen verwenden.
- Achtung: Bei Empfindlichkeit kann die Kombination von Zwiebeln und Knoblauch zu Blähungen führen.

60   *Die üppige Vollwertkost*

Meine Erfahrungen beim Keimen von Samen

- Kichererbsen – brauchen viel Wasser, mehrmals täglich wässern, Ernte nach 3 Tagen.
- Kresse – braucht mäßig Wasser, einmal pro Tag wässern, Ernte nach 4–5 Tagen.
- Linsen – brauchen viel Wasser, viermal pro Tag wässern, Ernte nach 2–3 Tagen.
- Mungbohne – einmal pro Tag wässern, Ernte nach 2–3 Tagen.
- Weizen – mäßig Wasser, einmal pro Tag wässern, Ernte nach 1–3 Tagen.

Ich habe auch Buchweizen, Hafer, Gerste, Luzerne und Senfsamen keimen lassen, aber als nicht so wohlschmeckend empfunden. Die Hirse erinnert an Heilerde und der Senfsamen war nur scharf, aber das ist meine subjektive Meinung, probieren Sie's selbst.

Die Methode, das Keimgut in einer Schüssel oder in einem tiefen Teller einzuweichen, birgt die Gefahr der Schimmelbildung. Sicherer geht's mit Keimboxen. Erkundigen Sie sich am besten im Reformhaus oder im Naturkostladen.

Buchtipp: Rose-Marie Nöcker: »Sprossen und Keime« (siehe Literaturverzeichnis)

Frischkost-, Salat- und Vorspeisenbüfett   61

Ich könnte ein ganzes Buch allein mit Salatrezepten füllen. Mit meinem hier ausgewählten Angebot möchte ich Ihre Phantasie anregen. Phantasie ist das wichtigste Requisit einer guten Köchin!

Arabischer Salat

8 Champignons	_1 TL Obstessig_
1 Möhre	_Kräutersalz_
1 Scheibe frische Ananas	_Pfeffer_
1 Schälchen Kresse	_1 Spur Cayennepfeffer_
1/2 Tasse Kürbiskerne	_1/2 TL geriebene Ingwer-_
1/4 Tasse Rosinen	_wurzel_
Sauce:	_1 TL Honig_
3 TL Sesamöl (oder anderes Öl)	

Champignons und Möhre in Scheiben schneiden, Ananas würfeln. Mit der Kresse, den Kürbiskernen und den Rosinen mischen. Aus den übrigen Zutaten eine Sauce bereiten und über den Salat gießen.

Avocados gefüllt mit Gorgonzola

2 Avocados	_Pfeffer_
1 TL Zitronensaft	_1 TL Senf_
50 g Gorgonzola	_2 EL Sahne_
50 g Gervais (oder Quark)	_gehackte Petersilie_
Kräutersalz	_ein paar Walnusskerne_

62   *Die üppige Vollwertkost*

Die Avocados halbieren, Steine entfernen. Avocadohälften mit
Zitronensaft beträufeln. Gorgonzola mit Gervais, Kräutersalz,
Pfeffer, Senf und Sahne gut vermischen. Masse in die Avocadohälften füllen; gehackte Petersilie drüberstreuen und Wal-
nusshälften draufsetzen.

Bleichsellerie gefüllt mit Käsecreme

4 Stangen Bleichsellerie   *1 Becher saure Sahne*
100 g Edelpilzkäse (Roquefort/   *frisch gemahlener Pfeffer*
Gorgonzola/Bavariablue)   *Weinbrand nach Geschmack*
2 EL frisch geriebener Parme-
san oder Bergkäse

Selleriestangen putzen, das Grün entfernen. Edelpilzkäse mit
Parmesan mischen, saure Sahne, Pfeffer und Weinbrand zugeben und alles glatt rühren. Die Creme in die Selleriestangen
füllen oder die Selleriestangen in ein Glas stellen, und die Creme getrennt zum Stippen reichen.

Champignonsalat mit Tomaten und Paprika

500 g Champignons   *Pfeffer*
1 Zitrone   *Paprika*
100 g Tomaten   *1 TL Senf*
2 Paprikaschoten   *Cayennepfeffer*
2–3 EL Öl   *Muskat*
Kräutersalz   *1 Knoblauchzehe*

Champignons waschen, putzen, in Scheiben schneiden. Mit Zitronensaft beträufeln. Die Tomaten in Achtel, die Paprikaschoten in Scheiben schneiden. Alles mischen. Darüber eine Sauce gießen aus Öl, Kräutersalz, Pfeffer, Paprika, Senf, Cayennepfeffer, Muskat und Knoblauch nach Geschmack.

Chicorée-Rote-Rüben-Salat

375 g Chicorée	Kräutersalz
100 g Feldsalat	Pfeffer
2 EL eingelegte Rote Rüben	$1/8$ l saure Sahne
4–6 EL Öl	2 TL frisch geriebener Meer-
1–2 EL Obstessig	rettich

Chicorée waschen, putzen, in Scheiben schneiden. Mit dem gewaschenen Feldsalat und den Roten Rüben auf einer Platte anrichten. Eine Sauce bereiten aus Öl, Essig, Kräutersalz, Pfeffer, Sahne und Meerrettich. Über den Salat gießen.

Chicoréesalat mit Bananen

500 g Chicorée	Kräutersalz
2 Bananen	$1/2$ TL Honig
2–3 EL Öl	gehackte Mandeln
Zitronensaft	

Chicorée waschen und putzen, in Scheiben schneiden. Die Bananen in Scheiben schneiden, untermischen. Eine Sauce aus Öl, Zitronensaft, Kräutersalz und Honig bereiten. Darüber gießen. Mit gehackten Mandeln bestreuen.

Les Crudités

An schönen Sommertagen stelle ich einfach eine Platte mit allen möglichen Gemüsen auf den Tisch – »les Crudités«, wie die Franzosen sagen: Tomaten, Blumenkohl, Champignons, Kohlrabi, Möhren, Fenchel, Stangensellerie, Gurken, Paprika, Radieschen, junge Zwiebeln – dazu für jeden eine Portion Aïoli (Rezept Seite 78) oder einfach: kaltgepresstes Öl, Zitronensaft, Kräutersalz, die Pfeffermühle und eine Knolle Knoblauch sowie viele frische gehackte Kräuter, sodass jeder sich nach Geschmack seine Sauce selbst auf dem Teller mixen und seine Crudités hineinstippen kann.

Fenchelsalat mit Paprika, Tomaten und Orangen

3 Fenchelknollen	1 EL Zitronensaft
1 Paprikaschote	Kräutersalz
4 Tomaten	Pfeffer
1 Orange	Paprika
12 Oliven	1 Msp. Honig
Sauce:	$^1/_8$ l saure Sahne
2 EL Öl	

Fenchelknollen putzen und in Scheiben schneiden. Paprika entkernen, auch in Scheiben schneiden, Tomaten in Achtel, Orange in Scheiben schneiden, alles miteinander mischen. Oliven dazugeben. Eine Sauce aus Öl, Zitronensaft, Kräutersalz, Pfeffer, Paprika, Honig und Sahne drübergießen.

Gemüsesalat roh

$1/2$ Sellerie	Zitronensaft
3 Möhren	$1/8$ l saure oder süße
1 Zwiebel	Sahne
$1/2$ Blumenkohl	Kräutersalz
Sauce:	Pfeffer
2 EL Öl	evtl. Knoblauch

Gemüse putzen. Blumenkohl in Röschen teilen. Übriges Gemüse würfeln. Mit einer Sauce aus Öl, Zitronensaft, Sahne und den Gewürzen abschmecken. Gut durchziehen lassen.

Gurken-Champignon-Salat

1 Salatgurke	Kräutersalz
250 g frische Champignons	Pfeffer
Sauce:	$1/2$ TL Honig
2–3 EL Öl	Dill
Zitronensaft	1 hart gekochtes Ei
1 TL Senf	Petersilie
$1/8$ l saure Sahne	

Die Gurke waschen, ungeschält in Scheiben schneiden. Champignons putzen, waschen und in Scheiben schneiden. Mit den Gurkenscheiben mischen. Sauce aus Öl, Zitronensaft, Senf, Sahne, Salz, Pfeffer, Honig und gehacktem Dill drübergießen. Mit Eihälften und gehackter Petersilie garnieren.

66   *Die üppige Vollwertkost*

Griechische Vorspeise Tzatziki

1 Salatgurke	1 EL fein gehackte Walnüsse
2 Becher Joghurt	Kräutersalz
1 Becher saure Sahne	Pfeffer
1 Eigelb	2–3 Bund gehackter Dill
1 EL Wein- oder Obstessig	Knoblauch nach Geschmack
2 EL Olivenöl	

Die Gurke mit der Schale fein reiben. Alle weiteren Zutaten im Mixer oder mit dem Schneebesen gründlich verschlagen, dann mit der Gurke mischen.

Tzatziki wird sehr kalt serviert. Dazu schmecken warme, gebutterte Weizen- oder Maisfladen oder Roggenbrötchen.

Gemüse-Käse-Salat

500 g rohes Gemüse, z. B.:	Vinaigrette- oder Kräutersauce
gewürfelte Gurken, gewürfelte	(siehe Seite 91 und 88)
Tomaten, Blumenkohlröschen,	1 hart gekochtes Ei
Radieschenscheiben, Fenchel-	frischer Meerrettich
und Lauchringe, Zwiebelringe	eingelegte grüne Pfefferkörner
100 g Käsewürfel, z. B. Berg-	
käse	

Die vorbereiteten Gemüse mit den Käsewürfeln vermengen, dann mit der Vinaigrette- oder Kräutersauce mischen. Das hart gekochte Ei hacken und drüberstreuen, ebenso den in dünne Späne gehobelten Meerrettich und die Pfefferkörner.

68   *Die üppige Vollwertkost*

Griechischer Salat

6 Tomaten	10 schwarze Oliven
1 Gurke	1 EL Kapern
2 grüne Paprikaschoten	Oregano
2 Zwiebeln	Kräutersalz
250 g Schafskäse	Pfeffer
2 hart gekochte Eier	Olivenöl

Die Tomaten und Gurke in dicke Scheiben schneiden. Paprikaschoten entkernen und würfeln. Zwiebeln in Ringe schneiden, Käse würfeln. Alle Zutaten in eine Schüssel geben, obenauf die geviertelten Eier, Oliven und Kapern. Mit viel Oregano, Salz und Pfeffer bestreuen und großzügig das Olivenöl drübergießen.
Den Salat ungemischt servieren.

Indischer Salat

4 Möhren	*Sauce:*
4 Selleriestangen	4–6 EL Öl
$1/2$ Rotkohl oder italienischer	1–2 EL Zitronensaft
Radicchio	Rosinen
4 Äpfel	Zitronat
4 Radieschen	Kräutersalz
1–2 EL Mandeln oder Nüsse	1 TL Honig

Gemüse, Äpfel und Radieschen klein schneiden. Mandeln oder Nüsse rösten. Mischen. Sauce aus den übrigen Zutaten zubereiten. Über den Salat gießen. Gleich servieren. Der Salat muss knackig sein!

Linsensalat

250 g Linsen
1 Zwiebel
2 EL Olivenöl
Knoblauch
1 Lorbeerblatt
Kräutersalz
Pfeffer
Sauce:
1 Zwiebel
4 EL Olivenöl

1–2 EL Obstessig oder Zitronensaft
1 TL Senf
evtl. Kräutersalz
Pfeffer
4 EL gehackte Petersilie
Zum Garnieren:
2 Tomaten
ca. 10 schwarze Oliven

Linsen waschen und über Nacht in $1^{1}/_{4}$ l Wasser einweichen. Die fein gehackte Zwiebel in dem Öl dünsten. Knoblauch, Lorbeerblatt, Salz und Pfeffer dazugeben. Alles mit den Linsen mischen. Linsen im Einweichwasser weich kochen (ca. 1 Stunde). Aus den angegebenen Zutaten eine Sauce bereiten und über die fertigen Linsen gießen. Mit Tomatenvierteln und schwarzen Oliven garnieren.

Melonensalat

1 mittelgroße Honigmelone
2 gewürfelte Äpfel
3 gewürfelte Pfirsiche
1 Stück gewürfelter roher Sellerie

French Dressing (siehe Seite 83)
1 Kopfsalat
100 g Nüsse oder Mandeln

Die Früchte- und Selleriewürfel in der Sauce 10 Minuten marinieren. Auf Salatblättern anrichten, Nüsse drüberstreuen.

Möhrensalat

500 g Möhren	½ EL Honig
2 Äpfel	Kräutersalz
½ EL Zitronensaft	⅛ l saure Sahne
65 g Rosinen	grob gehackte Hasel-
Sauce:	nüsse
3 EL Öl	

Möhren bürsten, gut waschen und grob reiben. Äpfel mit Schale und Kernhaus ebenfalls grob reiben. Zitronensaft drübergießen. Die gewaschenen abgetropften Rosinen zugeben. Sauce aus Öl, Honig, Kräutersalz und saurer Sahne drübergießen. Mit gehackten Nüssen bestreuen.

Die Möhre ist der große Lieferant von Karotin, Schönheitsvitamin für unsere Haut. Karotin kann nur mit Hilfe von Fett im Körper in Vitamin A umgewandelt werden. Mangel an Vitamin A hat nicht nur ein Nachlassen der Sehkraft, sondern auch der Schleimhautfunktionen zur Folge; das Ergrauen der Haare soll damit zusammenhängen – und ein zu frühes Abklingen des Geschlechtstriebes. Nicht zu vergessen: B_1- und B_2-Vitamine und Vitamin C schenkt die Möhre uns natürlich ebenfalls – und gut für unsere Leber ist sie auch.

Rote-Rüben-Rohkost

2 Rote Rüben (250 g)	*Kräutersalz*
2 Äpfel	*1 TL Honig*
Sauce:	*$^1/_8$ l saure Sahne*
1 EL Öl	*Zitronensaft*

Die Roten Rüben unter fließendem Wasser gut bürsten. Mit der Schale hobeln (Maschine). Äpfel waschen und ebenfalls mit Schale und Kernhaus hobeln. Aus den angegebenen Zutaten eine Sauce bereiten. Evtl. gehackte Nüsse darüber streuen.

Variation: Eine klein geschnittene Zwiebel hinzufügen, ein Stückchen gehobelten Sellerie und 1 TL frisch geriebenen Meerrettich.

Die Rote Rübe galt seit jeher in der Volksheilkunde als blutverbesserndes Gemüse. 1961 erregten dann die Berichte des ungarischen Arztes und Forschers Dr. Alexander Ferenczi Aufsehen. Er stellte fest, dass der im Farbstoff der Roten Rübe vorhandene hohe Eisengehalt eine gestörte Zellatmung normalisiert. Es werden immer wieder Wunderdinge berichtet, wonach die Rote Rübe auf Grund ihres Heilstoffes Anthocyan Tumore geheilt haben soll.

Von Ganzheitsmedizinern wird sie tatsächlich zur Krebsbehandlung eingesetzt, vor allem bei Leukämie.

In der Roten Rübe ist der Vitamin-B-Komplex stark vertreten sowie Kalium, Magnesium und Kalzium und – sehr wichtig zur Stärkung der körpereigenen Abwehrkräfte – Silizium (Kiesel).

Und apropos Meerrettich: Bei Erkältungsgefahr hilft vorbeugend eine Portion frisch geriebener Meerrettich, in Sahne verrührt. 5 g genügen, um Bazillen in die Flucht zu schlagen. Eine ähnlich antibiotische Wirkung hat die Kresse.

72   *Die üppige Vollwertkost*

Selleriecocktail

1 Staude Bleichsellerie	2 EL Walnusskerne
3 Birnen	100 g Roquefort oder Bavaria-
Saft von 1/2 Zitrone	blue
Petersilie	

Die geputzten Selleriestängel in Scheiben schneiden (nur das Zarte nehmen). Birnen würfeln, mit dem Sellerie und Zitronensaft mischen, in Portionsgläser füllen. Mit gehackter Petersilie, Walnusskernen und dem zerbröselten Käse bestreuen. Ein Gedicht! Dazu ein warmer, gebutterter Weizen- oder Maisfladen.

Selleriesalat roh

1 Sellerieknolle	2 Äpfel
Zitronensaft	Kräutersalz
1/8 l saure Sahne	1/2 TL Honig
1 EL Öl	Nüsse zum Bestreuen

Sellerieknolle waschen, schälen und grob reiben. Mit Zitronensaft beträufeln. Die saure Sahne und das Öl dazugeben und die gewaschenen, mit Schale und Kernhaus geriebenen Äpfel. Mit Kräutersalz und Honig abschmecken. Mit grob gehackten Nüssen bestreuen.

Spargelsalat

500 g Spargel	1 TL Senf
1 Tasse Champignons	Kräutersalz
Zitronensaft	Pfeffer
2 EL Öl	2 hart gekochte Eier
1 EL Obstessig	Petersilie

Geschälten Spargel kochen (10 Minuten). Dann in 2–3 cm lange Stücke schneiden und mit den geputzten, in Stücke geschnittenen Champignons mischen. Mit Zitronensaft beträufeln. Öl, Essig, Senf, Salz und Pfeffer dazugeben. Eier in Scheiben schneiden und darunter mischen. Mit Petersilie bestreuen.

Spargel besteht zu 93 Prozent aus Wasser, aber die restlichen 7 Prozent haben es in sich – sie sind eine Fundgrube an Mineralsalzen. Spargel fördert die Verdauung und wirkt entwässernd – Vorsicht bei Nierenkrankheiten. Da Spargel wenig Kohlenhydrate enthält, ist er für Zuckerkranke ein ideales Gemüse.

Weißkohlsalat pikant

500 g Weißkohl	Pfeffer
4–6 EL Öl	1 EL Kümmel
1–2 EL Obstessig	Knoblauch
Kräutersalz	

Weißkohl fein schneiden. Öl und Essig drübergießen, mit den Händen weich kneten. Mit Kräutersalz, Pfeffer, Kümmel und durch die Presse gedrücktem Knoblauch abschmecken.

74   *Die üppige Vollwertkost*

Spinat-Champignon-Salat

500 g ganz junge Spinat-blätter	1 Zwiebel
500 g zarte Champignons	2–3 Esslöffel Sonnenblumenöl
2 EL Zitronensaft	Kräutersalz
	Pfeffer

Spinatblätter waschen und gut abtropfen lassen. Champignons in dünne Scheiben schneiden. Spinat auf einer Platte anrichten, darüber die Champignonscheiben geben und sofort mit etwas Zitronensaft beträufeln. Zwiebel würfeln und im Öl andünsten. Vom Herd nehmen und mit dem restlichen Zitronensaft, Salz und Pfeffer würzen. Die Mischung über Spinat und Pilze gießen.

Waldorfsalat

Dieser Salat verdankt seinen Namen dem New Yorker Waldorf-Astoria-Hotel.

2 Äpfel	$^1/_2$ Orange
Zitronensaft	Kräutersalz
$^1/_2$ Sellerieknolle	$^1/_8$ l Schlagsahne
1 Hand voll Walnüsse	1 Msp. Honig
2 EL Weintrauben	

Äpfel in Würfel schneiden, mit Zitronensaft beträufeln. Sellerie schälen, fein reiben und dazugeben. Die grob gehackten Nüsse, die Weintrauben und die in Stücke geschnittene Orange zufügen. Mit Kräutersalz abschmecken und die mit Honig geschlagene Sahne darunter ziehen.

Wildkräutersalat

je eine Hand voll Löwen-
zahnblätter, Brennnessel-
blätter, Sauerampferblätter,
Brunnenkresseblätter
Sauce:
2–3 EL Sonnenblumenöl

1 Becher Joghurt
$^{1}/_{2}$ Becher saure Sahne
Kräutersalz
Pfeffer
1 EL Zitronensaft
Knoblauch nach Geschmack

Alle Blätter mit der Schere abschneiden (für die Brennnessel eventuell Handschuhe anziehen, es sei denn, Sie ertragen das Brennen als kleine Anti-Rheuma-Kur. Sind die Blätter erst einmal gehackt, brennen sie nicht mehr).
Blätter unter fließendem Wasser kurz waschen, trockenschleudern und grob hacken (nur die Brennnessel fein hacken). Die Zutaten für die Sauce verrühren und sofort mit den Wildkräutern vermischen.
Sämtliche Wildkräuter können Sie natürlich auch an jeden anderen Salat geben.
Die Blüten von Gänseblümchen, Löwenzahn, Ringelblume und Kapuzinerkresse sind nicht nur eine Augenweide auf jedem Salatteller, sie können auch mitgegessen werden.
Buchtipp: Klemme u. a.: »Delikatessen am Wegesrand« (siehe Literaturverzeichnis)

Keine Grenzen sind der Phantasie gesetzt, wenn es um Salatkombinationen geht.
Ich schaue mich auf dem Gemüsemarkt um: Was lacht mich da so besonders einladend an? Die leuchtende Paprikaschote, die violette Aubergine, der dekadente Bleichsellerie, der deftige schwarze Rettich? Ich nehme mit, was heute frisch ist und preiswert, und zu Hause entwerfe ich dann die tollsten Salat-

76   *Die üppige Vollwertkost*

Kreationen. Oder ich sehe in den fast leeren Kühlschrank, wenn ich mal wieder gar nicht zum Einkaufen gekommen bin. Eine Rote Rübe finde ich da vielleicht, ein paar Kartoffeln, eine Zwiebel – und mache einen feinen Salat daraus. So wie die Französin, der man nachsagt: Auch aus »Nichts« kann sie immer noch einen Salat machen – und einen Hut.

Rohe und gekochte Saucen

Es ist fast unmöglich, für Salatsaucen genaue Mengen anzugeben. Der eine liebt seinen Salat von Öl triefend, der nächste mag ihn nur mit Joghurt, andere werden ohnmächtig, wenn die Salatschüssel mit einer Knoblauchzehe ausgerieben wurde. In Norddeutschland schmeckt jeder Salat nach Zucker; der Salat meiner Kindheit schwamm in gezuckertem Zitronenwasser. Ich möchte auch hier nur Vorschläge machen. Die meisten fantasievollen Köche und Köchinnen arbeiten sowieso nicht mit Waage und Messbecher, sondern gießen Öl und Sahne mit einem Schwupp an und würzen mit den Fingern. Das klassische Mengenverhältnis: $2/3$ Öl, $1/3$ Essig, Salz (sparsam).

Und wie für alles im Leben, so gibt's auch für die Salatzubereitung ein Sprichwort:

> *»Nimm Öl wie ein König,*
> *Essig wie ein Bettler*
> *und Salz wie ein Weiser.«*

Apfel-Meerrettich-Sahne-Sauce

Zu Rohkostsalaten.

1 großer Apfel	*1 Spur Honig*
1 fingerlanges Stück Meerrettich	*Kräutersalz*
2 EL Zitronensaft	*1 Becher Sahne*

Den ungeschälten Apfel entkernen, Meerrettich schälen. Mit allen übrigen Zutaten pürieren.

78   *Die üppige Vollwertkost*

Die Aïoli

Eine göttliche Sauce zu Gemüse wie grünen Bohnen, Karotten und Pilzen (alle »al dente« gedünstet) und rohen Tomaten.

16 Knoblauchzehen   *2 Eigelb*
(jawohl, 4 pro Person)   *Zitronensaft*
Kräutersalz   *ca. 12 EL Olivenöl*
Pfeffer

Knoblauchzehen durch die Presse drücken, salzen und pfeffern. Die Eigelb vorsichtig unterrühren. Die Masse muss geschmeidig werden. Tropfenweise den Zitronensaft und dann das Öl zugießen, dabei kräftig mit dem Schneebesen schlagen, bis eine ziemlich steife Mayonnaise entsteht. Die Aïoli unter das noch warme Gemüse mischen und dieses bis zum Anrichten kalt stellen. Mit gehackter Petersilie bestreuen.

Béchamelsauce

2–3 EL Weizenmehl   *frisch gemahlener weißer*
oder -schrot   *Pfeffer*
1 l warme Milch   *1 Prise Muskat*
1 Lorbeerblatt   *1 Stich Butter*
1 EL Kräutersalz   *gehackte Petersilie*
1 geriebene Zwiebel

Das Mehl in einer Pfanne ohne Fett kurz rösten, bis es duftet (es muss hell bleiben), dann abkühlen lassen. Unter ständigem Rühren die Milch angießen. Lorbeerblatt, Kräutersalz, geriebene Zwiebel beifügen und alles aufkochen, mit Pfeffer und Muskat würzen und den Stich Butter unterziehen. Mit gehackter Petersilie bestreut anrichten (Lorbeerblatt entfernen).

Auf der Grundlage einer Béchamelsauce lassen sich im Nu aparte Saucen zubereiten, die alle zu Gemüse-, Hirse-, Mais-, Reis- und Teigwarengerichten passen.
Folgende Varianten lassen sich mit der Béchamelsauce herstellen:

Curry-Rosinen-Sauce
Die Béchamelsauce mit reichlich Curry abschmecken und Rosinen darin ausquellen lassen.

Dillsauce
In die Béchamelsauce 2 EL oder mehr fein geschnittenen Dill geben und nach Geschmack Zitronensaft oder Weißwein.

Fenchelsauce
Unter die Béchamelsauce eine Hand voll fein geschnittenes Fenchelgrün rühren.

Kapernsauce
Die Béchamelsauce mit ganzen oder gehackten Kapern und Zitronensaft abschmecken.

Käsesauce
Die Béchamelsauce mit 3–4 EL frisch geriebenem Parmesankäse kurz aufkochen und etwas ziehen lassen.

Mango-Chutney-Sauce
4–5 EL Mango-Chutney in der Béchamelsauce einmal kurz aufkochen lassen.

80   *Die üppige Vollwertkost*

Meerrettichsauce

In die Béchamelsauce einen Apfel (mit der Schale) und ein Stück Meerrettich reiben (Menge nach Geschmack). Mit Zitronensaft, Kräutersalz, 1 Msp. Honig und 2 EL saurer oder süßer Sahne abschmecken. Noch einmal heiß werden, aber nicht mehr kochen lassen.

Sauce Mornay

Unter die heiße Béchamelsauce 2 mit $1/8$ l süßer Sahne verquirlte Eigelb ziehen, 2 EL Butter und 3 EL geriebenen Parmesankäse darin schmelzen lassen. Noch einmal heiß werden und ziehen, aber nicht mehr kochen lassen.

Olivensauce

Die Béchamelsauce mit 4–5 EL Tomatenmark und 2 EL gehackten Oliven kurz aufkochen. Eventuell mit Kräutersalz und 1 Msp. Cayennepfeffer nachwürzen.

Safransauce

4–5 EL Senffrüchte grob hacken, in der Béchamelsauce kurz aufkochen, mit $1/2$ TL Safran, einem Schuss Cognac oder Portwein oder Sherry abschmecken.

Senfsauce

In die Béchamelsauce ca. 2 EL Senf geben. Besonders gut mit Moutarde de Meaux, einem französischen Senf mit grob gemahlenen Senfkörnern.

Rohe und gekochte Saucen 81

Champignonsauce

500 g Champignons	*Kräutersalz*
1 Zwiebel	*Pfeffer*
2 EL Butter	*Muskat*
1/2 l Weißwein	*nach Geschmack gehackte*
Zitronensaft	*Kräuter (Kerbel, Petersilie)*

Die Champignons im Mixer pürieren, die fein gehackte Zwiebel in der Butter andünsten, das Champignonpüree zugeben sowie Weißwein, Zitronensaft, Kräutersalz, Pfeffer und Muskat nach Geschmack. 5 Minuten köcheln lassen, zum Schluss die fein gehackten Kräuter unterrühren.
Diese traumhafte Sauce passt zu allen gedünsteten Gemüsen wie Blumenkohl und Brokkoli, Fenchel, Auberginen und Möhren, aber auch zu Teigwaren und Getreidegerichten.

Edelpilzkäsesauce

50 g Gorgonzola oder Roquefort	*Pfeffer*
oder Bavariablue	*Variante:*
6 EL Joghurt (oder halb	*100 g Gorgonzola oder Roque-*
Joghurt – halb Quark)	*fort oder Bavariablue*
4 EL Sonnenblumenöl	*1 Becher saure Sahne*
1 EL Zitronensaft	*Pfeffer*
1 Msp. Honig	*2 EL Weißwein*
Kräutersalz	*evtl. etwas Zitronensaft*

Käse mit der Gabel zerdrücken, alle Zutaten gut miteinander verrühren. Ein herrlicher Dip für Staudensellerie.
Variante: Alle Zutaten im Mixer verrühren.

Frankfurter Grüne Sauce

Oooooh, ooooh, oooh! Da habe ich mir aber eine fette Rüge ein-
gefangen! Nämlich zu meinem Rezept für die Grüne Sauce.

Frau Annette aus Eichstätt schreibt, dass sie dank meines
Kochbuches, das sie zu ihrem 16. Geburtstag geschenkt be-
kam, zu einer begeisterten Köchin geworden sei und von meinen Rezepten rundum begeistert – aber was ich als Frankfurter Grüne Sauce bezeichne, habe mit der echten Frankfurter
»Gree Soß« nur die Farbe Grün gemein. Darum schickte sie mir
das Rezept, welches »auch heute noch im Frühling mindestens
einmal pro Woche auf dem Speiseplan jeder echten hessischen
Familie steht«.

Und hier ist es:

Frankfurter Gree Soß

Kräuter: Petersilie, Kerbel,	*kommen, dann Crème fraîche*
Estragon, Dill, Borretsch,	*oder saure Sahne)*
Sauerampfer und Spitz-	*1 TL Senf*
wegerich	*Saft von ½ Zitrone*
3 Becher saure Sahne	*2 EL Sonnenblumenöl*
1 Becher Schmand	*4 hart gekochte Eier*
(außerhalb hessischer Gren-	*Salz*
zen leider nicht immer zu be-	*Pfeffer*

Kräuter waschen und sehr fein hacken. Saure Sahne,
Schmand, Senf, Zitronensaft und Öl miteinander verrühren.
Kräuter und fein gehackte gekochte Eier unterrühren. Die
Kräuter müssen übrigens so fein gehackt sein, dass die Sauce
richtig grün wird. Abgeschmeckt wird mit Salz und Pfeffer.

Rohe und gekochte Saucen 83

Dazu isst man Pellkartoffeln, meistens auch Frankfurter Würstchen, auf die man aber ohne Probleme verzichten kann. Sie werden merken, dass diese echte Frankfurter Sauce sehr leicht und erfrischend schmeckt.

Danke, Annette, Ihre »Gree Soß« ist eine Wucht! Ich frage mich nur, wie viele Esser da bei Ihnen am Tisch sitzen!?!

French Dressing

3 EL Olivenöl   *Pfeffer*
2 EL Weinessig   *Knoblauch*
Kräutersalz

Alle Zutaten miteinander verrühren oder im Mixer mixen.

Gorgonzolasauce »Pepe«

Zu Nudeln, Gnocchi etc. (reicht für 1 kg Teigwaren).

2 EL Butter   *1 TL Gemüsebrühe*
200 g Gorgonzola   *6 EL süße Sahne*
2 EL zerquetschte Tomate   *4 EL geriebener Parmesan*
(vorher überbrühen und die   *frisch geriebener Pfeffer*
Haut abziehen)

Butter in einem Topf schmelzen. Gorgonzola darin zergehen lassen. Tomaten und Gemüsebrühe einrühren. Die Sauce bis zum Servieren warm halten. Inzwischen beliebige Teigwaren garen, gut abtropfen lassen. Die Teigwaren in der Sauce wen-

84   *Die üppige Vollwertkost*

den, dann Sahne und Parmesan unterziehen. Alles in eine vorgewärmte Schüssel füllen und die Pfeffermühle dreimal darüber drehen.

Falls Sie Roquefort statt Gorgonzola nehmen, genügen 150 g, dafür brauchen Sie aber 2 EL Butter mehr.

Hanfölpesto

2 oder mehr Knoblauchzehen
1 Zitrone
6 EL klein geschnittenes Basilikum

6 EL klein geschnittene Petersilie
5 EL Pinien- oder Walnusskerne
5 EL (oder mehr) Hanfsamenöl

Klein gehackten Knoblauch, Zitronensaft, Basilikum, Petersilie und Pinien- bzw. Walnusskerne im Mixer bei geringer Geschwindigkeit pürieren. Dann das Hanföl tropfenweise zugeben und bei höherer Geschwindigkeit (aber nicht zu hoch, sonst kann das Pesto bitter schmecken) weiter mixen, bis eine saucenartige Konsistenz erreicht ist.

Schmeckt super zu Nudelgerichten, aber auch als Brotaufstrich.

Variation: Ein paar abgezogene Tomaten mitmixen.

Rohe und gekochte Saucen 85

Harissa

Eine scharfe Paste aus Chilischoten, Knoblauch, Olivenöl und
Salz aus Afrika.

50 g rote Chilischoten	_salz, frisch gemahlener_
300 g rote Paprikaschoten	_Koriander und Kreuzkümmel_
6 Knoblauchzehen	_10 EL Olivenöl_
je 4 TL Kristall- oder Kräuter-	_etwas Öl für das Blech_

Backofen auf 250 °C vorheizen. Ein Blech einölen, die gewaschenen Chili- und Paprikaschoten drauflegen und ca. 10 Minuten backen, bis die Haut Blasen wirft und sich leicht bräunt.
Schoten herausnehmen und mit einem nassen Handtuch bedeckt ein paar Minuten abkühlen lassen, dann die Haut abziehen und die Stiele entfernen. Samt den Kernen mit dem gehackten Knoblauch mit dem Pürierstab oder im Blitzhacker
zerkleinern, dann Salz, Gewürze und 9 EL Olivenöl einarbeiten. Die Paste in ein Glas füllen, glatt streichen und mit 1 EL
Öl bedecken. Kühl aufbewahren.
Schmeckt toll zum Beispiel zu Tortillas!

Italian Dressing

3 EL Weinessig	_Pfeffer_
1 gestr. TL Kräutersalz	_6 EL Olivenöl_
2 TL scharfer Senf	

Alles sorgfältig mit der Gabel verrühren.

86 *Die üppige Vollwertkost*

Holländische Sauce

ca. 3 EL Zitronensaft	1 Msp. Honig
Kräutersalz	4 Eigelb
Pfeffer	125 g Butter

Wenn Sie keinen speziellen Wasserbadtopf haben, nehmen Sie einen größeren und einen kleineren Topf. Den größeren füllen Sie zu einem Drittel mit Wasser, das kurz vor dem Kochen sein muss, aber nicht kochen darf. In den kleineren Topf 1 EL Zitronensaft, 1 EL kaltes Wasser, Salz, Pfeffer und Honig geben und diesen in den größeren hineinhängen. Unter ständigem Schlagen mit dem Schneebesen nach und nach die Eigelb, dann die in Stücke geschnittene Butter zufügen. Schlagen, bis eine cremige Sauce entsteht. Noch einmal mit ca. 2 EL Zitronensaft abschmecken, eventuell nachwürzen.

Käse-Royale

Diese wahrhaft königliche Schweizer Käsesauce ist trotz ihrer Einfachheit ein Knüller. Ideal zum Überbacken von Aufläufen aus Gemüse, Teigwaren oder Getreide.

3 Eier	Muskat
¹/₄ l Milch (noch besser	100 g geriebener Käse
halb Milch, halb Sahne)	(z. B. Gruyère, Emmentaler,
Kräutersalz	Parmesan oder Bergkäse)
Pfeffer	

88   *Die üppige Vollwertkost*

Die Eier mit der Milch/Sahne gut verquirlen, mit den Gewürzen abschmecken, den Käse unterziehen. Die Sauce über die vorbereiteten Auflaufzutaten gießen und je nach Rezept im Ofen backen.

Kräutersauce

je 2 EL gehackte Petersilie,	*1 Prise geriebener Majoran*
Kerbel, Estragon und Dill	*Kräutersalz*
1 EL gehackter Borretsch	*Pfeffer*
2 hart gekochte Eigelb	*1 TL Senf*
3 EL Quark	*1 EL Obstessig*
3 EL Öl	

Die gehackten Kräuter mit dem zerdrückten Eigelb vermischen. Quark mit Öl verrühren (eventuell mehr Öl zugeben, kommt auf den Quark an), alles gut vermischen und mit den restlichen Zutaten abschmecken.

Kräutermayonnaise

1 Zwiebel	*$^1/_8$ l Sahne*
1 Hand voll Petersilie	*1 TL Senf*
1 Knoblauchzehe	*1 TL Zitronensaft*
Kräutersalz	*Muskat*

Zwiebel fein schneiden, Petersilie hacken, Knoblauch durch die Presse drücken. Mit allen Zutaten im Mixer pürieren.

Rohe und gekochte Saucen 89

Kräuter-Sahne-Sauce

1 Becher saure Sahne	1 Knoblauchzehe
2 TL Senf	1 Becher süße Sahne (steif
2 TL Obstessig	geschlagen)
Kräutersalz	gehackte Garten- oder Wild-
Pfeffer	kräuter

Sahne, Senf und Obstessig mit Gewürzen und dem durch die Presse gedrückten Knoblauch verrühren, steif geschlagene Sahne und die gehackten Kräuter unterziehen.

Scharfe indische Mayonnaise

6 EL süße Sahne	1 TL Senf
1 TL Curry	2 EL Öl
2 Msp. Ingwerpulver	1 TL Zitronensaft
2 TL Kräutersalz	1 Prise Cayennepfeffer
1 Spur Piment	1 TL frisch geriebener
Zwiebelpulver	Meerrettich
Knoblauch	

Alle Zutaten im Mixer verquirlen, eventuell nachwürzen.

Diese köstliche Mayonnaise eignet sich sehr gut für Salate und Wurzelgemüse, also für Sellerie, Möhren, Fenchel, Chicorée, Bleichsellerie, Mangold usw.

Sahne-Joghurt-Knoblauch-Sauce

1 Becher saure Sahne	Pfeffer
1 Becher Joghurt	1 Knoblauchzehe
Kräutersalz	Dill (auch getrocknet)

Sahne, Joghurt, Kräutersalz und Pfeffer mit durchgepresstem Knoblauch verrühren, den gehackten Dill unterziehen.

Das ist die schnellste und wirkungsvollste Sauce der Welt. Sie passt zu kaltem und warmem Gemüse, ist ideal zu gebratenen Auberginenscheiben oder Brokkoli, gibt aber auch der Kohlsuppe oder dem Borschtsch erst den richtigen Pfiff.

Tomatensauce aus Korsika

2 Zwiebeln	½ TL Oregano
2 Knoblauchzehen	1 Streifen Zitronenschale
4 EL Öl	Kräutersalz
6 EL Tomatenmark	Pfeffer
10 abgezogene Tomaten	6 EL Weißwein
2 Lorbeerblätter	1–2 EL Sojasauce

Zwiebeln und Knoblauch fein hacken und im Öl golden dünsten. Tomatenmark und die abgezogenen Tomaten dazugeben sowie Lorbeerblätter, Oregano, Zitronenschale, Kräutersalz, Pfeffer und Weißwein. Leise köcheln lassen.

Die Korsen kochen diese Sauce bis zu 2 Stunden – ich finde eine viertel bis eine halbe Stunde ausreichend. Zum Schluss die Sojasauce dazugeben. Eventuell durchseihen, auf jeden Fall Lorbeerblätter und Zitronenschale herausnehmen.

Rohe und gekochte Saucen 91

Ein kleiner Landgasthof auf Korsika ist berühmt für diese Tomatensauce. Man gießt sie reichlich über Nudeln und streut dann noch dick geriebenen Parmesan darüber. Ein Salat dazu und ein Glas Wein – ein Gedicht.

Meine Vinaigrette

Zu grünen Salaten, Artischocken, Avocados und, und, und ...

1–2 EL Obstessig
1 EL Zitronensaft
$1/2$ TL scharfer Senf
Kräutersalz
Pfeffer
6–8 EL Öl

1 gehackte Zwiebel
Kräuter, gehackt (Schnittlauch und Petersilie)
einige gehackte Oliven und Kapern
1 gekochtes Eigelb

Obstessig, Zitronensaft und Senf verrühren, mit Salz und Pfeffer abschmecken. Unter ständigem Rühren das Öl und die übrigen Zutaten untermischen.

Einfache Zitronensauce

Zitronensauce ist nach wie vor meine Favoritin zu knackigem Gemüse.

1 Zwiebel, gehackt
1 EL Olivenöl
1 Tasse Gemüsebrühe

abgeriebene Schale und Saft von 1 Zitrone
1 TL Weizenmehl

92   *Die üppige Vollwertkost*

Zwiebeln in Öl andünsten, dann Gemüsebrühe und Zitronenschale zufügen und das Weizenmehl unterrühren. Die Sauce
aufkochen und mit Zitronensaft abschmecken.

Fast jeder stellt sich etwas anderes unter dem Schlagwort »Vitalstoffe« vor, selten jedoch das Richtige. Vertreter der alten
Ernährungslehre bekämpfen diesen Begriff geradezu leiden-
schaftlich – stellt er doch ihre veraltete Ernährungslehre in
Frage. Es war klar geworden, dass die Wertigkeit eines Nah-
rungsmittels nicht nur von seinem Gehalt an Eiweiß, Fett und
Kohlenhydraten bestimmt wird, wie man lange angenommen
hatte; und dass da noch ganz andere Stoffe, zum Teil vielleicht
heute noch nicht erkannte, eine Rolle spielen – diese fasste
man unter dem Begriff »Vitalstoffe« zusammen.

Die Vitalstoffe sind:
- Vitamine – fett- und wasserlösliche, vor allem des B-Kom-
  plexes
- Mineralstoffe
- Spurenelemente
- Enzyme (Fermente)
- Duft- und Aromastoffe
- Fettsäuren im natürlichen Verbund
- Faserstoffe

Die Zivilisationskost macht uns krank durch ihren chronischen Vitalstoffmangel. Und genau das wollen wir ändern.
Denn: Wenn ein körperlicher Schaden durch falsche Ernährung entstanden ist, so muss er logischerweise durch Umstellung auf richtige Ernährung wieder zu beheben oder zumindest zu lindern sein.

Für den kleinen Hunger, den Abend und die Party

»Amuse-gueule«, wie die Franzosen sagen,
»Appetizer« die Engländer,
»Gaumenreizerl« die Alpenländler ...

Artischocken

Ein Aphrodisiakum par excellence. Die klassische Zubereitung:

1 oder 2 Artischocken pro Person
je nach Größe Zitronensaft

Die Artischocken in Salzwasser mit Zitronensaft kochen, dauert ca. eine $^3/_4$ Stunde (sie sind gar, wenn sich die Blättchen mit der Gabel lösen lassen).
Inzwischen eine Vinaigrette bereiten (siehe Seite 91).
Bei Tisch zupft jeder die Blättchen einzeln ab, stippt das untere weiche Ende in die Vinaigrette und knabbert es ab. Dann entfernt man das »Heu« und genießt das Beste der Artischocke, nämlich den Boden.

94   *Die üppige Vollwertkost*

Artischocken-Eierspeise

Artischockenherzen	*3 oder 4 Eier*
aus dem Glas	*1 Hand voll Petersilie*
eventuell Zitronensaft	*Kräutersalz*
2 EL Öl	*Pfeffer*

Die Artischockenherzen in dem Öl andünsten. Die Eier mit der gehackten Petersilie, mit Kräutersalz und Pfeffer verquirlen, über die Artischocken gießen. Stocken lassen.

Das in der Artischocke enthaltene Cynarin regt die Gallenbildung an. Ganz wichtig bei der Fettverdauung! Und es hilft der Leber beim Entgiften.

Auberginencreme

2 mittlere Auberginen	*1 Hand voll Rosinen*
Zitronensaft zum Beträufeln	*$^1/_2$ TL Honig*
2 EL Butter	*Kräutersalz*
1 Glas Portwein	*Pfeffer*
1 Hand voll grob gehackte	*$^1/_8$ l Sahne*
Haselnüsse	

Auberginen schälen, würfeln und mit dem Zitronensaft beträufeln. Würfel in 1 EL der Butter und dem Portwein dünsten. Nüsse und Rosinen in der restlichen Butter kurz rösten und zu den Auberginen geben, alles weich dünsten (etwa $^1/_2$ Stunde). Mit Honig, Kräutersalz und Pfeffer abschmecken und pürieren. Die steif geschlagene Sahne unter die Masse ziehen.
Mit warmen Weizenfladen servieren.

Französisches Auberginen-Gericht

»Der Kaviar des armen Mannes.«

2–3 große Auberginen	6–8 EL Olivenöl
1 Zwiebel	Kräutersalz
1 grüne Paprikaschote	Pfeffer
4 Tomaten	3 EL Weißwein
1 Knoblauchzehe	fein gehackte Petersilie

Die gewaschenen Auberginen im vorgeheizten Ofen bei mittlerer Hitze weich backen (ca. 1 Stunde). Die Zwiebel, Paprikaschote und Tomaten würfeln. Mit der gehackten Knoblauchzehe in dem Öl golden dünsten.

Die gebackenen Auberginen schälen, hacken und mit den anderen Zutaten mischen. Auf kleiner Flamme dünsten, bis die Masse dick wird. Salzen, pfeffern. Abkühlen lassen. Dann den Wein, etwas Olivenöl und die Petersilie dazugeben.

Gekühlt mit Weizenbrot essen.

Gebratene Auberginen

Ein Auberginen-Hit, und so einfach!

4 kleine Auberginen	Pfeffer
Zitronensaft	Olivenöl zum Braten
Kräutersalz	

Gewaschene Auberginen mit der Schale quer in etwa $1/2$ cm dicke Scheiben schneiden, sofort mit Zitronensaft beträufeln, mit Kräutersalz und Pfeffer bestreuen. Auf beiden Seiten in

96   *Die üppige Vollwertkost*

reichlich Olivenöl braten, und auf einer vorgewärmten Platte warm halten. Mit Sahne-Joghurt-Knoblauch-Sauce servieren (siehe Seite 90).
Dazu Knoblauchbrote!

Türkischer Auberginen-Appetizer

4 Auberginen	*2–3 Knoblauchzehen*
4–6 EL Öl	*Kräutersalz*
4 Becher Joghurt	*Pfeffer*

Die ungeschälten Auberginen längs in feine Streifen schneiden, in dem Öl braten, salzen und pfeffern. Auf heißem Teller anrichten. Joghurt mit durch die Presse gedrücktem Knoblauch, Kräutersalz und Pfeffer mischen, über die Auberginenscheiben gießen.
An einem warmen Sommertag durchaus ein Hauptgericht, mit einem frisch gebackenen noch warmen Weizenfladen dazu!

Avocados mit Curry

2 Avocados	*1 EL Ketchup*
1 TL klein gewürfelter	*1 TL Senf*
roher Sellerie	*Kräutersalz*
1 TL gehackte Zwiebeln	*Pfeffer*
2 EL Öl	*Honig*
1 EL Obstessig	*Curry*
1 Eigelb	*Dill*
1 EL süße Sahne	

Avocados halbieren, entkernen. Das Fleisch herausnehmen und in Stücke schneiden. Den klein geschnittenen Sellerie mit den gehackten Zwiebeln, Öl, Essig, Eigelb, Sahne, Ketchup, Senf und Gewürzen verrühren, mit Curry und gehacktem Dill abschmecken. Das Avocadofleisch unter die Sauce geben, kalt stellen, in den Avocadohälften servieren.

Gefüllte Avocados

2 Avocados	Chili-Pulver nach Geschmack
Zitronensaft	$1/2$ TL Kräutersalz
1 Lauchstängel	$1/2$ TL Honig
1 Bleichselleriestange	Pfeffer
Petersilie	1 Tropfen Sojasauce (Tamari)
$1/2$ grüne Paprikaschote	1 Prise Curry
2 TL Mayonnaise	1 Prise zerstoßener Kreuz-
1 TL Sahne	kümmel

Avocados halbieren und entkernen, mit Zitronensaft beträufeln. Lauch, Bleichsellerie, Petersilie und Paprika pürieren, die übrigen Zutaten unterrühren. Die Mischung in die Avocadohälften füllen.
Mit den schnellen Quarkbrötchen servieren (siehe Seite 212).

Übrigens: Die Avocado ist reich an Vitamin A, B_1, B_2, E und D.

98   *Die üppige Vollwertkost*

Gefüllte Backpflaumen

250 g entsteinte Back-	*Sonnenblumenöl zum*
pflaumen	*Bepinseln*
1/4 l Sherry	*frisch gemahlener schwarzer*
200 g junger Gouda	*Pfeffer*

Die entsteinten Backpflaumen in Sherry (am besten über Nacht) einweichen, bis alle Flüssigkeit aufgesogen ist, abtropfen lassen und längs einschneiden. In die Pflaumentaschen Goudastückchen stecken. Pflaumen mit Öl bepinseln und auf ein gefettetes Backblech legen. Bei 200 °C im Ofen backen, bis der Käse schmilzt. Mit Pfeffer bestreut servieren.

Varianten: Die Pflaumen mit Schafskäse füllen und mit einer Mandel garnieren – oder mit Gorgonzola, mit etwas Sahne verrührt, eine Walnuss draufsetzen.

Marinierte Champignons

1 kg kleine Champignons	*12 Korianderkörner*
Saft von 1/2 Zitrone	*Kräutersalz*
1 Zweig Thymian	*Marinade:*
2 Stängel Petersilie	*1/8 l Obstessig*
1 Lorbeerblatt	*1/8 l Öl*
4–6 Pfefferkörner	*4 Knoblauchzehen*

Stiele der Champignons entfernen. Pilze waschen, trockentupfen. In einen Topf geben mit Wasser, Zitronensaft, Kräutern und Salz. Zum Kochen bringen, 10 Minuten auf kleiner Flamme dünsten. Pilze in einen flachen Steinguttopf geben. Marinade über die Champignons gießen. 24 Stunden ziehen lassen.

Gemüsereis mit roten Linsen

400 g Brokkoli	2 Lorbeerblätter
150 g Champignons	je ungefähr 10 Nelken und
(oder Egerlinge etc.)	Pfefferkörner
2 Zwiebeln	Kräutersalz oder Kristallsalz
250 g Basmatireis	$1/2$ l Gemüsebrühe bzw. Wasser
100 g rote Linsen	$1/4$ l Weißwein
40 g Butter oder Olivenöl	50 g geriebener Parmesan

Brokkoli in Röschen teilen, Pilze in Scheiben schneiden. Zwiebeln würfeln. Reis und rote Linsen in heißem Fett glasig dünsten. Zwiebeln, Lorbeerblätter, Nelken, Pfefferkörner und Salz hinzufügen, Brühe und Wein zugießen und garen (Zeit hängt vom Reis ab, eventuell den Reis vorgaren), mit Salz und Pfeffer abschmecken und mit Parmesan bestreuen.

Gefüllte Grapefruits

2 Grapefruits	1 EL Obstessig
20 schwarze Oliven	1 TL Senf
2 EL gekochte Selleriewürfel	1 Eigelb
2 EL gehackte Mandeln	12 schwarze Oliven
Tomatenketchup	2 hart gekochte Eier
2 EL Öl	

Grapefruits halbieren, aushöhlen, Fruchtfleisch würfeln. Mit Oliven, Selleriewürfeln, gehackten Mandeln, Tomatenketchup, Öl, Essig, Senf und Eigelb mischen. In die Grapefruithälften füllen, mit den übrigen Oliven und Eierhälften garnieren.

100   *Die üppige Vollwertkost*

Hoummous aus Israel

500 g Kichererbsen	*Zitronensaft*
Kräutersalz	*Knoblauch*
Pfeffer	*Olivenöl*
Paprika	

Die gewaschenen Kichererbsen über Nacht in so viel Wasser einweichen, wie sie zum Quellen brauchen. Am nächsten Morgen in dem Wasser weich kochen (ca. 1 Stunde, im Dampftopf in $^1/_3$ der Zeit). Durch ein Sieb passieren oder im Mixer pürieren. Mit Kräutersalz, Pfeffer, Paprika, Zitronensaft und durch die Presse gedrücktem Knoblauch abschmecken.
Den Hoummous auf die Teller füllen, in die Mitte eine Mulde machen und Olivenöl hineingießen. Von einem Fladenbrot (Pitta, siehe Seite 211) Happen abbrechen und damit den Hoummous aufstippen.

Ingwercocktail

4 Tomaten	*Tabascosauce*
2 Bananen	*Kräutersalz*
12 eingelegte Ingwerfrüchte	*Pfeffer*
2 EL Öl	*2 hart gekochte Eier*
1 EL Obstessig	

Tomaten, Bananen und Ingwerfrüchte in Scheiben schneiden. Mit Öl, Essig und Tabascosauce mischen. Mit Salz und Pfeffer abschmecken und mit Eivierteln garnieren.

Für den kleinen Hunger 101

Möhrenvorspeise marokkanisch

500 g Möhren	*Pfeffer*
4 EL Pflanzenöl	*Cayennepfeffer*
2 Knoblauchzehen	*Paprika*
1–2 EL Obstessig	*Kümmelpulver*
Kräutersalz	*2 EL gehackte Petersilie*

Die in Stücke geschnittenen Möhren in Öl und in 4–6 EL Wasser weich dünsten. Den durch die Presse gedrückten Knoblauch, Essig und Gewürze dazugeben. Abschmecken und mit Petersilie bestreuen. Durchziehen lassen und kalt servieren.

Käsespießchen aus der Schweiz

Käse – im Original Appenzeller – in nicht zu dicke Würfel schneiden. Zuerst eine Walnusshälfte, dann einen Käsewürfel, dann zwei Stückchen getrocknete Birne und zum Schluss wieder einen Käsewürfel aufspießen.

Kichererbsenbällchen

600 g Kichererbsen (fertig	*1 EL Kreuzkümmel*
gegart oder aus der Dose)	*2 TL Kräutersalz*
1 Paprika	*Pfeffer aus der Mühle*
1 Zwiebel	*2 Eier*
Knoblauch	*50 g Maisgrieß*
1 Bund Koriander (sonst	*2 EL Dinkelmehl*
gemahlener Koriander)	*Öl zum Frittieren – in Indien*
1 Scheibe Dinkel- oder	*nimmt man Ghee, eine Art*
Weizentoastbrot	*Butterschmalz*

102   *Die üppige Vollwertkost*

Die in Salzwasser gegarten Kichererbsen pürieren. Die Paprikaschote in kleine Würfel schneiden. Zwiebel, Knoblauch und
Koriander sehr fein hacken. Toast entrinden, in Wasser einweichen und ausdrücken. Alle Zutaten mit dem Kichererbsenpüree verkneten und eine halbe Stunde quellen lassen. Aus
der Masse walnussgroße Klößchen formen und portionsweise
im Öl bei 175 °C knusprig ausbacken.
Schmecken auch kalt sehr gut!

Linsenbraten mit Champignons auf Estragonsauce

125 g Linsen	*Kräutersalz*
200 g Dinkel-Toastbrot	*Thymian und Majoran*
2 EL Milch	*Bohnenkraut*
1 Zwiebel	*100 g Champignons*
50 g Butter	*Vollkornbrösel*
2 Eier	*Senf nach Geschmack*

Linsen über Nacht einweichen. Im Einweichwasser weich kochen, abseihen (Flüssigkeit für die Sauce verwenden). Mit dem
in der Milch eingeweichten gut ausgedrückten Brot und der
fein geschnittenen Zwiebel in etwas Butter anbraten. Die Masse mit den Eigelben, den Gewürzen, den fein geschnittenen
Champignons und der restlichen Butter verkneten. Zuletzt die
steif geschlagenen Eiweiß unterziehen. Die Masse in eine gefettete, mit Brösel ausgestreute Form füllen und bei 180 °C
50–60 Minuten backen.
Mit einer Estragonsauce servieren – auch eine Curry- oder Tomatensauce passt gut dazu.

Olivencocktail

1 Hand voll schwarze Oliven	4 EL süße Sahne
100 g Champignons	2 EL gehackte Kräuter
Zitronensaft	(Petersilie, Dill, Schnittlauch)
100–200 g Gouda	1 Eigelb
1 kleine Dose Spargelspitzen	Kräutersalz
2 EL Öl	Pfeffer
1 EL Obstessig	1 Kopf Salat
1 TL Senf	

Oliven ganz lassen. Champignons putzen, waschen und in Scheiben schneiden. Mit Zitronensaft beträufeln. Käse in Streifen schneiden. Alles mit den Spargelspitzen in eine Schüssel geben. Öl, Essig, Senf, Sahne, Kräuter und Eigelb zu einer Sauce mischen. Mit Salz und Pfeffer abschmecken. Über die Olivenmischung gießen. Vier Gläser mit Salatblättern auslegen, Olivencocktail hineinfüllen.

Quarkknödel

400 g Quark	175 g Butter
200 g Dinkelvollkornmehl	gehackte Petersilie zum Drü-
2 Prisen Kräutersalz	berstreuen
3 Eier	

Den Quark mit Mehl, Salz und den Eiern verquirlen. Teig mindestens $1/2$ Stunde kalt stellen. Dann kleine Knödel daraus formen, in kochendes Salzwasser geben. Topf vom Feuer nehmen, die Knödel etwa 10 Minuten ziehen lassen. Die abgetropften Quarkknödel mit zerlassener Butter und Petersilie servieren. Geht schnell und schmeckt toll!

104   *Die üppige Vollwertkost*

Rosenkohlgratin mit Walnüssen

500 g Rosenkohl	*1 Eigelb*
½ l Gemüsebrühe	*⅛ l Sahne*
(siehe Seite 112)	*2 EL geriebener Käse*
etwas Muskat	*(Parmesan oder Bergkäse)*
2 Eier	*etwa 40 g Walnusskerne*

Den Rosenkohl in der Gemüsebrühe garen. Abtropfen lassen und grob hacken (oder pürieren). Mit den restlichen Zutaten außer den Nüssen gut vermischen. In gebutterte Portionsförmchen füllen (oder in eine gebutterte Pastetenform). Nüsse drüberstreuen. Im Backofen bei 200 °C überbacken, bis die Masse gestockt ist.

Diese feine Art von Gratins eignet sich großartig zur Verwertung von Resten. Am besten passt dazu frisches, gebuttertes Weizenbrot.

Rote Rüben gebacken

Dieses russische Gericht habe ich von Ivan Desny, einem lieben Partner in vielen Filmen.

Pro Person:	*Pfeffer*
2 Rote Rüben	*Butter*
Kräutersalz	

Die Rüben unter fließendem Wasser ganz sauber bürsten. Auf ein gefettetes Blech setzen, im vorgeheizten Backofen bei 200–220 °C 45 Minuten backen. Heiß essen – mit der Schale und mit Salz, Pfeffer und Butter.

Staudensellerie gefüllt

250 g Quark	1/8 l süße Sahne
Kräutersalz	1 Staudensellerie
Pfeffer	gehackte Kräuter (Schnitt-
Paprika	lauch, Dill etc.)
Cayennepfeffer	ein paar gehackte Sellerie-
gehackter Knoblauch	blätter

Quark mit Salz, Pfeffer und Gewürzen mischen. Die geschlagene Sahne unterziehen. Selleriestangen auseinander nehmen, waschen. Harte Teile entfernen. Die Quarkmasse in die Stangen füllen. Mit den Kräutern bestreuen.

Steinpilzsalat

500 g Steinpilze	*Marinade:*
1 EL Butter	1 EL Obstessig
Kräutersalz	1 TL Rotwein
Pfeffer	1 Zwiebel
Zitronensaft	3 TL Senf
2 Paprikaschoten	Sonnenblumenöl
3 Tomaten	gehackte Petersilie
2 hart gekochte Eier	

Die geputzten und gewaschenen Pilze in dicke Scheiben schneiden, in der Butter 10 Minuten dünsten. Salzen und pfeffern, Zitronensaft zugeben. Die Paprikaschoten in Streifen, Tomaten und Eier in Scheiben schneiden, mit den abgekühlten Pilzen vorsichtig mischen. Die Marinadenzutaten verrühren und über den Steinpilzsalat gießen.

Gefüllte Tomaten, immer wieder anders

Das Prinzip ist immer das gleiche: Von großen, reifen Fleischtomaten schneidet man einen Deckel ab, höhlt sie mit einem Löffel aus, beträufelt sie innen mit ein paar Tropfen Zitronensaft, bestreut sie mit Kräutersalz und Pfeffer – natürlich frisch aus der Mühle – und füllt sie mit irgendeinem Schmankerl. Je nach Füllung werden sie gleich roh verzehrt, müssen ein bisschen durchziehen oder werden in einer Auflaufform im Ofen oder in einer Pfanne auf dem Herd (bei geschlossenem Deckel) überbacken. Bei der ersten Variante bleibt das herausgelöffelte Tomatenmark übrig und wird zu Saucen etc. verwendet. Wenn ich die Tomaten dagegen backe, verrühre ich das Tomateninnere mit Kräutersalz, Pfeffer, Knoblauch und saurer Sahne und gebe dies zu den backenden Tomaten in die Pfanne bzw. Auflaufform. Sie werden dann mit dieser Sauce, die ich mit Oregano oder Basilikum würze, serviert.

Hier meine Vorschläge für Tomatenfüllungen:
- Mit Spinatfüllung: Gedünsteten Blattspinat hacken, in die Tomaten füllen, Deckel draufsetzen und in der Pfanne mit geschlossenem Deckel garen.
- Mit Risotto (siehe Seite 414 »Gemüse-Paella«) gefüllt – roh oder überbacken.
- Mit kurz in Butter gedünsteten Champignons gefüllt – roh oder überbacken.
- Mit gekochtem Grünkern gefüllt – roh oder mit geriebenem Käse bestreut überbacken.
- Mit feinem Kartoffelpüree gefüllt (das Kartoffelpüree schmecke ich pikant mit Butter, fein gehackten Kräutern wie Petersilie, Schnittlauch, Dill, Muskatblüte und geriebenem Käse ab) – mit geriebenem Käse überbacken.

108　*Die üppige Vollwertkost*

- Mit gewürfelten Paprikaschoten, Scheiben von Oliven, gehackter Petersilie, gehackten gekochten Eiern, gehackten Kapern gefüllt (alles kurz in etwas Zitronensaft, Olivenöl, Senf, Kräutersalz und Pfeffer und Knoblauch mariniert) – roh serviert.
- Mit Rosinenreis und Pinienkernen gefüllt – überbacken.
- Mit übrig gebliebenem Rosenkohl gefüllt (den ich zuvor im Mixer püriere oder grob hacke und mit Sahne, Zitronensaft, Kräutersalz, Pfeffer, Muskat und geriebenem Käse würze) – überbacken.
- Mit gewürfelten Äpfeln, Haselnüssen (grob gehackt), gekochten Selleriewürfeln, Würfeln von milchsauren Gurken gefüllt (alles in Sonnenblumenöl, Obstessig, 1 Eigelb, Senf, Kräutersalz, Pfeffer, Honig und Tomatenketchup etwas ziehen lassen) – roh.
- Mit grünen Bohnen, Champignons und Möhren gefüllt (Bohnen gekocht, in fingergliedlange Stücke geschnitten, Champignons blättrig geschnitten, Möhren gestiftelt, mit saurer Sahne, Sonnenblumenöl, Kräutersalz, Pfeffer, Knoblauch und Sojasauce vermischt) – roh, etwas ziehen lassen.
- Mit gedünstetem Lauch gefüllt (in zentimetergroße Stücke geschnitten, mit Muskatblüte abgeschmeckt und mit Sahne und geriebenem Käse vermischt) – überbacken.
- Mit fein gehobeltem Gemüse gefüllt (Kohl, Lauch, Sellerie, Kohlrabi etc., kurz in etwas Butter mit Kräutersalz und Pfeffer gedünstet, mit geriebenem Käse vermischt) – überbacken.

Sicher fallen Ihnen auch noch zig Varianten ein. Und kombinieren können Sie die gefüllten Tomaten je nach Füllung mit Kartoffelpüree oder einem Reisgericht oder einem warmen Fladen oder, oder, oder ...

Für den kleinen Hunger 109

Pikante Toastrezepte

Ein paar Grundtipps:
- Auch das Toastbrot wird natürlich mit Vollkorn gebacken (siehe Seite 217).
- Die Käsescheibe muss immer etwas kleiner sein als die Brotscheibe.
- Zum Überbacken eignet sich fetter Käse besser als magerer Käse.
- Ist der Käse schon ein bisschen trocken, bepinsele ich die Käsescheibe mit etwas zerlassener Butter.
- Die Brotscheiben werden vorgegrillt, dann mit Butter bestrichen und darauf kommt der Belag.
- Wird ein Gemüsebelag verwendet, beispielsweise Auberginen, Zucchini, Sellerie etc., so werden die Gemüse vorher in Butter, Zitronensaft, Kräutersalz und Pfeffer gegart (abtropfen lassen); Tomatenscheiben wie auch Champignonscheiben können roh draufgelegt werden.
- Wenn der Käse geschmolzen ist, Toast aus dem Ofen nehmen.

Apfeltoast
Apfelscheiben, darauf kurz gedünstete Champignons oder Pfifferlinge und gebratene Zwiebelringe, mit Kräutersalz, Pfeffer und gehackter Petersilie bestreuen.

Eier-Spargelspitzen-Toast
Scheiben von hart gekochten Eiern, mit Kräutersalz und Pfeffer gewürzt, darauf gedünstete Spargelspitzen, leicht mit Zitronensaft beträufelt, obenauf eine Scheibe weicher Käse.

110   *Die üppige Vollwertkost*

Roqueforttoast
Das Toastbrot mit Orangenmarmelade bestreichen, 1 Scheibe Roquefort draufgeben, mit einer dicken Creme aus Eiern, Sahne und geriebenem Käse überziehen.

Rühreitoast
Rührei, darauf viel gehackten Schnittlauch, obenauf Camembertscheiben.

Sellerietoast
1 Scheibe gekochter Sellerie, darauf fein gehackte Zwiebel und 1 Scheibe frische Ananas, darüber Käsestreifen.

Sellerie-Walnuss-Toast
Senf, geriebener, gekochter Sellerie, gehackte Walnusskerne, Kräutersalz und Pfeffer, viel Schnittlauch, Scheiben von Camembert.

Senf-Apfel-Zwiebel-Toast
Scharfer Senf, Apfelscheiben, Zwiebelringe, eine Scheibe Roquefort oder Gorgonzola.

Spinattoast
Das Toastbrot mit Sojasauce bestreichen, gehackten, pikant abgeschmeckten Blattspinat (fertig gegart) und Streifen von Bergkäse draufgeben.

Welsh Rarebits
Geriebenen Emmentaler mit etwas Butter, Eigelb und einem Schuss Bier vermischen, mit gehackten Kapern, Senf und Paprika würzen.

Zwiebelauflauf

500 g Zwiebeln	Kräutersalz
2 EL Butter	Pfeffer
150 g Weizenmehl	Muskat
$^3/_8$ l Milch	4 Eier
150 g Gouda (oder anderer Käse)	1 TL Backpulver

Zwiebeln in Ringe schneiden und in der Butter golden dünsten. In einer Pfanne ohne Fett das Weizenmehl rösten, bis es duftet. Abkühlen lassen, dann unter Rühren $^1/_4$ l Milch und die Zwiebelmasse zugeben. Alles 5 Minuten köcheln lassen, den Käse grob reiben und in der Sauce schmelzen lassen, mit Kräutersalz, Pfeffer und Muskat abschmecken. Eier mit der restlichen Milch und Backpulver verquirlen und in die heiße Sauce rühren, nicht mehr kochen. Die Zwiebelmasse in eine gebutterte Auflaufform füllen. Im Ofen bei 200 °C 30 Minuten backen.

Dieser Zwiebelauflauf lässt sich auch sehr gut in kleinen Portionsförmchen backen, die dann für jeden auf einem Teller serviert werden.

Kleine Zwiebeln orientalisch

1 kg kleine Zwiebeln	4 EL Tomatenpüree
$^1/_2$ l Gemüsebrühe	4 EL Olivenöl
$^1/_4$ l Obstessig (nach Geschmack)	Kräutersalz
150 g Honig	Pfeffer
150 g Sultaninen	Cayennepfeffer

Alle Zutaten im Topf ca. $^1/_2$ Stunde dünsten. Kalt servieren.

Pikante und süße Suppen

... da wird jeder Suppenkaspar schwach!

Ich liebe Suppen und habe nie den Suppenkaspar begreifen können, der immer seine Suppe stehen ließ und schließlich daran starb. Seine Mutter muss sehr schlecht gekocht haben!

Gemüsebrühe

1. frisch zubereitet *oder*
2. wenn es schnell gehen muss: auf $1/2$ l Wasser 1 TL Kräutersalz *oder*
3. eingesalzenes Suppengrün »Barbaras Grüne Würze«

Frisch gemachte Gemüsebrühe

2 Zwiebeln	*1 Nelke*
Gemüse jeder Art nach Jahres-	*ein paar Pfefferkörner*
zeit (auch Blätter und Strünke)	*ein paar Pimentkörner*
1 oder mehrere Knoblauchzehen	*Kräutersalz*
1 Lorbeerblatt	*geriebene Muskatnuss*

Alle Zutaten in 1 l Wasser aufkochen. Auf kleiner Flamme 20 Minuten ziehen lassen, abseihen. Brühe mit Kräutersalz und Muskat abschmecken.

Pikante und süße Suppen 113

Barbaras Grüne Würze

Man kann sie auf Vorrat zubereiten: Sellerie, Möhren, Lauch, Petersilienwurzel und frische oder getrocknete Kräuter fein hacken – in Olivenöl kurz schmoren, mit Steinsalz und Kräutersalz mischen (die Faustregel lautet: $2/3$ Gemüse, $1/3$ Salz) und im Schraubglas im Kühlschrank aufbewahren.

Dieses eingesalzene Suppengrün hält sich wochenlang – je nach Salz und Ölmenge. Je nachdem, ob ich eine klare Suppe haben oder anderes Gemüse damit garen will, rechne ich knapp oder reichlich 1 EL des eingesalzenen Suppengrüns auf 1 l Wasser.

Einfache Beinwellsuppe

500 g fein gehackter Beinwell *Rosmarin*
1 l Gemüsebrühe *1 Hand voll frischer Kerbel*
Muskat

Fein gehackten Beinwell in der Gemüsebrühe kurz aufkochen, mit den Gewürzen abschmecken. Am Schluss das gehackte Kerbelkraut unterrühren.

Beinwell-Kartoffel-Suppe

6–8 mittelgroße frische
Beinwellblätter
2 gebürstete ungeschälte
Kartoffeln (gewürfelt)
2 Stangen Sellerie
(klein geschnitten

oder eine Stange Sellerie
gewürfelt)
1 Zwiebel
1 Lorbeerblatt
6 Tassen Gemüsebrühe
$^1/_8$ l Sahne

Alle Zutaten außer den Beinwellblättern und der Sahne in der
Brühe weich kochen (ca. 25 Minuten), die letzten 5 Minuten
die klein gehackten Beinwellblätter mitkochen. Lorbeerblatt
entfernen, die Suppe pürieren und die Sahne unterziehen.

Brennnesselsuppe

Eine phantastische Entschlackungssuppe.

$^1/_2$ kg frische Brennnesseltriebe und junge Blätter
1 l Gemüsebrühe

1 EL Butter
evtl. Kräutersalz

Die Brennnesseltriebe in der Brühe auskochen, abseihen (oder
klein hacken und mitessen). Butter zugeben, evtl. mit Kräutersalz nachwürzen.

Borschtsch

Borschtsch kann man zu jeder Jahreszeit essen. Im Winter heiß, im Sommer mit einem Würfel Eis gekühlt.

500 g Rote Rüben	*6 Pfefferkörner*
250 g Suppengrün	*2 Nelken*
3 EL Sonnenblumenöl	*Kümmel*
1 l Gemüsebrühe	*200 g Tomaten*
1 Msp. Honig	*Kräutersalz*
2 Zwiebeln	*Knoblauch*
250 g Weißkohl	*2 EL Obstessig*
250 g Kartoffeln	*Pfeffer*
1 Lorbeerblatt	*1/4 l saure Sahne*

Die geputzten, gewaschenen, gut gebürsteten, ungeschälten Roten Rüben und Suppengrün in Streifen oder Würfel schneiden. In Sonnenblumenöl anschmoren, Brühe und Honig hinzufügen, ca. 20 Minuten köcheln lassen. Gehackte Zwiebeln, fein geschnittenen Kohl, geschälte, gewürfelte Kartoffeln und Gewürze zugeben. Weitere 30 Minuten kochen. Für die letzten 10 Minuten die abgezogenen, gewürfelten Tomaten zugeben. Mit Kräutersalz, Knoblauch, Obstessig und Pfeffer abschmecken. Vor dem Anrichten saure Sahne unterrühren.
Variation: Borschtsch mit Petersilie und Dill bestreuen.

116   *Die üppige Vollwertkost*

Suppe von dicken Bohnen

500 g dicke Bohnen	Knoblauch
1–1½ EL Olivenöl	⅛ l süße oder saure Sahne
1 Zwiebel	gehackte Petersilie
Kräutersalz	gehacktes Bohnenkraut
Pfeffer	

Bohnen über Nacht in 2 l Wasser einweichen. Im Einweich-wasser ankochen. Die gehackte Zwiebel in dem Öl andünsten, zu den Bohnen geben und diese in ca. 1 Stunde gar kochen. Mit Kräutersalz, Pfeffer und durch die Presse gedrücktem Knoblauch abschmecken, die Sahne zugeben, mit Bohnen-kraut und Petersilie bestreut servieren.

Indische Currysuppe mit Mandeln

3 EL Dinkel- oder Kamutmehl	Pfeffer
1½ l Milch	Curry nach Geschmack
1 Zwiebel	200 g süße Mandeln, blättrig
1 grüne Pfefferschote	geschnitten
2 EL Sonnenblumenöl	⅛ l Sahne
1–1½ TL Kräutersalz	½ TL Honig
Knoblauch	

In der heißen Pfanne ohne Fett das Mehl kurz rösten, abküh-len lassen. Die Milch unter Rühren zugießen, einige Minuten köcheln lassen. Die klein geschnittene Zwiebel und die klein geschnittene Pfefferschote in dem Öl golden dünsten, an die Suppe geben. Mit Kräutersalz, Knoblauch, Pfeffer und reich-lich Curry abschmecken. Die gehackten süßen Mandelblätt-

Pikante und süße Suppen 117

chen in der Pfanne ohne Fett rösten. Die Sahne mit dem Honig steif schlagen und unter die Suppe ziehen. Die Mandelblättchen drüberstreuen.

Erbsensuppe

500 g grüne Erbsen, geschält	*edelsüßer oder scharfer*
Kräutersalz	*Paprika*
Pfeffer	*Basilikum*
2–3 Möhren	*Muskatnuss*
1 Stück Sellerie	*Cayennepfeffer*
4–5 Kartoffeln	*Knoblauch*
2 Lorbeerblätter	*Petersilie*
2–3 Stangen Lauch	*einige Pfefferkörner*
Majoran	*1–2 EL Olivenöl oder Butter*
Thymian	*Petersilie, gehackt*

Die gewaschenen Erbsen über Nacht in 2 l Wasser einweichen. In dem Einweichwasser aufsetzen und 45–60 Minuten kochen. Salzen, pfeffern, die in Stücke geschnittenen Gemüse zugeben, dann die Gewürze und Kräuter. Fertig garen (ca. 20 Min.). Noch einmal abschmecken, Öl oder Butter unterrühren und mit der gehackten Petersilie bestreuen.

Verfeinerungsmöglichkeiten: Alle fertig gegarten Hülsenfrüchte lassen sich pürieren und mit $1/4$ l saurer Sahne verfeinern. Linsen schmecken besonders lecker mit Rotwein gekocht und mit Obstessig und etwas Senf abgeschmeckt.

118   *Die üppige Vollwertkost*

Gazpacho

6 Tomaten	Tabascosauce
1 Paprikaschote	6 EL Sonnenblumenöl
1/2 Salatgurke	3 EL Obstessig
1 Zwiebel	1/2 l Joghurt oder saure Milch
Kräutersalz	Schnittlauch
Pfeffer	Petersilie
Knoblauch	

Gemüse in Scheiben schneiden. Mit Kräutersalz, Pfeffer, Knoblauch und Tabasco abschmecken. Öl und Obstessig dazugeben, 1 Stunde kalt stellen. Vor dem Servieren Joghurt oder saure Milch dazugeben. Mit fein gehacktem Schnittlauch und Petersilie bestreuen. Mit Knoblauch-Croûtons servieren.

Russische Kohlsuppe »Schtschi«

500 g frischer Weißkohl	1 TL Kümmel
250 g Sauerkraut	1/2 l Gemüsebrühe
1 Zwiebel	einige kleine Kartoffeln
1 Hand voll Pilze	Kräutersalz, Pfeffer
1 Lorbeerblatt	Knoblauch
4 Gewürzkörner	1/4 l saure Sahne

Den fein geschnittenen Weißkohl, das Sauerkraut, die gehackte Zwiebel, die klein geschnittenen Pilze, Lorbeerblatt und Gewürze in der Gemüsebrühe ca. 1 Stunde kochen. Die geschälten, gewürfelten Kartoffeln in der letzten halben Stunde mitkochen. Mit Kräutersalz, Pfeffer und Knoblauch abschmecken. Zum Schluss die saure Sahne unterrühren.

Pikante und süße Suppen 119

Krautsuppe ungarisch

In Ungarn heißt dieses Süppchen »Arme-Leute-Suppe«! Billig ist es auch – aber köstlich.

4 Zwiebeln
2 EL Öl
750 g Weißkohl
Paprika

1 l Gemüsebrühe
3 Kartoffeln
Kräutersalz
Pfeffer

Die fein geschnittenen Zwiebeln in dem Öl dünsten. Den in fingerbreite Stücke geschnittenen Kohl, Paprika und die in Würfel geschnittenen Kartoffeln hinzufügen. Brühe dazugießen. Nicht zu weich dünsten. Mit Salz und Pfeffer abschmecken. Ich gebe noch – gleich zu Anfang – 1 EL Kümmel dazu (macht den Kohl bekömmlicher) und ziehe am Schluss $1/4$ l saure Sahne darunter.

Kürbissuppe

1 kg Kürbis
3 EL Sonnenblumenöl
oder Butter
1 l Gemüsebrühe
Kräutersalz
Pfeffer

Muskatnuss
Zitronensaft
$1/8$ l saure oder süße Sahne
2 EL geröstete Brotwürfel
(Weizenvollkorn)

Kürbis schälen und in Würfel schneiden. In Öl oder Butter weich dünsten (10 Min.). Mit Gemüsebrühe auffüllen. Im Mixer pürieren oder ganz lassen. Mit den Gewürzen und Zitronensaft abschmecken. Mit den gerösteten Brotwürfeln servieren.

120   *Die üppige Vollwertkost*

> **Mein Tipp:** Kürbiskerne sammeln, trocknen, rösten und essen. Gut für die Prostata!

Minestrone

2 Zwiebeln	*1 l Gemüsebrühe*
2 EL Sonnenblumenöl	*2–3 Kartoffeln*
1/2 Sellerieknolle	*Kräutersalz*
1 Stange Lauch	*Pfeffer*
3 Möhren	*Knoblauch*
1/2 Blumenkohl	*Tomatenmark*
1 Hand voll grüne Bohnen	*100 g Parmesankäse*

Die klein geschnittenen Zwiebeln in dem Öl andünsten. Klein gewürfeltes Gemüse dazugeben, kurz weiterdünsten. Mit Gemüsebrühe auffüllen und die geschälten, fein gewürfelten Kartoffeln zufügen. Nicht zu weich kochen (ca. 20 Min.). Mit den restlichen Zutaten abschmecken und mit Parmesankäse bestreuen.

Rote-Rüben-Suppe

4 große Rote Rüben	*Kräutersalz*
1 l Gemüsebrühe	*Pfeffer*
2 Zwiebeln	*gemahlener Koriander*
2 EL Öl	*Saft von 1 Roten Rübe*
Muskatblüte	*Saft von 1 Zitrone*

Pikante und süße Suppen 121

Die Roten Rüben putzen, waschen und bürsten, mit der Schale in der Gemüsebrühe garen. Die Zwiebeln in dem Öl gelb dünsten. Die Rübenbrühe dazugießen und mit den Gewürzen abschmecken. Den Saft einer rohen Roten Rübe und Zitronensaft dazugeben, noch einmal heiß werden lassen.
Sie können die fertig gegarten Rüben würfeln und in die Suppe geben oder einen Salat daraus machen.
Ich ziehe bei dieser Suppe ganz vorsichtig zum Schluss Schlagsahne drunter.

Selleriesuppe

1 großer Sellerie	*Pfeffer*
1 l Gemüsebrühe	*2 Eigelb*
$^1/_2$ TL Honig	*$^1/_8$ l süße Sahne*
Kräutersalz	*Sellerieblätter*

Sellerie schälen, in Scheiben und dann in Würfel schneiden. In der Gemüsebrühe gar dünsten (ca. 20 Minuten). Mit Honig, Kräutersalz und Pfeffer abschmecken. Die mit der Sahne verquirlten Eigelbe darunterziehen. Mit fein gehackten Sellerieblättern bestreuen.

Wenn ich die Selleriesuppe im Mixer püriere, habe ich eine Selleriecremesuppe. Die Sahne-Eigelb-Mischung wird dann natürlich nach dem Pürieren hinzugefügt.

122   *Die üppige Vollwertkost*

Tomatensuppe griechisch

8 Tomaten	1 Zweig Thymian
2 EL Reisvollkornmehl	Kräutersalz
3/4 l Milch	Pfeffer
3 Nelken	Honig
2 Lorbeerblätter	1/4 l süße Sahne
3 Pfefferkörner	gehackte Petersilie
2 Zwiebeln	

Tomaten überbrühen, abziehen. Reismehl in einer heißen Pfanne ohne Fett kurz rösten, abkühlen lassen. Dann unter Rühren die Milch zugießen und aufkochen. Die mit den Nelken, Lorbeerblättern und Pfefferkörnern gespickten Zwiebeln zufügen sowie Thymian, Kräutersalz und Pfeffer, ca. 15 Minuten köcheln. Die Tomaten zugeben und weich dünsten. Die gespickten Zwiebeln und die Lorbeerblätter herausnehmen. Die mit dem Honig steif geschlagene, süße Sahne leicht unter die Suppe ziehen. Mit der gehackten Petersilie bestreuen.

Griechische Zwiebelsuppe

6–8 Zwiebeln	Kräutersalz
6 EL Sonnenblumenöl	Pfeffer
1 l oder mehr Gemüsebrühe	geriebener Parmesankäse

Die klein geschnittenen Zwiebeln in dem Öl golden dünsten. Die Brühe dazugeben und Zwiebeln gar dünsten. Salzen und pfeffern. Am Tisch mit reichlich Parmesankäse bestreuen.

Pikante und süße Suppen 123

Holundersuppe mit Hirseklößchen

1 l Holundersaft	*Hirseklößchen:*
3 Nelken	1 Rezept mit Milch gekochter
Zimt	Hirsebrei (siehe Seite 195)
Zitronensaft	1 Ei
Honig	Honig (nach Geschmack)

Den Saft mit den Nelken erhitzen, mit Zimt, Zitronensaft und Honig abschmecken. Den Hirsebrei mit Ei und Honig vermischen. Kleine Klößchen abstechen und in der heißen Suppe ziehen lassen.

Kartoffelsuppe Vichyssoise

das Weiße von 3 Lauch-	Pfeffer
stangen	1/4 l süße Sahne
2 EL Butter	Schnittlauch
4 Kartoffeln	Butter
1 l Gemüsebrühe	geröstete Croûtons aus
Salz	Weizenvollkorn

Lauch fein schneiden. In Butter ca. 5 Minuten dünsten. Kartoffeln schälen, würfeln, zugeben. Mit Brühe auffüllen, kochen, bis die Kartoffeln weich sind. Suppe im Mixer pürieren. Salzen, pfeffern, die süße Sahne unterziehen. Mit Schnittlauch und den in Butter gerösteten Croûtons bestreuen. Kalt servieren.
Variation: Zum Schluss ca. 100 g gewaschenen, fein geschnittenen Sauerampfer an die Suppe geben, roh oder kurz in Butter gedünstet. Sauerampfer enthält viel Eisen und Vitamin C, aber auch Oxalsäure. Vorsicht bei Nierenschwäche!

Braucht der Mensch tierisches Eiweiß?

Die Antwort lautet »Nein« – er braucht gar kein tierisches Eiweiß. Ein vollwertig ernährter Veganer ist der beste Beweis dafür. Pflanzliche Lebensmittel liefern genügend Eiweiß, so zum Beispiel das volle Korn, die Ölsaaten und Gemüse.

Im Allgemeinen leiden wir in den Industrieländern eher an einer Eiweiß-Überernährung (siehe das Buch von Prof. Lothar Wendt »Die Eiweißspeicherkrankheiten« im Literaturverzeichnis).

Bei der Entstehung der ernährungsbedingten Zivilisationskrankheiten spielt neben dem Vitalstoffmangel, herbeigeführt durch Fabriknahrungsmittel, auch und gerade ein Zuviel an tierischem Eiweiß eine Rolle. Deshalb den Verzehr von tierischem Eiweiß grundsätzlich einschränken, auch den von Milchprodukten. Übrigens: Sahne und Butter, als Fettanteil der Milch, enthalten nur etwa 2,5 Prozent (Sahne) und 0,5 Prozent (Butter) Eiweiß und schaden daher im Allgemeinen nicht.

Gemüsegerichte

Oft werde ich gefragt, wie lange es dauert, bis sich nach Umstellung auf Vollwertkost das gesundheitliche Gesamtbefinden verbessert.

Da gibt es natürlich keine Regel. Es kommt darauf an, wie lange jemand seinen Körper durch falsche Ernährung und Lebensweise malträtiert hat. Die Folgen 20-jähriger Fehlernährung lassen sich nicht von heute auf morgen aus der Welt schaffen. Nach meiner Erfahrung gibt es Sofortreaktionen, mittel- und langfristige Auswirkungen. Die Sofortreaktionen sind: gute Verdauung, bessere Laune und Nerven, größere Vitalität (oft schon nach Tagen). Die mittelfristigen Auswirkungen: Verschwinden von Herz- und Kreislaufbeschwerden, festeres Zahnfleisch, schönere Haut, Nägel und Haare, besserer Schlaf, mehr Lebensfreude. Zu den langfristigen Auswirkungen gehören nach meiner Erfahrung der Abbau von Ablagerungen im Körper (Zellulitis), die Besserung rheumatischer Versteifungen, auch Rückenbeschwerden, verminderte Neigung zu Erkältungen.

Bei mir hat das etwa 10 Jahre gedauert. Die Neigung zu Erkältungen allerdings ließ erst nach bei drastischer Kürzung des Anteils tierischen Eiweißes in der Nahrung, also auch Einschränkung von Eiern, Quark und anderen Milchprodukten – Fleisch und Fisch hatte ich ja schon sehr viel früher weggelassen. Einige Deformationen in Gelenken und im Rücken waren nicht mehr rückgängig zu machen. Gut wäre, wenn die Ernährungsumstellung einhergeht mit regelmäßiger Gymnastik, Atemübungen (Yoga), Sauna und Massagen. Mit richtiger Atmung können Sie viele Krankheiten wegatmen. Wenn man so etwas Wichtiges doch in der Schule lernen würde!

126   *Die üppige Vollwertkost*

Artischockenherzen marokkanisch

Dieses Rezept stammt von einem berühmten marokkanischen Koch, Ahmed Jakoubi. Ich verfeinere es noch mit einer Spur Honig.

100 g frisch gemahlener Hartweizen
1 EL Olivenöl
1 Hand voll klein geschnittene, getrocknete Aprikosen und Äpfel
1 Hand voll Rosinen
1 Hand voll gemischte Kürbis-,

Pinien- und Sonnenblumenkerne
1 Streifen Orangenschale
1 Prise Kurkuma
1 TL Kräutersalz
1 TL Pfeffer
8 Artischockenherzen (aus dem Glas)

3 Tassen Wasser in einer tiefen Pfanne mit Deckel zum Kochen bringen. Hartweizenschrot, Öl, Aprikosen, Äpfel, Rosinen und die Samen unter Rühren hineingeben. Aufkochen, die Orangenschale ein paar Minuten mitziehen lassen, dann herausnehmen. Mit Kurkuma, Kräutersalz und Pfeffer abschmecken. Die Artischockenherzen darauf verteilen. Deckel draufsetzen und das Ganze auf kleiner Flamme quellen lassen, bis alles Wasser aufgesogen ist.

Auberginen gefüllt mit Champignons

4 mittlere Auberginen
2 Zwiebeln
2–3 EL Öl
250 g Champignons
2 Tomaten

Kräutersalz
Pfeffer
Muskatnuss
Petersilie

Die Auberginen längs halbieren. Etwas aushöhlen. Die gehackten Zwiebeln in dem Öl golden dünsten. Die gehackten Champignons und die abgezogenen Tomaten dazugeben. Salzen, pfeffern und mit Muskatnuss würzen. Ca. 10 Minuten dünsten. Das herausgekratzte Auberginenfleisch hacken und zu der Champignonmasse geben, ebenfalls die klein gehackte Petersilie. Die Masse in die Auberginenhälften füllen und diese in eine gebutterte feuerfeste Form legen. Ca. 45 Minuten im auf 200 °C vorgeheizten Ofen backen.

Griechischer Auberginentopf

4 mittlere Auberginen	*Knoblauch*
Zitronensaft	*Pfeffer*
Kräutersalz	*Curry*
2 Zwiebeln	*Basilikum, möglichst frisch*
Olivenöl	*(sonst getrocknet)*
1 Hand voll Petersilie	*Salbei*
4 Tomaten	*100 g geriebener Käse*

Auberginen längs in Hälften teilen, mit Zitronensaft beträufeln und mit Kräutersalz bestreuen. Dicht nebeneinander in eine gebutterte Auflaufform legen. Zwiebeln fein hacken und in Olivenöl andünsten, einen Teil der gehackten Petersilie, geviertelte Tomaten, Knoblauch, Kräutersalz, die Gewürze und die Kräuter zufügen. Diese Mischung um und über die Auberginen verteilen, Olivenöl drübergießen und so viel Wasser, dass alles bedeckt ist. Mit dem Käse bestreuen. Im Ofen bei 200 °C 60 Minuten backen.

128   *Die üppige Vollwertkost*

Panierte Auberginenschnitzel

2 mittlere Auberginen	Knoblauch
Zitronensaft	Curry
2 Eier	Semmelbrösel
Kräutersalz	Sonnenblumenöl
Pfeffer	

Ungeschälte Auberginen in Scheiben schneiden und mit Zitronensaft beträufeln. Eier mit den Gewürzen verquirlen. Die Auberginenscheiben darin wenden, dann in den Semmelbrösel wälzen. In heißem Öl auf beiden Seiten braten. Dazu passt Kartoffelpüree. In die Mitte einer vorgewärmten Schüssel das Kartoffelpüree türmen, die Auberginenschnitzel rundherum arrangieren und mit Zitronenscheiben garnieren.

Indischer Blumenkohlcurry

1 Zwiebel	750 g Blumenkohl
1 Stück Ingwerwurzel	4 Kartoffeln
2 EL Butter	2 TL Kräutersalz
2 TL Kurkuma	2 TL Curry

Die klein gehackte Zwiebel und den klein geschnittenen Ingwer in der Butter golden dünsten. Kurkuma zugeben, 1 Minute mitdünsten. Dann die Blumenkohlröschen und die gewürfelten Kartoffeln hinzufügen. 10 Minuten dünsten. Salzen, etwas Wasser zugeben und fertig garen (ca. 20 Minuten). 5 Minuten vor Ende der Garzeit Curry drüberstreuen.

Grüne Bohnen mit Tomaten

2 Zwiebeln	Kräutersalz
4–5 EL Olivenöl	Pfeffer
750 g grüne Bohnen	1 Msp. Honig
Bohnenkraut	Knoblauch nach Geschmack
500 g Tomaten	Petersilie

Zwiebeln hacken, in dem Öl golden dünsten. Die in Stücke geschnittenen Bohnen und das Bohnenkraut zugeben. 15 Minuten köcheln lassen, dann die abgezogenen, in Stücke geschnittenen Tomaten und die Gewürze zugeben. 15–20 Minuten gar
dünsten. Den Knoblauch durch die Presse drücken und unter
die Bohnen mischen. Mit gehackter Petersilie bestreuen.

Weiße Bohnen mit Honig und Zimt

$1/2$ kg weiße Bohnen	1 Spur Muskat
Kräutersalz	Knoblauch nach Geschmack
Bohnenkraut	Honig und Zimt nach
Thymian	Geschmack
2 Lorbeerblätter	eventuell zerlassene Butter
Majoran	

Die weißen Bohnen über Nacht in 2 l Wasser einweichen. Im
gleichen Wasser mit Kräutersalz, Bohnenkraut, Thymian und
den Lorbeerblättern garen (ca. 50 Minuten). Mit Majoran, Muskat und durch die Presse gedrücktem Knoblauch abschmecken. Bei Tisch mit Honig beträufeln und mit Zimt bestreuen.
Wer will, gießt sich noch zerlassene Butter darüber.
Ein feines Winteressen!

Boston Baked Beans

1 Zwiebel	Ketchup
5 Nelken	Kräutersalz
Butter zum Einfetten	Pfeffer
500 g gekochte weiße Bohnen	Bohnenkraut
½ l Gemüsebrühe	½ Tasse Honig
Senfpulver oder 1–2 TL Senf	

Die Zwiebel mit den Nelken spicken und in eine gebutterte, feuerfeste Form setzen. Die Bohnen zufügen. Die übrigen Zutaten in der Gemüsebrühe verrühren und über die Bohnen gießen. Die zugedeckte Form im vorgeheizten Ofen bei 200 °C 30 Minuten backen.

Das ist eine gute Idee für einen »Brunch« an einem kalten Wintersonntag – wenn die Familie lange geschlafen hat und Frühstück und Mittagessen zu einem einzigen Schmaus zusammengezogen werden. Das Wort »brunch« ist eine Kombination von br(eakfast) = Frühstück und (l)unch = Mittagessen.
Und da wir die Boston Beans ohne Speck zubereiten und ohne Fett, schaden sie unserer Linie nicht.
Wer Lust hat, kann sich eine Kartoffel »in the jacket« dazu leisten, eine in der Schale gebackene Kartoffel, die so nebenbei im Ofen mitbäckt. Mit einem Klacks saurer Sahne darauf und darüber gestreutem Schnittlauch schmeckt sie köstlich. Prima Basis für den nachfolgenden Winterspaziergang!

Mein Gemüsetopf

Ich nehme, was es gerade an frischem Gemüse gibt.

4 Tomaten	1/2 TL Oregano
3 Paprikaschoten	2 Knoblauchzehen
2 Möhren	1 TL Kümmel
2 Sellerieherzen (Bleichsellerie)	Pfeffer
1 Blumenkohl	1 EL gehackte Petersilie
1 Tasse frische Erbsen	2 Eier
Außerdem:	Kräutersalz
2 EL Öl	4–6 EL geriebener Käse
1 Zwiebel	

Gemüse (außer Erbsen) zerkleinern. Das Öl erhitzen, alles Gemüse und die gehackte Zwiebel hineingeben, würzen. Etwas Wasser zugeben, nicht zu weich schmoren. Die Eier mit etwas Kräutersalz verrühren, über die Masse gießen, stocken lassen. Mit dem Käse bestreuen.

Oder den geriebenen Käse unter die schaumig geschlagenen Eier rühren, mit Kräutersalz abschmecken und die Masse über das Gemüse gießen. Im vorgeheizten Ofen bei 200 °C 20 Minuten überbacken.

Die Variationsmöglichkeiten sind zahllos. Sie können die Eiermasse weglassen, die Gemüse nur in dem Öl und etwas Brühe und Gewürzen gar schmoren und dazu Petersilienkartoffeln reichen oder ein Reis- oder Hirsegericht. Oder das fertige Gemüsegericht mit dem Reis- oder Hirsegericht mischen.

Am Schluss Knoblauch, Petersilie und einen Stich Butter dranzugeben schadet nie.

Und schwelgen Sie in Paprika, Koriander, Muskat, Rosmarin

132   *Die üppige Vollwertkost*

und Thymian, Basilikum, Oregano und anderen frischen Kräutern!

Jedes Gemüsegericht wird zu einem exotischen indischen Curry, wenn Sie ihm je nach Geschmack folgende Zutaten beigeben: frische Ingwerwurzel, klein geschnitten (oder Ingwerpulver), Kurkuma, zerstoßenen Kardamom, zerstoßenen Kümmel, Curry. Ingwer, Kurkuma, Kardamom und Kümmel werden gleich zugegeben, Curry die letzten 5 Minuten.

> **Mein Tipp** für die Verwendung von Gemüseresten: Gemüsereste in Öl mit Zwiebelwürfeln und Gewürzen nach Geschmack kurz dünsten. Dann eine Mischung aus Eiern, Sahne und geriebenem Käse, mit Kräutersalz, einer Spur Curry oder Paprika gewürzt, drübergießen. Deckel draufsetzen, stocken lassen.

Gebackenes Gemüse

Größere Stücke bissfest gedünstetes Gemüse (Blumenkohlröschen, Möhren, Gurken, Zwiebeln, Paprikaschoten, Auberginen, Zucchini, Rosenkohl, Kohlblätter, Champignons etc.) in einen dicken Eierkuchenteig (siehe Seite 230), der gut mit Curry gewürzt ist, tauchen. In heißem Öl golden backen. Ein lustiges Essen, wenn man's als Fondue macht: Jeder hat einen Teller mit Gemüsestückchen, ein Schälchen mit Eierkuchenteig und verschiedene Saucen vor sich und 2 Gabeln. Jedes Gemüsestückchen wird in den Eierkuchenteig getaucht, in den Fonduetopf mit heißem Olivenöl gehalten und dann in eine Sauce (Aïoli, Béarnaise, Vinaigrette etc.) gestippt.

Mit einem Landwein genießen!

Gemüsegerichte 133

Griechische Gemüsepfanne

250 g Auberginen
150 g Zucchini
150 g Kartoffeln
250 g Paprikaschoten
200 g Tomaten
Kräutersalz
Pfeffer
3 Zwiebeln

3 EL gehackte Petersilie
1 Hand voll frische Basilikumblätter (oder 1 TL getrocknete)
1 EL gehackter Dill
(oder 1 TL getrockneter)
5 Knoblauchzehen
4–6 EL Olivenöl

Auberginen, Zucchini und die gebürsteten ungeschälten Kartoffeln in 1 cm dicke Scheiben schneiden, die entkernten Paprika grob würfeln. Die Hälfte der Tomaten überbrühen, abziehen und zerkleinern. Alle Gemüse grob miteinander vermischen, mit Kräutersalz und Pfeffer würzen und in eine gebutterte Auflaufform schichten. Gehackte Zwiebeln und Kräuter sowie den durch die Presse gedrückten Knoblauch drübergeben. Restliche Tomaten in Scheiben schneiden und auf dem Gemüse verteilen. Öl und 3 EL Wasser drübergießen, mit Kräutersalz bestreuen. Im vorgeheizten Ofen bei 200 °C 60 Minuten backen. Mit frischen Basilikumblättchen und dünnen Zitronenscheiben garniert servieren.

134   *Die üppige Vollwertkost*

Gemüsestrudel

Grundrezept Strudelteig:
250 g Vollkornmehl (halb
Dinkel, halb Kamut)
$1/2$ TL Kräutersalz
100 g Butter
Füllung:
500 g Gemüse: Blumenkohl,
Brokkoli, Pilze, Möhren,
Lauch etc.
1 Zwiebel

2–3 EL Olivenöl
Kräutersalz
Pfeffer
Muskat
2 Eier
50 g geriebener Käse
(Parmesan, Emmentaler
oder Bergkäse)
1 Ei mit 1 EL Milch verquirlt

Vollkornmehl, $1/8$ l warmes Wasser, Kräutersalz und die leicht flüssige Butter zu einem geschmeidigen Knetteig verarbeiten. Teig auf einen Teller legen und eine Schüssel drüberstülpen, um Wärme und Geschmeidigkeit zu erhalten.

Das Gemüse zerkleinern (Blumenkohl und Brokkoli in kleine Röschen teilen, Pilze blättrig schneiden, Möhren stifteln, Lauch in Ringe schneiden). Die Zwiebel würfeln und mit dem zerkleinerten Gemüse in Öl andünsten. Mit den Gewürzen pikant abschmecken.

Strudelteig entweder auf bemehlter Arbeitsfläche oder einer Backfolie so dünn wie möglich zu einem Rechteck ausrollen. Das gedünstete Gemüse mit den 2 verquirlten Eiern und dem geriebenen Käse vermengen und die Masse in der Mitte der Teigplatte verteilen. Mit einem Pinsel die Ränder mit etwas von dem Ei-Milch-Gemisch bestreichen. Die Ränder zuerst rechts und links einschlagen, dann von unten und oben und die Teigplatte zu einer Rolle formen. Die Rolle vorsichtig auf das gefettete Backblech legen, den Teigschluss nach unten. Mit dem restlichen Ei-Milch-Gemisch die Oberfläche bestreichen.

136 *Die üppige Vollwertkost*

Strudel in den auf 200 °C vorgeheizten Ofen schieben und 30–35 Minuten backen.
Mit Sahne-Joghurt-Knoblauch-Sauce oder Zitronensauce (Seite 90 und 91f.) servieren.

Spinatvariante: Zubereitung wie Gemüsestrudel. Die Füllung besteht aus fertig gegartem, kräftig abgeschmecktem Blattspinat, auf den Sie statt der Käse-Eier-Mischung ganze hart gekochte, gepellte Eier legen können; übrige Zutaten wie beim Gemüsestrudel.
Genauso gut lässt sich ein Strudel auch nur mit Kohl oder nur mit Lauch etc. füllen.

Gemüsetorte

Ideal für Gemüsereste!

Mürbeteig von:	*Pfeffer*
500 g Weichweizenvollkorn-	*2 Eigelb*
mehl	*4–6 EL Sahne*
200 g Butter	*Außerdem:*
1/4 TL Edelsüßpaprika	*ca. 1 kg gedünstetes Gemüse*
Kräutersalz	*(alles Gemüse passt)*

Zutaten für den Teig verkneten, 1/2 Stunde kalt stellen. Dann die Hälfte des Teiges für den Deckel ausrollen. Den Boden und die Seiten in einer gut gefetteten Springform mit der anderen Hälfte des Teiges auskleiden, am Rand etwas hochdrücken. Das Gemüse hineinfüllen. Obendrauf den Teigdeckel legen, in die Mitte ein Loch schneiden, damit der Dampf abziehen kann. Im vorgeheizten Ofen bei 200 °C 30–40 Minuten backen.

Dazu Zitronen-, Champignon-, Kapern-, Tomaten- oder eine Kokosmilch-, Senf- oder Currysauce. Und ein frischer Salat.

Gemüse in Kokosmilch

100 g Kokosflocken	2 Zwiebeln
3 Auberginen	2 Knoblauchzehen
einige Kohlblätter	2 TL Kräutersalz
6 Paprikaschoten	3 EL Öl
1 Hand voll Bambussprossen	abgeriebene Zitronenschale
(Dose)	1 Lorbeerblatt
1 Hand voll grüne Bohnen	250 g gekochte Sojabohnen
1 EL Haselnüsse	

Die Kokosflocken mit 1 l kochendem Wasser überbrühen, $1/2$ Stunde ziehen lassen. Dann mit den Händen gut durchkneten, abseihen. Die so entstandene Kokosmilch zurückstellen. Inzwischen die Auberginen würfeln, Kohlblätter, Paprika, Bohnen und Bambussprossen in Stücke schneiden. Die Nüsse, die Zwiebeln und den Knoblauch hacken und mit Kräutersalz mischen. Im Öl golden dünsten. Die Kokosmilch zugießen, aufkochen. Das Gemüse zufügen sowie die abgeriebene Zitronenschale und das Lorbeerblatt. Die Sojabohnen nur die letzten 5 Minuten mitköcheln lassen. Alles in ca. 15–20 Minuten garen.

138   *Die üppige Vollwertkost*

Marokkanischer Gemüse-Weizenschrottopf

Ein Fitmacher! Der marokkanische Koch, von dem ich dieses Gericht habe, schwört: Es verjüngt um Jahre.

2 EL Sesamöl (oder anderes Öl)	*Prise Cayennepfeffer*
3 Zwiebeln	*$1/2$ TL Kräutersalz*
4 Möhren	*2 Knoblauchzehen*
2 Bleichsellerie	*1 EL Sojaöl*
4–6 Artischockenherzen	*2 Tassen Gemüsebrühe (evtl.*
10 Champignons	*mehr)*
1 Hand voll gehackte Petersilie	*1 Tasse Weizenschrot*
6 Korianderkörner	*Zitronensaft*
4 EL Sesam	*geriebener Käse*
$1/2$ TL Ingwer	

Sesamöl und etwas Wasser erhitzen. Die gewaschenen, in Scheiben geschnittenen Gemüse, Petersilie und die Gewürze darin dünsten. In einem Extratopf Sojaöl heiß werden lassen. Gemüsebrühe zugießen, Weizenschrot einstreuen und unter Rühren garen. Gemüse und Weizenschrot sind gleichzeitig nach ca. 15–20 Minuten fertig. Beides mischen, noch einmal abschmecken, mit Zitronensaft beträufeln und geriebenen Käse drüberstreuen.

Weißkohl indisch

3 EL Öl	Pfeffer
1 Zwiebel	1 kg Weißkohl
1 Stück Ingwerwurzel	1 TL Zitronensaft
1 TL Kurkuma	1 Knoblauchzehe
Kräutersalz	2 TL Curry

In dem Öl die fein geschnittenen Zwiebel- und Ingwerscheiben golden dünsten. Kurkuma, Kräutersalz und Pfeffer und den grob geschnittenen Kohl dazugeben. Ca. 20 Minuten dünsten. Zitronensaft hinzufügen und fertig garen.

Das Originalrezept schreibt 1 Stunde Kochzeit vor, das finde ich zu lange. Ich mag Kohl lieber »al dente«, bissfest, probieren Sie selbst.

Mit Kräutersalz, gehacktem Knoblauch und Curry abschmecken, weitere 5 Minuten kochen.

Kohl ist nicht nur der ideale Vitamin-C-Spender für die Wintermonate, er ist auch reich am Schönheitsvitamin Karotin (Vorstufe des Vitamins A) und an den Vitaminen der B-Gruppe, die unser Nervenkostüm pflegen. Und – wichtig für uns Frauen: Er enthält besonders viel Eisen. Eisenmangel macht schlapp! Eine weitere kostbare Eigenschaft des Weißkohls: Sein Reichtum an Vitamin K – einem blutstillenden Vitamin, dem die Heilkunde die hervorragende Wirkung des rohen Weißkohlsaftes bei Magengeschwüren und Magenblutungen zuschreibt. Früher legte man Weißkohlblätter auf offene Wunden.

140   *Die üppige Vollwertkost*

Kohlrouladen mit Grünkernfüllung

1 mittelgroßer möglichst loser	*(Rezept und Menge siehe*
Weißkohl	*Seite 194)*
1 l Gemüsebrühe	*Knoblauch, Curry, Muskat und*
1 Rezept fertig gegarter	*Petersilie nach Geschmack*
Grünkern	*2–3 EL Olivenöl*

Den Kohlkopf auseinander nehmen, die harten Strünke herausschneiden und die Blätter in der Gemüsebrühe nicht zu
weich kochen. Den pikant mit Knoblauch, Curry, Muskat und
Petersilie abgeschmeckten Grünkern in die einzelnen Blätter
füllen und diese zusammenrollen. In einer Pfanne mit Deckel
das Öl erhitzen und die Kohlrouladen darin auf beiden Seiten
goldgelb braten (eventuell etwas Wasser zugeben).
Die Kohlrouladen mit der Tomatensauce aus Korsika (siehe
Seite 90) servieren!
Eine einfachere Variante: In einer Bratpfanne das Öl heiß werden lassen. Die Hälfte der Kohlblätter hineinlegen, die Fülle
drauf geben und ein paar Butterflöckchen, mit einer Lage
Kohlblätter abschließen. Bei zugedeckter Pfanne und kleiner
Hitze auf beiden Seiten goldgelb braten. Vorsicht beim Wenden!

Kürbis mit Tomaten und Paprika

250 g Zwiebeln	*250 g Kürbis*
2 Knoblauchzehen	*250 g Tomaten*
2 EL gehackte Petersilie	*Kräutersalz*
4–5 EL Öl	*Pfeffer*
250 g Paprikaschoten	*1–2 EL Sahne*

Klein gehackte Zwiebeln, Knoblauch und Petersilie in dem Öl andünsten. Die in Streifen geschnittenen Paprikaschoten zugeben. 10 Minuten auf kleiner Flamme köcheln lassen. Dann den in Stücke geschnittenen Kürbis und die abgezogenen, in Stücke geschnittenen Tomaten zugeben. Salzen und pfeffern. Fertig garen (ca. 20 Minuten). Noch einmal abschmecken. Sahne unterziehen.

Was übrig bleibt am nächsten Tag kalt als Vorspeise essen! Mit einem heißen Weizenfladen dazu.

Lauch auf Feinschmeckerart

2 mittlere Lauchstangen	Knoblauch
1 Stück Sellerie	3 EL Olivenöl
2 Möhren	Kräutersalz
500 g Kartoffeln	1 Prise geriebene Muskatnuss
1/2 Wirsing- oder Weißkohl	zerstoßener Koriander
(ca. 300 g)	Basilikum (frisch gepflückt,
1 Hand voll Rosenkohl	getrocknetes gerebelt)
gehackte Petersilie	1/2 l Gemüsebrühe
1 Zwiebel	2–3 EL Parmesan

Den Lauch in Ringe schneiden, Sellerie und Möhren stifteln, Kartoffeln in Scheiben schneiden (möglichst ungeschält und nur gebürstet), Kohl fein schneiden, Rosenkohl ganz lassen. Petersilie und Zwiebel hacken, Knoblauch zerdrücken. Alles in Olivenöl andünsten, unter ständigem Wenden die restlichen Zutaten zugeben und etwa 1/2 Stunde garen. Noch einmal abschmecken, mit Parmesan bestreut anrichten.

142   *Die üppige Vollwertkost*

Lauch im Käsemantel

500 g Lauch	1 Prise geriebene Muskatnuss
1 l Gemüsebrühe	2 EL Sahne
Käsescheiben (von einem	100 g geriebener Käse (Berg-
weichen, würzigen Käse)	käse)
Senf	Butterflöckchen

Den Lauch in 10 cm lange Stücke schneiden. In die kochende
Gemüsebrühe geben und kurz ziehen, dann abtropfen lassen.
Käsescheiben mit Senf bestreichen und je ein Stück Lauch
damit umwickeln. Die Lauchstücke in eine gebutterte Auflaufform legen, mit Muskat bestreuen, Sahne drübergießen, Käse
drüberstreuen und Butterflöckchen draufsetzen. Im Ofen bei
200 °C etwa 10 Minuten überbacken.
Dazu schmecken junge Kartöffelchen, in zerlassener Butter
und gehackter Petersilie geschwenkt.

Lauch-Möhren-Topf mit Grünkernklößchen

500 g Lauch	Pfeffer
500 g Möhren	$^1/_2$ Rezept gegarter Grünkern
3 EL Olivenöl	(Rezept siehe Seite 194)
1–2 Tassen Gemüsebrühe	zerlassene Butter
evtl. Knoblauch	gehackte Petersilie
evtl. Kräutersalz	

Lauch und Möhren in fingerlange Stücke schneiden. In Öl unter ständigem Wenden andünsten, Brühe zugeben und das Gemüse knackig garen (10 Minuten); falls zu viel Flüssigkeit vorhanden, abgießen und anderweitig verwenden. Das Gemüse

evtl. mit Kräutersalz, Knoblauch und Pfeffer abschmecken. Aus der Grünkernmasse mit nassen Händen walnussgroße Klößchen formen, auf das Gemüse legen. Alles noch einmal erhitzen. Vor dem Anrichten mit zerlassener Butter begießen und mit Petersilie bestreuen.

Noch raffinierter wird dieses Gericht, wenn Sie es mit einer Käse-Royale (siehe Seite 86f.) im Ofen überbacken.

Provençalisches Gratin

4 mittlere Zwiebeln	*Pfeffer*
3 EL Olivenöl	*Thymian*
Kapern nach Geschmack	*2–3 EL Olivenöl*
1/2 kg Kartoffeln	*200 g geriebener Gruyère*
1/2 kg Tomaten	*(Bergkäse tut's auch)*
Kräutersalz	

Die Zwiebeln in Scheiben schneiden und im Öl dünsten. Kapern zugeben und kurz mitdünsten. Gebürstete, gewaschene Kartoffeln mit der Schale und die Tomaten in dünne Scheiben schneiden. In eine gebutterte Auflaufform eine Schicht Tomaten geben, mit Salz, Pfeffer und Thymian bestreuen, dann eine Schicht Kartoffelscheiben, ebenfalls würzen, darauf eine Schicht Zwiebeln geben. Mit Öl beträufeln und mit 1/2 Glas Wasser übergießen. Dick den geriebenen Käse drüberstreuen. Im Ofen bei 220 °C etwa 30 Minuten backen.

Moussaka

1 kg gekochte Pellkartoffeln	2 Rezepte fertig gegarter
(junge mit der Schale,	Blattspinat (siehe Seite 146,
alte gepellt)	doppelte Menge)
Butter	200 g geriebener Parmesan
2–3 große Auberginen	oder anderer Käse
Saft von 2 Zitronen	1 Rezept dicke Béchamelsauce
Kräutersalz	(siehe Seite 78)
Olivenöl zum Braten	4 Eier (getrennt)

Pellkartoffeln längs in Scheiben schneiden, auf ein gebuttertes Blech legen. Auberginen quer in runde Scheiben schneiden, mit Zitronensaft beträufeln und mit Kräutersalz bestreuen. Auberginen in dem Öl braten, die Hälfte der Auberginenscheiben auf die Kartoffelscheiben legen. Den fertigen Blattspinat grob hacken und auf den Auberginen verteilen, restliche Auberginenscheiben auf dem Spinat verteilen. Käse unter die Béchamelsauce rühren, dann Eigelb, zum Schluss das steif geschlagene Eiweiß unterziehen, auf die Gemüsemasse gießen und glatt streichen. Blech für $1/2$ Stunde in den auf 220 °C vorgeheizten Ofen schieben.

Moussaka auf dem Blech servieren: große Stücke abschneiden und auf die Teller geben. Damit die Stücke schön aussehen, sie möglichst dem Durchmesser der Auberginen entsprechend schneiden.

Dieses Blech hat für 7 Erwachsene und 3 Kinder gereicht. Vorher gab's Spinat-Champignon-Salat und nachher mein Vollkornbrot mit Butter und Käse. Und dazu sehr viel Burgenländischen Rotwein.

Ratatouille

4 mittlere Zwiebeln	*4 durchgedrückte Knoblauch-*
500 g Auberginen	*zehen*
500 g Zucchini	*Kräutersalz*
500 g rote, grüne und gelbe	*Pfeffer*
Paprikaschoten	*1 Lorbeerblatt*
2–3 EL Olivenöl	*Oregano*
500 g Tomaten (überbrüht	*grob gehackte Petersilie oder*
und enthäutet)	*Oregano zum Garnieren*

Die gehackten Zwiebeln in dem Öl angaren, dann die in grobe Würfel geschnittenen Auberginen, Zucchini, Paprikaschoten und das Wasser zugeben. Ungefähr 20 Minuten garen. Anschließend die zerkleinerten Tomaten und die Gewürze zufügen, nochmals ca. 5 Minuten garen. Abschmecken, mit den gehackten Kräutern bestreut servieren.
Dazu Weizenfladen und ein leichter Rosé.

Rosenkohlauflauf mit Käse und Eiern

1 kg gedünsteter Rosenkohl	*100–150 g geriebener Käse*
3 Eier	*evtl. Kräutersalz*
1/8 l Sahne	*Pfeffer*

Rosenkohl in eine gebutterte, feuerfeste Form füllen. Die Eier mit der Sahne und dem Käse verquirlen, evtl. zusätzlich mit Kräutersalz und Pfeffer würzen. Die Masse über den Rosenkohl gießen und im vorgeheizten Ofen bei 200 °C goldbraun backen (20–30 Minuten).
Kartoffelpüree passt gut dazu.

146   *Die üppige Vollwertkost*

Schwarzwurzeleierkuchen bulgarisch

1 kg Schwarzwurzeln *1 Rezept Eierkuchenteig*
1 TL Kräutersalz *(siehe Seite 230)*
Zitronensaft

Schwarzwurzeln in 5 cm lange Stücke schneiden, in Salzwasser 15 Minuten garen, herausnehmen, mit Zitronensaft beträufeln, die Pfeffermühle drüberdrehen und warm stellen. Einen Eierkuchenteig aus den angegebenen Zutaten bereiten und die Eierkuchen im heißen Öl backen. Die warm gestellten Schwarzwurzeln hineinfüllen. Eierkuchen zusammenfalten.

Roh schmecken die Schwarzwurzeln auch sehr gut: Die geputzten Wurzeln in eine fertige Salatsauce hineinreiben und mit geriebenen Haselnüssen bestreuen.
Weitere Gewürze für Schwarzwurzeln: Knoblauch, Koriander, Thymian, Selleriesalz.

Blattspinat

1 kg Blattspinat *Knoblauch nach Geschmack*
1 Zwiebel *1 Prise geriebene Muskatnuss*
2–3 EL Öl *etwas Butter*
Kräutersalz

Die Spinatblätter mehrmals gründlich waschen. Die gehackte Zwiebel in Öl golden dünsten. Den abgetropften Spinat zugeben, zusammenfallen lassen. Mit Kräutersalz, durchgepresstem Knoblauch und Muskat abschmecken und einen Stich Butter unterziehen.

Gemüsegerichte 147

Alle Spinatgerichte lassen sich auch mit Mangold oder mit jungen Brennnesseln zubereiten.

Spinat-Hirse-Auflauf

*1 Rezept fertig gegarter
Blattspinat (siehe Seite 146)
1 Portion Hirsebrei
(Rezept siehe Seite 195)*

*100 g geriebener Parmesan
oder Bergkäse
Butterflöckchen*

Blattspinat locker unter den Hirsebrei mischen – die Spinatblätter sollten noch sichtbar sein. In eine gebutterte Auflaufform füllen, mit Käse bestreuen, Butterflöckchen draufsetzen. Im Ofen bei 200 °C 20–30 Minuten überbacken (je nachdem, ob die Zutaten kalt oder warm sind).

Spinatauflauf mit Sauce Mornay

*1000–1500 g gedünsteter
Spinat
4 pochierte Eier*

*Sauce Mornay (siehe Seite 80)
3 EL geriebener Käse*

Spinat hacken und in eine gebutterte, feuerfeste Form füllen. Pochierte Eier darauf legen, mit Sauce Mornay übergießen und mit geriebenem Käse bestreuen. Im vorgeheizten Ofen bei 200 °C goldgelb überbacken.
Dazu im Ofen gebackene Kartoffeln.

Spinatknödel oder -gnocchi

1000–1500 g gedünsteter Spinat	Knoblauch
	Kräutersalz
3 Eier	Pfeffer
300 g Dinkelmehl	Curry nach Geschmack
100 g geriebener Käse	2 EL Butter zum Begießen

Gedünsteten Spinat hacken und mit den übrigen Zutaten vermischen. Runde oder längliche Klöße (Gnocchi) formen, in reichlich kochendes Salzwasser geben und ziehen lassen. Wenn sie hochkommen, sind sie fertig. Mit zerlassener Butter begießen.
Dazu Salat.

Spießchen »quer durch den Garten«

alle möglichen Gemüse	Paprikapulver
Öl zum Bepinseln	Kräutersalz
Curry	

Das Gemüse in dicke Scheiben oder Ringe schneiden, sodass Sie alles wie ein Schaschlik auf Spießchen stecken können: Zucchini, Auberginen, Sellerie, Möhren, Paprikaschoten, Rosenkohl, Blumenkohlröschen, Zwiebeln, Champignons, milchsaure Pilze und Gurken, Apfel-, Tomaten-, Bananenscheiben. Die harten Gemüsesorten wie Rosenkohl, Blumenkohl, Sellerie, Möhren etc. vorher in Gemüsebrühe bissfest garen. Auberginen- und Zucchinischeiben auf beiden Seiten je 3 Minuten in Öl oder Butter anbraten. Champignons, Zwiebeln, Tomaten etc. bleiben roh. Die vorbereiteten Gemüsespießchen mit Öl bepinseln, mit Curry überstäuben und im Ofen oder über Holzkohle grillen. Dann mit Paprika und Kräutersalz bestreuen.

Zu den Gemüsespießchen eine pikante Sauce servieren wie: Tomatensauce, Senfsauce, Meerrettichsauce, Zitronen- oder Currysauce (siehe das Kapitel »Rohe und gekochte Saucen«).

Auch in der Schale gebackene Kartoffeln, mit einem Klacks saurer Sahne garniert, passen dazu oder Puffer aus Hirse oder Grünkern.

Topinambur gedünstet

1 kg Topinambur	Curry
1 l Gemüsebrühe	Muskat
2 Zwiebeln	Kräutersalz
2 EL Öl	gehackte Petersilie
gehackter Knoblauch	$1/8$ l Sahne
Thymian	

Topinambur waschen und in Scheiben schneiden. In der Gemüsebrühe garen (20–25 Minuten). Die gehackten Zwiebeln in dem Öl golden dünsten und zugeben. Mit Knoblauch, Thymian, Curry, Muskat und Salz abschmecken. Die gehackte Petersilie und Sahne unterziehen.

Mit Zitronensauce (Topinamburbrühe verwenden) oder einer Pilz- oder Tomatensauce servieren. Dazu schmeckt Basmatireis.

Der in Amerika beheimatete Topinambur ist nicht mit der Kartoffel verwandt, obwohl ihre Knolle der Kartoffelknolle ähnelt. Die Topinambur gehört zur Familie der Sonnenblumen. Die

150 *Die üppige Vollwertkost*

äußerst anspruchslose Pflanze holt sich ihre Nahrung auch noch aus dem armseligsten Boden. Sie beschenkt uns mit reichlich Kalk und Kieselsäure – für unsere Haut, Haare, Nägel, Knochen und Bandscheiben. Und sie ist ein interessantes Gemüse für Zuckerkranke: Das in den Topinamburknollen enthaltene Inulin soll insulinbildend wirken.

Zucchinikuchen aus Sardinien

1 Rezept salziger Mürbeteig	1 Becher Sahne
(siehe Seite 246)	1 EL Zitronensaft
1 EL Butter	2 Eier
1 Zwiebel	3 EL frisch geriebener
Knoblauch	Parmesan
1/2 EL möglichst frischer	Kräutersalz
Rosmarin	Pfeffer
500 g Zucchini	

Den Mürbeteig eine Stunde kalt stellen, dann ausrollen und eine gebutterte Pastetenform damit auskleiden. Butter erhitzen, gehackte Zwiebel, zerdrückten Knoblauch und gehackten Rosmarin zugeben, unter Rühren dünsten. Die Zucchini in Scheiben schneiden, zugeben und etwa 10 Minuten weiterdünsten, dann abkühlen lassen. Die Sahne mit Zitronensaft verrühren. Eier und Parmesan zugeben, mit Kräutersalz und Pfeffer abschmecken, die Zucchini auf dem Teig verteilen, die Eiermasse drübergießen. Im Ofen bei 200 °C 30–40 Minuten backen.

Zucchini-Eierspeise aus Sardinien

ca. 500 g Zucchini	*Pfeffer*
1–2 EL Öl	*6 Eier*
Kräutersalz	*1 Hand voll Petersilie*

Zucchini in Scheiben schneiden, in dem Öl mit 2–3 EL Wasser, Kräutersalz und Pfeffer garen. Die Eier verquirlen. Die fein gehackte Petersilie zugeben. Eiermasse über die Zucchini gießen. Noch einmal abschmecken. Wie einen dicken Eierkuchen auf beiden Seiten backen. Eventuell noch etwas Öl zugeben. Kann man ebenso gut mit Mangold zubereiten.

Zwiebelgemüse libanesisch

Dieses ungewöhnliche Zwiebelgericht gab's auf einem Empfang in der libanesischen Botschaft. Als der Botschafter meine Lobeshymnen hörte, ging er mit mir in die Küche und übersetzte, was der reizende Koch Abdullah da gezaubert hatte.

1 Tasse Hartweizenschrot	*Kräutersalz*
2 Tassen Gemüsebrühe	*Pfeffer*
750 g kleine Zwiebeln	*Honig nach Geschmack*
4–5 EL Öl	*2 Knoblauchzehen*
500 g Tomaten	*1 TL (oder mehr) Zimt*
frische Minze (wenn man hat)	

Den Weizenschrot eine Stunde in der Gemüsebrühe einweichen. Die kleinen Zwiebeln in dem Öl golden dünsten. Die abgezogenen, zerdrückten Tomaten zugeben und den eingeweichten Hartweizenschrot (evtl. noch etwas mehr Wasser zu-

152　*Die üppige Vollwertkost*

geben) 10 Minuten köcheln lassen. Mit Minze, Kräutersalz und Pfeffer, Honig und durch die Presse gedrücktem Knoblauch abschmecken. Nochmals 10 Minuten garen. Zum Schluss den Zimt unterrühren.

Das ätherische Öl der Zwiebel lässt uns zwar beim Zwiebelschneiden die Augen tränen, stärkt aber unsere Verdauungs- und Atmungsorgane. Eine Zwiebelsuppe, bei aufkommender Erkältung gegessen, wirkt Wunder. Probieren Sie die Zwiebel auch mal als Gemüse, pikant gewürzt oder mit einer interessanten Füllung und einer Tomatensauce serviert. Na, und dann erst eine Zwiebeltorte oder ein Zwiebelkuchen zu einem kühlen Weißwein!

Gefüllte Zwiebeln

4 große Zwiebeln	*Petersilie, Dill etc. nach*
125 g vorgegarter Reis	*Belieben und Verfügbarkeit*
125 g Champignons	*4 EL geriebener Käse*
1 Ei	*2 Eier*
2 EL geriebener Käse	*1 Hand voll gehackte Kräuter*
Kräutersalz	<u>*Außerdem:*</u>
Pfeffer	*2 EL Öl oder Butter*
frische Kräuter – Schnittlauch,	*$1/8$ l saure Sahne*

Zwiebeln quer durchschneiden, sodass 8 zu füllende Hälften entstehen. Jede Hälfte soweit es geht aushöhlen. Den Reis mit den blättrig geschnittenen Pilzen, dem Zwiebelinneren (gehackt), Ei, Käse, Gewürzen und Kräutern vermischen, abschmecken, eventuell nachwürzen. Die Masse in die Zwiebelhälften füllen, obenauf $1/2$ Champignon drücken und in eine feuerfeste Form setzen. 3 EL Öl und 3 EL Wasser drübergießen und im vorgeheizten Ofen bei 200 °C 30–35 Minuten backen. Vor dem Servieren 1/2 Becher Sahne drübergießen. Die fertigen Zwiebeln in ein Nest von Kartoffelpüree setzen.

Besonders hübsch – zum Beispiel auf dem Büfett für eine Party – sehen rote gefüllte Zwiebeln aus. Übrigens ein ideales Gericht zur Verwertung von übrig gebliebenem Reis.

Französische Zwiebeleier

etwa 600 g Kartoffeln	*Paprikapulver*
Kräutersalz	*1/2 TL Honig*
Pfeffer	*Majoran*
Curry	*4 Eier*
etwa 600 g Zwiebeln	*100 g geriebener Käse*
3–4 EL Olivenöl	*(Emmentaler, Parmesan oder*
300 g Tomaten	*Bergkäse)*
1/8 l Sahne	*Butterflöckchen*

Die Kartoffeln kochen, pellen, abkühlen und in Scheiben schneiden, mit Kräutersalz, Pfeffer und Curry würzen. Die Zwiebeln in Ringe schneiden, in dem Öl anbraten. Zerkleinerte Tomaten, Sahne, Kräutersalz, Paprika und Honig zugeben und weiterdünsten. Eine Lage Kartoffelscheiben in eine gebutterte Auflaufform füllen, die Zwiebelmasse draufgeben, mit Majoran würzen. Dellen hineindrücken und in jede ein aufgeschlagenes Ei gleiten lassen. Mit Kräutersalz und Pfeffer würzen. Käse drüberstreuen und Butterflöckchen draufsetzen. Im Ofen bei 200 °C überbacken, bis die Eier gestockt sind (15–20 Minuten).

154   *Die üppige Vollwertkost*

Sie können die Kartoffeln auch weglassen und warmes Knoblauchbrot zu den Zwiebeleiern servieren. Das schmeckt noch französischer.

In Frankreich hatte der Koch das Gemüsebett für die Eier aus halb Zwiebeln, halb Lauch zubereitet, was zwar sehr hübsch aussah, sich aber als hochexplosive Mischung herausstellte. Einige ausgepichte Feinschmecker behaupteten hinterher steif und fest, sie hätten einer spiritistischen Sitzung beigewohnt und an der Zimmerdecke geschwebt!

Sie sehen schon, folgendes Sprichwort hat wirklich seine Berechtigung: *»So viele Häute die Zwiebel hat, so viele Gerichte lassen sich aus ihr herstellen.«*

Zum Vegetarier in sechs Tagen
mit Barbara Rütting

Unter diesem Motto hat der Hessische Rundfunk 6 morgendliche 2-Minuten-Interviews mit mir gesendet. Ich denke, dass die Fragen und Antworten auch für meine LeserInnen von Interesse sind.

Am Montag war das Frühstück dran, am Dienstag das Mittagessen, Mittwoch das Abendessen, Donnerstag Vegetarismus für Kinder, Freitag Romantisches Menü zu zweit, Samstag Essen für Gäste.

Es wurde ein sehr lustiges Interview. Der Hessische Rundfunk fragte, ich antwortete. Und so hörte sich das an:

H. R. *Das Frühstück.* Wie fange ich den Weg zum Vegetarier an? Ab heute überhaupt kein Fleisch mehr oder langsam vorgehen? Was gibt es zum Frühstück?

B. R. Vor allem variieren. Ideal ist ein Frischkorngericht, also ein selbst gemachtes Müsli – mit geriebenem Apfel und Obst der Saison, Nüssen, Mandeln, etwas Zitronensaft und Sahne. Eine Energiebombe!

Sonntags backe ich Vollkornwaffeln. Lieben Kinder und auch erwachsene Gäste! Frisch gemahlener Dinkel wird mit Wasser angerührt, kurz quellen lassen, dazu etwas Sahne – und ab ins Waffeleisen. Schmeckt super mit Butter, Honig, Zimt, Vanille oder Datteln.

Oder: warmer Hirsebrei mit Pflaumenmus. Gut fürs Bindegewebe, gegen Zellulitis.

Diese Gerichte schmecken toll, machen gute Laune und halten lange fit.

Als Tee eignet sich Rosmarintee, er regt den Kreislauf an.

156   *Die üppige Vollwertkost*

H. R. *Das Mittagessen.* Schnell muss es gehen, als Berufstäti-
ger kann ich auch nicht stundenlang einkaufen gehen,
um exotische Zutaten zu besorgen. Satt machen soll es
auch und abwechslungsreich soll es sein. Was koche ich
also?

B. R. Am Anfang sollte immer ein bunter Salat stehen mit einem feinen Dressing aus gutem Öl, Zitronensaft, mit vielen Kräutern gewürzt. Wenn es schnell gehen soll, stelle
ich einfach verschiedene Gemüse auf den Tisch – les
Crudités – und jeder stippt sich, was er oder sie mag, in
einen herzhaften Dip. Als Hauptgericht kann es einen
Auflauf geben, zum Beispiel einen Spinat-Hirse-Auflauf –
den habe ich einmal in der Biolek-Sendung zubereitet,
mit großem Erfolg! – oder etwas mit Kartoffeln – Pellkartoffeln mit Quark und Leinöl ist nach wie vor mein Lieb-
lingsgericht.

Ein Nachtisch ist mir mittags zu viel, stattdessen esse ich
lieber am Nachmittag irgendeinen feinen Snack, natürlich aus Vollkorn.

H. R. *Das Abendessen.* Was geben statt Wurst? Muss ich eigentlich etwas komplett anders machen, um die Stoffe zu
bekommen, die im Fleisch drin sind? Was serviere ich
überzeugten Fleischfans (ich brauche meinen Schinken
und das Steak!)? Wie sieht ein komplettes Abendessen
aus?

B. R. Das Abendessen sollte leicht sein und möglichst nicht zu
spät eingenommen werden. Ideal wäre gegen 18 Uhr, da
ist die Verdauung am kräftigsten. Natürlich kommt man
wunderbar ohne Fleisch bzw. Wurst, überhaupt ohne tierisches Eiweiß aus. Abends sollten Kohlenhydrate bevor-
zugt werden, also etwa Kartoffeln, im Ofen gebacken mit

einem rasanten Dip, Nudeln, Hirse, Gemüse als Suppe oder Auflauf.

Wenn Brot, dann Vollkornbrot mit vegetarischen Aufstrichen: Kräuterbutter, Tomatenbutter, Oilvenbutter, Champignonbutter, Grünkernpaste – fein gewürzt mit Majoran und Knoblauch, schmeckt wie feine Leberwurst.

Oder einfach mal Tomatenscheiben und Schnittlauchröllchen auf Butterbrot, ein Butterbrot mit allerlei fein gehackten Kräutern quer durch den Garten plus Kräutersalz.

Als Getränk eignet sich ein Abendtee, also vielleicht Fenchel- oder Lavendeltee, Johanniskrauttee zum Beruhigen. Ich trinke aber auch gern ein Bier oder ein Glas Rotwein – natürlich biologischen!

H. R. *Vegetarismus für Kinder.* Auf was muss ich bei Jugendlichen achten? Wie kriege ich meinen Nachwuchs weg von Würstchenbuden und vor allem Mc Donald's?

B. R. Kinder essen gern Gemüse roh aus der Hand und natürlich alles, was mit Nudeln und Spaghetti zu tun hat. Die Ernährung sollte vollwertig sein, viel Rohkost, Frischkornbrei, Waffeln wie oben beschrieben lieben Kinder. Und wichtig ist:

Nichts verbieten! Ich habe bei Kindern am meisten Erfolg, indem ich ihnen sage: Wenn du gesunde Sachen isst, bist du in der Schule nicht so müde, lernst schneller und kannst schneller spielen gehen. Das wirkt!

Alles in meinem »Koch- und Spielbuch für Kinder« nachzulesen.

H. R. *Romantisches Menü zu zweit.* Vegetarisches Essen wird oft als freudlos empfunden. Tofuburger und ein paar Sa-

158 *Die üppige Vollwertkost*

latblättchen. Was kann ich bieten, wenn ich eine Frau/ einen Mann bei Kerzenschein und gutem Essen rumkriegen will?

B. R. Als Aperitif serviere ich den indianischen Liebestrank aus Milch, Kakao, Vanille, Honig, Cayennepfeffer, Kräutersalz und Rum. Heiß oder kalt zu trinken!

Auf dem Salatteller darf ein Büschel Rucola nicht fehlen, ein Aphrodisiakum, das den Nonnen im Kloster angeblich verboten war!

Gerade unter den Gemüsen gibt es jede Menge Aphrodisiaka!

Z. B. den Sellerie – denken Sie an den Volksmund: Freu dich, Hänschen, freu dich, heute gibt's Selleriesalat!! Weiter Spargel, Tomaten – die Tomate heißt nicht umsonst auch Liebesapfel! Auch die östrogenhaltigen gekeimten Mungbohnen regen die Libido an und natürlich die Artischocke – mein Artischockenherz sagen Franzosen zu ihrer Liebsten. Auch der Ingwer-Cocktail macht scharf, eine Kürbissuppe mit gerösteten Kürbiskernen und Sahnehäubchen – Kürbiskerne stärken die Prostata! Als Hauptgericht bieten sich Vollkornnudeln mit Sahne-Trüffelsauce an. Trüffeln sind ja ein berühmtes, wenn auch kostspieliges Aphrodisiakum.

Abschließend ein Bananeneis mit Ingwerpflaumen, dazu ein feiner Wein aus biologischem Anbau – eigentlich kann nichts mehr schief gehen!

Im Notfall können Sie ja meine Telefonnummer weitergeben – sagte ich dann noch tollkühn zum Moderator und war selbst erschrocken. Zum Glück hat niemand angerufen – aber die Buchhandlungen im Hessischen konnten einen Run auf meine Kochbücher verzeichnen.

Zum Vegetarier in sechs Tagen 159

Erfreut hat mich natürlich die folgende Pressemeldung des Vegetarier-Bund Deutschlands e.V. vom Oktober 2001:

STARKER TREND
Jede Woche werden 4000 Menschen
in Deutschland zu VegetarierInnen

Durchschnittlich 4000 Menschen steigen pro Woche in der Bundesrepublik Deutschland auf die fleischlose Ernährung um.
Diese Entwicklung ist wesentlich durch die starke Erschütterung des Vertrauens in das Nahrungsmittel Fleisch, aber auch durch das immer vielfältigere Angebot vegetarischer Produkte und Gerichte in Supermärkten, Schnellimbissen und Restaurants bedingt.
Besonders die neue Generation der Schnellrestaurants, häufig an zentralen Orten wie Bahnhöfen oder in der Innenstadt gelegen, bieten attraktive und frische vegetarische Gerichte an. Auch der vegetarische Döner ist stark im Kommen ...

Eine aktuelle Erhebung belegt ebenfalls den Trend weg vom Fleisch: Laut einer Befragung von über 2000 Jugendlichen im Auftrag der Zeitschrift »Eltern« wird in über 40 Prozent der Familien »viel weniger Fleisch als früher« und in fast 12 Prozent der Familien »überhaupt kein Fleisch mehr« gegessen.

160   *Die üppige Vollwertkost*

Übrigens: Der Dichter Wilhelm Busch (1832–1908), selbst Vegetarier, reimte zum Westfälischen Schinken:

> *»Das Messer blitzt,*
> *die Schweine schrein,*
> *man muss sie halt benutzen.*
> *Denn jeder denkt:*
> *Wozu das Schwein,*
> *wenn wir es nicht verputzen?*
> *Und jeder schmunzelt,*
> *jeder nagt*
> *nach Art der Kannibalen,*
> *bis man dereinst ›Pfui Teufel‹ sagt*
> *zum Schinken aus Westfalen.«*

Kartoffelgerichte

Die tolle Knolle ...

Glücklicherweise spricht es sich inzwischen herum, dass Kartoffeln, richtig zubereitet, also in der Schale gebacken oder gekocht (mit so wenig Wasser wie möglich), keine Dickmacher sind.

Obwohl uns Kalorien in der Vollwertkost ja nicht interessieren (da Vollwertkost eben nicht dick macht): 100 g Kartoffeln enthalten nur 85–95 Kalorien! – dafür aber sehr viel Vitamin A, E und C, fast alle Vitamine der B-Gruppe und wertvolles Eiweiß, ferner große Mengen Kalium, Kalzium, Magnesium, Mangan, Eisen, Kupfer, Phosphor, Schwefel.

Kalium und Kalzium neutralisieren das Natrium, das wir meist in zu großen Mengen im Kochsalz zu uns nehmen. Kartoffeln helfen also, zu viel Natrium auszuscheiden, sie sind eine ideale Entwässerungsdiät. Der Magnesiumanteil in den Kartoffeln stärkt Herz und Nerven.

Zu meinen Lieblingsspeisen gehören nach wie vor die in der Schale gebackenen Kartoffeln mit frischer Butter und etwas Salz – vegan mit Leinöl statt Butter. Falls Sie noch nicht wissen, wie es gemacht wird:

- Pro Person 1–2 große Kartoffeln gut bürsten, mit dem Messer ein Kreuz einschneiden, damit sie nicht platzen. Auf ein geöltes Backblech setzen und bei 200 °C im Ofen je nach Größe 45–60 Minuten backen (Stricknadelprobe machen).
- Ich stecke in die Einschnittstelle vor dem Backen Zweiglein frischen Rosmarins oder gerebelte Trockenkräuter oder streue Kümmelkörner hinein.

162   *Die üppige Vollwertkost*

- Haben Sie wenig Zeit, schneiden Sie die Kartoffeln vor dem Backen quer durch, bepinseln die Schnittflächen mit Öl und legen die Kartoffeln mit der Schnittfläche aufs Blech (halbe Backzeit).
- Wollen Sie die Kartoffeln weich, bepinseln Sie die Schale mit Öl, andernfalls werden sie knusprig.
- Serviert werden die Kartoffeln mit Butter, Kräutersalz und einem großen Klacks saurer Sahne (vegan mit Leinöl statt Butter, ohne Sahne) mit Schnittlauch und/oder Dill bestreut. Und nicht vergessen, die Pfeffermühle drüberzudrehen.
- Großer Beliebtheit erfreuen sich Platten mit gebackenen Kartoffeln, gebackenen Roten Rüben, gebackenen Zwiebeln und gebackenen Möhren.
- Die Roten Rüben werden genau wie die Kartoffeln vorbereitet.
- Zwiebeln in Pergamentpapier eindrehen, sonst läuft der Saft heraus (gleiche Backzeit wie Kartoffeln und Rüben).
- Möhren längs teilen und mit Öl bepinseln (sie werden erst bei Halbzeit aufs Blech gelegt, da sie in etwa der Hälfte der Zeit gar sind).

Alle Gemüse rosettenartig auf einer vorgewärmten Platte anordnen und mit Butter, saurer Sahne usw. wie angegeben servieren.

Dieses Essen braucht sehr wenig Vorbereitungszeit, alles gut bürsten und ab in den Ofen. Auch die Sahne-Joghurt-Knoblauch-Sauce passt gut dazu.

164   *Die üppige Vollwertkost*

Indische Bratkartoffeln

2 Zwiebeln	3–4 Eier
Öl	2–3 EL geriebener Käse
Curry nach Geschmack	Kräutersalz
(ich nehme 2 EL)	Pfeffer
1 kg gekochte Pellkartoffeln	

Die gehackten Zwiebeln in Öl golden dünsten. Curry und Kartoffelscheiben hineingeben, wie gewöhnlich braten. Die Eier mit dem Käse verrühren, mit Kräutersalz und Pfeffer würzen, über die Bratkartoffeln gießen. Pfannendeckel draufsetzen und bei kleiner Flamme 10 Minuten stocken lassen.

Kartoffelauflauf mit Champignons

1 Zwiebel	Petersilie
2 EL Öl	1 kg in der Schale gekochte
250 g Champignons	Kartoffeln
Kräutersalz	Butterflöckchen
1 TL Curry	

Die klein gehackte Zwiebel in dem Öl golden dünsten. Die in grobe Scheiben geschnittenen Champignons dazugeben, mit Kräutersalz und Curry würzen. Ein paar Minuten dünsten, dann mit klein gehackter Petersilie bestreuen. Nun lagenweise die gepellten, in Scheiben geschnittenen Kartoffeln und die Champignons in die gebutterte Form legen, mit einer Lage Kartoffelscheiben abschließen. Butterflöckchen draufsetzen und im vorgeheizten Ofen bei 200 °C 30 Minuten backen.

Und das sollten Sie unbedingt machen, wenn Sie gekochten Blumenkohl und ein paar Tomaten übrig haben: Die Kartoffel- und Champignonlagen so schichten, dass Sie in die Mitte den gekochten Blumenkohl setzen können und um ihn herum einen Kranz von abgezogenen ganzen oder halbierten Tomaten. Über den Blumenkohl reiben Sie Muskat, die Tomaten bestreuen Sie mit Kräutersalz und Basilikum – und über das Ganze gießen Sie 4 mit 100 g geriebenem Käse verquirlte Eier, die mit Curry abgeschmeckt werden. Ohne Deckel im vorgeheizten Ofen backen. Das gibt eine sehr delikate Kruste.

Kartoffelgulasch ungarisch

»Grumbieren-Paprikasch« heißt es noch heute bei Erzsebets Großmutter, von der dieses Rezept stammt.

3–4 Zwiebeln	*1/2 l Gemüsebrühe*
3–4 EL Öl	*Kräutersalz*
Rosenpaprika	*Pfeffer*
ca. 2 EL Obstessig	*1/8 l süße Sahne*
1 kg gekochte Kartoffeln	*Petersilie*

Die Zwiebeln fein hacken und in dem Öl golden dünsten. Mit Paprika bestäuben, mit Obstessig ablöschen und die gekochten, in Scheiben oder Viertel geschnittenen Kartoffeln dazugeben. Die Brühe zugießen, sämig kochen (20 Minuten). Mit Kräutersalz und frisch gemahlenem Pfeffer abschmecken, die Sahne unterziehen. Mit gehackter Petersilie bestreuen.
Man kann auch rohe Kartoffeln verwenden, dann dauert die Zubereitung entsprechend länger, ca. 30 Minuten.
Variation: Von Anfang an einen Teelöffel Majoran mitkochen.

Italienischer Kartoffelpüreekegel

1 kg gekochte Kartoffeln	500–750 g Tomatenpüree
1/2 l Milch	1 fein gehackte Zwiebel
4 Eier	1 Msp. Honig
125 g Butter	1 Msp. gehackter Knoblauch
Kräutersalz	Butter
Pfeffer	100 g Parmesankäse

Die durch die Presse gedrückten Pellkartoffeln mit der Milch (evtl. weniger Milch) zu einem festen Brei verrühren. Die Eigelbe hinzufügen und die Butter. Alles schaumig rühren. Salzen, pfeffern, steif geschlagenes Eiweiß unterziehen. Das Tomatenpüree mit fein gehackter Zwiebel, Honig, Kräutersalz, Pfeffer und Knoblauch würzen. Kegelförmig auf eine feuerfeste, mit Butter bestrichene Platte abwechselnd eine 4–5 cm dicke Schicht Kartoffelpüree und eine 1 cm dicke Schicht Tomatenpüree geben. Die Kegelspitze bildet Kartoffelpüree. Ein Stück Butter drauf, das Ganze dick mit geriebenem Parmesan bestreuen und im vorgeheizten Ofen bei 200 °C goldgelb backen. *Variation:* Den Kegel so bauen, dass man ins Innere zerbröckelten Gorgonzola (100 g) und Butterflöckchen füllt. Evtl. gehobelte Mandeln darüber streuen und mitbacken.

Gefüllte Kartoffeln – dreimal anders

8–10 große Kartoffeln
Kräutersalz
1 Zwiebel
2–3 EL Öl
ca. 500 g Gemüse, z. B. Lauch,
Pilze, Sellerie, Möhren
Gewürze: Thymian, Majoran,

Basilikum, Curry, gemahlener
Koriander, Petersilie, Dill
2–3 EL geriebener Parmesankäse bzw. Gruyère oder Bergkäse
Butterflöckchen
saure Sahne

Von den gut gewaschenen und gebürsteten Kartoffeln einen
Deckel abschneiden. Kartoffeln vorsichtig aushöhlen. Kräutersalz hineinstreuen. Die fein geschnittene Zwiebel in dem Öl andünsten, das klein geschnittene Gemüse zugeben und etwa
5 Minuten dünsten. Die Gemüsemasse mit den Gewürzen,
Knoblauch und gehackten Kräutern abschmecken. Den geriebenen Parmesankäse unterrühren und die Masse in die ausgehöhlten Kartoffeln füllen. Kartoffeln auf ein gefettetes Backblech setzen und im vorgeheizten Ofen bei 200 °C je nach Größe 45–60 Minuten backen. Wenn die Kartoffeln aus dem Ofen
kommen, auf jede ein Butterflöckchen setzen.
Über die gebackenen Kartoffeln gießt sich jeder nach Geschmack bei Tisch saure Sahne oder die Sahne-Joghurt-Knoblauch-Sauce.

Mein Tipp: Die beim Aushöhlen von Kartoffeln anfallenden
Reste in längliche Stücke schneiden und auf dem Backblech
mitbacken. Die Kartoffelknusperle salzen und pfeffern und
gleich aus der Hand verspeisen.

168   *Die üppige Vollwertkost*

Kartoffelgulasch indisch

Zutaten wie Kartoffelgulasch ungarisch, statt Obstessig: 1 TL Curry, 1 Ringel Zitronenschale, 1 Stange Zimt. Schmeckt fein zu Gemüse in Kokosmilch.

Feines Kartoffelpüree

1 kg Kartoffeln	*zerstoßene Muskatblüte*
1/2 Becher Sahne	*Pfeffer*
1–2 EL Butter	*viel Schnittlauch*
1–1 1/2 TL Kräutersalz	

Kartoffeln dünn schälen und in wenig Wasser garen. Kartoffeln abgießen, Sahne, Butter und Gewürze zugeben, mit dem Kartoffelstampfer zermusen. Mit Schnittlauch bestreut servieren.

Waltraud Becker gibt noch geröstete Zwiebeln drüber, und die macht sie so: 3 mittelgroße Zwiebeln schneidet sie in sehr dünne Scheiben, aus denen Ringe werden. Nun erhitzt sie ausreichend Öl in einer Pfanne, röstet die Zwiebeln goldbraun, nimmt sie dann aus dem Fettbad heraus und legt sie auf einen Teller, sodass sie erkalten. So werden und bleiben sie knusprig!
Diese gerösteten Zwiebeln eignen sich zu Kartoffel- wie zu Gemüsegerichten, auch als Basis für einen Brotaufstrich.

Gratin Dauphinois

1 kg Kartoffeln
Butter für die Form
Knoblauch
Kräutersalz
Pfeffer

1 Prise geriebene Muskatnuss
200 g Gruyère- oder Bergkäse
(gerieben)
knapp $^1/_4$ l Milch oder Sahne
Butterflöckchen

Die Kartoffeln (ausnahmsweise) schälen und in dünne Scheiben schneiden. Gratinform üppig ausbuttern und mit durch die Presse gedrücktem Knoblauch aromatisieren. Eine Schicht Kartoffelscheiben in die Form legen, mit Salz, Pfeffer, Muskat und einem Teil des Käses bestreuen. Die nächste Schicht Kartoffelscheiben draufgeben, würzen wie vorher und so weiter, bis alle Kartoffeln verbraucht sind. Die letzte Schicht bilden Käse und Butterflöckchen. Milch oder Sahne über das Ganze gießen. Im Ofen bei 200 °C 1 Stunde backen. Garprobe machen!

Kartoffel-Blumenkohl-Tomaten-Auflauf

750 g neue Kartoffeln
1 Blumenkohl
Kräutersalz
Pfeffer
Curry nach Geschmack
2 durchgepresste Knoblauchzehen
1 Prise frisch geriebene Muskatnuss

4 große Tomaten
frisches Basilikum
(ersatzweise getrocknetes)
$^1/_8$ l Sahne
100 g geriebener Käse
(Parmesan oder Gruyère)
Butterflöckchen zum
Bestreuen

170   *Die üppige Vollwertkost*

Die Kartoffeln kräftig bürsten und in Salzwasser kochen. Etwas abkühlen lassen und ungeschält in dicke Scheiben schneiden. Den gesäuberten Blumenkohl im Ganzen in Salzwasser halbweich kochen. Eine große gebutterte Auflaufform bereitstellen. Erst eine Lage Kartoffelscheiben hineingeben, diese mit Salz, Pfeffer, Curry und Knoblauch bestreuen, dann den Blumenkohl in die Mitte setzen und die restlichen Kartoffelscheiben schuppenartig drum herum legen, ebenfalls würzen. Blumenkohl mit Muskat bestreuen. Die Tomaten vierteln und mit der Rundung nach oben um den Blumenkohl arrangieren, mit Salz und gehacktem Basilikum bestreuen. Über alle Zutaten Sahne träufeln und mit dem Käse bestreuen. Butterflöckchen drüber verteilen. Bei 200 °C ca. 20 Minuten überbacken.

Kartoffel-Lauch-Auflauf

5–6 große Kartoffeln	*1 durchgepresste Knoblauch-*
3 Stangen Lauch	*zehe*
Butter für die Form	*Kräutersalz*
Sauce:	*¼ l Sahne*
Pfeffer	*1 Ei*
Paprika (edelsüß)	

Die Kartoffeln bürsten und in nicht ganz dünne Scheiben schneiden, Lauch in Ringe. Für die Sauce übrige Zutaten miteinander verquirlen. Die Auflaufform ausbuttern und die Kartoffeln schuppenförmig in die Form füllen. Lauch drüberstreuen. Mit der Eier-Sahne-Sauce übergießen und bei 200 °C im Ofen backen, bis die Kartoffeln gar sind (ca. 1 Stunde). Man kann auch noch extra etwas Käse drüberstreuen.

Italienische Kartoffel-Gnocchi mit Salbei

500 g gekochte Pellkartoffeln	*Pfeffer*
(gepellt)	*1 Prise geriebene Muskatnuss*
700 g rohe Kartoffeln	*Außerdem:*
(geschält)	*2 EL Butter*
2 Eier	*1 Hand voll frische Salbei-*
150 g Weizenmehl	*blätter (zur Not getrocknete)*
Kräutersalz	*100 g geriebener Parmesan*

Heiße, gepellte Kartoffeln reiben, die rohen, geschälten Kartoffeln ebenfalls reiben und zugeben, danach Eier, Mehl und Gewürze. Alles zu einem Teig verkneten. Den Teig ½ Stunde ruhen lassen. Zu einem Strang drehen, dann 2 cm dicke Scheiben abschneiden und zwischen den Händen zu Gnocchi (Nockerl) drehen. Gnocchi in Salzwasser kochen (etwa 10 Minuten), bis sie an die Wasseroberfläche kommen, dann abschöpfen. Butter zerlassen, Salbeiblätter hineinstreuen und kurz braten. Gnocchi zugeben und vermischen. Gnocchi in eine vorgewärmte Schüssel geben und mit geriebenem Käse bestreut servieren. Oder in der köstlichen Gorgonzolasauce (siehe Seite 83) servieren.

Kartoffel-Mini-Rösti

700 g Kartoffeln	*Pfeffer*
1 Möhre	*Cayennepfeffer*
1 Ei	*3 EL Butter*
½ Bund glatte Petersilie	*200 g Gruyèrekäse*
Rosmarin	*Cocktailtomaten*
Kräutersalz	

172   *Die üppige Vollwertkost*

Kartoffeln kochen und mit der Möhre reiben, mit dem Ei, der gehackten Petersilie, den Rosmarinnadeln und den Gewürzen vermischen. Die Butter erhitzen und mit dem Löffel kleine Mengen der Kartoffelmasse in der Pfanne zu Talern flach drücken, von beiden Seiten braten. Den Käse würfeln, mit Zahnstochern die Würfel, Cocktailtomaten und je eine Rösti aufspießen.
Diese Mini-Rösti machen sich entzückend beim Party-Büfett!
Gefunden in »Vegetarisch fit« (siehe Literaturverzeichnis).

Kartoffel-Tortilla

Ein Gericht aus Spanien oder Mexiko. So lautet das Originalrezept:

500 g Kartoffeln	*4 Eier (verquirlt mit etwas*
Kräutersalz	*Wasser)*
4 EL Olivenöl	*Pfeffer*
gehackte Petersilie	

Die Kartoffeln bürsten (möglichst mit der Schale verwenden), in feine Scheiben schneiden und salzen. In einer Pfanne mit Deckel das Öl erhitzen, Kartoffelscheiben hineingeben, Deckel drauf setzen und bei niedriger Hitze garen (30–40 Minuten). Petersilie unter die Eier geben, pfeffern. Die Masse auf die gegarten Kartoffelscheiben gießen und stocken lassen. Wer will, kann die Masse auch wenden wie einen Eierkuchen und auf beiden Seiten braun braten.

Ich brate mit den Kartoffelscheiben noch eine in Würfel gehackte Zwiebel mit, lasse – als Salbeiliebhaberin – am Schluss

noch eine Hand voll Salbeiblätter mitbraten (diese dürfen nicht braun werden!) und gieße dann die Eiermasse drüber.
Variante: Fein geschnittene Pilze – Champignons, Egerlinge oder Austernpilze – mitbraten.

Vegetarier sparen Wasser!

»Wer sich fleischlos ernährt, schont die Wasservorräte dieser Erde. Zu diesem Ergebnis kam Prof. David Pimentel von der Cornwall University in New York.
Er hat herausgefunden, dass für die Produktion eines 200-g-Steaks 20 000 l Wasser verbraucht werden, für die Produktion von 200 g Reis oder Sojabohnen dagegen 400 l, für 200 g Weizen oder Hirse 200 l und für 200 g Kartoffeln nur 100 l Wasser. Im Jahr 2050 müssten sich alle Menschen vegetarisch ernähren, weil Fleisch aufgrund der Ressourcenknappheit und der Bevölkerungsexplosion nicht mehr ausreichend zur Verfügung stehen wird.« (Quelle: »Vegetarisch fit«, siehe Literaturverzeichnis)

»Wer will, dass die Welt so bleibt wie sie ist,
der will nicht, dass sie bleibt.«
Erich Fried

Wissenswertes zum Getreide

Die Einführung der Getreidenahrung muss eine riesige Veränderung des menschlichen Verhaltens mit sich gebracht haben. Bezeichnenderweise stammt das Wort »Kultur« vom römischen Wort »cultura« = Ackerbau ab.

In grauer Vorzeit bereits wurde Getreide gedarrt und geröstet. Man hat geröstete Gerste aus der Eiszeit gefunden. Bei den römischen Heeren besaß jede Kohorte eine Getreidemühle. Der tägliche Bedarf wurde gemahlen, ein Drittel davon gekocht und als Brei gegessen, die übrigen zwei Drittel zu Fladenbrot verbacken als Marschverpflegung. Wenn aus Getreidemangel Fleisch gegessen werden musste, haben die Soldaten diese Kost als Mangelkost betrachtet. 205 v. Chr. führten die Etrusker auf ihren Schiffen Handmühlen und Gefäße zum Einteigen des Getreidebreis mit sich, berichtet Livius.

Seit etlichen tausend Jahren nutzen Menschen Getreide als Grundlebensmittel. Ihr Überleben war in den zurückliegenden Zeiten stets eng an gute Ernten gebunden. Weltweit gesehen hat sich bis heute an der elementaren Bedeutung der Getreide für die menschliche Ernährung gar nichts geändert. Für viele Mitmenschen sind diese Zusammenhänge heute nicht erkennbar. Mit den total veränderten Essensgewohnheiten – weg von natürlichen Lebensmitteln und hin zu fabrikmäßig bearbeiteter Fertignahrung – sind Getreide als Weizen, Roggen, Hafer, Hirse usw. nicht mehr auszumachen. Dennoch spielen Getreide – allen voran Weichweizen, Mais und Reis – bei der Welternährung die größte Rolle. Auch bei der Fütterung von Nutztieren sind Getreide die entscheidenden Rohstoffe.

Die Kenntnisse um die Getreide und ihre Verwendung in der Küche sind in zwei Menschengenerationen verloren gegangen.

Damit wuchs – und wächst immer noch – die Abhängigkeit von vorgefertigter Nahrung.

In der Vollwertküche ist der Umgang mit Getreide ganz selbstverständlich. Die eigene Getreidemühle, vielleicht auch noch eine Flockenquetsche, ermöglichen eine neue Unabhängigkeit und damit die Möglichkeit, selbst mehr über die Qualität der verwendeten Lebensmittel zu bestimmen.

In unserer Wohlstandszeit verfügen wir über einen Nahrungsreichtum, von dem unsere Vorfahren nicht gewagt hätten zu träumen! Man musste sich früher mit dem begnügen, was die Region hergab: Gerste, Roggen, Hafer, gelegentlich Weizen oder Dinkel, gebietsweise auch Hirse. Wir können sechs Weizenarten, Roggen, Gerste, Hafer, Hirse, Mais, Reis und auch noch die Pseudogetreide Buchweizen, Amaranth und Quinoa nutzen. Um diesen Reichtum zu erkennen und in unserer Getreideküche auch optimal einzusetzen, folgen hier kurze Erläuterungen zu den einzelnen Arten.

Zur Weizenfamilie gehören 6 Mitglieder: Einkorn, Emmer, Hartweizen, Kamut, Dinkel, Weichweizen.

Der bekannteste seiner Sippe ist ohne Frage der Weichweizen, er hat die ganze Welt erobert und stellt seine lieben Verwandten total in den Schatten.

Naturkostläden und Reformhäuser halten im Übrigen alle Weizenarten in ökologischer Qualität für uns bereit.

Alle 6 Weizenarten, obwohl eng miteinander verwandt, unterscheiden sich erheblich im Aussehen, vor allem sind die Verwendungsmöglichkeiten in der Vollkornküche sehr unterschiedlich. Entsprechend der Kornbeschaffenheit können wir sie in »Mehlweizen« und »Grießweizen« unterteilen.

Den Mehlweizen-Arten werden Einkorn, Dinkel und Weichweizen zugeordnet. Ihre Samen haben eine weiche Struktur, sie

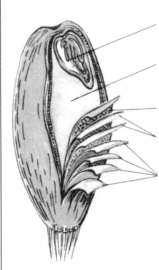

Getreidekeim: enthält hochwertiges Eiweiß, Keimöl, Mineralstoffe, Vitamine des B-Komplexes und Spurenelemente.

Mehlkern: hieraus wird Auszugsmehl hergestellt, enthält Kleber und Kohlenhydrate sowie verschwindend geringe Anteile an Vitaminen und anderen Vitalstoffen.

Aleuronschicht: Eiweiß- und Ölschicht mit Lezithin. Reich an Fermenten und Vitaminen.

Samenschale: Eiweiß- und sehr mineralstoffreich.

Fruchtschale: Ballast- und vitalstoffhaltige Randschichten.

So sieht ein Weizenkorn aus

verfügen über hohe Stärke/Mehlgehalte. Das Mahlgut zeigt sich mehlig weich und volumenreich. Geeignet sind Mehlweizen für die Brotbereitung, ferner Feinbackwaren wie Biskuit- und Rührteige, die stärkereiche Mehle erfordern.

Als Grießweizen-Arten gelten Emmer, Hartweizen, Kamut-Weizen. Ihre Kornstruktur ist eher hart-glasig, das Mahlgut zeigt sich ausgesprochen griesig. Ausgeprägt ist bei ihnen das so genannte Klebereiweiß mit hoher Teigbindefähigkeit. Darum eignen sie sich für die Zubereitung von Pfannengerichten, Klößen, Waffeln, sturzfähigen Grießspeisen, Nudeln sowie Mürbeteige, Kleingebäck ohne Ei- oder Quarkzugabe. Diese Getreide werden vermehrt auch in den »tiereiweißfreien« und »veganen« Rezepten eingesetzt.

Es ist eine sehr erfreuliche Entwicklung, wenn uralte Pflanzenarten, deren Anbau jahrhundertelang bis auf wenige marginale Standorte als erloschen galt, von Ökobauern wieder kultiviert werden. Sie wurden zum Teil jahrtausendelang nicht bezüchtet, sind anspruchslos und widerstandsfähig. Mit ihren besonderen Eigenschaften, ihrem guten Geschmack, ihrer Bekömmlichkeit bereichern sie ungemein unsere Vollkornküche. Wenn wir sie einsetzen, tragen wir mit zu ihrer Erhaltung bei.

Einkorn – einkörnig

Einkorn ist eine sehr zierliche Getreidepflanze, dünner, niedriger Halm, kleine flache Ähre. Um die Ährenspindel herum sitzt beidseits jeweils nur 1 Korn, darum der Name »Einkorn«. Die Samen wachsen in Spelzen, für Speisezwecke müssen diese Hüllspelzen entfernt werden. Der Eiweißgehalt von Einkorn liegt zwischen 17 und 18 Prozent (Vergleich Weichweizen ca. 12 Prozent). Es lässt sich ein sehr feines, volumenreiches Vollkornmehl mahlen. Einkorn ist ein ausgezeichnetes Brotgetreide. Man sollte jedoch wissen, dass die Teige kleben. Darum ist es ratsam, immer etwas Grießweizen (also Emmer, Hartweizen oder Kamut-Weizen) hinzuzunehmen, dann gelingen auch andere Zubereitungen sehr zufrieden stellend. Auch als Getreidefrischkost ist Einkorn vom Geschmack her empfehlenswert.

Emmer – zweikörnig

Emmer ist eine große, starke Weizenpflanze, mit dicken Halmen und sehr viel größeren Ähren als bei Einkorn. In den um die Spindel herum angeordneten Ährchen sind jeweils 2 Körner angelegt. Die Samen wachsen unter dicken, sehr festen Hüllspelzen. Auch hier muss das Getreide nach der Ernte für Speisezwecke erst entspelzt werden. Emmer war in weiten Gebieten Europas jahrtausendelang das Hauptgetreide. Zur Zeit

178   *Die üppige Vollwertkost*

der Römer wurde durch den vermehrten Anbau von Dinkel und Weichweizen der Emmeranbau auf Marginalstandorte verdrängt.

Emmer stufen wir als Grießweizen ein, d. h. gute Klebereigenschaften sind vorhanden. Es können Klöße, Pfannengerichte, Waffeln, Grießspeisen, Nudeln und Mürbegebäck zubereitet werden. Mit 10–20 Prozent Zugabe zu Mehlweizenarten kann der jeweilige Teig und damit das Backergebnis enorm verbessert werden.

Hartweizen

Hartweizen stammt unmittelbar vom Emmer ab. Die Ähren sind lang begrannt, die Hüllspelzen nur locker um die Samen angeordnet, d. h. es ist ein so genanntes Nacktgetreide – frei dreschend, wie die Fachleute sagen. Nach dem Dreschen fallen die Körner speisefähig aus der Ähre. Die Samen sind schlank, gold bis bräunlich, in der Konsistenz hart und glasig schimmernd. Das Mahlgut ist ausgesprochen griesig und hellgelb. Hartweizen ist der Grießweizen schlechthin. Im Allgemeinen gilt er nicht als Brotfrucht, sondern als »Spezialist für die Nudel- und Grießherstellung«.

In der Vollkornküche ist der Hartweizen eine große Bereicherung, besonders wenn tierische Eiweiße weggelassen werden, die sonst in Speisen und Gebäcken für gute Bindung sorgen.

Kamut

»Ka-Moot« altägyptisches Wort für Weizen, wörtlich: »Seele der Erde« – vor rund 6000 Jahren soll dieses Getreide zur Hochkultur der Ägypter gehört haben. Kamut ist ein unmittelbarer Verwandter von Emmer und so etwas wie ein »freundlicher Bruder« vom Hartweizen. Die Kornform ist dem Hartweizen sehr ähnlich, in der Struktur nicht ganz so hart, auch ausgesprochen griesig als Mahlgut mit wunderbar gelber Farbe. Es ist also echter Grießweizen; seine Nähr- und Vitalstoffe sind zahlreich, der Eiweißgehalt beträgt bis zu 20 Prozent.

Zurzeit wird dieses Getreide überwiegend in den USA in Regionen mit trocken-heißem Klima nach ökologischen Richtlinien angebaut. Es kommt zu uns als lizensiertes Markengetreide, das ist etwas Neues.

Gelegentlich, besonders wenn es auf das optische Erscheinungsbild ankommt, ist Kamut enorm hilfreich, seine hellgelbe Farbe und die gute Bindefähigkeit ermöglichen z. B. ein Rosinenbrot, von dem man kaum glauben mag, dass es zu 100 Prozent aus Vollkorn gebacken wurde.

Dinkel

Dinkel gilt als der nächste Verwandte von Weichweizen. Es ist ein Spelzgetreide, d. h. die Hüllspelzen müssen nach der Ernte in so genannten »Gerbgängen« abgetrennt werden. Die Römer begannen im 3. Jh. n. Chr. mit dem Dinkelanbau nördlich der Alpen. Einige tausend Jahre lang war Dinkel für die menschliche Ernährung sehr bedeutsam, teilweise auch alleinige Brotfrucht. Im schwäbischen Sprachraum hat sich der Dinkelanbau bis in unsere Zeit hinein gehalten. Vom Ertrag her bleibt Dinkel weit hinter dem Weichweizen zurück. Einmal lassen sich die alten Dinkel-Sorten nicht zu Hocherträgen treiben, andererseits muss bei der Ernte noch der Verlust durch das Entspelzen der Dinkel-Vesen abgerechnet werden, das sind rund 30 Prozent der Erntemenge.

Dinkel stellt einen hervorragenden Mehlweizen dar. Er eignet sich mit seinen guten Klebereigenschaften ausgezeichnet zum Brotbacken und für Feinbackwaren, ferner zur Bereitung von Nudeln.

180   *Die üppige Vollwertkost*

Grünkern

ist unreif geernteter Dinkel. 3 oder 4 Wochen vor der Vollreife werden die weichen (milchreifen) Dinkel-Vesen geerntet und von 40 Prozent auf 15 Prozent Restfeuchte im Korn heruntergetrocknet. Durch das Darren schrumpelt das grüngelbe Korn und gewinnt durch den Röstvorgang den typisch würzig-rauchigen Geschmack. Irgendwann ist diese Prozedur aus der Not heraus erdacht worden, um überhaupt in einem extrem nassen Sommer eine Ernte einzubringen. Man war über das Ergebnis erfreut und überrascht, und seit einigen hundert Jahren wird zwischen Odenwald und Tauber im so genannten Bauland mit der Sorte »Bauländer Spelz« Grünkern produziert. Grünkern ist kein ausgereiftes und damit auch nicht keimfähiges Getreide, es ist nicht backfähig. Seinen Platz hat Grünkern dennoch in der Vollwertküche: für pikante Suppen, Saucen, Klöße, Pfannengerichte.

Weichweizen – auch Saat- oder Backweizen genannt

Hier haben wir ihn nun, den »Weltmeister« aller Getreide. Er zählt zu den wichtigsten Weltwirtschaftspflanzen und steht immer an der Spitze der jährlichen Weltgetreideernten. Bei Nahrungsmittelhilfen für Hungernde steht er auch stets an erster Stelle.

Der Weichweizen wurde in den zurückliegenden Jahrzehnten stark züchterisch beeinflusst. Es gibt seit etlichen Jahren so genannte Hochleistungssorten, die mit Hilfe von wasserlöslichen Mineralsalzen und chemischen Pflanzenschutzmitteln hohe Erträge bringen. Nicht nur der hohe Ertrag war im Visier der Pflanzenzüchter, sondern es galt auch und gerade, die Backfähigkeit zu fördern. Die über 60 zugelassenen Untersorten werden nach diesen Kriterien unterteilt. Andere Weizenarten können da nicht mithalten. Kein anderes Getreide, auch nicht die anderen Weizenarten lassen sich so günstig müllerei-technisch ausbeuten wie die Weichweizensorten, d. h. es las-sen sich Auszugsmehle und andere Mahlerzeugnisse für die verschiedensten Verwendungszwecke gewinnen.

Weichweizen spielt in der Vollkornküche die größte Rolle. Z. B. als Brotgetreide, für Feinbackwaren, als Getreidefrischkost, für Suppen, Saucen, Klöße und Pfannengerichte nutzen wir ihn täglich.

Roggen

Der Roggen gilt als das Getreide des Nordens. Er ist winterhart und wächst auch auf nährstoffarmen Standorten mit weniger günstigen klimatischen Verhältnissen. Roggen war bald tau-send Jahre lang die hauptsächliche Brotfrucht in Deutsch-land, bis zu Beginn der 60er Jahre des vorigen Jahrhunderts das Luxusgetreide Weichweizen den Roggen stark zurück-drängte. Er steht heute bei uns wie auch weltweit am unters-ten Ende der Produktion aller Getreidearten.

Nicht so in der Vollkornküche. Hier wird Roggen nach wie vor als das Getreide für unser Alltagsbrot geschätzt. Es bedarf allerdings einiges an Erfahrungen, um z. B. ein Mehrstufen-Sauerteigbrot in der »Eigenbrötelei« herzustellen. Über das Brot hinaus schätzen wir Roggen für Pfannen- und Eintopfge-richte. Wer den etwas herben Geschmack schätzt, wird auch Getreidefrischkost aus Roggenschrot oder -flocken zubereiten.

Gerste

Von Gerste hat sich im Laufe ihrer jahrtausendelangen Ent-wicklung eine große innerartliche Vielfalt entwickelt. Für uns erkennbar ist diese Vielfalt z. B. an den Ährenvariationen. Es gibt zwei- und mehrzeilige Ähren. Mit den »Zeilen« sind die je-weils um die Ährenspindel herum angelegten Kornreihen ge-

182   *Die üppige Vollwertkost*

meint. Viele Gersten bringen Samen hervor, die mit fest ange-
wachsenen Spelzen umhüllt sind. Sie müssen für Speisezwecke in Scheuer- und Schälmaschinen entspelzt werden. Dabei
verlieren sie durch die Verletzungen an der inneren Fruchtschale und der Keimanlage ihre volle Keimfähigkeit. Für die
Vollkornküche empfehlen wir daher die Nacktgerste zu bevorzugen. Das sind frei dreschende Sorten, deren Samen nach
dem Dreschen speisefähig anfallen. Diese Spezialität führen
Naturkostläden und Reformhäuser.
Gerste ist als Breigetreide allein nicht backfähig. Als Beimi-
schung zu Weizenarten, besonders wenn Grießweizen dabei
ist, lässt sich Gerstenvollkornmehl auch zum Brotbacken nutzen. Ansonsten eignet sich die Gerste gut für Getreidefrischkost, Pfannengerichte, Überbackenes und als gekeimte Samen
über Salate bzw. als erhitzte Ganzkorn-Speisen.

Triticale
Triticale ist eine neue Getreideart, die aus der Kreuzung zwi-
schen Weizen und Roggen zustande kam. Für die menschliche
Ernährung hat sich Triticale nicht durchgesetzt, obwohl es als
Brotgetreide verwendbar wäre.

Hafer
Hafer trägt wie Hirse und Reis seinen Fruchtstand nicht in Ähren, sondern in hängenden Rispen. Er benötigt ein gemäßigtes
Klima mit viel Niederschlägen und hoher Luftfeuchtigkeit. Ideale Anbaugebiete sind Nord- und Nordwestdeutschland. Hafer
wird als Sommergetreide genutzt, d. h. er ist sehr frostempfindlich und wird erst im Frühjahr ausgesät.
Ähnlich wie bei Gerste gibt es Spelz- und Nackthafer. Überwiegend wird Spelzhafer angebaut, der für Futterzwecke genutzt
wird (Pferdefutter). Nackthafer bauen vorzugsweise Ökobetrie-

be an. Nur ihn sollten wir in der Vollkornküche einsetzen, weil er über die volle Keimfähigkeit verfügt, er wird auch Sprießkornhafer genannt.

Hafer gilt als ein sehr nähr- und vitalstoffreiches Getreide, mit einem relativ hohen Fettgehalt von 7–8 Prozent. Es ist wie Gerste ein Breigetreide und allein nicht backfähig. Aber auch hier gilt, wenn kleberstarke Weizenarten eingesetzt werden, kann 15–20 Prozent Hafer-Vollkornmehl zugegeben werden. Ansonsten gibt es zahlreiche Verwendungsmöglichkeiten für Nackthafer: z. B. selbst gepresste Flocken für das Getreidefrühstück, Haferklößchen, Haferkekse, gekeimte Haferkörner als Salat.

Hirse

Hirse ist ein Sammelbegriff für recht unterschiedliche Arten. Alle Hirsearten sind sehr alte Kulturpflanzen; sie stammen ursprünglich aus Afrika und Asien.

Hirse, die im Allgemeinen geschält verwendet wird, gilt als Breigetreide, ist allein also nicht backfähig. Davon abgesehen lässt sich Hirse sehr vielseitig in der Vollkornküche einsetzen. Zunächst kann sie als Ganzkorn gegart, süß oder herb, mit oder ohne Obst/Gemüse zubereitet werden. Interessant ist die tiefgelbe Farbe, die besonders im gemahlenen Zustand auffällt. In Kombination mit gut backfähigen Weizenarten, Ölsaaten, Butter und Sahne lassen sich auch Hirse-Klößchen und Hirsegebäcke herstellen.

Mais

Mais hat seinen Ursprung auf dem amerikanischen Kontinent. Nach der Entdeckung Amerikas breitete sich der Maisanbau in Afrika und Asien aus. Zu uns kam die Pflanze erst im 16. und 17. Jahrhundert und wurde zunächst nur in Gärten kultiviert. Mais benötigt zum Wachsen und Reifen nährstoffreiche Böden,

184   *Die üppige Vollwertkost*

warmes Klima und ausreichende Niederschläge. Inzwischen werden gebietsweise bis zu 80 Prozent der Feldfrüchte mit Futtermais bebaut, um daraus Silofutter für die industrielle Massentierhaltung herzustellen.

Wie alle Getreidearten weist auch Mais zahlreiche Unterarten auf. So gibt es Hartmais, Zahnmais, Weichmais, Puffmais und Zuckermais. Für die menschliche Ernährung gilt der Hartmais als der wichtigste. Nur in sehr leistungsfähigen Haushalts-Getreidemühlen lassen sich die harten Maiskörner in mehreren Mahlgängen zu Grob- oder Feingrieß mahlen. Der Naturkosthandel hält verschiedene Feinheitsgrade an Maisgrieß (Polenta) bereit. Man sollte auf das Abpack- bzw. Aufbrauchdatum achten, um stets frische Ware zu erhalten.

Mais ist zwar kein einheimisches Getreide, dennoch kann er eine Bereicherung in der Vollkornküche sein. Die gelbe Farbe ist sehr vorteilhaft, der Geschmack sehr angenehm, und in der Zubereitung ist er sehr vielseitig. Als Breigetreide ist Mais nicht backfähig, dennoch lassen sich, mit anderen Getreiden kombiniert, mit Ölsaaten angereichert, Pfannengerichte, Waffeln, Aufläufe zubereiten.

Reis

Reis, der Abkömmling vom Sumpfgras, ernährt die halbe Menschheit! Reis ist eine uralte Kulturpflanze, vielleicht die älteste überhaupt. Ihr Ursprung liegt irgendwo in einem asiatischen Land. Im Laufe der Jahrtausende hat sich der Reisanbau über alle 5 Kontinente der Erde ausgebreitet. Meistens handelt es sich um den so genannten Nass-Reisanbau. Es gibt aber auch Sorten, die in extremer Lage, z. B. in Bergregionen mit relativ wenig Niederschlag, auskommen. Die Ernten sind dabei sehr gering. Die wichtigsten Voraussetzungen für den weit verbreiteten Nass-Reisanbau sind Bewässerungsmöglichkeiten und relativ hohe Temperaturen, denn Reis wächst am besten bei 25–35 °C.

Wir können Reis zu grobem Schrot oder feinem Vollkornmehl mahlen. Damit eröffnen sich wieder neue Möglichkeiten für die Speisenzubereitung: Pfannengerichte, Klöße, Suppen, Saucen und auch Gebäcke in Kombination mit anderen bindefähigen Lebensmitteln. Reis ist auch ein Breigetreide, das allein nicht backfähig ist.

In den jeweiligen Rezepten wird stets empfohlen, Reis vor der Zubereitung einzuweichen, Ganzkorn länger, Schrot kürzer. Entsprechend dem Prinzip der schonenden Speisenzubereitung wird es auch vermieden, Kochflüssigkeiten wegzuschütten. Die Wassermenge sollte stets so bemessen sein, dass das Getreide am Ende des Koch- und Quellvorganges alles aufgesogen hat. Damit bleiben Nährstoffe und Geschmack erhalten, denn vieles am Getreide ist wasserlöslich.

Buchweizen

Buchweizen gehört zu den Knöterichgewächsen wie Ampferarten und Rhabarber. Die stärkehaltigen Samen wurden und werden wie Getreide genutzt. Die Körnerfrucht reift in einer schwarzen, dreikantigen Form heran. Sie sieht einer Buchecker sehr ähnlich, von daher stammt vermutlich auch der Name. Buchweizen wird in Norddeutschland auch als »Weizen der armen Leute« bezeichnet, auf deren mageren Heideböden und/oder abgebrannten Moorflächen kein Getreide anzubauen war. Die Buchweizen-Pflanze ist frostempfindlich, die Saat wird daher auch erst im Frühjahr ausgebracht. Ihre Gestalt ist krautartig, sie wächst schnell und die Samen reifen in 3–4 Monaten aus. Mitten im Sommer beginnt die Blütezeit für Buchweizen, sie kann sich bis zu 45 Tage ausdehnen, Buchweizen ist dann auch eine vortreffliche Bienenweide. Im unteren Bereich zeigen sich bald schon reife Früchte, in der Mitte Fruchtansätze, und an der Spitze bilden sich bis in den Herbst hinein die nektarreichen Blüten.

Die dreikantigen Früchte müssen in speziellen Mühlen geschält werden. Die Eiweiße in den Samen enthalten keinen Kleber, sodass Buchweizenmehl nicht backfähig ist. In der Haushaltsgetreidemühle lässt sich sehr feines Mehl herstellen, es ist hell, fast weiß und hat gute Quell- und Bindekraft. So lassen sich auch mit Buchweizen viele Speisen und Gebäcke herstellen. Berühmt geworden sind die »Buchweizen-Pfannenkuchen«, früher die Morgen- oder Abendspeise in den traditionellen Anbaugebieten der Moor- und Heidelandschaft.

Pseudogetreide

Als »Getreide« der Inkas und Azteken werden die Samen der Amaranthus- und Quinoa-Pflanzen bezeichnet und in Reformhäusern und Naturkostläden angeboten.

Amaranthus – Fuchsschwanzgewächs

Bei Amaranthus-Gewächsen handelt es sich meistens um tropische Pflanzen, die der Gattung der Fuchsschwanzgewächse zugeordnet werden. Im 16. Jahrhundert wurden sie in Europa als Ziergewächse heimisch. Es sind sehr alte Kulturpflanzen, die bereits vor etlichen tausend Jahren mit ihren nährstoffreichen Körnerfrüchten mit die wichtigste Nahrungsquelle mittelamerikanischer Kulturvölker waren. Die Pflanzen wurden verehrt, es wurden ihnen Wunderkräfte zugesprochen. Diese Zusammenhänge veranlassten den spanischen Eroberer Cortez, den Anbau und Handel von Amaranthus unter Todesstrafe zu stellen. Für einige Jahrhunderte geriet diese Nahrungsquelle daraufhin in Vergessenheit, um Mitte des vorigen Jahrhunderts in Mittelamerika wieder entdeckt zu werden.

Die dem Amaranth-Samen nachgesagten »Wunderkräfte« ergeben sich vermutlich aus dem heute bekannten Nähr- und Vitalstoffreichtum: etwa 18 Prozent Eiweiß mit essenziellen Aminosäuren, ca. 70 Prozent Stärke, 8 Prozent Fett, 4,5 Prozent Faserstoffe, 3,3 Prozent Mineralstoffe. Als Brotfrucht ist Amaranth nicht geeignet, weil die Klebereiweiße fehlen. In den Anbauländern werden Fladengebäcke, Breie, Gemüsespeisen, Süßspeisen und süßes Gebäck sowie Fruchtschnitten hergestellt. Die Stärke von Amaranth besteht im Wesentlichen aus Amylopektin, sie quillt beim Erwärmen in Wasser auf und bildet eine feste Gallerte. Diese Eigenschaft können wir im Programm »tiereiweißfreie« und »vegane Rezepte« gut nutzen, um die Teigbindung ohne Eier, Quark usw. zu erreichen.

Quinoa – peruanischer Name für ein Reismeldegewächs
Quinoa gehört zu den Pflanzen, die im kühlen Bergklima oberhalb von 3500 m reifen, dort wo kein Getreide mehr gedeihen kann, z. B. im bolivianischen Hochland zwischen den Ketten der Anden. Neben einigen Knollenfrüchten und Kartoffeln zählt Quinoa zur Hauptnahrung der dort lebenden Indios.
Quinoa ist eine einjährige Pflanze, sie wird 50–150 cm hoch. Sie ist sehr genügsam, verträgt Frost wie auch Dürre. Ihre Samen reifen in einer kleinen Nuss heran. Die Inhaltsstoffe von Quinoa-Samen sind beachtlich: 11–20 Prozent Eiweiß, 50–60 Prozent Stärke, 4–6 Prozent Fett, 4 Prozent Faserstoffe und 3,3 Prozent Mineralstoffe. Zum Brotbacken eignet sich das kleberarme Quinoa-Mehl nur mit Zusatz von mindestens 25 Prozent einer Weizenart.
Quinoa lässt sich wie Reis garen, als Zutat zu Getreide-, Süßspeisen und Suppen einsetzen. In der Getreidemühle kann feines Mahlgut erzeugt werden.

Empfehlungen für die Getreideküche

- Die Getreidelagerung im Haushalt macht keine Probleme, wenn kleine Mengen kühl und trocken in offenen Gefäßen, Leinen- oder Jutesäcken aufbewahrt werden.
- Für die Zubereitung von Ganzkorn-Gerichten nehmen wir pro Person ca. 50 g, also 200 g für 4 Personen.
- An Kochflüssigkeit wird für Reis, Hirse und die Körnerfrucht Buchweizen im Allgemeinen die 2-fache Menge vorgesehen. Im Übrigen gelten die Angaben in den betreffenden Rezepten.
  Ganzkorn aus den Weizenarten (auch Grünkern) Gerste, Hafer und Roggen benötigt weniger Kochwasser, weil die harten Samen nicht so saugfähig sind.
- Ganzkorngetreide sollte grundsätzlich vor dem Kochprozess mehrere Stunden eingeweicht werden (die weichen Sorten mehrere Stunden, die harten Sorten über Nacht). Die Garzeit wird dadurch erheblich verkürzt. In den Rezepten finden Sie die entsprechenden Hinweise.
- Bei Verarbeitung von Schroten und Mehlen für Pfannengerichte, Klöße, Waffeln usw. empfiehlt es sich ebenfalls, das Schrot/Mehl vorher einzuweichen. Die Bindefähigkeit wird damit optimiert, was bessere Ergebnisse ermöglicht.
- Die Liste der möglichen Speisen- und Gebäckzubereitungen ist ellenlang:
  Aus den backfähigen Weizenarten und dem Roggen sind die verschiedensten Brote und Brötchen über Hefe- und Sauerteige in großer Auswahl möglich.
  In allen drei Bereichen, sowohl in der üppigen Vollwertkost als auch bei den tiereiweißfreien und den veganen Rezepten

Empfehlungen für die Getreideküche 189

finden Sie eine Vielzahl von Angeboten. Saucen, Pfannenge-richte, Eintöpfe, Aufläufe gelingen ohne Mühe.

Kuchen, Torten und süßes Kleingebäck können optisch und geschmacklich in bester Qualität durch die Auswahl bestimmter Weizenarten zubereitet werden.

Getreidegerichte

Aus echtem Schrot und Korn –
da sticht nicht nur der Hafer!

Grundrezept Buchweizenbrei

250 g Buchweizen	Selleriepulver
½ l Gemüsebrühe	Oregano
1 klein gehackte Zwiebel	Kräutersalz
2 EL Sonnenblumenöl	Pfeffer
gemahlener Koriander	Knoblauch nach Geschmack
1 Prise geriebene Muskatnuss	geriebener Käse

Den Buchweizen grob schroten. 2 Stunden in der Gemüsebrühe einweichen. Die Zwiebel in Öl golden dünsten, an den Buchweizen geben und alles mit den Gewürzen abschmecken. Bei kleiner Hitze in 25 Minuten garen. Mit geriebenem Käse bestreut servieren, z. B. mit Gemüse oder einem Salat.

Variationen:

- Unter den erkalteten Buchweizenbrei geriebenen Käse und 1 Eigelb geben, Teig abschmecken und Klöße formen. In kochendem Wasser ziehen lassen. (Die Klöße sind fertig, wenn sie hochsteigen, nach ca. 5 Minuten.) Mit zerlassener Butter servieren oder eine Tomaten- oder Pilzsauce dazu reichen.

- Die ausgequollene Masse noch heiß auf ein gefettetes Backblech streichen, mit 1 Prise geriebener Muskatnuss oder Muskatblüte bestreuen, Butterflöckchen draufsetzen und im Ofen 10 Minuten überbacken. In Quadrate, Rechtecke oder Rauten schneiden.

Kascha – Russische Buchweizenspeise

250 g Buchweizen (ganze Körner)
1 TL Kräutersalz

Die ganzen Buchweizenkörner ohne Fett in einer Jenaer-Glas-Form mit Deckel goldgelb rösten, die Form ab und zu schütteln. 2 Fingerbreit kochendes Wasser zugießen, salzen, aufkochen, die Form in den vorgeheizten Backofen stellen, ausquellen lassen, bis die Kascha völlig trocken ist (ca. 25 Minuten).
Variante: Die fertig ausgequollene Kascha auf ein gefettetes Blech streichen, mit geriebenem Käse bestreuen und im Ofen überbacken.

Buchweizen-Käse-Auflauf

50 g fertiger Buchweizenbrei	*Pfeffer*
3 Eigelb	*3 Eiweiß*
Kräutersalz	*200 g geriebener Käse*

Den Buchweizenbrei mit dem Eigelb vermischen, mit Kräutersalz und Pfeffer abschmecken. Steif geschlagenes Eiweiß unterziehen. Den Brei in eine gefettete Auflaufform füllen, mit dem Käse bestreuen und bei 200 °C im vorgeheizten Ofen goldbraun überbacken.

Pikanter Buchweizenring

200 g Buchweizen	etwas geriebener Käse
150 g Weichweizen	1 Prise geriebene Muskatnuss
1 TL Curry	3 Eiweiß
½ l Gemüsebrühe	Butter und geröstete Sesam-
1 fein gehackte Zwiebel	samen für die Form
3 Eigelb	

Buchweizen und Weichweizen mittelfein mahlen, in der Pfanne ohne Fett mit dem Curry kurz anrösten, bis es würzig duftet. Gemüsebrühe kurz aufkochen, unter Rühren das geröstete Mehl zufügen und auf der ausgeschalteten Herdplatte 20 Minuten ausquellen lassen. Zwiebelwürfel, Eigelb, Käse, eventuell etwas Butter und Muskatnuss unter die Masse rühren, zum Schluss das steif geschlagene Eiweiß unterziehen. Eine feuerfeste Ringform ausbuttern und mit Sesam ausstreuen. Die Masse einfüllen und glatt streichen. Im vorgeheizten Backofen bei 200 °C ca. 45 Minuten backen. Den fertigen Buchweizenring 10 Minuten abkühlen lassen, am Rand mit einem Messer ablösen und auf eine Platte stürzen.

Mit irgendeinem geschmorten Gemüse – z. B. Karotten und Erbsen – in der Mitte servieren.

Variante: Statt Buchweizen können Sie die gleiche Menge Gerste nehmen.

194   *Die üppige Vollwertkost*

Grundrezept Grünkern

Für Knödel, Küchlein, Füllungen und Aufstriche.

250 g Grünkern	*½ TL Paprikapulver edelsüß*
1 Lorbeerblatt	*2 TL gerebelter Majoran*
2 Eier	*2 Knoblauchzehen (zer-*
1 TL Kräutersalz	*quetscht)*
1 TL Senf	*1 TL oder mehr Sojasauce*
Pfeffer	*(Tamari)*

Den fein gemahlenen Grünkern und das Lorbeerblatt in 300 ml Wasser aufkochen. Es muss ständig gerührt werden, bis sich die Masse vom Topfboden löst. Die Eier und alle Gewürze in den heißen Teig einarbeiten und pikant abschmecken. Mit nassen Händen Küchlein (Puffer, Bratlinge) formen und diese in der Pfanne in heißem Olivenöl auf beiden Seiten knusprig braten. Dazu Tomatensauce.

Oder: Zu kleinen Klößchen formen, diese auf ein fertiges Gemüse- oder Kartoffelgericht setzen, Butterflöckchen draufgeben und geriebenen Käse, 10 Minuten im Ofen überbacken.

Oder: »Königsberger Klopse« (tennisballgroß) daraus machen, diese in kochendes Salzwasser legen, 10 Minuten ziehen lassen und mit Kapernsauce servieren.

Getreidegerichte 195

Hanf in der Vollwertküche

Der Geschmack der Hanfsamen erinnert an Nüsse und leicht
an Mohn. Die Samen können ganz oder gemahlen zusammen
mit Getreide den Teigen für Brote, Pizza, Aufläufen, Pfannengerichten etc. zugesetzt werden, auch der Getreidefrischkost.
Hanf lässt sich gut keimen, Keimdauer 2–3 Tage. Die Samen
lassen sich auch rösten: Eine kleine Menge in die trockene
Pfanne ohne Fett geben, ein paar Minuten mäßige Hitze ein-
wirken lassen, bis sie anfangen, zart zu duften. Vorsicht, die
Samen dürfen nicht braun werden, dann schmecken sie bitter!
Das Hanföl wird leicht ranzig. Zum Schutz vor Lichteinfluss
wird es in dunklen Flaschen angeboten; die angebrochene Flasche sollte im Kühlschrank aufbewahrt werden.
Aufgrund des hohen Anteils an ungesättigten Fettsäuren ist
Hanföl zum Braten nicht geeignet, jedoch sehr gut als Salat-
dressing.

Grundrezept Hirsebrei

200 g Hirse

Die Hirse 1–2 Stunden in 400–450 ml Wasser einweichen, danach aufkochen, mit Minimalhitze 10 Minuten leise köcheln
lassen. Möglichst nicht den Deckel öffnen und nicht umrühren, damit die Hirsekörner nicht zusammenkleben. Alle Flüssigkeit sollte aufgesogen sein.
Pikant oder süß mit den entsprechenden Zutaten weiterverarbeiten. Hier 2 Beispiele:

Hirse-Gemüse-Auflauf

1 Zwiebel
2 EL Olivenöl
200 g Hirse
1/2 l Gemüsebrühe
1 Lorbeerblatt
Salbei
Rosmarin nach Geschmack
Pfeffer
500 g beliebiges, gegartes
Gemüse (z. B. Möhren, junge
Erbsen, Lauch, Spinatblätter,
Rosenkohl, Blumenkohlröschen,
Champignons)

Guss:
1/4 l Sahne
2 Eier
Knoblauch
1 Prise geriebene Muskat-
nuss
evtl. Kräutersalz
100 g geriebener Käse
(Parmesan oder Bergkäse)
Außerdem:
Butterflöckchen zum Über-
backen

Die gehackte Zwiebel in Öl andünsten, die Hirse zugeben und mitdünsten. Gemüsebrühe, Lorbeerblatt, Salbei, Rosmarin und Pfeffer zugeben, 5 Minuten kochen und die Hirse ausquellen lassen. Mit dem Gemüse nach Wahl vermischen. Die Masse in eine gebutterte Auflaufform füllen. Alle Zutaten für den Guss verquirlen, über die Hirse gießen. Mit Käse bestreuen und Butterflöckchen draufsetzen. Im Ofen bei 200 °C etwa 20 Minuten überbacken (sind die Zutaten kalt, 30 Minuten).

Hirseknödel

2 Zwiebeln	viel frische gehackte Kräuter
2 Knoblauchzehen	nach Wahl
2 EL Öl	2 Eigelb
300 g Hirse	2 EL frisch gemahlener Kamut
Kräutersalz	zum Binden
Pfeffer	geschmolzene Butter
1 Prise geriebene Muskatnuss	Schnittlauchröllchen

Zwiebeln und Knoblauch fein würfeln, in Öl goldgelb dünsten. Hirse zugeben, kurz anrösten, dann 600 ml Wasser aufgießen und Gewürze zufügen. Alles 5 Minuten kochen, 15 Minuten quellen, danach abkühlen lassen. Unter die kühle Masse frische Kräuter und die Eigelbe mischen, mit Kamut binden. Aus der Masse Knödel formen, in eine feuerfeste flache Form setzen und mit der geschmolzenen Butter übergießen. Ca. 10 Minuten im Ofen bei 200 °C leicht überbacken. Mit Schnittlauchröllchen bestreut servieren.

Weitere Hirsevariationen

Für Hirn, Herz und Humor.

- Hirse gemischt mit gedünstetem Gemüse, pikant mit Knoblauch abgeschmeckt, mit geriebenem Käse bestreut;
- Hirse vermischt mit gebratenen Pilzen, abgeschmeckt mit Sojasauce, mit Petersilie bestreut;
- Hirse mit gehackten Zwiebeln, Kreuzkümmel und Curry in Olivenöl gebraten;
- Hirse in gedünsteten Kohlrabi, in Tomaten, Gurken, Papri-

198   *Die üppige Vollwertkost*

kaschoten, Piroggen gefüllt oder in Mangoldblätter gewickelt, in einer Auflaufform mit Sahne und Käse überbacken; dazu eine Zitronensauce;

- Hirsering mit Gemüse gefüllt; dazu die gegarte Hirse in eine gefettete Ringform füllen, dann auf eine vorgewärmte Platte stürzen und mit dem gegarten Gemüse (z. B. Möhren, Lauch, Zwiebeln) füllen;
- Hirse mit Kräutersalz und Pfeffer, Eigelb und dem steif geschlagenen Eiweiß vermischt, mit geriebenem Käse bestreut im Ofen überbacken;
- Hirse süß mit Zimt, Honig, Pflaumenmus und 1 Stückchen Butter in der Mitte;
- Hirse als süßer Auflauf – mit Aprikosen, Stachelbeeren, Johannisbeeren, Äpfeln, eingemachten oder frischen Kirschen oder Pflaumen, mit Eigelb und steif geschlagenem Eiweiß vermischt im Ofen überbacken, dazu heiße Holundersauce. Dies sind nur ein paar Beispiele ...

Übrigens: Obwohl wir nur geschälte Hirse verwenden, weil die ungeschälte ungenießbar ist, enthält die geschälte immer noch fast viermal so viel Kieselsäure wie Weichweizen! Wichtig für Knochen, Haare, Haut und Zähne. Auch Fluor befindet sich im Inneren des Hirsekornes. Kurz, die Hirse ist ein Wunderkorn! *Quinoa* wird wie Hirse verarbeitet.

»Meine Familie wird mir gar nicht mehr satt, seit wir auf Vollwertkost umgestiegen sind!« – das bekomme ich gelegentlich zu hören. (Interessant übrigens das besitzergreifende Wörtchen »mir«: »Mein Kind, du isst mir nicht, du trinkst mir nicht, du bist mir doch nicht krank?«)
Bohre ich nach, woran das wohl liegen mag, bin ich den Fehlerquellen bald auf der Spur. Die sind:

- falscher Einkauf – zu kleine Mengen, in den falschen Läden, außerhalb der Saison eingekauft, Fertigprodukte statt Grundprodukte, also z. B. nicht Hirse, sondern Hirseflocken;
- zu wenig Frischkost, stattdessen zu viel gekochtes (teures) Gemüse und Obst;
- zu wenig Getreide-, Teig- und Kartoffelgerichte.

1 Möhre, 1 Stück geriebener Sellerie, eine Hand voll Löwenzahnblätter, pikant angemacht und roh als Frischkost gegessen, genügen – fast die 3-fache Menge brauchen Sie aber, um satt zu werden, wenn Sie das Gemüse kochen.

Grundrezept für Polenta

250 g Maisgrieß (grob)

Maisgrieß 30–60 Minuten in 1 l Wasser einweichen. Danach ankochen und bei geringster Hitzezufuhr unter Rühren 5–8 Minuten köcheln, dann einige Minuten auf der heißen Herdplatte auskühlen lassen.

Entweder pikant oder süß weiterverarbeiten. Zum Beispiel:
- Mit $1/2$ TL Kräutersalz würzen, 1–2 EL Butter unterziehen und mit 2 EL geriebenem Käse bestreuen.
- Diese Masse auf ein mit kaltem Wasser abgespültes Blech streichen, in Rechtecke, Quadrate oder Rauten schneiden, auf jedes ein Stückchen Butter, eine Scheibe Käse und etwas geriebenen Parmesan geben und kurz im Ofen überbacken.
- Unter die steife Polenta 250 g mit $1/4$ l saurer Sahne und Kräutersalz pikant abgeschmeckten Quark rühren, für ein

paar Minuten in den heißen Backofen stellen. So ist aus der Polenta das rumänische Nationalgericht »Mamaliga« geworden.

- Die fertige Polenta mit bissfest gegartem Gemüse vermischen, mit Kräutersalz, Pfeffer und Muskat abschmecken, einen Stich Butter und etwas Sahne unterrühren und mit viel gehackter Petersilie bestreut servieren.

Mais-Tortillas

250 g frisch gemahlenes	*scharfe Peperoni*
Maismehl	*Öl zum Ausbacken*
1 Ei	*12 dünne Scheiben alter*
1/2 TL Salz	*Edamer*
100 g Weichweizenmehl	*12 Scheiben Mozzarella*
frische oder getrocknete	*1 Becher saure Sahne*
Salbeiblätter nach Geschmack	

Maismehl, 1/4 l Wasser, Ei, Salz, Weichweizenmehl und zerpflückten Salbei verkneten und 1/2 Stunde ruhen lassen. Aus dem Teig einen Strang formen, Stücke in der Größe eines Golfballes davon abbrechen und zu einem Ball drehen, auf bemehlter Backfläche etwa 3 mm dick ausrollen oder einfach zwischen den Händen flach drücken. Tortillas in heißem Öl etwa 3–4 Minuten auf jeder Seite braten, warm stellen. Jede Tortilla belegen mit: 1 Scheibe Edamer oder anderem Käse, 1 Scheibe Mozzarella, 1 oder mehreren Ringeln durchgeschnittener Peperoni, 1 Klacks saurer Sahne. Tortillas im vorgeheizten Ofen bei 200 °C erhitzen, bis der Käse geschmolzen ist.

Mit den fertigen Tortillas lassen sich köstliche Enchiladas zubereiten: Jede Tortilla mit scharfer Tomatensauce bestreichen, mit kurz in Öl gebratenen Zucchinistreifen belegen, die Tortillas zusammenrollen, in eine mit Olivenöl eingefettete Auflaufform legen, wieder mit Tomatensauce bestreichen und geriebenen Käse draufstreuen. Im vorgeheizten Ofen bei 200 °C ca. 20 Minuten überbacken. Mit Crème fraîche oder einer Sahne-Joghurt-Knoblauch-Sauce servieren.
Köstlich! Wer's besonders scharf mag, kann noch etwas Harissa drübergeben (siehe Seite 85).

Grundrezept für Reis

Selbstverständlich wird in der Vollwertküche nur Vollreis verwendet. Vollreis braucht länger zum Garwerden als gewöhnlicher Reis. Jeder Koch und jede Köchin schwören, ihre Art Reis zuzubereiten sei die beste. Waltraud Beckers Methode ist aber tatsächlich die beste. Sie macht es so:

200 g Langkornreis
1 TL Steinsalz
2 EL Butter

Reis in 400 ml gesalzenem Wasser 2 Stunden einweichen. Danach ankochen, bei geschlossenem Deckel und geringster Hitze 10 Minuten kochen. Möglichst den Deckel nicht öffnen, nicht umrühren! Nach der Kochzeit die Butter gleichmäßig auf der Oberfläche verteilen, Deckel aufsetzen und ca. 5 Minuten ohne Hitze nachquellen lassen.

202   *Die üppige Vollwertkost*

> **Mein Tipp:** Wenn Sie den Reis in einer hübschen Pfanne zubereiten, können Sie das fertige Gericht gleich darin auf den Tisch stellen.
> Ebenso die folgenden Varianten.

Reispfanne mit Gemüse

1 Grundrezept Langkornreis
Dazu:
500 g Gemüse nach Wahl
(Möhren, Kohlrabi, Blumenkohl,
Sellerie, Lauch, Petersilien-
wurzel, Rosenkohl, Spargel-
stückchen, Erbsen)

Kräuter und Gewürze nach
Geschmack: 1 Lorbeerblatt,
Salbei, Rosmarin, Pfeffer-
körner, Curry, Safran,
Knoblauch
2 EL Butter
gehackte Petersilie

Zubereitung wie im Grundrezept, den Reis aber mit 100 ml Wasser mehr kochen. Das bissfest gegarte, gut gewürzte, noch warme Gemüse zusammen mit der Butter auf dem fertigen Reis verteilen, 5 Minuten auf der heißen Herdplatte durchziehen lassen. Mit Petersilie bestreuen.

Reis mit Pilzen

1 Grundrezept Langkornreis
Dazu:
1 Zwiebel
1–2 EL Olivenöl
300 g Pilze

Kräutersalz
Knoblauch
Muskat
Petersilie

Die gehackte Zwiebel in dem Öl golden dünsten, die geschnittenen Pilze und Salz zugeben, mit Knoblauch und Muskat abschmecken, ca. 10 Minuten dünsten. Das fertige Pilzgemüse auf dem gegarten Reis verteilen, mit gehackter Petersilie bestreut servieren.

A propos Pilze: Wussten Sie, dass den Shiitake-Pilzen ganz besondere Heilkräfte zugeschrieben werden? Japanische Ärzte empfehlen sie zur Prävention von Herzinfarkt, Schlaganfall und Krebs, bei Rheuma, niedrigem Blutdruck und Bronchitis. Die in den Pilzen enthaltene Pantothensäure und das Biotin sollen auch Haut und Haaren zugute kommen – also öfter mal Shiitake-Pilze auf den Speisezettel setzen!

Reispfanne mit Eiern und Käse

1 Grundrezept Langkornreis	*1 Zwiebel*
Dazu:	*4 Tomaten*
2 EL Olivenöl	*4 Eier*
Pfeffer	*Kräutersalz*
1 Prise Chilipfeffer	*Pfeffer*
$1/2$ TL zerstoßener Kümmel	*2–3 EL geriebener Käse*

Öl mit Pfeffer, Chilipfeffer, Kümmel und der klein geschnittenen Zwiebel andünsten, die in Stücke geschnittenen Tomaten zugeben, kurz weiterdünsten.
Alles pürieren und auf den fertigen Reis geben. Mit einem Ei vier Vertiefungen in den Reis drücken, in jede ein Ei schlagen. Deckel draufgeben und die Eier zu verlorenen Eiern stocken lassen (5–8 Minuten). Salzen und pfeffern, geriebenen Käse drüberstreuen. In der Pfanne auf den Tisch bringen.

Reispfanne marokkanisch

1 Grundrezept Langkornreis	1 Hand voll Pilze
Dazu:	1 Banane
6 EL Sesam- oder Maiskeimöl	1 Apfel
1 Zwiebel	1 Hand voll Aprikosen
2 rote Pfefferschoten	Sojasauce
$^1/_2$ Stange Bleichsellerie	Knoblauch
1 Möhre	je 1 EL Kürbiskerne, Pinienker-
1 Stückchen Fenchel	ne und Sonnenblumenkerne
1 kleine Zucchini	1 EL gehackte Petersilie

Die gehackte Zwiebel in dem Öl golden dünsten, klein geschnittenes Gemüse und Obst zugeben, mit Kräutersalz, Sojasauce und Knoblauch pikant abschmecken und fertig garen,
zum Schluss die Samenkerne untermischen. Das Gemüse auf
dem fertigen Reis verteilen und mit gehackter Petersilie bestreuen.

Eine orientalische Variante: Frisch geriebene Ingwerwurzel, gemahlenen Kümmel, Sesam und eine Hand voll Ananasstücke
untermischen.

Weizenspeise aus Marokko

2 Tassen Weizenkörner
2–3 TL Kräutersalz
1 TL schwarzer Pfeffer
1 TL gemahlener Kümmel
1 TL (oder weniger) Chilipfeffer

3 EL Öl
4 Tomaten
Basilikum
Butterflöckchen

Die ganzen Weizenkörner in $1^{1}/_{2}$ l Wasser über Nacht einweichen. Weizenkörner im Einweichwasser zum Kochen bringen (evtl. etwas Wasser zugeben, es soll 2 Fingerbreit über dem Weizen stehen). Hitze drosseln, auf kleiner Flamme eine halbe Stunde garen. Nun Kräutersalz, Pfeffer, Kümmel, Chilipfeffer (Vorsicht, ist sehr scharf!) und das Öl zugeben. Auf kleiner Flamme noch ca. 15 Minuten schmoren. Der Weizen soll knackig sein. Nun die halbierten Tomaten auf die Oberfläche der Weizenspeise setzen. Tomaten mit Kräutersalz, Pfeffer und Basilikum bestreuen, Butterflöckchen draufsetzen. Deckel draufgeben. Bei niedriger Hitze ziehen lassen, bis die Tomaten gar sind.

Kernige Brote, Brötchen und Fladen

Das erste Brot nach der reinen Breinahrung dürfte der Fladen gewesen sein: ein mit Wasser angerührter, auf einen heißen Stein gestrichener und getrockneter Körnerbrei, Vorläufer der arabischen, israelischen und indischen Pitta oder Chapatis, der türkischen Pide, der italienischen Pizza. Aus Nilschlamm baute man die ersten kugelförmigen Öfen. Der Ofen wurde geheizt, die Glut herausgenommen und das Brot auf den heißen Steinen gebacken. 200 v. Chr. soll das erste Hefebrot verzehrt worden sein – der beim Bierbrauen entstehende Schaum wurde mit Mehl verknetet und ergab ein besonders lockeres Brot. Die Entstehung des Sauerteiges vermutet die Fama um das Jahr 500 v. Chr. Eine faule Hausfrau (oder ein fauler Hausmann?) hat vielleicht den Brotteig zu lange stehen und sauer werden lassen und siehe da – das daraus gebackene Brot war besonders köstlich. Und die Moral von der Geschicht? Faulheit ist (manchmal) so schlecht nicht ...

Kleine Mehlkunde

Ehe man daranging, Keim und Kleie zu entfernen, also etwa bis vor 150 Jahren, nahmen die Menschen durchschnittlich 3–5 Milligramm Vitamin B_1 täglich zu sich – das wäre das 4–5-fache der heutigen Menge! Die Losung muss also heißen: Vollkorn essen! 2–3 Esslöffel rohes Getreide täglich, und Ihr Vitamin-B_1-Bedarf ist gedeckt.

Geradezu gewaltig ist der Unterschied zwischen Vollkornmehl (Weichweizen) und Industriemehl (Weizen-Auszugsmehl Type 405), was Eisen, Magnesium, Kalium und Kalzium betrifft:

	1 kg Voll- kornmehl enthält:		1 kg »normales« Industriemehl enthält:	
Eisen	44	mg	7	mg
Magnesium	250	mg	120	mg
Kalium	4730	mg	1150	mg
Kalzium	120	mg	60	mg
Vitamin B_1	5,1	mg	0,7	mg
Vitamin B_6	4,4	mg	2,2	mg
Provitamin A (Vorstufe des Vitamin A)	3,3	mg	0,0	mg
Vitamin E	24	mg	0,0	mg

(Aus: »Unsere Nahrung – unser Schicksal« von Dr. M. O. Bruker, siehe Literaturverzeichnis)

Sind Sie noch ungeübt im Brotbacken, beginnen Sie am besten mit einem einfachen Hefebrot (siehe Seite 216). Aus dem gleichen Teig können Sie auch Brötchen backen. Ein Sauerteigbrot braucht etwas mehr Erfahrung, besonders wenn Sie den Ehrgeiz haben, Ihren Sauerteig selbst herzustellen. Er gelingt leider nicht immer, es kann sein, dass Ihre Küche zu kalt ist oder nicht gleichmäßig warm und Sie die falschen Bakterien züchten. Ich musste einmal einen Sauerteig wegwerfen, weil er zwar wie wunderschönes grünes Moos aussah, aber eben nicht mehr wie Sauerteig.

Die Zubereitung von Sauerteig gibt immer wieder Anlass zu lebhaften Diskussionen, wenn Vollkornbäcker und -bäckerinnen zusammenkommen. Die einen setzen Zwiebeln zu, die anderen Kümmel, die einen rühren den Teig täglich um, die anderen füllen ihn in ein Schraubglas und stellen das in den Kühlschrank – ich habe alles ausprobiert und festgestellt: am zuverlässigsten ist der Sauerteig vom Bäcker; wenn es Ihnen gelingt, einmal einen aufzutreiben, sind Sie gerettet: Sie kneten mit dem Sauerteig vom Bäcker Ihren Brotteig, lassen ihn gehen und nehmen dann, bevor Sie Gewürze und Salz drangeben, die nötige Portion (also etwa 300–400 g) vom gut gesäuerten Brotteig ab, füllen ihn in eine kleine Schüssel, verschließen sie mit Folie und bewahren sie bis zum nächsten Brotbacken in der Tiefkühltruhe auf. Bei Bedarf holen Sie Ihren gefrorenen Teig heraus, tauen ihn auf, verrühren ihn mit lauwarmem Wasser und ein paar Löffeln frisch gemahlenem Weizen- oder Roggenmehl – fertig ist der neue Sauerteig zur Weiterverarbeitung. (Siehe auch »Tipps und Kniffe für Eigenbrötler« von Waltraud Becker, Seite 357.)

Rustikales Vollkornbaguette

Für 2 Baguettes à 400 g.

200 g Dinkel	*30 g weiche Butter*
200 g Kamut	*Streumehl*
100 g Mais	*10 g Hefe*
1 TL Salz	

Dinkel und Kamut zusammen fein mahlen. Sollte Ihre Mühle keinen Mais mahlen können, Maismehl im Naturkostgeschäft besorgen.

350 g kaltes Wasser in eine Schüssel geben, Hefe einbröckeln, die halbe Mehlmenge anrühren. Den Teig gut zudecken, bei Zimmertemperatur 30–45 Minuten ruhen lassen. Der weiche Teig zeigt dann lebhafte Gärung. Das Salz, die weiche Butter sowie das restliche Mehlgemisch gründlich einarbeiten. Nach kurzer Knetzeit (am besten per Hand in der Schüssel, später

auf der Arbeitsfläche) müsste sich ein geschmeidiger Teig ergeben, der fast ohne Streumehl zu bearbeiten ist. Nächste Teigruhe in der Schüssel (gut zugedeckt) 30 Minuten.
Nach Ablauf der Ruhezeit wird der Backofen auf 225 °C vorgeheizt. In den hinteren Bereich des Ofens sollte ein kleines feu-
erfestes Gefäß mit Wasser für die Dampfentwicklung gestellt
werden.
Das Backblech fetten, bemehlte Baguette-Brotkörbchen mit
Vollkornmehl gründlich ausstreuen. Den Teig auf der Arbeitsfläche ein letztes Mal kneten, teilen und »über rund«, so der
Fachausdruck, 2 Baguettes formen, mit dem Teigschluss nach
oben in die Körbchen legen. Letzte Ruhezeit 15 Minuten – gut
zugedeckt.
Danach die Teiglinge vorsichtig auf das vorbereitete Blech kippen, 3 Quereinschnitte machen und in den auf 225 °C vorgeheizten Ofen schieben. 20 Minuten backen, dann das Wassergefäß vorsichtig entfernen, die Temperatur auf 200 °C zurück-
schalten und in weiteren 20 Minuten goldbraun backen.
Sofern keine Baguette-Brotkörbchen vorhanden sind, kann die
letzte Ruhephase der Teiglinge gleich auf dem Backblech statt-
finden.

Bruschetta

Una Bruschetta per favore!
Weckt Sehnsucht nach Urlaub, Italien und Amore ...

2 Baguettes (siehe voriges	*Tomaten*
Rezept)	*Salz*
Olivenöl	*Pfeffer*
viel Knoblauch	

210   *Die üppige Vollwertkost*

Jeder bekommt ein halbes Baguette. Längs durchschneiden, mit viel Olivenöl beträufeln und reichlich gehackten oder durch die Presse gedrückten Knoblauch darauf verteilen. Im vorgeheizten Ofen bei 200 °C ca. 10 Minuten überbacken, dann üppig mit den fein gehackten Tomaten belegen, salzen und pfeffern.

Dazu ein leichter Rosé.

Ein schnelles, leichtes und köstliches Abendessen.

Knusper-Knäckis (ein Fladengebäck)

125 g Dinkel　　　　　　　*50 g weiche Butter*
125 g Kamut　　　　　　　*50 g Sahne*
½ TL Salz　　　　　　　　*Ölsaaten zum Bestreuen*
1 TL Honig

Fein gemahlenes Mehlgemisch, Salz, Honig und 100 ml Wasser gründlich vermengen, dann die weiche Butter einkneten. Der Teig sollte weich, jedoch geschmeidig sein. Ein Backblech einfetten, den Teig zunächst mit nasser Hand, dann am besten mit einem Minirollholz gleichmäßig und dünn auf der Fläche verteilen. Mit einem Kuchenrad rautenförmig markieren, damit sich später kleine Teile abbrechen lassen. Mit Sahne bestreichen, verschiedene Ölsaaten drüberstreuen (Linosit, Sesam, Mohn, Pinienkerne). Im vorgeheizten Ofen bei 200 °C 15–20 Minuten backen.

In einer gut verschließbaren Dose halten sich die Knusper-Knäckis schön knusprig.

Knoblauchbrot

Leider nur an einem freien Wochenende oder im Urlaub ...

8 dünne Brotscheiben   *1 Knolle (!) Knoblauch*
(Weizen- oder Roggenbrot)   *Kräutersalz*
Butter

Die Brotscheiben rösten, mit Butter bestreichen, gehackten Knoblauch dick draufstreuen, mit Kräutersalz würzen, nochmals in den Ofen legen, knusprig backen. Ein paar Gläschen Rot- oder Weißwein dazu, und Sie wähnen sich im Paradies.

Israelische Pitta

4 Tassen Weizenmehl
1–2 TL Meersalz

Das frisch und sehr fein gemahlene Mehl in eine Schüssel geben, Salz zufügen und vorsichtig mit $1^1/_2$ Tassen Wasser verkneten. Es hängt vom Mehl ab, wie viel Wasser man braucht. Der Teig muss so fest sein, dass man ihn ausrollen kann. Den Teig 30 Minuten ruhen lassen. In 8 Stücke teilen, aus jedem Teigstück einen Ball formen und diesen auf einem bemehlten Brett dünn ausrollen, ca. 2 mm dick. Die Fladen auf der heißen Herdplatte oder in der heißen Pfanne ohne Fett unter Schütteln und mehrmaligem Wenden ca. 10 Minuten backen.
Variation: Ein paar Esslöffel zerlassene Butter an den Teig geben, ruhen lassen, dann backen.
Mit der Pitta stippt man alles Mögliche auf, zum Beispiel Hoummous (Kichererbsenpüree).

212   *Die üppige Vollwertkost*

Quark-Butter-Weizen-Stangen

Eine üppige Angelegenheit – aber phantastisch und kinderleicht zu machen ...

250 g Quark   *(Zutaten immer zu gleichen*
250 g Butter   *Teilen, jede beliebige Menge)*
250 g Weizenmehl   *Kräutersalz*

Die Zutaten verkneten und den Teig 1/2 Stunde ruhen lassen. Auf einer bemehlten Arbeitsfläche zu einem Strang rollen, von dem Strang Scheiben abschneiden. Jede Scheibe formen: zu einer Stange, einem Taler, einer Brezel oder einem Hörnchen. Bei 180 °C 20 Minuten backen.
Sie können die Brezeln, Hörnchen oder Stangen vor dem Backen mit Milch bepinseln und mit geriebenem Käse bestreuen oder mit Kümmel, Sesam oder Mohn. Da dieses Gebäck sehr fett ist, braucht es keinen Aufstrich.

Schnelle Quarkbrötchen

500 g Weizenmehl   *1 knapper EL Honig*
2 TL Weinsteinbackpulver   *500 g Quark*
2 TL Meersalz   *2 Eier*

Das frisch gemahlene Weizenmehl mit dem Backpulver, Salz und Honig mischen, den Quark und die Eier drunterkneten. Ist der Quark sehr trocken, evtl. mit etwas Milch sämig machen. Die Brötchen bei 180 °C im vorgeheizten Backofen 20–30 Minuten backen.

Was Sie über Brot noch wissen sollten

- Roggenbrote werden nicht so schnell alt wie Misch- oder Weizenbrote.
- Brot schimmelt am ehesten bei Wärme und hoher Luftfeuchtigkeit, also Brot kühl und trocken aufbewahren und nicht von der Luft abschließen. Brot muss »atmen« können.
- Angeschnittene Brotlaibe mit der Schnittfläche auf Holzbrettchen stellen.
- Brotbehälter mit Holzrosten auslegen, das Brot kann dann besser atmen.
- Brot nicht im Kühlschrank aufbewahren, es trocknet schneller aus.
- Hefeteig muss sich beim Gehen in etwa verdoppeln, mit Sauerteig angesetzter Teig dagegen vergrößert sich nur um ca. ein Drittel. Wenn man leicht mit dem Finger auf den Teig drückt, muss sich die Delle sofort wieder glätten (gilt für beide Teigarten).
- Ihr Brot ist gar, wenn sich beim Dagegenklopfen mit den Fingerknöcheln ein hohles Geräusch ergibt.

Roggen-Weizen-Vollkornbrot

1 kg Roggen	*ca. 300 g Sauerteig*
1 kg Weizen	*1 EL Salz*

Am Abend vor dem Backen Roggen und Weizen fein mahlen und in eine Schüssel schütten. In die Mitte eine Mulde machen, da hinein den Sauerteig geben. Ca. 100 ml lauwarmes Wasser zufügen. Sauerteig mit dem Wasser und so viel von dem Mehl verrühren, dass ein noch flüssiger Teig entsteht. An warmem Ort über Nacht gehen lassen.

214   *Die üppige Vollwertkost*

Am nächsten Morgen ca. 500 ml Wasser zugeben und das Salz. Gut kneten, bis sich der Teig von der Schüssel löst. Ein längliches Brot formen, dieses auf einem gefetteten Blech 2 Stunden gehen lassen. Im vorgeheizten Ofen bei 220 °C 1^{1}/$_{2}$ Stunden backen.

Zur Erinnerung: Beim Verzehr von 100 g Vollkornbrot nehmen wir 40 Kalorien weniger zu uns als beim Verzehr von 100 g »normalen« Brötchen (Semmeln); dafür aber mehr als doppelt so viel Kalium, mehr als dreimal so viel Eisen!

Mein Roggenvollkornbrot mit Gewürzen

Bekannt als Barbara-Rütting-Brot.

Die Versäuerung des Teiges erfolgt in 3 Stufen. Das Wichtigste ist, den Teig über die gesamte Gärzeit bei 30 °C »zu führen«, wie der Fachausdruck lautet.

1 kg Roggen, fein gemahlen	*2 EL Fenchel*
1 kg Roggen, grob gemahlen	*2 EL Leinsamen*
(geschrotet)	*2 EL Kümmel*
300 g Sauerteig	*2 EL Koriander*
1 EL Salz	*(von allem die ganzen Körner!)*

Mehl/Schrot in eine große Schüssel geben, in die Mitte den Sauerteig. Diesen mit ^{1}/$_{3}$ von 1 l lauwarmem Wasser und ^{1}/$_{3}$ des Mehl-Schrot-Gemisches verrühren, an warmem Ort (möglichst bei 30 °C) gehen lassen. Nach einigen Stunden das 2. Drittel Wasser zugeben, mit dem 2. Drittel des Mehl-Schrot-Gemisches verrühren, wieder warm stellen.

Wieder nach einigen Stunden das restliche Wasser zugeben, mit dem restlichen Mehl-Schrot-Gemisch verrühren bzw. verkneten, noch mal warm stellen und (am besten über Nacht) mit einem feuchten Tuch bedeckt gehen lassen.

Am nächsten Morgen riecht der Teig angenehm säuerlich. Eine Portion (ca. 300 g) Sauerteig vom Teig abnehmen und für das nächste Backen einfrieren. Salz und Gewürze zugeben, eventuell noch etwas Wasser, und gründlich kneten, bis sich ein glänzender Kloß bildet. Sie können nun den Kloß, wenn Sie wollen, teilen und 2 Brote aus der Menge formen. Brot auf einem gefetteten Blech 2 Stunden gehen lassen. Mit einem Messer kreuzweise einschneiden. Dann bei 200 °C backen – 1 großes Brot 1 1/2 Stunden, 2 kleine Brote 1 Stunde. Wenn Sie mit dem Fingerknöchel gegen die Brote klopfen, muss es hohl klingen, dann sind sie fertig.

Dieses Brot ist ziemlich fest. Wünschen Sie es lockerer, backen Sie es in der Kastenform, dann können Sie mehr Wasser nehmen – am besten ausprobieren. Teig in die gefettete Form füllen, mit nasser Hand glatt streichen, die Form gut zudecken, wieder warm stellen und noch einmal möglichst 2 Stunden gehen lassen. In diesem Fall in den kalten Ofen schieben, 30 Minuten bei 225 °C anbacken, dann bei 200 °C noch mindestens 1 Stunde nachbacken. (Siehe auch »Tipps und Kniffe für Eigenbrötler«, Seite 357.)

In jedem Fall sollte man das Brot gründlich auskühlen lassen und frühestens am nächsten Tag anschneiden.

Wenn Sie halb Roggen, halb Weizen nehmen, wird das Brot lieblicher.

216   *Die üppige Vollwertkost*

Salzstangen

100 g Butter	*lauwarme Milch*
250 g Weizenmehl	*Außerdem:*
25 g Hefe (in etwas lauwarmer	*1 Eigelb*
Milch aufgelöst)	*grobes Meersalz*
½ TL Meersalz	*Kümmel*

Die Butter schaumig rühren und die restlichen Teigzutaten zugeben (so viel Milch nehmen, dass ein ziemlich fester Hefeteig entsteht). Den Teig schlagen, bis er Blasen wirft, dann gehen lassen. Kleine Stangen formen, auf ein gebuttertes Blech legen, wieder gehen lassen. Die Stangen mit verquirltem Eigelb bestreichen, mit grobem Salz und Kümmel bestreuen. Bei 180 °C etwa 20 Minuten im Ofen backen.

Die etwas abgekühlten Salzstangen durchschneiden und mit reichlich Butter bestreichen – köstlich!

Einfaches Weizenbrot mit Hefe

Gut zum Einüben, wenn Sie noch unerfahren im Brotbacken sind.

1 kg Weichweizenmehl	*¼ l Milch*
1 Päckchen Hefe (40 g)	*1 EL Salz*
1 TL Honig	*Butter*

Mehl in die Rührschüssel geben, in die Mitte die Hefe krümeln, mit dem Honig und ein paar Löffeln der erwärmten Milch und etwas vom Mehl zu einem »Vorteig« kneten, mit einem Tuch zudecken und an einem warmen Ort ½ Stunde gehen lassen.

Restliches Mehl, $^1/_4$ l Wasser und Salz zugeben und 10 Minuten kneten. Brot formen – einen Laib oder auch ein längliches Baguette – mehrmals quer einschneiden. Brot auf ein gefettetes Backblech setzen und noch einmal etwa 1 Stunde gehen lassen. Bei 200 °C 45 Minuten backen. Noch warm mit zerlassener Butter bepinseln.
Sehr gut auch mit gemahlenem Dinkel.

Weizentoastbrot

Das wird aus einem einfachen Weizenbrot gemacht bei gleichen Zutaten, aber statt $^1/_4$ l Wasser und $^1/_4$ l Milch nehmen Sie nur Milch – also insgesamt gleiche Menge Flüssigkeit, aber nur die Hälfte Mehl und Hefe.

500 g Weichweizenmehl   *$^1/_2$ l Milch*
$^1/_2$ Päckchen Hefe   *$^1/_2$ TL Salz*
1 TL Honig

Einen Hefeteig bereiten wie beschrieben. Teig gut gehen lassen, dann in eine gut gefettete Kastenform füllen. Teig noch einmal 30 Minuten gehen lassen. Bei 200 °C 1 Stunde backen. Das Toastbrot lässt sich gut einfrieren.

Wenn Sie unter den Teig dieses delikaten Toastbrotes noch 200 g zerlassene Butter kneten (eventuell etwas weniger Milch nehmen), können Sie **Zwieback** machen: Das in der Kastenform gut gegangene Brot mit dem Messer quer einkerben (in Abständen von etwa 2 cm), backen wie oben angegeben. Kurz abkühlen und aus der Form lösen. Mit einem scharfen Messer an den Kerbstellen in Scheiben schneiden. Die Scheiben auf

218   *Die üppige Vollwertkost*

ein gefettetes Backblech legen und bei kleinster Hitze mehr trocknen als backen. Der Zwieback – der zwiefach Gebackene – muss goldgelb sein. Wollen Sie fettärmeren Zwieback, nehmen Sie nur 2 EL Butter, dann brauchen Sie jedoch die gesamte Milchmenge von ½ l. Probieren geht über Studieren.

Weizenbrötchen

Den Teig wie für das einfache Weizenbrot mit Hefe zubereiten (siehe Seite 216). Aus dem gut gekneteten und gegangenen Teig golfballgroße Brötchen formen, einkerben. Auf ein gefettetes Blech setzen. 30 Minuten gehen lassen. Bei 200 °C 23–30 Minuten backen. Bestreichen Sie die Brötchen vor dem Backen mit Wasser. Sie können auch Mohn, Sesam oder Kümmel draufstreuen.

Gefüllte Brötchen

Resteverwertung!

8 Brötchen	*oder Roquefort*
100 g Butter	*oder Blue Castello*
knapp 1 EL frisch geriebener	*Kräutersalz*
Meerrettich	*Pfeffer*
⅛ l Sahne	*Knoblauch*
200 g Camembert	*Schnittlauch*

Von den Brötchen längs oder quer einen Deckel abschneiden, Brötchen aushöhlen. Die weiche Butter mit Meerrettich verrühren, Sahne schlagen und unterziehen. Den Käse zerkrü-

220   *Die üppige Vollwertkost*

meln und dazugeben, alles mit Kräutersalz, Pfeffer und durch
die Presse gedrückten Knoblauch abschmecken. Die Masse in
die Brötchen füllen, mit gehacktem Schnittlauch bestreuen,
Brötchendeckel draufsetzen und im Ofen bei 180 °C überbacken, sodass der Käse schmilzt.

Variationen:

- Statt Käse Quark nehmen, nach Lust und Laune mit Kapern
  und Oliven anmachen oder
- klein gehackte Zwiebeln, Paprika, Champignons und Mozzarella.

Ein Baguette, aus dem Teig für Weizenbrot mit Hefe (siehe Seite 216) gebacken, füllt man folgendermaßen: Baguette längs
aufschneiden, beide Hälften etwas aushöhlen, die Füllung hineingeben, Hälften wieder zusammenklappen, in den Ofen
schieben und überbacken.

Zwiebelbrot

Teig wie Weizenbrot	*Außerdem:*
mit Hefe	*500 g (oder weniger) Zwiebeln*
(Rezept siehe Seite 216)	*6 EL Öl oder Butter*

Die Zwiebeln in Ringe oder Würfel schneiden, in dem Fett hellbraun rösten, abkühlen lassen und an den fertigen Teig geben.
Das Brot formen und weiter verfahren wie bei Weizenvollkorn-
brot mit Hefe.

Pikante und süße Brotaufstriche

Grünkernpaste

1 Tasse Grünkern	Thymian
(fein gemahlen)	50 g Butter
Kräutersalz, Pfeffer	Knoblauch
1–2 Lorbeerblätter	Majoran oder Oregano

Den Grünkern mit 1 Tasse Wasser, Salz, Pfeffer, Lorbeerblättern und Thymian 5 Minuten kochen und auf der ausgeschalteten Herdplatte ausquellen lassen. Mit Butter, dem durch die Presse gedrückten Knoblauch und Majoran abschmecken und im Mixer cremig rühren (evtl. noch etwas Wasser zugeben). Schmeckt wunderbar auf einem getoasteten Weizenbrot oder Fladen. Erinnert im Geschmack an feinste Leberwurst, ist also ideal für »Umsteiger« vom Fleischesser zum Lactovegetarier.

Gomasio

Gomasio gibt es fertig zu kaufen – oder man stellt es selbst her. Man nehme dafür:

10 Teile Sesam und 1 Teil Steinsalz

Sesam und Steinsalz in zwei getrennten Pfannen ohne Fett rösten, beides vermischen und im Mörser zerstampfen oder im Mixer zerkleinern.

Hanfpaste

mehrere Zehen Knoblauch	*5 EL Pinien- oder Walnusskerne*
(nach Geschmack)	*6 EL Petersilie*
Saft von 1 Zitrone	*5 EL Hanföl*
1 Hand voll Basilikum	*Kräutersalz*

Zuerst alles außer dem Hanföl im Mixer mixen. Dann tröpfchenweise das Hanföl zugeben und mit höherer Geschwindigkeit weiter mixen, bis die gewünschte Konsistenz erreicht ist.

Weitere interessante Brotaufstriche

- Tomatenbutter: Tomaten mit Zwiebel und Knoblauch pürieren, dann mit etwas gehackter Peperoni, gehacktem Liebstöckel (frisch oder getrocknet), Kräutersalz und Paprika sowie mit weicher Butter gründlich verrühren, kühl stellen.
- Kräuterbutter: 1 Hand voll frische gehackte Kräuter mit durch die Presse gedrücktem Knoblauch, Kräutersalz, Pfeffer und weicher Butter verrühren, kühl stellen.
- Champignonbutter: Zwiebeln und Knoblauch goldgelb dünsten, blättrig geschnittene Champignons kurz mitdünsten, mit Kräutersalz und Pfeffer würzen, pürieren und mit weicher Butter verrühren, kühl stellen.
- Salbeibutter: Sehr fein geschnittene Salbeiblätter mit weicher Butter, Kräutersalz, Pfeffer und Zitronensaft verrühren, kühl stellen.
- Quark pikant: Mit Zwiebeln, Kümmel, Sahne, Kapern, Schnittlauch anmachen.
- 2 hart gekochte Eigelb mit 1 EL Butter und geriebenem Parmesankäse verrühren.

Pikante und süße Brotaufstriche 223

- Dick Butter aufs Brot, darauf säuerliche Apfelscheiben und gerösteten Sesam.
- Nussmus und Gomasio oder Honig.
- Avocado, püriert mit Gorgonzola oder Roquefort oder Bavariablue, mit Zitronensaft und Pfeffer würzen.
- Avocado, püriert mit Tomatenmark, Knoblauch, Zitronensaft, Kräutersalz, Pfeffer, Zwiebeln und Schnittlauch.
- Butter oder Nussmus mit Honig, darauf Bananenscheiben und halbe Walnüsse.
- Nussmus bestreut mit Kürbiskernen.
- Nussmus mit Honig, bestreut mit geröstetem Sesam.
- Käsebutter: Gorgonzola mit der Gabel zerdrücken, mit Butter, Salz und Pfeffer verrühren.
- Gemüsebutter: Gervais mit Butter, geriebenen rohen Möhren, geriebenem rohen Sellerie, gehackter Petersilie, Kräutersalz und Pfeffer, 1 Spur Honig und Tamari-Sojasauce verrühren.
- Der »Obatzte«: 1 Camembert mit der Gabel zerdrücken und mit weicher Butter, gehackter Zwiebel, zerstoßenem Kümmel, Pfeffer und Paprika verrühren.
- Hoummous aus Israel: Pro Person 150 g Kichererbsen über Nacht einweichen, am nächsten Tag im Einweichwasser weich kochen, pürieren; mit Kräutersalz, Pfeffer und durch die Presse gedrücktem Knoblauch, dem Saft von 1 Zitrone und ein paar Esslöffeln Tahin abschmecken, alles gut verrühren; wenn nötig, mit etwas Wasser verdünnen. In einen Teller füllen, Olivenöl drübergießen, mit Paprika und gehackter Petersilie bestreuen und mit Weizenbrot aufstippen.
- Falafel (gebratene Bällchen aus Kichererbsen oder Bohnen): Kichererbsen oder dicke Bohnen über Nacht in Wasser einweichen; mit Lorbeerblatt, Gemüsebrühe und Thymian weich kochen, pürieren und mit Thymian, Bohnenkraut und

Majoran abschmecken. Aus der Masse Bällchen formen und in Öl backen. Um das viele heiße Fett zu vermeiden, drücke ich die Bällchen flach und brate sie in der Pfanne auf beiden Seiten in Olivenöl. Sie werden zu mit Tahin bestrichener Pitta gegessen.

Trockenfrüchte-Brotaufstrich

250 g getrocknete Früchte: *Saft von 1 Zitrone*
¼ Äpfel, ¼ Birnen,   *Zimt*
¼ Pflaumen   *Naturvanille*

Das Obst über Nacht mit Wasser bedeckt einweichen, mit der Flüssigkeit pürieren (eventuell etwas Flüssigkeit abgießen). Zitronensaft zugeben, mit Zimt und Vanille abschmecken.
Hält sich im Kühlschrank wochenlang frisch.
Variante: ¼ Äpfel, ¼ Birnen, ¼ eingeweichte Aprikosen, Honig nach Geschmack.

Nussmus

1 Hälfte Haselnüsse   *Vanille und Honig nach*
1 Hälfte Haselnussmus   *Geschmack*

Die Nüsse fein pürieren (Mixer), mit den übrigen Zutaten verkneten (evtl. noch mit 1 TL Butter).
Das Nussmus hält sich im Schraubglas im Kühlschrank wochenlang.

Pikante und süße Brotaufstriche 225

Wie bereitet man **Marmelade** ohne Zucker zu – aber so, dass sie sich auch hält? Ein beliebtes Gesprächsthema unter Vollwertköstlern. Unsere Mütter rechneten auf 1 kg Früchte 1 kg Zucker – aber was machen wir Ernährungsbewussten, die wir um die Schädlichkeit des Fabrikzuckers wissen?
Meine Küche hat seit 3 Jahrzehnten kein Krümelchen Fabrikzucker mehr gesehen! Ich habe mich gegen die Marmelade und für das Fruchtmus entschieden. Das natürlich nur begrenzt haltbar ist. Hier ein paar Rezepte:

Rohes Fruchtmus mit Honig

500 g Früchte (z. B. Himbeeren, Erdbeeren, Brombeeren, Preiselbeeren, Pflaumen) 125 g Honig

Zimt, Nelkenpulver, Vanillepulver, abgeriebene Zitronenschale nach Geschmack

Auf 500 g Früchte müssen Sie etwa 125 g Honig rechnen. Früchte im Mixer pürieren, Honig zugeben und weitermixen, bis sich der Honig aufgelöst hat, das dauert 15–20 Minuten. Ganz nach Geschmack mit Zimt, Nelkenpulver, Vanillepulver, abgeriebener Zitronenschale würzen. Das Mus in gut gereinigte Schraubgläser füllen und im Kühlschrank aufbewahren.
Benutzen Sie tiefgefrorene Früchte, können Sie sich jeweils die Portionen zubereiten, die Sie gerade brauchen. Die Haltbarkeit von rohem Fruchtmus hängt vom Flüssigkeitsgehalt der Früchte ab und von der Honigmenge. Bei einem Verhältnis 1:1, also gleiche Menge Früchte wie Honig, hält sich das Mus im Allgemeinen mehrere Wochen an einem trockenen, kühlen Ort.

226   *Die üppige Vollwertkost*

Rohes Pflaumenmus

500 g entsteinte Pflaumen
(so lange wie möglich am
Baum reifen lassen, am
besten, bis sie schrumpelig
und süß sind)
500 g Honig

abgeriebene Zitronenschale
Zitronensaft
Zimt
Nelkenpulver
evtl. etwas Vanillerum

Alle Zutaten (Gewürze nach Geschmack) im Mixer 15–20 Minuten pürieren. In Gläser oder kleine Steinguttöpfe füllen. Ich gieße etwas Vanillerum drauf und binde mit Einmachhaut zu. *Variation:* Mus aus Dörrobst mit rohem Mus aus frischen Früchten im Verhältnis 1:1 mischen. Dieses Mus muss sofort verbraucht werden.

Fruchtmus mit Agar-Agar

500 g Früchte (nach Wahl)
125 g Honig

Saft von 1 Zitrone
2 gestr. TL Agar-Agar

Die Früchte zerdrücken oder pürieren, mit dem Honig mixen. Unter Rühren aufkochen (evtl. etwas Wasser zugeben, damit nichts anbrennt), 5 Minuten brausend kochen lassen. Das in etwas Wasser und Zitronensaft aufgelöste Agar-Agar einrühren, einmal aufkochen. Das Mus in gut gesäuberte, heiß ausgespülte Schraubgläser füllen und sofort auf den Kopf stellen, damit etwaige Luft entweichen kann.

Agar-Agar möglichst nicht öfter als einmal aufkochen und die Gläser unbedingt bis zum Erkalten ruhig stehen lassen, da sonst die Gelierfähigkeit des Agar-Agar beeinträchtigt wird.

Rohes Fruchtmus aus Dörrobst

Getrocknete Pflaumen und Zwetschgen, Aprikosen, Kirschen etc. entsteinen bzw. entkernen. Dann jeweils so viel Fruchtmus zubereiten, wie Sie gerade kurzfristig verbrauchen werden. Dafür das entsprechende Dörrobst etwa 10 Stunden in Wasser einweichen (das Obst muss gerade bedeckt sein). Im Mixer pürieren – fertig. Eventuell mit etwas Honig nachsüßen. Dieses rohe Fruchtmus ist natürlich nur kurze Zeit haltbar.

Pflaumenmus, wie meine Mutter es machte

Ein hübsches und beliebtes Mitbringsel!

entsteinte Pflaumen
gemahlene Nelken und Zimt nach Geschmack

Die Pflaumen ohne Zucker, nur mit Nelken und Zimt im Backofen bei offener Ofentür und gelinder Hitze in der Saftpfanne (oder einem dickbodigen breiten Topf) zu einem dicken Mus einköcheln lassen. Das dauert mindestens 6 Stunden, und leider hauchen dabei die Vitamine ihren Geist aus.
So heiß wie möglich in heiß ausgespülte Twist-off-Gläser oder Schraubgläser füllen. Das Pflaumenmus hält sich auch ausgezeichnet in kleinen Steinguttöpfen, mit Einmachhaut verschlossen.

Übrigens: Vorsicht! Gekochtes Obst wie auch Säfte können Vollkornprodukte unverträglich machen und sollten bei Empfindlichkeit unbedingt gemieden werden!

Crêpes, Nudeln, Pizza und Quiche

Grundrezept Crêpes

Ergibt 8 Stück.

2 Eier
½ Tasse Dinkelmehl, fein
gemahlen
½ Tasse Milch
1 Prise Salz

2 EL zerlassene, abgekühlte
Butter
Außerdem:
Butter oder Öl zum Backen

Alle Zutaten zusammen mit 1 EL Wasser im Mixer gut verrühren, 2 Stunden kalt stellen. Butter oder Öl in einer Pfanne erhitzen. Eine halbe Schöpfkelle voll für jede Crêpe in die Pfanne geben. Sehr dünn zerlaufen lassen. Auf jeder Seite eine Minute backen.

Crêpes, gefüllt mit Mozzarella und Knoblauchspinat

Ein Beispiel für eine Crêpe-Füllung. Wie klingt das: ... begossen mit Tomatensauce, überbacken mit Parmesan? So, wie es klingt, schmeckt es auch!

1 Rezept Crêpes (siehe oben)
1 Rezept fertig gegarter Spinat
(fein gehackt, siehe Seite 146)
100 g Mozzarella (gewürfelt)

1 Rezept Tomatensauce
(siehe Seite 90)
100 g geriebener Parmesan
Butterflöckchen

Crêpes, Nudeln, Pizza und Quiche 229

Die Crêpes backen. Mit Spinat und Mozzarella füllen und zusammenrollen. Je 2 Crêpes in gebutterte feuerfeste Förmchen setzen, mit Tomatensauce übergießen, mit Parmesan bestreuen. Butterflöckchen draufsetzen. Im Ofen bei 200 °C etwa 20 Minuten überbacken.

Weitere Variationen für Crêpes und Eierkuchen:

- *Champignon-Füllung:* Blättrig geschnittene Champignons in Butter mit Kräutersalz und Pfeffer kurz dünsten, mit Sahne verrühren, mit Knoblauch und gehackter Petersilie abschmecken. Auf die Crêpes oder Eierkuchen verteilen, ca. 50 g Parmesan drüberstreuen, zusammenrollen, in eine gebutterte Auflaufform legen. Mit Parmesan bestreuen, Butterflöckchen draufsetzen. Im Ofen bei 200 °C 30 Minuten backen.
- *Mangold-Füllung:* 1 Rezept Mangold (wie Blattspinat, siehe Seite 146f.) gedünstet, fein gehackt, mit süßer Sahne vermischen. Dann wie bei der Champignon-Füllung verfahren.
- *Hüttenkäse-Füllung:* Den Hüttenkäse pikant mit fein gehackter Zwiebel, Kräutersalz und Pfeffer anmachen, mit gedünstetem, gehacktem Spinat und gedünsteten Champignons vermischen. Die Füllung auf die Crêpes oder Eierkuchen verteilen, zusammenrollen und auf einer Platte im Ofen heiß halten. Frische Salbeiblätter in Butter knusprig braten, über die Crêpes oder Eierkuchen verteilen, mit ein paar Tropfen Zitronensaft bespritzen.
- *Füllung »Napoli« (für Eierkuchen):* 200 g in Scheiben geschnittenen Mozzarella auf den Eierkuchen verteilen (zur Not tut's auch Hüttenkäse), zusammenrollen und in eine gebutterte Auflaufform legen. Tomatensauce (mit Basilikum gewürzt) drübergießen, dick mit Parmesan bestreuen. Im Ofen bei 200 °C 30 Minuten backen.

230   *Die üppige Vollwertkost*

- *Quark-Füllung:* 1 Joghurt und 150 g Quark vermischen, mit Kräutersalz, Pfeffer, Basilikum, Thymian und durch die Presse gedrücktem Knoblauch abschmecken. Die Masse auf die Crêpes oder Eierkuchen verteilen, diese zusammenrollen und in eine gebutterte Auflaufform legen. 4 Tomaten abziehen, würfeln. Die Würfel über die Crêpes bzw. Eierkuchen geben, geriebenen Käse drüberstreuen. Im Ofen bei 250 °C 10–15 Minuten überbacken.

- *Spargel-Füllung:* Knackig gekochten, möglichst grünen Spargel auf die Crêpes oder Eierkuchen verteilen, Parmesan drüberstreuen und flüssige Butter drübergießen, zusammenrollen, mit Butterflöckchen belegen. Im Ofen bei 250 °C 10–15 Minuten backen.

Grundrezept für Eierkuchen

3 Eier	*250 g Weichweizen,*
½ TL Meersalz	*fein gemahlen*
¼ l Milch	*Butter zum Backen*

Eier, Salz, Milch und ¼ l Wasser verquirlen, in das Mehl rühren, den Teig 30 Minuten ruhen lassen. In einer Pfanne etwas Butter erhitzen, für jeden Eierkuchen eine Schöpfkelle voll Teig hineingeben. Sobald die Unterseite goldgelb gebacken ist, den Eierkuchen wenden, auf der anderen Seite ebenfalls goldgelb backen. Die fertigen Eierkuchen warm halten, bis alle gebacken sind.

Crêpes, Nudeln, Pizza und Quiche 231

Gefüllte Eierkuchen auf Blattspinat

Ein raffiniertes Festessen, allerdings arbeitsaufwändig – lässt sich aber gut vorbereiten:

1 Rezept Eierkuchen	*50 g frische Pfifferlinge*
(siehe Seite 230)	*Kräutersalz*
1 Rezept fertig gegarter	*Pfeffer*
Blattspinat oder Mangold	*4 große Tomaten*
(siehe Seite 146)	*2 hart gekochte Eier*
1 Rezept Holländische Sauce	*Majoran*
(siehe Seite 86)	*Thymian*
Füllung:	*Rosmarin*
1 rote Paprika	*2 EL geriebener Parmesan*
2 EL Sonnenblumenöl	*Salbei*
100 g frische Champignons	*gehackte Petersilie*

Die Eierkuchen backen und warm stellen. Den Spinat oder Mangold in eine Auflaufform geben. Für die Füllung fein geschnittene Paprika in Sonnenblumenöl andünsten, die fein geschnittenen Champignons und Pfifferlinge zugeben, alles ein paar Minuten dünsten. Mit Kräutersalz und Pfeffer abschmecken. Die überbrühten, abgezogenen, gewürfelten Tomaten zugeben, die gehackten Eier und die gehackten oder gerebelten Kräuter (außer Salbei und Petersilie). Auf jeden Eierkuchen Parmesan streuen, einen Teil der Füllung draufgeben, Eierkuchen zusammenrollen und auf den Spinat legen. Mit zerpflückten Salbeiblättern und gehackter Petersilie bestreuen und mit Holländischer Sauce übergießen. Im Ofen bei 200 °C 20–30 Minuten überbacken (je nachdem, ob die Zutaten kalt oder warm sind).

Eierkuchen-Gemüse-Gratin

1 Rezept Eierkuchen
(siehe Seite 230)
Butter zum Ausbacken
Füllung:
250 g Pilze (nach Wahl)
250 g Lauch
3 EL Butter
1 Knoblauchzehe

Kräutersalz
Pfeffer
gehackte Petersilie
4 EL süße Sahne
1 EL Senf
100 g Mozzarella (oder ein
anderer milder Käse)
100 g saure Sahne

Dünne Eierkuchen backen und warm stellen. Für die Füllung
die Pilze blättrig schneiden, den Lauch in 2 cm lange Stücke.
Die Pilze in der Hälfte der Butter mit gehacktem Knoblauch,
Kräutersalz, Pfeffer und Petersilie kurz dünsten. Den Lauch
getrennt in der restlichen Butter mit Kräutersalz und Pfeffer
andünsten. Die süße Sahne mit Senf und etwas Kräutersalz
verrühren, an den Lauch geben. In eine gebutterte Auflaufform
einen Eierkuchen legen, darauf eine Lage Pilze, wieder einen
Eierkuchen, darauf eine Lage Lauch und Scheiben von Mozzarella und so fort; obendrauf kommt ein Eierkuchen. Die saure
Sahne (eventuell mit etwas süßer Sahne verdünnt) drübergießen und die restlichen Mozzarellascheiben drauflegen. Gratin
im Ofen bei 200 °C 10 Minuten backen.

Variation: Die Füllung aus Lagen von fertig gegartem Mangold
oder Spinat sowie mit in Knoblauch und Salbeiblättern gedünsteten Tomaten bereiten.

Crêpes, Nudeln, Pizza und Quiche 233

Eierkuchen-Käse-Gratin

1 Rezept Eierkuchen
(siehe Seite 230)
Butter zum Ausbacken
Füllung:
1 Becher süße Sahne

3 Eigelb
125 g geriebener Käse
Kräutersalz
Pfeffer
Paprikapulver

Die Eierkuchen nach dem Grundrezept backen und warm stellen. Für die Füllung Sahne mit Eigelb, Käse (gut 2 EL davon aufbewahren) und Gewürzen schaumig rühren. Eine feuerfeste Form einfetten. Den ersten Eierkuchen hineinlegen, mit etwas Füllung bestreichen, dann den nächsten Eierkuchen drauflegen, wieder mit Füllung bestreichen usw., bis alles aufgebraucht ist. Mit einem Eierkuchen abschließen, diesen mit dem restlichen geriebenen Käse und etwas Paprika bestreuen. Im Backofen bei 200 °C etwa 15 Minuten backen.

Buchweizenpalatschinken mit Spinat-Schafskäse-Fülle

Überbacken mit Béchamelsauce. Aus dem Balkanurlaub mitgebracht (eine Palatschinke ist ganz simpel ein dünner Eierkuchen) ...

Teig:
150 g Weichweizenmehl
150 g Buchweizenmehl
4 Eier
125 ml Milch
½ TL Salz
Olivenöl zum Backen
Füllung:
1000 g frischer Spinat
160 g Zwiebeln
3 Knoblauchzehen
40 g Butter

200 g milder Schafskäse
(in Würfeln)
Meersalz
geriebene Muskatnuss
1 EL Basilikum
½ TL Oregano
1 gehäufter EL gehackte
Petersilie
Außerdem:
1 Rezept Béchamelsauce
(siehe Seite 78)
2 EL geriebener Parmesan

Sämtliche Zutaten zu dem Palatschinkenteig verrühren. 5 Minuten stehen lassen. Eisenpfanne gut erhitzen, mit wenig Öl einfetten. Palatschinkenteig dünn eingießen, auf beiden Seiten goldgelb backen.

Die gut gewaschenen Spinatblätter in reichlich Salzwasser blanchieren und gut abtropfen lassen. Fein gehackte Zwiebeln und Knoblauch in Butter glasig dünsten, abgetropften Spinat und gewürfelten Schafskäse dazugeben, würzen. Die Masse auf die Palatschinken streichen, zusammenrollen und in der Mitte halbieren. Palatschinken in eine gebutterte feuerfeste Form legen. Béchamelsauce drübergießen, mit geriebenem Parmesan bestreuen. Im Ofen bei 200 °C etwa 20 Minuten überbacken.

Crêpes, Nudeln, Pizza und Quiche 235

Selbst gemachter Nudelteig

Wenn Sie häufig selbst Nudeln – selbstverständlich Vollkornnudeln – herstellen, lohnt es sich, eine Nudelmaschine zu kaufen. Sie produziert Nudeln aller Art, dicke und dünne, schmale und breite – Sie brauchen nur den Teig hineinzugeben und
die Kurbel zu drehen – heraus kommen die entzückendsten
Nudelkreationen.

500 g Dinkel, fein gemahlen　　*(5 EL davon evtl. Milch)*
5 Eier　　　　　　　　　　　*1 TL Salz*
10 EL Wasser

Das Mehl in eine Schüssel schütten, in die Mitte die Eier geben
und das Wasser (oder Milch-Wasser-Gemisch) und das Salz.
Alles verkneten. Der anfangs dünnflüssige Teig wird dabei immer fester. Ordentlich mit dem Handballen bearbeiten und
schlagen, bis der Teig ganz elastisch ist und nichts mehr an
der Schüssel klebt. Dann auf einem bemehlten Brett dünn
ausrollen (einige Millimeter dick). Den ausgerollten Teig kurz
trocknen lassen, dann zu einer Rolle zusammenrollen und von
dieser quer die Nudeln abschneiden (oder den ausgerollten
Teig portionsweise durch die Nudelmaschine drehen). Die Nudeln anschließend 30 Minuten ausgebreitet trocknen lassen.

Und so werden Nudeln gekocht:
In einem Topf reichlich Salzwasser zum Kochen bringen, eventuell etwas Öl dazugeben, die Nudeln hineinschütten. Am besten machen Sie nach 8–10 Minuten eine Garprobe (je nach
Dicke der Nudeln). Sie sollen »al dente«, also bissfest, sein.
Schmeckt die Nudel, obwohl noch knackig, nicht mehr roh, ist
sie auch schon richtig.

236 *Die üppige Vollwertkost*

Wer Nudeln ohne Eier möchte, findet das Rezept im Rezeptteil »Tiereiweißfrei – Nudeln mit Hartweizen selbst gemacht«.

Was wir mit Nudeln alles machen können:

Fettuccine Alfredo

Nach dem berühmten Koch Alfredo in Rom.

500 g gegarte Hartweizen-	*Knoblauch (ich nehme 3 Zehen)*
Bandnudeln	*200 g frisch geriebener*
3 EL Butter	*Parmesan*
1/8 l Sahne	*Schnittlauch und/*
Kräutersalz	*oder Petersilie*
Pfeffer	*Pfeffer*

Die abgetropften Nudeln in die zerlassene Butter geben. Sahne zugießen, mit Salz und Pfeffer abschmecken, durch die Presse gedrückten Knoblauch untermischen. Alles noch einmal erhitzen. Kurz vor dem Servieren den geriebenen Parmesan und die gehackten Kräuter untermengen, die Pfeffermühle drüberdrehen.

Nudeln mit Trüffelsauce

2 EL Butter	*ein paar Löffel Gemüsebrühe*
100 g Käse in Streifen,	*viele Trüffeln (je nach Geld-*
möglichst Gruyère	*beutel)*
1 Prise Salz	*500 g fertig gegarte Hartwei-*
1 Prise Pfeffer	*zen-Bandnudeln*

In der zerlassenen Butter den Käse schmelzen lassen, salzen und pfeffern. Brühe zugießen und aufkochen. Die gehackten Trüffeln zugeben, noch einmal erhitzen und durchziehen lassen. Sauce über die Nudeln gießen.

Variation: Die gekochten Nudeln in zerlassener Butter und süßer Sahne anmachen, mit Kräutersalz und Pfeffer würzen und die dünn gehobelten Trüffeln darunter mischen. Vorsichtig erhitzen. Ein Aphrodisiakum!

Spaghetti mit Tomatensauce

500 g fertig gegarte Spaghetti   *(wenn möglich Mozzarella)*
2 EL Butter   *Basilikumblätter*
1 Rezept Tomatensauce   *geriebener Käse*
(siehe Seite 90)   *Butterflöckchen*
Käsescheiben

In eine gebutterte, feuerfeste Form eine Lage in zerlassener Butter geschwenkte Spaghetti geben, darauf Tomatensauce, darüber dick Mozzarellascheiben, darauf Basilikumblätter, geriebenen Käse usw. Oberste Schicht Spaghetti, darauf die restliche Sauce gießen, geriebenen Käse drüberstreuen und Butterflöckchen draufsetzen. Ein paar Minuten im heißen Ofen überbacken.

Nudel-Käse-Gratin

500 g fertig gegarte Nudeln (Hörnchen)	250 g geriebener Käse
Sauce:	3 Eier (getrennt)
50 g Hartweizenmehl	frische Salbeiblätter
¼ l Sahne	Butterflöckchen zum Über- backen

Für die Sauce das Mehl in der heißen Pfanne ohne Fett kurz rösten, abkühlen lassen. Dann die Sahne unterrühren und kurz aufkochen. Den Käse und die Eigelb sowie die in Stücke gezupften Salbeiblätter unterrühren. Das Eiweiß steif schlagen. Nudeln, Sahne-Käse-Sauce und Eischnee mischen. In eine gebutterte Auflaufform füllen, Butterflöckchen draufsetzen und im vorgeheizten Ofen bei 220 °C 20 Minuten gratinieren.

Nudelauflauf mit Auberginen und Zucchini

Für 8 hungrige Esser.

500 g gegarte Hartweizen-Bandnudeln	10 Tomaten
2 Eier	Kräutersalz
1 Rezept fertig gekochter Grünkern (siehe Seite 194, mittelfein gemahlen), pikant mit Majoran und Knoblauch abgeschmeckt	Pfeffer
	Rosmarin
	Thymian
	Basilikum (möglichst frisches)
	Guss:
2–3 mittelgroße Auberginen	250 g Gouda
3–4 Zucchini	2 Eier
	1 Becher Sahne

Crêpes, Nudeln, Pizza und Quiche 239

Unter die gegarten Nudeln die verquirlten Eier mischen. Den gekochten Grünkern unter häufigem Wenden in Butter anbraten; er sollte krümelig werden. Die Auberginen in $1/2$ cm dicke Scheiben, die Zucchini in 1 cm dicke Scheiben schneiden. Die Tomaten überbrühen, abziehen und halbieren. Eine feuerfeste, gebutterte Form folgendermaßen füllen: $1/3$ der Nudeln einschichten, Auberginen darauf verteilen, mit Salz, Pfeffer und Rosmarin bestreuen. Grünkernmasse drauffüllen, dann das 2. Drittel Nudeln. Die Zucchinischeiben drauflegen, mit Salz, Pfeffer und Thymian würzen und die restlichen Nudeln draufgeben. Dann die Tomaten mit der Rundung nach oben draufsetzen, mit Kräutersalz und Basilikum bestreuen. Den Gouda würfeln, mit den Eiern und der Sahne verquirlen. Über den Auflauf gießen. Im Ofen bei 200 °C 60 Minuten backen.

Spätzle-Champignon-Auflauf

500 g fertig gegarte Spätzle	*Pfeffer*
2 EL Tomatenmark	*Muskat*
1 EL Sahne	*Liebstöckel*
Kräutersalz	*Petersilie*
500 g Champignons	*Knoblauch*
1 Zwiebel	*geriebener Käse*
2 EL Öl	*Butterflöckchen*

Die Spätzle mit Tomatenmark und Sahne und evtl. Kräutersalz abschmecken. Die geputzten Champignons in dicke Scheiben schneiden, die gehackte Zwiebel in dem Öl golden dünsten. Die Champignons zugeben, mit Kräutersalz, Pfeffer, Muskat und Liebstöckel abschmecken. Die gehackte Petersilie und den durch die Presse gedrückten Knoblauch zugeben, alles kurz

240　*Die üppige Vollwertkost*

dünsten (5–10 Minuten). In eine gebutterte Auflaufform eine Schicht Spätzle legen, darauf Champignons, wieder Spätzle usw. Die oberste Schicht bilden Spätzle. Darauf den geriebenen Käse streuen. Butterflöckchen draufsetzen. Im vorgeheizten Ofen (200 °C) 30 Minuten überbacken.

Grundrezept Pizza

Pizzaboden:
275 g Dinkel, fein gemahlen
20 g Hefe
$1/8$ l Milch

1 Ei
1 TL Kräutersalz
60 g Butter oder Öl (mit Öl
wird der Teig geschmeidiger)

Eine gute Pizza braucht ihre Zeit. So wird der Teig gemacht: Das frisch gemahlene Mehl in eine Schüssel schütten, in die Mitte eine Mulde machen, da hinein die Hefe bröckeln und mit ein paar EL lauwarmer Milch (von $1/8$ l abnehmen) und etwas vom Mehl zu einem geschmeidigen Vorteig rühren. Mit einem Tuch zudecken und $1/2$ Stunde an einem warmen Platz gehen lassen. Dann langsam die restliche Milch unterrühren sowie Ei, Salz und das Öl (oder die weiche Butter). Nun kräftig kneten, bis der Teig nicht mehr an der Schüssel klebt. Den Teig nochmals zugedeckt gehen lassen, bis er gut aufgegangen ist (1 Stunde).

Auf einem bemehlten Brett mit einer Nudelrolle entweder tellergroße Pizzas ausrollen (oder kleinere von 15 cm) oder, noch einfacher, den Pizzaboden so ausrollen, dass er wie ein Blechkuchen gebacken werden kann. Da er noch aufgeht, möglichst nicht dicker als 3 Millimeter ausrollen. Den Rand etwas hochdrücken und die Pizza reichlich mit Öl bepinseln.

Für den Belag schlage ich vor: Tomaten in Scheiben, Paprika-

Crêpes, Nudeln, Pizza und Quiche 241

schoten in Streifen, Champignons, gedünstete Artischockenherzen, grüne Peperonischoten, viel, viel gehackten Knoblauch, Käse in dünnen Streifen (ideal ist Mozzarella), Oliven
(ganz lassen!), Kapern, viel Oregano oder Majoran, Thymian.
Außerdem: Kräutersalz und evtl. etwas Pfeffer, Öl.
Und nun geben Sie von den angegebenen Zutaten drauf, was
Ihnen Spaß macht. Es darf kein leeres Plätzchen mehr hervor-
lugen, eine Pizza muss üppig sein! Verschwenderisch Oregano
oder Majoran und Thymian drüberstreuen und etwas Öl drü-
bersprenkeln. Und dann hinein in den vorgeheizten Ofen. Auf
der unteren Schiene bei 200 °C 20 Minuten backen (evtl. am
Schluss Folie drüberdecken, damit die Pizza nicht austrocknet).
Wenn Sie einzelne runde Pizzas backen, dann legen Sie diese
so auf das gefettete Blech, dass sie sich nicht berühren.
Die kleinen Pizzas sind schneller gar, eventuell bereits nach
10 Minuten.

Schnelle Pizza

1 Rezept Pizzaboden	*Käse (möglichst Mozzarella)*
(siehe Seite 240)	*geriebener Parmesan*
etwas Öl zum Braten	*Knoblauch*
1 Rezept Tomatensauce	*Basilikum (möglichst frisches)*
(siehe Seite 90)	

Die Pizzas (die Mehrzahl von Pizza heißt Pizzas, italienisch Piz-
zen), die man teller- oder handtellergroß ausgerollt hat, in heißem Öl auf beiden Seiten braten. Auf jede einen Klacks Tomatensauce, ein paar Stücke Mozzarella und 1 EL geriebenen
Parmesan geben. Gehackten Knoblauch und gehackte Basili-

242   *Die üppige Vollwertkost*

kumblätter drüberstreuen. Noch einmal erhitzen. Die Pizzas
wie ein Sandwich zusammenklappen und auch so gleich aus
der Hand essen.

Variation: Die Füllung auf die ungebackenen Pizzas geben, Pizzas zusammenklappen und wie Piroggen zusammendrücken,
in reichlich Öl braten.

Pizza mit Quark

1 Rezept Pizzaboden	*2 Eier*
(siehe Seite 240)	*Kräutersalz*
500 g Quark	*Pfeffer*
1 Zwiebel	*Kapern*
Knoblauch	*Petersilie*
Oliven	*¹/₈ l süße Sahne*

Den Quark mit der gehackten Zwiebel, dem gehackten Knoblauch und den entsteinten, gehackten Oliven, den Eiern, Salz
und Pfeffer, Kapern und der gehackten Petersilie mischen. Die
geschlagene Sahne unterziehen. Die Masse auf den ausgerollten Pizzaboden streichen und bei 200 °C im vorgeheizten Ofen
30 Minuten backen.

Spinatpizza

1 Rezept Pizzaboden	*Pfeffer*
(siehe Seite 240)	*Basilikum*
500 g Tomaten	*1000–1500 g gedünsteter*
Olivenöl	*Spinat*
Kräutersalz	*150 g Käse*

Crêpes, Nudeln, Pizza und Quiche 243

Die Tomaten in Scheiben schneiden, auf dem geölten Pizzaboden auslegen, mit Kräutersalz, Pfeffer und Basilikum bestreuen. Eine Lage Spinat drübergeben (den Sie mit einer Spur Knoblauch und Muskat gewürzt haben). Obenauf kommen die Käsewürfel – oder auch geriebener Käse, wenn man das lieber hat. Die Pizza im vorgeheizten Backofen bei 200 °C 20 Minuten backen.

Übrigens wird eine Pizza auch sehr gut, wenn man $2/3$ Hefeteig nimmt und $1/3$ heiß durch die Presse gedrückte Pellkartoffeln. Wenn der Hefeteig und die heißen Kartoffeln gut verknetet sind, muss der Teig noch einmal 1 Stunde Ruhe haben (an einem warmen Ort natürlich). Dann nicht zu dünn ausrollen, mit Öl bepinseln und den Belag draufgeben.

Grundrezept Piroggen

Die echte russische Pirogge wird aus Hefeteig zubereitet und in schwimmendem Fett ausgebacken. Man kann sie aber auch genauso gut aus Nudelteig herstellen und in Salzwasser kochen. Oder die Piroggen auf einem mit kaltem Wasser abgespülten Blech im Ofen backen.

500 g Weichweizenmehl	*2 EL Butter*
20 g Hefe	*1 Ei*
$1/4$ l Milch (knapp bemessen)	*Kräutersalz*
oder Wasser	*Fett zum Ausbacken*

Aus den Zutaten einen Hefeteig (siehe Hefeteig für Pizza Seite 240) bereiten und ihn gut gehen lassen. Dann golfballgroße Bällchen formen und daraus runde Plätzchen ausrollen ($1/2$ cm

244   *Die üppige Vollwertkost*

dick). Darauf eine der unten beschriebenen Füllungen streichen, ein zweites Plätzchen obenauf legen, Ränder zusammendrücken und das Ganze zu einer ovalen Form drücken. Noch einmal 15 Minuten gehen lassen. Dann in schwimmendem Fett knusprig backen.

Variationen: Piroggen mit Eigelb bestreichen und im vorgeheizten Ofen bei 200 °C in ca. 20 Minuten goldbraun backen. Noch heiß mit Butter bestreichen. Heiß oder kalt essen.

Oder: Hefeteig in 2 Hälften teilen und zu 2 runden Platten ausrollen. Die eine auf ein gefettetes Blech legen, die Füllung drauftun, die 2. Platte drauflegen und an den Seiten festdrücken. Mit Eigelb bepinseln und mit einem Stäbchen einstechen, damit der Dampf entweichen kann. Im vorgeheizten Ofen bei 200 °C 30–45 Minuten backen. Mit zerlassener Butter begießen, heiß essen.

Pilzfüllung für Piroggen

1 Zwiebel	*Pfeffer*
1 EL Butter	*2 EL saure Sahne*
500 g Pilze (Steinpilze, Pfiffer-	*Petersilie*
linge, Champignons)	*Dill*
Kräutersalz	

Die fein gehackte Zwiebel in der Butter golden dünsten, die in Scheiben geschnittenen Pilze zugeben und 5 Minuten köcheln lassen. Dann mit Salz und Pfeffer abschmecken, die saure Sahne und die fein gehackten Kräuter zugeben.

Crêpes, Nudeln, Pizza und Quiche   245

Weißkohlfüllung für Piroggen

375 g Weißkohl	Pfeffer
1–2 EL Butter	1 Msp. Honig
2–3 Eier	Schnittlauch
Kräutersalz	Dill

Kraut fein schneiden, mit kochendem Wasser überbrühen, ausdrücken. Das Kraut in der zerlassenen Butter 10–15 Minuten garen. Die Eier hart kochen, fein hacken, unter das Kraut mischen. Mit Salz, Pfeffer, Honig und fein gehackten Kräutern abschmecken.

Weitere Vorschläge, was Sie in Piroggen füllen können:
- Reis, gedünstet oder gebraten, mit hart gekochten, gehackten Eiern vermischt.
- Möhren, grob gerieben, kurz in Butter geschwenkt und mit Kräutersalz, Pfeffer, Honig, hart gekochten, gehackten Eiern, gehackter Petersilie, Dill und Schnittlauch gemischt.
- Lauch, in feine Ringe geschnitten und in Sahne gedünstet.
- Spinat, gedünstet, mit Knoblauch und Muskat gewürzt, mit geriebenem Käse gemischt.

Schnelle Quarkpiroggen

250 g Hartweizenmehl	100 g Butter
oder Kamut	125 g Quark
1 TL Backpulver	1 Eigelb zum Bepinseln
1/2 TL Kräutersalz	

246 *Die üppige Vollwertkost*

Alle Zutaten außer dem Eigelb gut miteinander verkneten, evtl. etwas Wasser zufügen, den Teig 1 Stunde kalt stellen. Anschließend den Teig dünn ausrollen, in Quadrate schneiden. Diese mit einer beliebigen Füllung belegen. Die Vierecke zu Dreiecken zusammenschlagen, Ränder zusammendrücken und mit verquirltem Eigelb bepinseln. Bei 200 °C 20 Minuten im Ofen backen. Mit saurer Sahne und zerlassener Butter servieren.

Grundrezept für Quiches

250 g Dinkel, fein gemahlen	*2–3 EL Wasser oder Sahne*
125 g kalte Butter	*1 TL Kräutersalz*
1 Ei	*etwas Paprikapulver*

Das Mehl auf ein Brett sieben, die Butter in Stücken darauf verteilen. Mit Ei, Wasser oder Sahne, Salz und Paprikapulver zu einem Teig verkneten. Den Teig gut 30 Minuten kühl gestellt ruhen lassen. Dann eine Springform einfetten, den Teig ausrollen und die Form damit auskleiden. Die Quiche, je nach Art des Belages, zwischen 35 und 60 Minuten bei 200 °C backen. Ist der Mürbeteig sehr fett, braucht die Form nicht eingefettet zu werden.

Wenn Sie die Quiche aus dem Ofen nehmen, etwas abkühlen lassen, bevor Sie sie anschneiden.

Crêpes, Nudeln, Pizza und Quiche 247

Lauch-Quiche

1 Quicheboden Grundrezept	3 Eier
1 kg Lauch	2 TL Curry
2 EL Olivenöl	4 EL geriebener Gruyère
Kräutersalz, Pfeffer	oder Bergkäse
3 EL Sahne	Butterflöckchen

Den Lauch in Stücke schneiden und in Öl kurz andünsten (ca. 5 Minuten), dann würzen. Sahne, Eier, Curry und Käse verrühren, mit dem etwas abgekühlten Lauch mischen. Auf den Quicheboden geben, Butterflöckchen draufsetzen und die Quiche bei 200 °C 30 Minuten backen.

Mangold-Quiche

1 Quicheboden Grundrezept	_Guss:_
750 g Mangold	4 Eier
$1/_8$ l Sahne	400 g Sahne (oder halb
Kräutersalz	Sahne, halb Milch)
Pfeffer	Muskat
2 Zwiebeln	Pfeffer
2 EL Butter oder Öl	100 g geriebener Gruyère

Mangold putzen, in Stücke schneiden, 5 Minuten blanchieren, dann in der Sahne mit Kräutersalz und Pfeffer dünsten. Die gehackte Zwiebel kurz in der Butter dünsten und unter den Mangold mischen. Das Gemüse auf den vorgebackenen Quicheboden geben. Alle Zutaten für den Guss verquirlen und drübergießen. Bei 200 °C auf der mittleren Schiene im Ofen 30–40 Minuten backen.

248   *Die üppige Vollwertkost*

Quiche mit Gemüse

1 Quicheboden Grundrezept	*Pfeffer*
insgesamt 1 kg Gemüse:	*100 g Semmelbrösel*
Auberginen, Zucchini, Fenchel,	*2–3 EL Sonnenblumen- oder*
Tomaten	*Olivenöl*
etwas Zitronensaft	*Knoblauch nach Geschmack*
Kräutersalz	*Butterflöckchen*
Öl zum Braten	

Die Auberginen und Zucchini ungeschält in Scheiben schneiden, sofort mit Zitronensaft und Kräutersalz bestreuen. Fenchel putzen, Tomaten überbrühen, Haut abziehen und in Scheiben schneiden. Auberginen und Zucchini in heißem Öl auf beiden Seiten 3 Minuten braten, Fenchelscheiben ebenfalls. Den Quicheteig ausrollen und in die Form legen, mit Öl bepinseln. Semmelbrösel mit Öl mischen. 2 Esslöffel davon auf den Teigboden streuen. Das Gemüse darauf verteilen, salzen und pfeffern und mit durchgedrücktem Knoblauch würzen. Zitronensaft drüberträufeln und die restlichen Brösel drüberstreuen. Butterflöckchen draufsetzen. Im vorgeheizten Ofen bei 220 °C etwa 40 Minuten backen.

Die Quiche heiß oder lauwarm essen. Betörend dazu schmeckt die Sahne-Joghurt-Knoblauch-Sauce (siehe Seite 90).

250   *Die üppige Vollwertkost*

Tomaten-Quiche

1 Quicheboden Grundrezept	Pfeffer
1 kg Tomaten	3 Eier
1 Zwiebel	150 g geriebener Käse
Oregano, Thymian, Basilikum	(Parmesan oder Bergkäse)
und Salbei (frisch oder gerebelt)	1 TL Paprika
Kräutersalz	

Den Teig ausrollen, eine Springform damit auskleiden. Die Tomaten in Scheiben schneiden und diese rosettenartig drauflegen, mit der gewürfelten Zwiebel und den gehackten oder gerebelten Kräutern sowie Kräutersalz und Pfeffer bestreuen.
Eier und Käse mit Paprika und etwas Kräutersalz verrühren
und über die Tomaten gleichmäßig verteilen. Die Quiche bei
200 °C 30 Minuten im Ofen backen.

Käse-Wähe mit Hefeteig

Teig:	*Füllung:*
200 g Dinkel, fein gemahlen	$1/4$ l Sahne
$1/2$ TL Salz	30 g Mehl
10 g Hefe	2 Eier
$1/8$ l lauwarme Milch	300 g geriebener Emmentaler
25 g flüssige Butter	Pfeffer
	Fett für die Förmchen

Aus den Teigzutaten einen Hefeteig bereiten, 30 Minuten gehen lassen. Für die Füllung Sahne, Mehl und Eier verquirlen
und unter Rühren erhitzen. Käse unterrühren und schmelzen
lassen, Pfeffermühle drüberdrehen. Hefeteig entweder in eine

Crêpes, Nudeln, Pizza und Quiche 251

Springform oder in Tortelettförmchen drücken (reicht für
5 Torteletts; die Tortelettförmchen dicht nebeneinander stellen, den ausgerollten Teig drüberlegen, in die Förmchen drücken und um die Förmchen herum abschneiden). Die Füllung
draufgeben. Bei 200 °C im Ofen etwa 30 Minuten backen. Etwas abkühlen lassen, mit einem spitzen Messer die Wähen aus
der Form lösen. Sie können die Käsewähe auch mit Mürbeteig
(siehe Quicheboden Seite 246) zubereiten.

Die Käsewähe können Sie z. B. auch füllen mit:
• Blättrig geschnittenen Champignons (in Butter mit Kräuter-
  salz, Pfeffer und ein paar Spritzern Zitronensaft gedünstet).
• Gewürfelten Paprikaschoten und Tomaten (in Butter mit
  Kräutersalz, Pfeffer und Knoblauch kurz gedünstet).
• Einer pikanten Quarkfüllung (Quark, angemacht mit ge-
  hackter Zwiebel, Kapern, Kräutersalz und Pfeffer, vermischt
  mit geriebenem Parmesan).

Über diese Füllungen dann entweder die Käse-Royale (siehe
Seite 86f.) gießen oder einfach geriebenen Käse drüberstreuen
und Butterflöckchen draufsetzen.

Ravioli

500 g Hartweizenmehl	*½ TL Kräutersalz*
oder Kamut	*zerlassene Butter zum*
2 Eier	*Bepinseln*
2–3 EL Olivenöl	

Alle Zutaten mit 5–6 EL Wasser zu einem Teig verkneten. Den Teig ½ Stunde ruhen lassen, dann auf einer bemehlten Arbeitsfläche dünn ausrollen. In längliche oder quadratische handgroße Stücke schneiden, trocknen lassen.

Inzwischen eine der unten genannten Füllungen zubereiten. Die Teigstücke mit zerlassener Butter bepinseln, die Füllung in die Mitte setzen, ein zweites Teigstück drauflegen, an den Rändern fest zusammendrücken. Die Ravioli in kochendes Salzwasser geben, nach dem Hochkommen 1–2 Minuten ziehen, aber nicht kochen lassen. Die fertigen Ravioli auf einer vorgewärmten Platte anrichten und mit zerlassener Butter begossen servieren. Oder eine dicke Tomatensauce dazu reichen.

- *Füllung 1:* 1 Rezept fertig gegarter Spinat oder Mangold oder Pilze, gehackt (siehe Seite 146f.); 1 Ei zugeben und so viel Mehl, dass eine feste Masse entsteht. Gut mit Knoblauch, Kräutersalz, Pfeffer und Muskat abschmecken.
- *Füllung 2:* 250 g Quark (möglichst trockener) oder Hüttenkäse mit 2 durch die Presse gedrückten Pellkartoffeln, 1 EL Butter, 1 Ei, 1 fein gehackte Zwiebel und ⅛ l Sahne vermischen, mit viel Schnittlauch, Knoblauch nach Geschmack sowie mit Salz und Pfeffer kräftig abschmecken.

Crêpes, Nudeln, Pizza und Quiche 253

Zwiebelkuchen

Reicht für 1 Blech, das sind 8–10 Portionen. Für eine Spring-form nehmen Sie die Hälfte der Zutaten.

1 Rezept Pizzaboden	*1 Becher Crème fraîche*
(siehe Seite 240)	*Kräutersalz*
1 kg Zwiebeln	*Pfeffer*
Olivenöl	*Kümmel nach Geschmack*
4 Eier	

Den Teig ausrollen und auf ein gefettetes Backblech geben, einen Rand drücken. Die Zwiebeln in Ringe schneiden oder grob hacken und in dem Öl golden dünsten, abkühlen lassen. Nach und nach Eier und Crème fraîche unterrühren und mit den restlichen Zutaten abschmecken. Die Zwiebelmasse auf dem Teig verteilen. Im Ofen bei 200–225 °C 40–50 Minuten backen. Der Zwiebelkuchen soll goldgelb bis zartbräunlich aussehen. Er wird heiß gegessen zu jungem Wein.

Kuchen und Torten

Es geht auch ohne Zucker ...

Zucker sparen grundverkehrt – der Körper braucht ihn, Zucker nährt« – mit diesem Slogan wirbt die Zuckerindustrie für noch mehr Zuckergenuss – obwohl, wie sie selbst zugibt, der durchschnittliche Tagesverbrauch bei etwa 110 g pro Person liegt! In Wahrheit konsumiert der Durchschnittsmensch täglich 150 g pro Person, wenn nämlich der so genannte Industriezucker in Fertignahrung mitgerechnet wird.

Eine typische und gefährliche Halbwahrheit, denn der Mensch hat tatsächlich einen erheblichen Bedarf an zuckerhaltigen Lebensmitteln, aber nicht den geringsten an isolierten Zuckerstoffen. Darum unterscheiden wir in der Vollwerternährung zwischen natürlichem Zucker in Honig, Obst und Gemüse usw. und dem fabrikmäßig gewonnenen Fabrikzucker. Der natürliche Zucker, den der Organismus aus ganzheitlichen Lebensmitteln aufnimmt, ist Grundstoff jeder Zelltätigkeit, ihn brauchen wir. Den isolierten Fabrikzucker hingegen sollten wir strikt meiden, er ist ein Krankmacher.

Ein ganz wichtiger Punkt: Neben seiner Eigenschaft als Vitamin- und Kalkräuber macht der industriell hergestellte Zucker Vollkornprodukte und Frischkost unverträglich. Wer also meint, Vollkornprodukte nicht zu vertragen, muss nicht diese meiden, sondern industriell gezuckerte Dinge wie Marmeladen und andere Süßigkeiten, Säfte etc., dann verträgt er plötzlich durchaus die Vollkornprodukte und die Frischkost.

Und was ist mit dem Süßstoff? Er ist als chemische Substanz ein Fremdstoff in unserem Stoffwechsel. Er gehört auch deswegen nicht in die Vollwertküche, weil er verhindert, dass wir

Kuchen und Torten 255

von den abnormen Süßigkeitsgraden, an die wir uns gewöhnt haben, herunterkommen. Hat sich die Zunge erst einmal umgestellt, empfindet sie »normal« gesüßtes Gebäck geradezu als unangenehm süß.

Also auch die Honigmengen sollte man reduzieren. Außerdem: Wenn immer mehr Menschen immer mehr Honig verzehren würden, hätten die fleißigen Bienen bald selbst keine Nahrung mehr. Daher empfehlen wir, mit süßen frischen Früchten, gelegentlich mit Trockenobst zu süßen.

Zu den Fabrikzuckerarten gehören:

Weißer/brauner	Würfelzucker	Puderzucker
Haushaltszucker	Fruchtzucker	Glukosesirup
Traubenzucker	Milchzucker	Maltodextrine
Malzzucker	Sucanat	Ur-Süße
Vollrohrzucker	Ahornsirup	Melasse
Rübensirup	Birnendicksaft	Stärkezucker
Apfeldicksaft	Ur-Zucker	

Nach der Zuckerartenverordnung sind Maltodextrine, Fruchtzucker, Stärkezucker, Traubenzucker, Malzzucker u. a. kein »Zucker« im Sinne des Gesetzes, egal ob sie süß schmecken oder nicht (Lebensmittelrecht, Zuckerartenverordnung vom 8. 3. 1976). So darf manches Produkt als »zuckerfrei« deklariert werden.

»Eure Heilmittel sollen Nahrungsmittel
und eure Nahrungsmittel Heilmittel sein.«
Hippokrates

Mutters einfacher Apfelkuchen

Für 1 Blech.

Teig:
400 g Weichweizenmehl
200 g Butter
2 Eier
abgeriebene Schale von
1 Zitrone
1 Msp. Salz
2 TL Backpulver
1 EL Honig

Belag:
etwa 1½ kg Äpfel
100 g Korinthen
100 g Sultaninen
1–2 EL Rum
50 g grob gehackte Mandeln
Zimt
gemahlene Nelken

Alle Zutaten für den Teig gut verkneten, dann auf einem gefetteten Backblech ausrollen. Für den Belag die Äpfel mit der Schale in dicke Scheiben schneiden und mit den Korinthen, Sultaninen und Rum auf der Teigplatte verteilen. Gehackte Mandeln, Zimt und Nelken nach Geschmack drüberstreuen. Den Kuchen bei 180 °C 25–30 Minuten backen. Noch warm mit Honigschlagsahne servieren.

Variation: Statt mit Äpfeln können Sie den Kuchenboden mit Himbeeren, Erdbeeren, entkernten Kirschen, Pflaumen oder Aprikosen belegen. In diesem Fall einen Guss drübergeben aus: 3 Eigelb, 2 EL Honig, 2 EL saurer Sahne, 50 g fein geriebenen Mandeln, Schnee von 3 Eiweiß.

Bananen-Kokos-Torte

Teig:
250 g Dinkelmehl
80 g Honig
1 Ei
1 Prise Salz
1 Msp. Zimt und/oder
Naturvanille
1 gestr. TL Backpulver

70 g Butter
Belag:
1½ kg Bananen
Saft von 1 Zitrone
100–200g Himbeeren
2 Eiweiß
50 g Honig
125 g Kokosraspel

Das Mehl mit allen Zutaten zu einem Mürbeteig verkneten. 30 Minuten ruhen lassen. Bei 200 °C ca. 20 Minuten in der Springform vorbacken. Für den Belag Bananen schälen und in ca. 3 cm lange Stücke schneiden. Mit Zitronensaft beträufeln, dicht nebeneinander auf den Tortenboden legen. Himbeeren zwischen den Bananenstücken verteilen. Eiweiß steif schlagen. Honig am Schluss zugeben. Kokosraspel unter den Eischnee heben und auf die Bananen streichen. Nochmals im Backofen bei 200 °C ca. 10 Minuten hellbraun backen.

Grundrezept für Hefeteig

500 g Weichweizenmehl
1 Würfel Hefe
1 Prise Salz

2 EL Honig
60 g geschmolzene Butter

Das Mehl in eine Schüssel geben, die Hefe in 350 ml lauwarmem Wasser mit Salz und Honig auflösen. Mit dem Mehl vermischen, und den Teig 10 Minuten kräftig kneten, bis er sich vom Schüsselrand löst. Den Teig 15 Minuten zugedeckt ruhen

258 *Die üppige Vollwertkost*

lassen, dann die Butter zugeben und nochmals kurz durchkneten. Nach Belieben weiter verarbeiten. Entweder auf dem
Blech, in der Springform oder in der Kastenform backen (im
vorgeheizten Ofen bei 200 °C ca. 20–30 Minuten).

Dies alles können Sie daraus machen:

- Ein Früchtebrot – indem Sie unter den Teig eingeweichte
  Aprikosen und Walnüsse mischen.
- Einen Sesamring – einen langen Strang formen, zu einem
  Ring drehen, mit kaltem Wasser bepinseln und dick mit Se-
  sam bestreuen.
- Einen Kräuterkranz – das heißt: der Teig wird mit frischen
  gehackten Kräutern wie Thymian, Dill, Petersilie, Schnitt-
  lauch etc. durchgewalkt, in drei gleichmäßig lange und dicke
  Stränge geteilt, diese wie ein Zopf geflochten und zu einem
  Kranz gelegt. In den Kranz Lorbeerblätter stecken (natürlich
  vor dem Backen).
- Ein Zwiebelbrot – unter den Teig gehackte Zwiebeln geben,
  die man zuvor in Sonnenblumenöl mit etwas Kräutersalz
  kurz gedünstet hat, und frisch geriebenen Käse unterkneten.
- In Scheiben geschnittene Bananen oder Aprikosen oder Ap-
  felwürfel, Sesam und Nüsse druntergemischt geben dem
  Ganzen einen orientalischen Touch – wenn Sie schon mehr
  Mut haben, würzen Sie noch mit etwas Curry und zerstoßenem Kreuzkümmel.
- Den Teig zu kleinen Strängen drehen, diese mit Wasser bepinseln und dann in Mohn, Sesam, Kümmel, Fenchel, geriebenen Nüssen oder geriebenem Käse wenden.
- Den Teig zu einem Rechteck ausrollen, dieses mit zerlassener Butter bepinseln und mit frischen gehackten Kräutern
  bestreuen (Petersilie, Schnittlauch, Dill, Borretsch, Sauerampfer, Kresse, Liebstöckel, Thymian und Majoran) sowie

Kuchen und Torten 259

mit Knoblauch. Den Teig von allen Seiten etwas einschlagen, zu einer Rolle formen, diese in eine gebutterte Kastenform legen, gehen lassen, mit einer Gabel einstechen, mit Eigelb bepinseln und bei 200 °C 60 Minuten backen.

- Sie können Brezeln daraus formen oder Hörnchen oder einen langen Zopf flechten, diesen zu einem Kranz drehen und zu Ostern einen Ostereierkranz backen: Den Kranz in eine Form legen, vor dem Backen halbe Eierschalen in den Teig drücken und mitbacken. Inzwischen Eier hart kochen und mit Pflanzenfarben färben. (Rote-Rüben-Saft gibt ein leuchtendes Rot, Spinatsaft ein saftiges Grün, Zwiebelschalen färben bräunlich.) Nach dem Backen die Eierschalen herausnehmen und die bunten Eier in die Dellen setzen.
- Sie können eine Zahl aus dem Teig formen, zum 6. Geburtstag zum Beispiel, die Zahl mit Bananenscheiben, Weintrauben, Beeren etc. belegen und mit zerlassener Honigbutter begießen, bevor Sie die »Zahl« in den Ofen schieben.
- Fix gemacht ist ein Blechkuchen: Äpfel mit der Schale in Scheiben schneiden, fächerartig auf dem Kuchen verteilen, eine Mischung aus zerlassener Butter und Honig drübergießen, grob gehackte Walnüsse drüberstreuen.
- Auch ein Zwetschgenkuchen aus diesem Teig schmeckt wunderbar, mit gehackten Walnüssen bestreut.
- Ebenso eignet sich jedes Obst aus der Tiefkühltruhe oder auch eingeweichtes, abgetropftes Dörrobst.
- Wenn Sie den Teig mit frischen oder tiefgekühlten, abgetropften Beeren belegen, können Sie vor dem Backen entweder die warme Butter-Honig-Sauce drübergießen oder einen Sahne-Honig-Eier-Guss (3–4 Eier, $1/2$ l Sahne, 2 EL Honig).

Ihrer Phantasie sind keine Grenzen gesetzt. Da der Teig sehr mager ist und nicht süß, können wir obendrauf prassen.

Bienenstich

1 Rezept Hefeteig	3–4 EL Milch (oder Wasser)
(siehe Seite 257f.)	abgeriebene Schale von
150 g Mandeln und	1 Zitrone
5 Bittermandeln	1 EL Zimt
150 g Butter	1 TL Rum
150 g Honig	

Hefeteig zubereiten. Beide Mandelsorten mit kochendem Wasser überbrühen, die Haut abrubbeln, die Mandeln stifteln oder grob hacken. Butter mit Mandeln und Honig kurz aufkochen, mit der Milch verrühren und die Masse abkühlen lassen. Dann Zitronenschale, Zimt und Rum untermischen. Den gut gegangenen Hefeteig auf einem gefetteten Backblech ausrollen, die Masse draufstreichen. Im vorgeheizten Backofen bei 200 °C 30 Minuten backen.

Himbeer-Biskuit-Rolle

4 große Eier (zimmertemperiert)	_Füllung:_
3 EL Honig	250 g Himbeeren (frisch oder
1 Prise Salz	tiefgekühlt)
100 g Weichweizenmehl	3 EL Honig
50 g Buchweizenmehl	$1/2$ TL Naturvanille
1 gestr. TL Backpulver	$1/4$ l eiskalte Sahne
abgeriebene Schale von 1 Zitrone	

Die Eier, 4 EL sehr warmes Wasser, Honig und Salz mit dem Handrührgerät 8–10 Minuten zu einer schaumigen Masse rühren. Das Gemisch aus Mehl, Backpulver und Zitronenschale löffelweise zugeben, weiterrühren. Ein Blech mit Backpapier auslegen, Biskuitteig draufstreichen. Bei 180 °C im Backofen 8–10 Minuten backen. Dann sofort auf ein Küchentuch bzw. ein 2. Blatt Backpapier stürzen und die Biskuitplatte mit Hilfe von Küchentuch/Backpapier wie bei einem Strudel zusammenrollen. Die Rolle abkühlen lassen.

Für die Füllung die Himbeeren (einige zum Verzieren zurückbehalten) mit Honig, Vanille und der Hälfte der sehr steif geschlagenen Sahne verrühren. Biskuit auseinander rollen, die Füllung gleichmäßig draufstreichen, wieder zusammenrollen und kalt stellen. Vor dem Servieren den Rest der Sahne auf die Rolle streichen und mit den restlichen Beeren verzieren. Die Biskuitrolle in ca. 3 cm dicke Scheiben schneiden.

Variation: Statt Himbeeren können Sie auch Erdbeeren, Blaubeeren oder entsteinte Kirschen nehmen. Oder die Sahne, statt sie über die Rolle zu streichen, getrennt dazu reichen.

Der Tipp: Zum leichteren Anschneiden die Rolle 1–2 Stunden in den Gefrierschrank stellen.

Süßer Mürbeteig

250 g Mehl: halb Einkorn, halb Kamut (falls nicht vorhanden, Weichweizenmehl)
2 gestr. TL Backpulver
1 Ei
2 EL Honig

100 g Butter
Naturvanille
abgeriebene Schale von
1 Zitrone
1–2 EL Vanillerum

262   *Die üppige Vollwertkost*

Alle Zutaten miteinander verkneten. Den Teig $1/2$ Stunde ruhen lassen. Dann ausrollen und eine Springform damit auskleiden, dabei einen Rand hochdrücken. Oder den Teig in Tortelettförmchen drücken (reicht für 5 Förmchen). Bei 200 °C 20–30 Minuten im Ofen backen, je nachdem, ob Sie den Tortenboden »leer« oder bereits belegt backen.

Dieser Mürbeteig ist eine Wucht. *Die* Lösung, wenn überraschend Besuch kommt. Sie können ihn mit allem Obst belegen, das gerade zur Hand ist, frisch oder tiefgekühlt, und dazu gibt es Honigschlagsahne.

Für ein Blech nehme ich einfach die doppelte Menge.

Was Sie aus diesem Mürbeteig alles machen können:

- Den Teig zu einem Rechteck ausrollen und das Rechteck in 2 gleiche Teile teilen, auf den ersten Teigteil eine Füllung streichen aus: geriebenen Mandeln (etwa 150 g), Honig, abgeriebene Schale von 2 unbehandelten Orangen, den Saft einer Orange. Die 2. Teighälfte drauflegen, gut andrücken. Bei 180 °C 20 Minuten backen. Danach mit Rohmarmelade bestreichen, etwa: Erdbeer-, Holunder- oder Aprikosenmarmelade – und mit grob gehackten Mandeln bestreuen, dann in Würfel schneiden.

- Den Mürbeteig zu einem Strang formen. Etwa 5 cm große Scheiben abschneiden, und aus jeder Scheibe wieder einen dünnen Strang formen, diesen zu einer Brezel drehen. Die Brezeln auf gefettetem Blech bei 180 °C 20 Minuten backen, abkühlen lassen, dann in zerlassene Butter tauchen (eventuell mit etwas Milch oder Sahne verdünnt), mit gehackten Pistazien bestreuen und auf einem Rost abkühlen lassen.

Kuchen und Torten 263

Mutters Käsetorte

1 Rezept süßer Mürbeteig
(siehe Seite 261f.)
Füllung:
150 g Butter
3–4 Eigelb
3 EL Honig
1 kg Quark

Saft von 1 Zitrone
1 TL Naturvanille
2 EL Kartoffelmehl
1 TL Backpulver
3–4 Eiweiß (zu Schnee ge-
schlagen)

Den Mürbeteig in eine gefettete Springform drücken, dabei einen Rand hochdrücken. Für die Füllung Butter schaumig rühren, nach und nach die Eigelb und den Honig unterrühren, dann die restlichen Zutaten. Zum Schluss vorsichtig den Eischnee unterziehen. Die Masse auf den Teigboden füllen. Bei 180 °C 1 Stunde backen.

Mürbeteigtorte mit Birnen

1 Rezept süßer Mürbeteig
(Rezept siehe Seite 261f.)
Belag:
1 kg Birnen

Zitronensaft
2 Eier
2 EL Honig
$1/8$ l Sahne

Den Tortenboden bei 200 °C 20 Minuten vorbacken, die Birnen schälen, vierteln und mit Zitronensaft beträufeln, auf dem Tortenboden rosettenförmig anordnen. Eigelb und Honig schaumig rühren. Sahne steif schlagen und mit der Eier-Honig-Masse mischen. Eiweiß steif schlagen und unterziehen. Masse auf die Birnen füllen und glatt streichen. Torte noch mal im heißen Ofen überbacken, bis die Masse fest ist.

Mandelkuchen

Zwar sehr üppig, aber göttlich! Schmeckt warm oder kalt mit Honigschlagsahne oder Vanillesauce.

250 g Mandeln
250 g Kartoffeln
3 EL Honig
5 Eier

1 Prise Salz
Butter zum Einfetten der Form
50 g Mandelblättchen

Die Mandeln mit der Schale mahlen. Die Kartoffeln kochen, pellen und durch die Kartoffelpresse drücken, mit Mandeln und Honig verkneten. Die Eier trennen und die Eigelb unter den Teig mischen. Die Eiweiß mit einer Prise Salz sehr steif schlagen und unter den Teig heben. Eine Springform gründlich einfetten und mit den Mandelblättchen ausstreuen, den Teig einfüllen und glatt streichen. Im vorgeheizten Backofen bei 180 °C ungefähr 1 Stunde backen.

Feine Mürbeteigtörtchen mit Himbeeren

1 Rezept süßer Mürbeteig
(Rezept siehe Seite 261f.)

Honigschlagsahne
etwa 500 g Himbeeren

Den Mürbeteig ausrollen, Teigplatten in der Größe von Tortelettförmchen ausstechen, in die gebutterten Formen drücken, mehrmals mit einer Gabel einstechen. Bei 180 °C etwa 15 Minuten goldbraun backen, herausnehmen, auf einen Rost stürzen. Die Törtchen mit Honigschlagsahne bestreichen, Himbeeren draufsetzen (eventuell noch mit etwas Honig beträufeln), einen Kranz von Honigschlagsahne drum herum spritzen.

Kuchen und Torten   265

Mohntorte

1 Rezept süßer Mürbeteig	100 g Rosinen
(Rezept siehe Seite 261f.)	400 g gemahlener Mohn
Füllung:	100 g Semmelbrösel
1/2 l Milch	4 EL Vanillerum
125 g Butter	

Den Teig 30 Minuten kalt stellen, dann in eine gefettete Springform drücken, mit einer Gabel einstechen. Bei 180 °C 15 Minuten vorbacken.

Inzwischen die Füllung zubereiten: Milch mit Butter und Rosinen zum Kochen bringen, übrige Zutaten zugeben und alles unter Rühren so lange auf der Kochplatte lassen, bis die Masse dick wird. Die Füllung auf den vorgebackenen Teig streichen und noch mal 15 Minuten backen.

Einfacher Vollkorn-Sandkuchen

170 g Butter	von 1/2 Zitrone
2–3 EL Honig	1 Prise Salz
4 Eier	250 g Dinkelmehl
abgeriebene Schale	1 gestr. TL Backpulver

Butter mit dem Honig schaumig rühren, nach und nach Eier und Gewürze zugeben. Das mit dem Backpulver gemischte Mehl unterrühren, Teig in eine gefettete, mit Pergamentpapier ausgelegte Kastenform füllen. Bei 180 °C 50 Minuten backen. 10 Minuten abkühlen, dann stürzen.

Variation Marmorkuchen: Die Hälfte des Teiges mit 1 1/2 EL Kakaopulver (oder Carob) und 1 EL Honig verrühren. Zuerst den hellen Teig in die Form füllen, dann den dunklen obendrauf und mit einer Gabel leicht durchziehen.

Rustikaler Savarin mit Beeren

Hefeteig aus:	*8 EL Orangensaft*
250 g Weichweizenmehl	*1 EL Zitronensaft*
$^1/_2$ Würfel Hefe	*3 EL Vanillerum*
$^1/_2$ Tasse lauwarmer Milch	*Mus von 3 EL getrockneten*
100 g flüssige Butter	*Aprikosen, eingeweicht und*
3 Eier	*püriert*
1 Prise Salz	*Füllung:*
Cocktail zum Tränken aus:	*$^1/_4$ l geschlagene Sahne*
4 EL Honig	*250 g Beeren nach Wahl*

Aus den Teigzutaten einen Hefeteig (siehe Grundrezept) herstellen, in eine gefettete Ringform geben. Den Teig zudecken und gehen lassen. Dann ca. 30 Minuten bei 200 °C backen. Inzwischen alle Zutaten für den Cocktail verrühren. Den Savarin aus dem Ofen nehmen, stürzen und noch heiß mit dem Cocktail tränken. Abkühlen lassen, dann Früchte und Schlagsahne hineinfüllen.

Schlesischer Streuselkuchen

Teig:
500 g Dinkelmehl
$^1/_4$ l Milch
1 Päckchen Hefe
1–2 Eier
120 g zerlassene Butter
2 EL Honig
1 Msp. abgeriebene Zitronenschale

1 Prise Salz
Streusel:
450 g Weichweizenmehl
3 EL Honig
1 TL Zimt
225 g Butter
50 g gemahlene süße Man-
deln

Das Mehl in eine Schüssel geben, in die Mitte die in der erwärmten Milch aufgelöste Hefe. Mit wenig Mehl einen Vorteig
herstellen und diesen $^1/_2$ Stunde gehen lassen. Die übrigen Zutaten zugeben, so lange kneten, bis sich der Teig von der
Schüssel löst; dann 1 Stunde gehen lassen, anschließend auf
einem gefetteten Blech ausrollen, ringsrum einen Rand drücken. Den Teig nochmals 10 Minuten gehen lassen.
Für die Streusel alle Zutaten mischen und zwischen den Händen zu Streuseln reiben. Streusel auf dem gut gegangenen Kuchen verteilen. Bei 180 °C 60 Minuten backen.

268   *Die üppige Vollwertkost*

Wenn Sie auf den Teig eine Quarkmasse geben, haben Sie einen

Schlesischen Käsekuchen

Hefeteig wie Streuselkuchen	*2 kg Quark*
(siehe Seite 267)	*6–8 bittere Mandeln*
Käsemasse:	*125 g Korinthen*
100 g Butter	*abgeriebene Schale von*
3 EL Honig	*1 Zitrone*
4 Eigelb oder 2–3 ganze Eier	

Butter schaumig rühren, Honig und Eigelb hinzufügen. Dann unter Rühren die restlichen Zutaten zugeben (verwendet man ganze Eier, das Eiweiß zu Schnee schlagen und zum Schluss unterheben). Die Käsemasse auf den gut gegangenen Hefeteig streichen. Bei 180 °C 60 Minuten backen.

Apfelstrudel

Teig:	*Füllung:*
200 g Dinkelmehl	*100 g geschmolzene Butter*
75 g Butter	*1/8 l saure Sahne*
1 Ei	*1 kg Äpfel*
1 Prise Salz	*1 Tasse Rosinen*
etwas Butter zum Bepinseln	*Honig/Zimt nach Geschmack*

Aus den Teigzutaten mit 4 EL warmem Wasser einen nicht zu festen Teig kneten; er muss sich von der Schüssel lösen (evtl. etwas mehr Wasser nehmen). Den Teig in eine bemehlte Schüssel legen und zugedeckt 1/2 Stunde ruhen lassen. Dann auf einem mehlbestäubten Küchentuch oder einer Backfolie so dünn wie möglich ausrollen. Die Teigoberfläche mit geschmolzener Butter und saurer Sahne bestreichen, darauf die mit der Schale in dünne Scheiben geschnittenen Äpfel, vermischt mit Rosinen, Honig und Zimt, verteilen. An einer Seite Tuch oder Backfolie vorsichtig anheben, den Teig zusammenrollen und auf das gefettete Blech legen. Die Teighaut mit geschmolzener Butter bepinseln. Den Strudel bei 180 °C etwa 40 Minuten backen.

Variationen: Strudelteig mit Kirschen, mit entsteinten, halbierten Pflaumen oder mit Weintrauben belegen. Bei allen Variationen dann aber die Rosinen weglassen.

Topfenstrudel

1 Rezept Strudelteig	*¹⁄₄ l saure Sahne*
(wie für Apfelstrudel)	*3 Eigelb*
60 g zerlassene Butter	*1 Prise Salz*
2–3 EL geröstete Semmelbrösel	*1 EL Honig*
1 Hand voll Rosinen	*¹⁄₂ TL Naturvanille*
Füllung:	*Schnee von 3 Eiweiß*
300 g Topfen (Quark)	*etwas Butter zum Bepinseln*

Für die Füllung alle Zutaten gut vermischen (Eischnee zum Schluss unterheben). Den auf bemehltem Küchentuch oder Backfolie ausgezogenen Strudelteig mit der zerlassenen Butter bepinseln, mit Semmelbrösel und Rosinen bestreuen. Füllung draufgeben, den Teig mit Hilfe von Tuch oder Folie vorsichtig zusammenrollen, auf ein gefettetes Blech legen, mit Butter bepinseln und bei 180–200 °C 40 Minuten backen.

Weizenvollkornwaffeln

200 g fein gemahlener
Weichweizen, Hartweizen
oder Dinkel
1/4 l (reichlich) halb Wasser,
halb Milch – oder nur Wasser

mit etwas Sahne (der Teig
muss von der Schöpfkelle
laufen)
Butter zum Ausfetten des
Waffeleisens

Das Mehl mit Milch/Wasser/Sahne gut verquirlen, den Teig
mindestens 10 Minuten ruhen lassen. Das Waffeleisen erhitzen, mit dem Pinsel das Eisen leicht einfetten. Je 1 Schöpfkelle voll Teig in das Waffeleisen füllen, backen. Die Waffeln warm
halten (auf einem Rost oder im Ofen) oder abkühlen lassen.
Je nach Waffeleisen ist die Backdauer verschieden. Bei den
automatischen können Sie zwischen »weich« und »knusprig«
wählen. Ich backe die Waffeln knusprig auf Stufe 4. Beim beschichteten Eisen braucht man nur leicht mit einem gebutterten Pinsel drüberzufahren. Übrigens: Die Waffeleisenhersteller
behaupten, dass die Teflonbeschichtung nur gesundheitsgefährdend ist, wenn sie bis auf 400 °C (versehentlich) erhitzt
wird.
Diese einfachen Waffeln, die bei mir zum Sonntagsfrühstück
gehören, werden zu Schlemmerwaffeln mit Aufstrichen wie
Butter, Honig, Sesam, Nuss- und Mandelmus, Fruchtpürees,
Vanille und Zimt.

Kuchen und Torten 271

Weihnachtsstollen

Der relativ lange Zeitaufwand belohnt königlich!

40 g Hefe
100 g Milch
1 TL Honig
800 g Weichweizen, fein
gemahlen
200 g Kamut, fein gemahlen
100 g flüssiger Honig
500 g Butter
1 gestr. TL Kardamom
1 gestr. TL geriebene Muskatnuss

1 TL Salz
500 g Sultaninen
150 g Korinthen
200 g grob gehackte
Mandeln
50 g zerlassene Butter zum
Bepinseln
3 EL fein gemahlene Kokos-
flocken

Die Hefe in der Milch mit dem Honig gut verrühren und etwa die Hälfte der Mehlmenge einarbeiten. Dem Teig 45 Minuten Ruhezeit geben. Inzwischen Honig, Butter, Gewürze, Trockenfrüchte und zerkleinerte Mandeln vermengen. Diese Masse nach der Ruhezeit in den nun gut gärenden Teig einkneten, ebenso das restliche Mehl. Weitere Teigruhe mindestens 1 Stunde. Dann auf bemehlter Arbeitsfläche aus dem Teig einen Stollen formen und auf das gefettete Backblech setzen. Letzte Ruhezeit mindestens 30 Minuten. Bei 190 °C etwa 80 Minuten backen. Noch heiß mit der geschmolzenen Butter bepinseln und mit Kokosflocken bestreuen.
Möglichst erst nach 2–3 Tagen anschneiden.

Falls keine Kinder mitschmausen, können Sie die Rosinen und Korinthen über Nacht in Vanillerum einweichen. Der Stollen wird dann besonders saftig. Auch Marzipan können Sie einarbeiten.

Kleingebäck

Aprikosenplätzchen

Naschwerk luftgetrocknet!

250 g getrocknete Aprikosen
250 g Kokosraspel
Zitronensaft nach
Geschmack

etwas abgeriebene Zitronenschale
fester Honig
gehackte Nüsse

Die getrockneten Aprikosen über Nacht einweichen und mit
den Kokosraspel pürieren. Mit Zitronensaft und abgeriebener
Zitronenschale abschmecken. So viel Honig zugeben, dass eine feste süße Masse entsteht. Einen ca. 5 cm dicken Strang
formen und diesen in Scheiben schneiden. Die Scheiben in gehackten Nüssen wälzen.

Backpflaumenplätzchen

12 eingeweichte Backpflaumen
2 EL Haselnussöl
1 EL gelbe Leinsaat, geschrotet
1 EL Sesam, geschrotet

1 TL Honig
1 EL Nussmus
1 Msp. Agar-Agar
Saft von 1/2 Zitrone

Die eingeweichten, abgetropften Backpflaumen entsteinen und
zusammen mit den Ölsaaten pürieren. Mit den übrigen Zutaten verkneten. Die Masse ausrollen und Plätzchen ausstechen.
Auf gefettetem Blech 10–15 Minuten bei ca. 180 °C backen.

Mini-Windbeutel

Die Menge ergibt ca. 20 Stück.

50 g Butter
150 g Weichweizenmehl,
wer hat: Einkorn

5 Eier
1 gestr. TL Backpulver
Salz

$1/4$ l Wasser und Butter zum Kochen bringen, vom Herd nehmen. Unter Rühren das Mehl hinzugeben und rühren, bis sich die Masse vom Topf löst. Nach und nach 3 Eier unterrühren, dann sehr vorsichtig das 4. und 5. Ei. Der Teig müsste dann Hochglanz haben. Nun das Backpulver untermengen. Mit einem Teelöffel kleine Bällchen auf ein leicht gefettetes, mit Mehl bestäubtes Backblech setzen. Bei 180 °C ungefähr 20 Minuten goldgelb backen (während des Backens Ofen nicht öffnen!) Danach bei geöffnetem Ofen 5–10 Minuten stehen lassen. Zum Schluss die Windbeutel aufschneiden und mit Honigschlagsahne füllen.

Pikante Variation: Mit geschlagener Crème fraîche füllen, abgeschmeckt mit Paprikapulver, Oliven, Kapern etc. Fein zur Begrüßung der Partygäste!

Dattelkonfekt

250 g getrocknete Datteln   Naturvanille
50 g Pistazienkerne   Honig

Die Datteln der Länge nach aufschneiden, Kerne herausnehmen. Pistazien fein hacken, mit den übrigen Zutaten zu einer
Paste verkneten. Paste in die Datteln füllen.

Israelisches Sesamkonfekt

100 g Sesamsamen
200 g fester (kristallisierter) Honig
100 g Walnusskerne

Den Sesamsamen in trockener heißer Pfanne kurz rösten. Honig und die gehackten Walnusskerne zugeben. Etwas abkühlen lassen. Wenn die Masse fest zu werden beginnt, kleine Kugeln formen oder auf ein mit kaltem Wasser abgespültes Backblech streichen, ca. 2 mm dick. Mit einem spitzen Messer in
Würfel (2 x 2 cm) oder Rechtecke (2 x 4 cm) schneiden. Das
Messer zwischendurch immer wieder in heißes Wasser tauchen. Abkühlen und trocknen lassen. Köstlich zum Nachmit-
tagstee!

276   *Die üppige Vollwertkost*

Früchtekugeln mit Sesam für Phantasiebegabte

Trockenfrüchte wie:
Aprikosen, Birnen,
Äpfel, Rosinen

Nüsse, Mandeln
Honig
Sesam

Die Trockenfrüchte hacken und im Mixer pürieren. Nüsse und Mandeln fein mahlen. Früchte und Nüsse mit Honig nach Geschmack vermischen (evtl. etwas Wasser zugeben). Sesam in der Pfanne kurz rösten. Aus der Früchte-Nuss-Honig-Masse Kugeln formen und die Kugeln in den Sesamkörnern wälzen. Sie können auch 1 Prise Naturvanille drangeben.

Marzipan

200 g Mandeln
8–10 bittere Mandeln
3 EL Honig oder mehr
2 EL Rosenwasser (aus der

Apotheke) oder 2 EL Zitronen-
oder Orangensaft
1/2 TL abgeriebener Schale
einer Zitrone oder Orange

Mandeln mit kochendem Wasser überbrühen. Schalen abrubbeln, so fein wie möglich im Haushaltsmixer zerkleinern. Mit Honig und Rosenwasser (oder Zitronen-/Orangensaft plus abgeriebener Schale) verkneten. Am besten über Nacht zugedeckt ruhen lassen. Dann weiterverarbeiten zu Kugeln, Talern usw.

Mein Tipp für Kindergeburtstage: Kugeln in Kakao wälzen, mit einem Zahnstocher je ein Stückchen Obst (Mandarinenspalten, Kiwischeiben, Ananaswürfel, Weintrauben) auf eine Kugel spießen. Die Spießchen dekorativ auf einer Platte anordnen.

Honigkekse

Die Menge ergibt 2 Backbleche Kekse.

3 EL Honig
2 EL Butter
1 Prise Salz
2 Eigelb
1 TL Zimt
1 Prise gemahlene Nelken
abgeriebene Schale von
1 Zitrone

1 EL Zitronensaft
250 g Weichweizen, fein
gemahlen
1 gestr. TL Backpulver
100 g getrocknete Aprikosen
100 g gemahlene Mandeln
oder Nüsse
etwas Mehl

Honig, Butter, 2 EL Wasser und Salz verrühren, dann Eigelb, die Gewürze, Zitronenschale und -saft unterrühren. Das mit dem Backpulver gemischte Mehl zugeben und alles gut verkneten. Aprikosen und Mandeln/Nüsse im Haushaltsmixer sehr fein zerkleinern, unter den Teig kneten, eine Stunde kalt stellen. Teig auf bemehlter Backfläche etwa $^1/_2$ cm dick ausrollen. Beliebige Formen ausstechen. Die Kekse können mit Milch oder verquirltem Eigelb bepinselt und mit Pistazien oder halben Nüssen oder Mandeln verziert werden. Kekse auf gefettetem Blech bei 180 °C 15 Minuten backen.

278   *Die üppige Vollwertkost*

Wenn Eiweiß übrig geblieben ist, backe ich

Makronen

3 Eiweiß   Mandeln oder Nüsse
1 Prise Salz   3 fein zerkleinerte bittere
3 EL Honig   Mandeln
250 g fein zerkleinerte

Eiweiß mit der Prise Salz sehr steif schlagen, Honig zugeben
und weiterschlagen. Die Mandeln/Nüsse unterrühren. Mit einem Löffel kleine Häufchen von der Masse auf ein gefettetes
Blech setzen. Bei 150–180 °C im Ofen mehr trocknen als backen.
Statt der Mandeln/Nüsse lassen sich auch Kokosraspel verwenden.

Hildegard von Bingens Nervenkekse

»Nimm Muskatnuss und einen gleichen Gewichtsteil Zimtrinde und eine kleine Menge Gewürznelken. Das mach zu Pulver. Aus diesem Pulver mach mit Feinmehl und ein wenig Wasser Plätzchen und esse diese oft. Das bringt alle Bitterkeit des Herzens und deiner Gesinnung zur Ruhe, öffnet dein Herz und deine Sinne, macht deine Stimme heiter, reinigt deine Sinnesorgane und mindert in dir alle Schadstoffe (noxii humores) und macht dich leistungsfähig.«
So wird es uns überliefert. Da Hildegard von Bingen den Dinkel sehr schätzte, meint sie vermutlich Dinkelmehl.
In Barbaras Backstube sieht das Rezept so aus:

500 g Dinkel, fein gemahlen	*5 g gemahlene Nelken*
70 g Mandeln, im Mixer fein	*125 g Butter*
zerkleinert	*100 g Honig*
15 g gemahlene Muskatnuss	*2 Eier*
15 g Zimt	*1 Prise Salz*

Alle Zutaten unter Zugabe von Wasser miteinander verkneten, bis ein glänzender Kloß entstanden ist. Diesen $1/2$ Stunde ruhen lassen. Dann auf bemehltem Brett Teig dünn ausrollen, beliebig geformte Kekse ausstechen. Bei 180 °C 5–10 Minuten backen. Vorsicht, meistens bleiben die Kekse zu lange im Ofen. Sie dürfen absolut noch weich sein beim Herausnehmen.

Mein Tipp für Eilige: Wenn Sie etwas mehr Wasser nehmen, sparen Sie sich das Ausrollen, formen stattdessen walnussgroße Kugeln und drücken diese mit einer Gabel flach.

280   *Die üppige Vollwertkost*

Trockenfrüchte-Pralinen

gleiche Menge getrocknete	*Vanillerum*
Pflaumen, Birnen, Aprikosen	*gemahlene Nelken (sparsam)*
(oder Rosinen)	*Naturvanille*
nach Geschmack:	*Zimt*
abgeriebene Schale von	*fein zerkleinerte Haselnüsse*
Zitronen und/oder Orangen	*fein zerkleinerte Mandeln*
Zitronensaft	*(auch ein paar bittere)*
Orangensaft	*Kokosraspel zum Wälzen*

Pflaumen, Birnen und Aprikosen fein hacken bzw. pürieren, mit den übrigen Zutaten verkneten. Den Teig $1/2$ Stunde ruhen lassen. Dann zu Kugeln oder länglichen Pralinen formen und in Kokosraspel wälzen.

Nachspeisen –
süß und pikant

Frische Früchte, Feigen und Nüsse, ein Stück Käse – das kann ein wunderbarer Abschluss eines gelungenen Essens sein. Wenn die Zunge sich aber mal nach raffinierteren Genüssen sehnt, sollte man sie ruhig damit verwöhnen.

Verwende ich Mehl für meine Nachtische, ist das selbstverständlich frisch gemahlenes Vollkornmehl. Und wie die Kuchen und Kleingebäcke süße ich auch meine Desserts selbstverständlich mit Honig, süßen Früchten oder Trockenfrüchten statt mit raffiniertem Fabrikzucker.

Das Mehl aus dem vollen Korn lässt den Teig etwas dunkler aussehen – aber jeder, der hineinbeißt, schwärmt von seinem makronenähnlichen Aroma. Der Honig spendet unmittelbar Energie. Und die in den Nachtischen – und Kuchen – verwendeten Früchte liefern Vitamine, Mineralstoffe und die Magen und Darm anregenden Fruchtsäuren und Faserstoffe.

Interessant ist eine Meldung, mit welcher der ADAC die weit verbreitete Anschauung widerlegt, süße Sachen wie Zucker und Schokolade machten fit. »Zucker ist sogar ein ganz gefährlicher Unfallstifter! Etwa $1^1/_2$ bis 4 Stunden nach dem Zuckerkonsum kommt es als Folge vermehrter Insulinausschüttung der Bauchspeicheldrüse zu einem Zuckermangel im Blut. Der aber führt zur Unterversorgung des Gehirns und damit zur Müdigkeit, Unaufmerksamkeit und zum Nachlassen der Reaktionsfähigkeit. Darüber hinaus tritt infolge mangelnder Durchblutung auch eine gewisse Sehschwäche auf. Also keine Süßigkeiten als Muntermacher! Lieber alle 2–3 Stunden eine kurze Pause machen und gegebenenfalls etwas Vollkornbrot oder Obst essen.« Soweit der ADAC.

282   *Die üppige Vollwertkost*

Eine phantastische Wegzehrung, die genau die gegenteilige Wirkung von Zucker hat, nämlich durch einen regelrechten Schub an B-Vitaminen die Leistungsfähigkeit steigert, haben die Indianer erfunden. Die Indianer nehmen – oder nahmen wenigstens früher – auf lange Wanderungen kleine Kugeln mit, die aus frisch gemahlenem Weizenschrot und Wasser zubereitet waren. Der Ernährungswissenschaftler Eduard Brecht hat diese Indianerkugeln sozusagen gesellschaftsfähig gemacht, er hat sie verfeinert mit Nussmus und Honig. Besonders Kinder sind verrückt nach ihnen. Wenn ich Kinderbesuch bekomme, ist die erste Frage: Hast du Indianerknödel? (Rezept siehe Seite 285f.)

Einige Informationen zum Honig

Der Honig liefert uns nicht nur die ideale Mischung aus Trauben- und Fruchtzucker, Mineralstoffen, Spurenelementen, Hormonen und Fermenten; die Bienen haben ihn noch mit einem Drüsensekret ausgestattet, das unsere Abwehrbereitschaft gegen Krankheitskeime verstärkt. Allerdings sollte auch Honig sparsam verwendet werden, schon um den fleißigen Bienen nicht alle Früchte ihrer Arbeit zu rauben.
Die Skala der Honigsorten geht durch das ganze Alphabet; von Akazien- über Eukalyptus- und Rosmarin- bis Tannenhonig. Er kommt uns lieblich als Linden- und herb als Salbeihonig. Für jeden Geschmack ist etwas dabei. Aber er sollte möglichst nicht über 40 °C erhitzt werden, sonst büßt er gleich einen Großteil seiner guten Eigenschaften ein. Manche Sorten kristallisieren leicht – wie Wiesenblüten- und Lavendelhonig. Akazienhonig dagegen ist eher zu flüssig. (Will man ihn aufs Brot streichen, im Kühlschrank aufbewahren. Zu festen Honig in warmem – nie heißem! – Wasserbad leicht erwärmen, zum Ba-

cken, zu Desserts, Obstsalaten etc. in etwas warmem Wasser auflösen.)

Wie schnell ein Honig kristallisiert, hängt von seinem Trauben- und Fruchtzuckergehalt ab. Enthält er überwiegend Traubenzucker, kristallisiert er schneller, überwiegt dagegen der Fruchtzuckeranteil, kristallisiert er langsamer oder gar nicht.

Für VeganerInnen, die nichts vom Tier verzehren, auch nicht den Honig der Biene, gibt's ein extra Kapitel über ökologische Bienenhaltung und Imkereierzeugnisse und Bio-Honig in dem veganen Rezeptteil (siehe Seite 387).

Apfelrohkost

4 Äpfel	*¼ l süße Sahne*
Zitronensaft	*2 EL zerkleinerte Mandeln*
1 EL Honig	*(oder Walnüsse, Haselnüsse,*
Vanillepulver	*Pinienkerne)*

Die Äpfel mit Schale und Kernhaus grob reiben, sofort mit Zitronensaft beträufeln, damit sie nicht dunkel werden. Honig zugeben und die mit Vanille steif geschlagene Sahne. In Portionsgläser füllen. Die gehackten Mandeln (Nüsse oder Pinienkerne) trocken oder mit etwas Butter in der Pfanne rösten und drüberstreuen.

Variation: Die Äpfel mit zwei schaumig geschlagenen Bananen mischen.

284   *Die üppige Vollwertkost*

Oma Minnas Bratäpfel

Wie wär's im Winter mal mit Bratäpfeln? Es gibt zwar kaum noch bullernde Kachelöfen, aber in einem elektrischen oder Gasofen werden sie auch fein.

4 Äpfel
1 EL Rosinen
1 EL gehackte Mandeln oder
Nüsse
4 TL Fruchtmus (Erdbeer-,

Himbeer-, Preiselbeer- oder
Aprikosenmus)
1 TL Rum
1 EL Honig
zerlassene Butter

Äpfel waschen und das Kernhaus herausstechen. Rosinen, Mandeln oder Nüsse, Fruchtmus, Honig und Rum mischen. Masse in die ausgehöhlten Äpfel füllen, auf jeden Apfel ein Butterflöckchen setzen. Äpfel in eine feuerfeste, gut mit der zerlassenen Butter gefettete Form setzen und 45 Minuten bei 200 °C im vorgeheizten Ofen backen.
Absolut betörend schmecken die Bratäpfel mit heißer Schokoladensauce (siehe Seite 306) ... oder Honigschlagsahne!

Wenn ich Bratäpfel mache, muss ich an meine Lieblingsoma denken. Sie besaß noch so einen grünen Kachelofen. Sie trug ihr, seit ich denken kann, schneeweißes und immer duftiges Haar zu einem Krönchen oben auf dem Kopf gewunden. Sie war immer wie aus dem Ei gepellt, in schwarze Seide gekleidet, ihren Hals zierte ein schwarzes Samtband. Sie lachte viel; obwohl von der Gicht krumm gebeugt, lachte sie oft Tränen. Sie liebte es, auf dem Klavier Straußwalzer zu spielen. Und als ich ihre feinste porzellanene Waschschüssel zerschlug und furchtbar weinte, tröstete sie ihren Liebling mit Schokolade.

Nachspeisen – süß und pikant 285

Aprikosen- oder Marillenknödel

500 g Kartoffeln	*(frisch oder tiefgefroren)*
2 EL Butter	*Nussmus*
50 g Dinkel, fein gemahlen	*Brösel:*
2 Eier	*100 g Butter (oder Nussmus)*
1 Prise Salz	*2 EL Honig*
500 g Aprikosen	*2 EL Vollkornbrösel*

Die Kartoffeln in der Schale kochen, pellen, noch warm durch die Presse drücken. Butter, Mehl, die Eier und das Salz zugeben, alles gut verkneten und zu einer Rolle formen. Rolle 30 Minuten ruhen lassen. Dann Scheiben davon abschneiden. Auf jede Scheibe eine Aprikose legen, die man entsteint und mit Nussmus gefüllt hat. Den Teig um die Aprikose gut zusammendrücken. Er darf nicht zu dick sein, aber auch nicht reißen. Salzwasser zum Kochen bringen. Knödel hineinlegen. 10 Minuten leise sieden lassen. Mit einem Schöpflöffel herausnehmen. Inzwischen die Brösel zubereiten: Butter oder Nussmus zerlassen, Honig und Vollkornbrösel zugeben. Brösel über die Knödel geben oder die Knödel darin wälzen.

Indianerknödel

Meine Indianerknödel müssen Sie unbedingt probieren!

250 g Kamut, fein gemahlen
Honig und Nussmus nach Geschmack

Ich vermenge alle Zutaten gut und drehe daraus Kugeln, so groß wie Murmeln. Manchmal wälze ich sie in Kakao, manchmal mische ich auch gleich etwas Zimt oder Vanille drunter, ehe ich sie forme.

Nun sollten sie eigentlich trocknen. Dazu kommt es aber nie, weil irgendeiner sie vorher aufisst ...

Russische Buchweizenbliny

½ Würfel Hefe	1 Ei
¼ l Milch	1 EL Butter oder Öl
½ TL Honig	Butter zum Braten
150 g Buchweizenmehl	_Außerdem:_
150 g Weichweizenmehl	zerlassene Butter
½ TL Salz	saure Sahne

Hefe in der lauwarmen Milch glatt rühren. Honig und das Mehlgemisch hineinschütten, gut verrühren und an einem warmen Ort zugedeckt 1 Stunde gehen lassen. Dann Salz, das Eigelb und Butter/Öl unterrühren, weitere 30 Minuten zugedeckt gehen lassen. Diese Prozedur (Teig rühren und wieder gehen lassen) möglichst mehrmals wiederholen, damit der Teig schön locker wird. (Eventuell 1–2 EL Wasser zugeben.) Zum Schluss das steif geschlagene Eiweiß unterziehen. In einer kleinen Pfanne Butter heiß werden lassen. Je eine Schöpfkelle voll Teig hineingeben und die Bliny wie dünne Puffer auf beiden Seiten goldbraun backen.

Am besten gleich aus der Pfanne essen, mit zerlassener Butter und saurer Sahne begossen.

Nachspeisen – süß und pikant 287

Camembert Surprise

Dieses Gedicht in Käse komponierte der Küchenchef des
»Frankfurter Hofs« in Frankfurt, José Dobler.

250 g Camembert	*entsteinte Backpflaumen*
40 g Butter	*4 Mandeln*
1 Tasse süße Sahne	*gehackte Pistazien*
Salz	*4 Ananasscheiben*
Pfeffer	*Kirschwasser*
4 eingeweichte und	

Den Camembert mit der Butter, Sahne, Salz und Pfeffer zu
einer geschmeidigen Creme rühren. Je eine Backpflaume mit
einer abgezogenen Mandel füllen. Jede Backpflaume in eine
Portion Käsecreme drücken, eine Kugel daraus formen und in
Pistazien wälzen. Die Ananasscheiben mit Kirschwasser beträufeln und in die Mitte je eine Käsekugel setzen.

Birnen mit Roquefort gefüllt

4 Birnen	*Kräutersalz*
100 g Roquefort	*Pfeffer*
$1/8$ l süße Sahne	*Walnüsse*

Die Birnen halbieren, Kerngehäuse herausschneiden. Roquefort mit Sahne, Kräutersalz und Pfeffer schaumig rühren. Auf
jede Birnenhälfte ein Roqueforthäufchen setzen und zwei halbe Walnüsse.

288   *Die üppige Vollwertkost*

Crêpes mit geriebenem Parmesan gefüllt

8 hauchdünne Crêpes   *125 g geriebener Parmesan*
(siehe Seite 228)   *$^1/_2$ l süße Sahne*

Crêpes zubereiten. Geriebenen Parmesan und Sahne mischen.
Die Hälfte davon in die Crêpes füllen. Crêpes zusammenrollen
und in eine gebutterte Auflaufform legen. Restliche Parmesan-
Sahnemasse drübergießen. Im vorgeheizten Ofen ca. 20 Minuten bei 200 °C goldbraun backen.

Crêpes gefüllt mit Ingwerpflaumen

8 hauchdünne Crêpes   *Vanillepulver*
(siehe Seite 228)   *Honig*
so viel Ingwerpflaumen
wie man mag

Ingwerpflaumen klein schneiden und in die Crêpes füllen. Mit
Vanille bestreuen und mit Honig beträufeln. Noch einmal heiß
werden lassen.

Nachspeisen – süß und pikant 289

Feigen in Wein griechisch

12 getrocknete Feigen	$1/8$ l süße Sahne
$1/4$ l Weißwein oder Rotwein	1 TL Honig
abgeriebene Schale von	Vanille
1 Zitrone	Walnüsse oder Haselnüsse

Die Feigen vierteln, einige Stunden in dem Wein mit der Zitronenschale einweichen. In Gläser füllen. Sahne mit Honig und Vanille steif schlagen und je ein Sahnehäubchen auf die Feigen setzen. Mit ganzen oder gehackten Nüssen verzieren.

Holunderblüten in Eierkuchenteig gebacken

Wenn Sie diese Holunderblüten, hübsch auf einer Kuchenplatte angerichtet, zum Tee servieren, werden Ihre Gäste in Entzückungsrufe ausbrechen.

Pro Person:	Grundrezept für Eierkuchen
1–2 Holunderblütendolden	(siehe Seite 230)
mit ganz kurzen Stängelchen,	Sonnenblumenöl zum Aus-
direkt unter der Dolde	backen
abgeschnitten	Honig zum Beträufeln

Die gewaschenen, abgetropften Blütendolden in den Eierkuchenteig tauchen, jede einzeln in dem heißen Öl schwimmend ausbacken (5–10 Minuten). Auf Küchenkrepp abtropfen lassen und warm stellen. Leicht mit Honig beträufeln.
Genauso kann man Akazienblüten backen.

290 *Die üppige Vollwertkost*

Kokoscreme

30 g Reismehl	100 g Kokosflocken
2–3 Tassen Milch	3 EL gehackte Mandeln
3 EL Crème fraîche	2 EL gehackte Pistazien
1 EL Honig	2 EL Vanillerum

Das Reismehl in der Milch verrühren und aufkochen. Crème fraîche und Honig cremig rühren, dann die Kokosflocken und die Mandeln unterrühren. Alles in die Milchmischung einrühren. Die Creme in Dessertgläser füllen und kalt stellen. Vanillerum drüberträufeln und mit Pistazien bestreuen.

Der Tipp: Eventuell mit etwas Sahne verdünnen, wenn die Creme zu dick wird.

Süße Latkes aus Tel Aviv

Das sind eine Art Kartoffelpuffer auf israelisch.

500 g Kartoffeln	$^1/_2$ EL Honig
2 Eier	Zimt nach Geschmack
$^1/_8$ l Milch	Sonnenblumenöl zum Braten
1 Prise Salz	Honig zum Beträufeln

Die Kartoffeln kochen und pellen. Noch heiß durch die Presse drücken. Mit dem Eigelb, Milch, Salz, Honig und Zimt mischen und das steif geschlagene Eiweiß unterziehen. In heißem Öl dünne Latkes backen. Mit Honig beträufeln.

Mohnpielen

Mohnpielen waren das heiß geliebte Silvesteressen meiner Kindheit.

250 g gemahlener Mohn
1/2 l Milch
1 Prise Salz
etwa 3 EL Honig

50 g Rosinen
40 g gehackte Mandeln
12 Vollkornzwiebäcke

Gemahlenen Mohn in die Rührschüssel schütten. Die leicht gesalzene Milch im Kochtopf erwärmen, mit dem Honig verrühren und die Hälfte dieser Honigmilch über den Mohn gießen. Rosinen und Mandeln unterrühren. Zwiebäcke in einer zweiten Schüssel zerbröseln, die andere Hälfte der Honigmilch drübergießen. In eine Glasschüssel immer abwechselnd eine Schicht Zwiebackmasse und eine Schicht Mohnbrei füllen. Oberste Schicht ist Mohnbrei. Die Schüssel in den Kühlschrank stellen und die Mohnpielen gut durchziehen lassen. Mit Honigschlagsahne servieren.

Nusspudding

4 Eier
70 g Honig
abgeriebene Schale und
Saft von 1 Zitrone

200 g fein gemahlene Haselnüsse
1 Prise Salz
Sesam zum Ausstreuen der Form

Die Eigelbe mit dem Honig schaumig rühren. Abgeriebene Zitronenschale, Zitronensaft und die Haselnüsse zugeben. Die Eiweiße mit dem Salz steif schlagen, unter die Nussmasse ziehen. Eine Puddingform ausfetten und mit Sesam ausstreuen. Die Nussmasse hineinfüllen. 1 Stunde im Wasserbad garen. Dazu eine heiße Frucht- oder Weinschaumsauce oder mit Honig und Zimt steif geschlagene Sahne.

Die russische Nusstorte mit sieben(!) Eiern habe ich aus verständlichen Gründen gestrichen ...

Obstauflauf

Früchte nach Wahl, insgesamt 500–750 g (Ananasstücke, saure Kirschen, Aprikosen, Pfirsiche, Orangen, Pflaumen etc.)	*1 Spur geriebene Muskatnuss*
1 Zitrone	*1 Prise oder mehr gemahlener Ingwer oder Nelken*
Akazienhonig nach Geschmack	*1 Spur Zimt*
	evtl. 1 Gläschen Vanillerum

In eine gebutterte Auflaufform lagenweise die Früchte füllen. (Orangen und Zitrone schälen und in dünne Scheiben schneiden.) Den Honig mit den Gewürzen mischen. Jede Obstschicht mit etwas Honigsauce begießen, zum Schluss den Auflauf mit Vanillerum beträufeln. 20–30 Minuten bei 200 °C backen. Warm mit gesüßter Schlagsahne oder saurer Sahne servieren.

Nachspeisen – süß und pikant 293

Russische Passcha

500 g Quark	*1 Prise Salz*
3 Eier	*3–4 EL Honig*
100 g Butter	*Vanille*
150 g Crème fraîche	*125 g Mandeln*

Den Quark schaumig rühren. Eier, Butter und Crème fraîche zugeben, unter Rühren erwärmen, aber nicht kochen. Sobald sich Blasen bilden, vom Herd nehmen, unter Rühren abkühlen lassen. Salz, Honig, Vanille und die fein zerkleinerten Mandeln unterrühren. In eine Glasschale füllen und erkalten lassen.
Verfährt man ganz orthodox, füllt man die Passcha über Nacht in ein Holzkästchen mit durchlässigem Boden, sodass die Feuchtigkeit abtropfen und man die Passcha stürzen kann. Muss man aber nicht.

Pudding aus rohen Früchten

1 Päckchen Agar-Agar (8 g)	*frische Früchte: Erdbeeren,*
$1/2$ l Wasser oder Traubensaft	*Himbeeren, Heidelbeeren,*
1 EL Honig	*Weintrauben etc.*
Vanillepulver	

Agar-Agar in dem Wasser oder Traubensaft auflösen und heiß werden, aber nicht kochen lassen. Honig und Vanille zugeben. Die Früchte, wenn nötig, zerkleinern, in eine Glasschale oder in Portionsgläser füllen. Die Agar-Agar-Masse drübergießen. Kalt stellen.
Dazu eine Vanille- oder eine Weinschaumsauce.

294 *Die üppige Vollwertkost*

Quarkkäulchen russisch, »Tworoshniki«

500 g Quark (40 %)	*Vanillepulver*
1 Ei	*Vollkornbrösel*
ca. 100 g Kamut	*Butter zum Braten*
1 Prise Salz	*¹/₈ l halb Crème fraîche,*
1 EL Honig	*halb Sahne*

Den Quark sämig rühren, mit dem Ei, Mehl, Salz, Honig und Vanillepulver gut verkneten. 1 Stunde ruhen lassen. Dann auf bemehlter Arbeitsfläche aus der Masse einen Strang formen und diesen in ein Dutzend Scheiben schneiden. Die Scheiben in Brösel wenden und in heißer Butter auf beiden Seiten goldbraun braten.

Mit Schlagsahne aus Crème fraîche und süßer Sahne oder einer Fruchtsauce servieren.

Roquefort-Trüffel

Fein für das Party-Büfett!

200 g Roquefort	*Pfeffer nach Geschmack*
50 g Butterkäse	*¹/₂ fein gehackte Zwiebel*
100 g Butter	*Pumpernickel*
Salz	

Mit einer Gabel den Roquefort mit dem Butterkäse, Butter, Salz und Pfeffer zerdrücken und verrühren. Die fein gehackte Zwiebel zugeben. Kugeln daraus formen und in fein geriebenem Pumpernickel wälzen. Roquefort-Trüffel im Kühlschrank fest werden lassen. Dazu ein paar knackige Radieschen.

Nachspeisen – süß und pikant 295

Gebackene Bananen

4 Bananen   Zitronensaft
1 EL Butter   Naturvanille

Bananen waschen (mit Schale natürlich!) und der Länge nach
aufschneiden. Jede Hälfte mit Butter bestreichen und im Ofen
bei 200 °C 10–15 Minuten backen. Mit Zitronensaft beträufeln
und mit Vanille bestreuen. Auf heißen Tellern servieren und
aus der Schale löffeln.

Erdbeer-Sahne-Mousse

700 g Erdbeeren $1/4$ l Sahne
2–3 EL Honig   2 Pfirsiche
1 Schnapsglas Kirschwasser

Erdbeeren pürieren, mit Honig und Kirschwasser vermischen.
Die steif geschlagene Sahne unterziehen (etwas Sahne zum
Verzieren zurückbehalten), kalt stellen. Pfirsichhaut abziehen
und die Pfirsiche würfeln. Das Erdbeerpüree in Portionsgläser
füllen, obendrauf die Pfirsichwürfel geben. Mit der restlichen
Sahne verzieren.
Schmeckt ebenso gut mit Himbeeren.

Barbara Rüttings Schlemmereien
aus der Vollwertküche

Der Presse vorgestellt
im Hotel Frankfurter Hof, 4. Oktober 1984

Frischkost Vorspeistenteller

———

Indische Currysuppe
mit Mandeln

———

Mangold-Champignon-Gratin
im Förmchen

———

Gemüsestrudel
mit Gorgonzolasoße »Pepe«

———

Orangen-Zitronen-Halbgefrorenes
mit Mohn-Nuss-Sauce

———

Käsebrett mit Barbara-Rütting-Brot

1984 erschien mein Buch »Lieblingsmenüs aus meiner Vollwertküche«. Anlässlich der Frankfurter Buchmesse arrangier-
te mein Verlag ein feines Essen für die Presse im Frankfurter
Hof, selbstverständlich nach meinen Rezepten zubereitet.
Das rein vegetarische Menü – damals noch ein ziemliches No-
vum – eignet sich hervorragend für kleine Feste und gelingt
auch Vollwertnewcomern.
Die Speisekarte habe ich aufbewahrt. Besonders der Nachtisch
erwies sich als wahrer Knüller. Das Orangen-Zitronen-Halb-
gefrorene mit der phantastischen Mohn-Nuss-Sauce habe ich
seitdem in einer ganzen Reihe erstklassiger Restaurants wie-
dergetroffen. Müssen Sie probieren!

Eis und Halbgefrorenes

Das übliche industriell hergestellte Eis hat in der Vollwertküche natürlich nichts zu suchen. Ein Eishersteller hat mir, selbst nicht ganz glücklich darüber, verraten, wie er sein Eis fabriziert: aus pasteurisierter Milch, Zucker, einem Bindemittel und künstlichen Aromastoffen. Da hat das Erdbeereis von einer Erdbeere höchstens mal geträumt.

Wenn Sie mal selbst Eis oder Halbgefrorenes aus frischer Sahne, Honig, frischen oder tiefgefrorenen Früchten, Nüssen, Mandeln, Mohn, Zimt und Naturvanille usw. zubereitet haben, rührt Ihre Familie das Industrie-Eis nicht mehr an. Man kann Eigelb verwenden, muss aber nicht. Ich finde, Sahne genügt – davon aber reichlich. Eindicken mit Agar-Agar ist eine weitere Möglichkeit. Sie können die einzufrierende Masse entweder in Papierbackförmchen (in Haushaltsgeschäften erhältlich) füllen oder in eine Kastenform, und dann nach dem Stürzen Scheiben davon abschneiden – in diesem Fall die Form vorher mit kaltem Wasser ausspülen.

Halbgefrorenes braucht 15–20 Minuten, festes Eis bis zu 3 Stunden im Gefrierfach. Das Eis herausnehmen, mit der Kastenform kurz in heißes Wasser stellen, stürzen, mit oder ohne Sauce servieren. Beim Schneiden das Messer jedes Mal in heißes Wasser tauchen.

298   *Die üppige Vollwertkost*

Aprikoseneis

500 g frische entsteinte	*¹/₄ l Sahne*
Aprikosen	*1 Schuss Vanillerum*
2–3 EL Honig	

Aprikosen pürieren, mit Honig süßen, steif geschlagene Sahne unterheben, mit einem Schuss Vanillerum abschmecken. In eine Schüssel geben und $1^1/_2$ Stunden frieren lassen.

Bananeneis mit Ingwerpflaumen

3 Bananen	*¹/₂ l süße Sahne*
2 Eigelb	*Vanillepulver*
Saft von 2 Zitronen	*4 Ingwerpflaumen*
2 EL Honig	

Bananen pürieren und mit dem Eigelb, dem Zitronensaft und dem Honig schaumig rühren. Sahne mit Vanille steif schlagen und unter die Bananenmasse ziehen. Zum Schluss die klein geschnittenen Ingwerpflaumen unterheben. In Portionsschälchen füllen und im Gefrierfach nicht zu fest gefrieren lassen (1–2 Stunden).
Ich mag's halbgefroren am liebsten nach $1-1^1/_2$ Stunden.

300   *Die üppige Vollwertkost*

Mohn-Nuss-Zimt-Eis

2 EL gemahlener Mohn
2 EL grob gehackte Walnüsse
(oder Haselnüsse oder
Mandeln)
1 EL Honig
1 Prise Salz

1–2 EL Zimt
Saft von $1/2$ Orange und
$1/2$ Zitrone
1 EL Vanillerum
$1/4$ l Sahne

Alle Zutaten außer der Sahne miteinander vermischen. Die Sahne steif schlagen und unterheben. Kalt stellen.

Obsteis aus rohen Früchten

500 g möglichst süßes rohes
Obst (Beeren etc.)

Honig nach Geschmack
1 Becher Sahne

Das rohe Obst zerdrücken, Honig zugeben und die steif geschlagene Sahne. Die Masse in eine mit kaltem Wasser ausgespülte Form oder in Pergamentförmchen füllen, abkühlen lassen. Im Gefrierfach einige Stunden frosten.
Dazu schmeckt Bananensauce (siehe Seite 304).

Orangen-Zitronen-Halbgefrorenes

$1/4$ l Sahne
abgeriebene Schale von

je 1 Orange und Zitrone
1 EL Honig

Die Sahne steif schlagen, abgeriebene Orangen- und Zitronenschale und Honig unterheben. Noch einmal steif schlagen, in

Pergamentförmchen oder Gläser füllen und 20 Minuten ins Gefrierfach stellen. Servieren Sie dazu die Mohn-Nuss-Sauce (siehe Seite 305).

Schmeckt wahnsinnig gut!

Schokoladen-Nuss-Eis

100 g Haselnüsse	*2 EL Kakao*
3 EL Honig	*2 EL Vanillerum*
250 g Sahne	

Haselnüsse in der Pfanne ohne Fett kurz rösten, bis die Haut springt, im Mixer fein zerkleinern. Sahne mit Honig steif schlagen. Alle Zutaten vorsichtig miteinander mischen und einfrieren.

Walnusseis

1 Eigelb	*250 g Sahne*
Honig (nach Belieben)	*1 Eiweiß*
Vanillepulver	*100 g gehackte Walnüsse*

Eigelb mit Honig und Vanillepulver schaumig schlagen, Sahne steif schlagen, Eiweiß ebenso. Beides zusammen mit den Walnüssen unter die Eigelbmasse heben. In einer Schüssel einfrieren.

Dazu passt eine Aprikosensauce: Aprikosen pürieren und mit Honig und Vanillerum abschmecken, evtl. mit Schlagsahne verfeinern.

302   *Die üppige Vollwertkost*

Weitere meiner Eisspezialitäten:

Die Angaben entsprechen den vorhergehenden Rezepten: bei Früchten jeweils 500 g, 3 EL Honig, evtl. Zitronensaft (je nach Säuregrad), $1/2$ l steif geschlagene Sahne.

- *Ananas-Eis:* Ananas in kleine Stücke geschnitten oder püriert, gemischt mit Zitronensaft und Honigschlagsahne, Vanillepulver und Kirschwasser.

- *Pfirsich-Eis:* Pfirsiche püriert, gemischt mit Zitronensaft, fein zerkleinerten Mandeln und Honigschlagsahne.

- *Stachelbeereis:* Stachelbeeren püriert, gemischt mit Zitronensaft und Honigschlagsahne (ebenso Erdbeer-, Himbeer-, Heidelbeer-Eis).

Süße Saucen

Zu Aufläufen, süßen Getreidegerichten, Puddings und Desserts

Rohe Aprikosensauce

500 g Aprikosen
etwas Wasser oder Aprikosensaft oder Saft von 1 Zitrone
1 EL Honig

Aprikosen pürieren, mit den übrigen Zutaten mischen. Wenn Sie getrocknete Aprikosen nehmen, am Abend vorher in so viel Wasser einweichen, dass sie bedeckt sind, das Einweichwasser mitverwenden.

Heiße Fruchtsauce

2 EL Honig
200 g Früchte (Erdbeeren,
Himbeeren, Pfirsiche,
Bananen, Ananas, einzeln
oder gemischt)
1 Schnapsglas Vanillerum

Honig mit ca. 1 EL Wasser erhitzen. Die in Stücke oder Scheiben geschnittenen Früchte zugeben und bei kleinster Hitze 5–10 Minuten dünsten und, wenn man mag, pürieren. Zum Schluss mit einem Schnäpschen ablöschen! Heiß zu Eis servieren!

304 *Die üppige Vollwertkost*

Bananensauce

4 Bananen	*(oder mehr, je nach Größe)*
1–2 EL Honig	*Zitronensaft*
1–2 EL Zitronensaft	*1 EL Honig*
Vanillepulver	*1 TL Curry*
¹/₄ l Sahne	*1 Knoblauchzehe (jawohl!)*
Variation:	*1 Msp. Naturvanille*
2 EL Butter	*¹/₈ l Sahne*
4 Bananen	

Bananen pürieren, mit den übrigen Zutaten verrühren, zuletzt die steif geschlagene Sahne unterheben.

Variation: Butter in der Pfanne zergehen lassen. Bananen mit der Gabel zu Mus zerdrücken und zugeben. Köcheln lassen und die übrigen Zutaten zugeben. Zum Schluss die steif geschlagene Sahne unterziehen.

Warme Butter-Honig-Sauce

2 EL Butter
2 EL Honig
Vanillerum nach Geschmack

Butter zerlassen, Honig zugeben. Gut verrühren, evtl. noch mit Vanillerum abschmecken oder mit Vanillepulver/Zimt.
Zu allen möglichen Getreidegerichten.

Süße Saucen 305

Makronensauce

100 g bittere Makronen	*¹/₄ l Sahne*
ca. 1 EL Honig	*2 Eigelb*

Die Makronen zerstoßen, mit dem Honig und der Sahne auf-kochen, die Eigelb unterrühren.

Mohn-Nuss-Sauce

2 EL Butter	*1 Prise Salz*
2 EL gemahlener Mohn	*Zimt nach Geschmack*
2 EL grob gehackte Walnüsse	*Saft von 1 Zitrone und*
(oder Haselnüsse oder Mandeln)	*von 1 Orange*
1 EL Honig	*1 EL Vanillerum*

Alle Zutaten miteinander verrühren und erhitzen. Phantas-tisch zu Eis, Aufläufen und süßen Getreidegerichten.

Orangensauce

4 Orangen	*2 Msp. Agar-Agar*
etwas abgeriebene	*Honig nach Geschmack*
Orangenschale	*1–2 EL Vanillerum*

Das klein geschnittene Orangenfleisch mit etwas abgeriebener Orangenschale pürieren. Agar-Agar in ¹/₄ l Wasser anrühren. Orangenpüree zugeben, bis zum Siedepunkt erhitzen. Mit Ho-nig süßen, mit Vanillerum abschmecken.

Rosinensauce

¹/₄ l Rotwein	100 g Rosinen
Saft von 2–3 Orangen	1 EL Reismehl
2 Zitronenscheiben	2 EL Honig
3 Nelken	1 EL Vanillerum
Zimt nach Geschmack	

Wein, Orangensaft, Zitronenscheiben, Nelken, Zimt und Rosinen mischen. Das Reismehl unterrühren, alles einmal aufkochen. Nelken und Zitronenscheiben entfernen. Sauce mit Honig und Vanillerum abschmecken.

Interessant zu Eierkuchen, Hirse-, Mais- oder Reisspeisen.

Schokoladensauce

¹/₄ l Milch	2 Msp. Agar-Agar
1 Prise Salz	(oder Reismehl)
etwa 2 EL Kakao	Vanillepulver
(oder Carob)	Honig nach Geschmack

Milch mit Salz, Kakao oder Carob und Agar-Agar/Reismehl verrühren, bis zum Siedepunkt erhitzen (wird Reismehl verwendet, kurz aufkochen). Mit Vanillepulver und Honig abschmecken.

Die Schokoladensauce heiß oder kalt z. B. über Bratäpfel gießen.

Getränke, Kräutertees & Co.

... und trinken wir uns gesund!

Wie viel soll der Mensch trinken? Darüber streiten sich die Geister, auch die der Ernährungswissenschaftler.

Mein Lehrer Dr. Bruker weist immer wieder darauf hin, dass von einem gesunden »Durchspülen der Nieren« mittels Trinken, wie das oft behauptet wird, nicht die Rede sein kann, sondern dass die Nieren für jeden verarbeiteten Tropfen Schwerarbeit leisten müssen.

Am besten folgen Sie Ihrem Instinkt – vorausgesetzt, er ist noch intakt. Kleine Kinder trinken dauernd. Ich trinke auch sehr viel, mindestens 2 l täglich; vielleicht weil ich als Skorpion zu den Wassertieren gehöre??? Eine Karaffe mit Wasser steht immer parat, auch auf dem Nachttisch. Das schon von Hildegard von Bingen empfohlene Edelsteinwasser vertrage ich aus welchen Gründen auch immer gar nicht, es bereitet mir Kopfschmerzen. Andere schwören darauf. Was wieder beweist: Eines schickt sich nicht für alle!

Nichts leichter als sich sein eigenes Edelsteinwasser zuzubereiten. Für diejenigen, die es versuchen wollen: Man nimmt eine Hand voll Quarzkristalle, zum Beispiel Bergkristall, Rosenquarz und Amethyst, legt sie ein paar Stunden in die Sonne, anschließend in eine Glaskaraffe und lässt frisches Leitungswasser drauflaufen – ideal wäre natürlich Quellwasser, aber wer hat das schon? Das Wasser kann man immer wieder nachfüllen, zwischendurch die Steine wieder in die Sonne legen. (Peter Ferreira äußert sich auch zu diesem Thema in seinem bereits erwähnten Buch »Wasser und Salz – die Essenz des Lebens«, siehe Literaturverzeichnis.)

308   *Die üppige Vollwertkost*

Neben frischem Wasser empfehlen sich vor allem die Kräutertees. Allerdings sollte man auch keinen Kräutertee länger als 14 Tage hintereinander trinken!

Und ich – »Ein Schuft, wer Böses dabei denkt« – trinke auch sehr gern vor allem zum Essen einen (selbstverständlich) biologisch angebauten Wein!

Kräutertees für Jung und Alt

Immer mehr Menschen wenden sich den Naturheilmitteln zu. Unter diesen spielen die Tees und Auszüge aus Blumen und Blüten eine wesentliche Rolle. Im Naturheilverfahren wird nicht gegen den Erreger einer Krankheit vorgegangen (Antipathie), sondern man bemüht sich, den geschwächten Organismus zu stärken (Sympathie), sodass es diesem gelingt, selbst mit dem Krankheitserreger fertig zu werden.

Es ist interessant, dass synthetische Substanzen so gut wie immer den natürlichen unterlegen sind. Wie auch der Mensch sich bemüht: Einen Apfel kann er eben nicht herstellen, selbst wenn er die chemische Zusammensetzung kennt. Ein Beispiel dafür ist *Rauwolfia serpentina*, eine in Indien heimische und seit Jahrhunderten beliebte Heilpflanze, die unter anderem das Blutdruck senkende Reserpin und das Herz regulierende Ajmalin enthält. Die Pflanze verfügt über zahlreiche Spurenelemente, Salze und womöglich noch gar nicht bekannte Stoffe, die eine chemische Analyse einfach nicht erfassen und deswegen auch nicht wiedergeben kann. Man begann nämlich, das Reserpin zu isolieren und im Labor synthetisch herzustellen. Nach 20 Jahren stellte sich dann heraus, dass diese chemische Nachahmung beim Menschen Brustkrebs und schwere Depressionen auslöste, die die Pflanze nicht verursacht. Ähnlich verhält es sich mit dem natürlichen, aus der Weiden-

Getränke, Kräutertees & Co. 309

rinde gewonnenen Salicin und den synthetischen Salicylaten (in der Rheumabehandlung gern angewendet).

Mein Arzneischrank birgt keinerlei synthetische Mittel mehr – die wenigen Wehwehchen heile ich mit Natursubstanzen, mit Arnika und Johanniskraut und Schwedenbitter. Aber die eigentliche Phytotherapie, sprich: Heilung durch Pflanzen, spielt sich in der Küche ab, mit Hilfe von Zitronenmelisse, Pfefferminze, Salbei, Brennnessel und Ringelblume, Thymian und Beinwell. Meinen Kräutertee serviere ich in Teekannen aus Glas. Die bunten Blüten von Korn- und Schlüsselblume, von Löwenzahn, Holunder und Gänseblümchen lassen jeden Teetrinker in entzückte Ahs und Ohs ausbrechen. Aber nicht nur Körper und Sinne – auch die Seele wird durch Kräuter therapiert!

Bei der Teezubereitung gilt im Allgemeinen:
- Blüten und Blätter mit kochendem Wasser überbrühen, ziehen lassen und dann abseihen.
- Wurzeln in kaltem Wasser ansetzen, über Nacht stehen lassen und abseihen oder aufkochen und abseihen.
- Harte Stängelteile, Rinden und Samen in kaltem Wasser ansetzen, aufkochen, ziehen lassen und abseihen.

Eine Faustregel: 1 Tasse Wasser auf 1–2 TL der Zutaten oder 1 l Wasser auf 5–6 TL oder 2 EL der angegebenen Zutaten.

Hier einige Beispiele:

Brennnesseltee
1 TL Brennnesseln (frische zerpflückt, trockene gerebelt) mit 1 Tasse kochendem Wasser überbrühen oder kalt ansetzen. Einmal aufkochen und kurz ziehen lassen, abseihen. Als Entschlackungskur dreimal am Tag 1 Tasse trinken.

310   *Die üppige Vollwertkost*

Frühlingstee (toll zum Entschlacken)
50 g frische Brennnesselblätter, 20 g zerstoßener Fenchel, 30 g
gehackte Löwenzahnwurzeln und -blätter und -blüten mit 1 l
kochendem Wasser überbrühen, nur $1/2$ Minute ziehen lassen,
dann abseihen. Am besten ungesüßt trinken, und zwar die
1. Tasse auf nüchternen Magen, dann noch 2 Tassen über den
Tag verteilt, möglichst 4 Wochen lang.

Frühstückstee
Thymian, Melisseblätter, Waldmeisterkraut, Schlüsselblu-
menblüten und Erdbeerblätter überbrühen, ziehen lassen und
abseihen, mit Zitronensaft und Honig abschmecken.

Hagebuttentee
Hagebuttenkerne oder -schalen oder beides gemischt in Was-
ser aufkochen, ziehen lassen, abseihen und mit Honig süßen.
Schmeckt auch gut mit einigen frischen Erdbeeren vermischt.

Herbst- und Wintertee
1 EL Hagebuttenschalen und -kerne, 1 EL Apfelscheiben, 1 EL
Lindenblüten, zusammen in 1 l Wasser aufkochen, 10 Minuten ziehen lassen und abseihen. 1 EL Holundersaft dazu verfeinert den Tee noch.

Holunderblütentee
Die Holunderblüten überbrühen, kurz ziehen lassen, abseihen, mit Honig und Zitrone abschmecken und frische Melisseblätter zugeben (schmeckt auch sehr gut gekühlt).

Pfefferminztee
Pfefferminzblätter mit kochendem Wasser überbrühen, ziehen
lassen, abseihen und mit Honig und Orangensaft abschme-

Getränke, Kräutertees & Co. 311

cken – eventuell noch ein paar frische Pfefferminzblättchen hineingeben (Pfefferminztee schmeckt auch sehr gut gekühlt).

Rosmarin-Salbeitee

1 EL von einer Mischung beider Tees mit 1 l kochendem Wasser übergießen, 3–4 Minuten ziehen lassen. Rosmarin regt den Kreislauf an, Salbei hilft den Frauen bei Hitzewallungen, gut auch bei Halsschmerzen.

Sommertee

Gleiche Mengen: Hirtentäschelkraut, Pfefferminze, Schafgarbe, mit 1 l kochendem Wasser überbrühen, 1–2 Minuten ziehen lassen, abseihen. Kann mit Zitronensaft und Honig getrunken werden.

Teevariationen

- *Fencheltee:* Nach dem Abseihen mit etwas Holundersaft vermischen.
- *Brombeerblättertee:* Nach dem Abseihen Zitronensaft, Honig und ein paar frische Brombeeren hinzufügen.
- *Erdbeerblättertee:* Nach dem Abseihen Zitronensaft, Honig und ein paar frische Erdbeeren hinzufügen.
- *Tee von Blättern der schwarzen Johannisbeere:* Nach dem Abseihen Holundersaft, Honig und frische schwarze Johannisbeeren hinzufügen.
- *Salbeitee:* Nach dem Abseihen mit Milch, im Mörser zerstoßenem Fenchel und Honig mischen usw.
- *Und der beruhigende Tee für den Abend:* eine Mischung aus Melisse und Johanniskrautblüten. Wenn ich besonders abgekämpft und überreizt bin, brühe ich etwas mehr Tee auf und gieße den Rest ins Badewasser. Ein erquickender Schlummer ist Ihnen gewiss!

Die tiereiweißfreie Vollwertkost

Tiereiweißfrei oder vegan, das ist hier die Frage ...

(frei nach Hamlet)

Wer oder was ein Vegetarier ist, wissen die meisten nun bereits: Vegetarier essen nichts vom toten Tier. Und auch dass es drei Sorten von Vegetariern gibt: Die Ovo-Lacto-Vegetarier, die Lacto-Vegetarier und die Veganer (siehe Seite 20). Gelegentlich outet sich jemand als Fisch-Vegetarier – natürlich ein Unding.

Für eine tiereiweißfreie Kostform entscheiden sich Menschen überwiegend aus gesundheitlichen Gründen. Ich mit meiner Veranlagung zu Rheuma zum Beispiel muss den Verzehr von tierischem Eiweiß einschränken, nicht aber unbedingt den von tierischen Fetten wie Butter und Sahne. Es ist sehr wichtig, sich diesen Unterschied klar zu machen. Nach neuesten Erkenntnissen ist weniger das zu viele tierische Fett schuld an den üblichen Zivilisationskrankheiten als vielmehr der zu hohe Verzehr von tierischem Eiweiß.

Veganer hingegen werden, wie gesagt, vor allem junge Menschen aus Liebe zu den Tieren. Sie wollen nicht am Leiden von Tieren schuld sein, auch nicht indirekt, indem sie Milchprodukte verzehren, zu denen ja auch Butter und Sahne gehören.

Eine, die sich mit dem Thema tiereiweißfreie Ernährung gründlich beschäftigt hat, ist Waltraud Becker. Sie und ich haben einiges gemeinsam. Wir sind beide von Dr. Max Otto Bruker ausgebildete Gesundheitsberaterinnen, wir heißen beide Waltraud (ich ursprünglich nämlich auch, nur sie mit d am Ende, ich mit t) –, auch sie hat zunächst durch ihre Veranlagung zu

Rheuma zur Vollwerternährung gefunden, sich dann der tiereiweißfreien Ernährung zugewandt und nähert sich wie auch ich immer mehr der veganen Kostform an.

Waltraud mit d hat bereits ein Kochbuch mit tiereiweißfreien Rezepten geschrieben: »Lust ohne Reue«. Ich habe es in meinen Büchern mehrfach erwähnt. Überdies ist sie eine profunde Getreidespezialistin.

Ob sie Lust habe, mit mir gemeinsam an einem Kochbuch mit vollwertigen, tiereiweißfreien und veganen Rezepten zu arbeiten, fragte ich sie.

Sie hatte. Denn hier gibt es tatsächlich eine Lücke. Die üblichen veganen Rezepte entsprechen häufig nicht den Kriterien der Vollwertkost, enthalten weißes (Auszugs-)Mehl, Fabrikzucker und andere industriell hergestellte Produkte. Kein Fleisch allein bedeutet eben noch keine gesunde Ernährung!

Nun ging die Telefoniererei los. Wie schaffen wir den Spagat, auch vegane Rezepte vollwertig hinzukriegen? Wie backen wir, wenn wir Butter (vom Tier) vom Tierschutzstandpunkt aus nicht nehmen wollen, aber Margarine (Industrieprodukt) vom Vollwertstandpunkt aus nicht nehmen sollen? Womit süßen wir, wenn der Honig der Biene (vom Tier) tabu ist, aber Birnendicksaft, Ahornsirup und Co. von der reinen Vollwertlehre abgelehnt werden? Wie serviere ich als Veganerin meinen Spargel, womit süße ich meinen Lieblingskuchen, den köstlichen Bienenstich?

Das Ergebnis unseres Spagats finden Sie in diesem Buch. Es wird Ihnen hoffentlich so viel Interessantes bieten wie uns beiden Schreiberinnen.

Und gleich mal ein Tipp vorneweg: Sagen Sie nie: »Ab jetzt wird gesund gekocht, ab jetzt gibt's keine Butter mehr und keinen Käse und keine Eier und keine Sahne« – dann haben Sie nämlich von vornherein verloren.

316   *Die tiereiweißfreie Vollwertkost*

Befleißigen Sie sich homöopathischer Dosierungen. Je sanfter und spielerischer Sie vorgehen, umso erfolgreicher werden Sie sein. Eines Tages werden Sie vielleicht plötzlich verwundert feststellen: Meine Migräne ist ja verschwunden! Meine Gelenke funktionieren ja wieder besser! Mein Blutdruck hat sich normalisiert! Ich schlafe ja wieder wie ein Murmeltier, habe dauernd grundlos gute Laune und kriege Probleme besser in den Griff!

Learning by doing also – Irrtümer sind sowieso vorprogrammiert.

Der Weg ist das Ziel.

Und noch etwas: Manche Zeitgenossen entwickeln sich in Quantensprüngen, andere im Schneckentempo. Seien wir milde und tolerant gegenüber denen, die noch nicht so weit sind wie wir selbst zu sein glauben.

Tiereiweißfreie Vollwertkost

Tiereiweißfreie Vollwertkost bedeutet, dass wir Speisen und Gebäcke ohne die Eiweißstoffe aus Tiernahrung zubereiten. Dieser Buchteil mit den entsprechenden Rezepten stammt von Waltraud Becker.

Weder   Fleisch und Produkte daraus,
Fisch und Produkte daraus,
Eier und Produkte damit,

noch   Milch- und Milchprodukte, die das Eiweiß der Kuhmilch enthalten, z. B. süße Milch, Sauermilch (Dickmilch), Joghurt, Kefir, Quark, Frischkäse, Weich- und Reifkäse

finden Sie in der folgenden Rezeptauswahl. Was Sie vom Tier finden werden, sind Sahne/Sauerrahm und daraus hergestellte Sauerrahmbutter. Dabei nutzen wir den so genannten »Verschiebeeffekt«, der bei Milchprodukten zwischen Eiweiß und Fett auftritt:

- Wo viel Eiweiß ist, ist weniger Fett (Magerprodukte)
- Wo viel Fett ist, ist weniger Eiweiß (fettreiche Produkte)

- *Süße Sahne:* 28–30 Prozent Fettgehalt – daraus kann Süßrahmbutter werden
- *Saure Sahne:* 10 Prozent Fettgehalt
- *Schmand:* 24 Prozent Fettgehalt (Sauermilchprodukt)
- *Crème fraîche:* 28–35 Prozent Fettgehalt – Sauerrahm, daraus kann Sauerrahmbutter gerührt werden

318   *Die tiereiweißfreie Vollwertkost*

Die Hochfettstufe von süßer Sahne/Sauerrahm (Crème fraîche) beinhaltet 30–35 Prozent Fett, bei Sauerrahmbutter sind es mindestens 82 Prozent Fettanteil. Dagegen beträgt der Resteiweißgehalt bei Sahne/Sauerrahm 2–2,5 Prozent, bei Butter nur 0,5 Prozent. Von diesen Produkten nehmen wir ja nur wenig, um Geschmack und Konsistenz der Speisen und Gebäcke zu verfeinern. Die Tages-Eiweiß-Bilanz zeigt daher durchschnittlich Resteiweißmengen von nur 1–1^1/$_2$ g. Diese kleine Menge ist tolerierbar, im Allgemeinen auch dann, wenn tiereiweißfreie Vollwertkost als Heilnahrung eingesetzt wird. Im Verhältnis zu den durchschnittlich mit der üblichen Kost aufgenommenen Eiweißmengen von 90 und mehr Gramm pro Tag/Person, ist dieser Rest-Eiweißposten fast nichts.

Wie bekommen wir nun die Bindung in die Teige?

Als Flüssigkeit nehmen wir halb Sahne, halb Wasser und bevorzugen Hefe als Triebmittel, dann wählen wir stark kleberhaltige Getreide wie Hartweizen, Kamut, Dinkel, auch Buchweizen, ergänzt durch zerkleinerte Ölsaaten.

Zur Bindung von Saucen und Suppen setzen wir Butter, Sahne und Sauerrahm ein.

»Mit Käse überbacken« hieß es früher, was nun? Sauerrahm + Semmelbrösel + Butter bzw. Semmelbrösel + Butter – das schmeckt wunderbar.

Bei Gebäcken können wir für 1 Ei = 1 EL Butter (20 g) einsetzen.

Was wir im tiereiweißfreien Programm nicht bieten können, sind Gebäcke aus Biskuit- und Rührteigen, die mit mehreren Eiern aufgeschlagen werden. Es gelingt leider nicht, diesen Lockerungseffekt mit alternativen Lebensmitteln zu erzielen.

Lassen Sie sich überraschen: nach einer gewissen Umstellungszeit treten kaum noch Verlustgefühle auf, das Wohlbefinden hingegen wächst. Sollten Ihnen die nachfolgenden Rezepte aus dem Abschnitt »tiereiweißfreie Vollwertkost« nicht ausreichen, können Sie immer noch im Abschnitt »vegane Rezepte« zahlreiche weitere Möglichkeiten für Speisen und Gebäcke nutzen.

Wir verdanken dieses hervorragende Konzept Dr. med. Max-Otto Bruker. In seiner jahrzehntelangen Arbeit am Kranken in Klinik und ärztlicher Praxis fand er heraus, dass es Krankheiten gibt, die zunächst als unheilbar gelten, jedoch durch den Verzicht auf tierische Eiweiße und die Hinwendung zu vitalstoffreicher Vollwertkost (mit hohem Frischkostanteil) gelindert, ja oftmals sogar geheilt werden können.

Es handelt sich dabei um rheumatische Erkrankungen, gewisse Hauterkrankungen wie Ekzeme (Neurodermitis), viele allergische Erkrankungen, auch Asthma, Gefäßerkrankungen und allgemeine Infektanfälligkeiten.

Zitat Dr. Bruker: »Der Allergiekranke kann wieder geheilt werden. Da bei jeder Allergie, gleich um welche Erkrankung es sich handelt, eine Störung der Antigen-Antikörper-Reaktion vorliegt und diese sich im Eiweißstoffwechsel abspielt, ist eine Vermeidung der tierischen Eiweiße notwendig. Je strenger dies durchgeführt wird, umso sicherer ist die Heilung, die allerdings meist Jahre dauert, da sie auch Jahrzehnte zu ihrer Entwicklung benötigt.« (aus »Allergien müssen nicht sein«, siehe Literaturverzeichnis)

An Speisenzutaten stehen zur Verfügung

- Alle Getreidearten: frisch gemahlen, geflockt oder gekeimt.
- Die ganze Palette der frischen Gemüse, Obst, Kartoffeln und auch Hülsenfrüchte in ökologischer Qualität.
- Zur Fettversorgung und Geschmacksverbesserung: Sahne,

320 *Die tiereiweißfreie Vollwertkost*

Sauerrahm und Sauerrahmbutter sowie zahlreiche Ölsaaten, Nüsse, Mandeln und daraus gewonnene naturbelassene Öle (die garantiert nicht raffiniert wurden).

- Natürliche Süßungsmittel wie Honig und süße frische Früchte, gelegentlich ungeschwefelte Trockenfrüchte.
- Gewürze, Küchen- und Wildkräuter.

Es sei noch einmal darauf hingewiesen, dass

- alle Fabrikzuckerarten und Produkte damit
- alle Auszugsmehle und Produkte daraus
- alle Fabrikfette und Produkte damit
- alle vorgefertigten Nahrungsmittel (auch Sojaprodukte)

mit der tiereiweißfreien Vollwertkost nicht zu vereinbaren sind.

Im Vorwort sind die Gründe für diese dringende Empfehlung sehr ausführlich dargelegt (siehe Seite 9ff.), auch auf die möglichen Unverträglichkeitserscheinungen im Zusammenhang mit Fabriknahrung wurde hingewiesen.

Im Literaturverzeichnis finden Sie im Übrigen einen Titel aufgeführt, der sich ausschließlich mit tiereiweißfreier Vollwertkost befasst und eine Fülle von Rezepten bietet: Waltraud Becker: »Lust ohne Reue«, siehe Literaturverzeichnis.

Viel Freude und Erfolg bei der Umsetzung der Rezepte!

Das Frühstück

Getreidefrischkost

Am Morgen genossen, bedeutet sie einen guten (Ernährungs-) Start in den Tag; mit einem langen Sättigungsgefühl sind Zwischenmahlzeiten bis in die Mittagszeit hinein überflüssig. Es sind Speisen im Vierklang:

- Getreide im Wechsel
- Obst im Jahresrhythmus
- Nüsse/Mandeln/Ölsaaten im Wechsel
- Sahne zur Verfeinerung (Honig ist nur selten erforderlich).

3 Beispiele von Zubereitungsmöglichkeiten für 1 Person:

1. Frischkornbrei

50 g Weichweizen, frisch
geschrotet
100–125 g Obst der
Jahreszeit

etwas Zitronensaft
1 EL Nüsse, Mandeln oder
Sonnenblumenkerne
1–2 EL Sahne

Weichweizen frisch schroten, mit der 2-fachen Menge Wasser über Nacht oder einige Stunden einweichen lassen. Wahlweise kann Dinkel, Hartweizen, Nacktgerste, Nackthafer, auch Roggen genommen werden. Obst klein schneiden, Nüsse ganz oder zerkleinert zugeben, mit Sahne die Speise abrunden und mit einigen kleinen Früchten hübsch garnieren. Sie sollte möglichst sofort verzehrt werden.

322   *Die tiereiweißfreie Vollwertkost*

2. Flockenspeise

50 g Getreide
1 EL Ölsaaten
100–125 g frisches Obst

1 EL Sahne
etwas Orangen- oder Zitronen-saft

Getreide, das über Nacht benetzt wurde, d. h. am Abend in ein Sieb gegeben, mit kaltem Wasser abgebraust und auf einer Schale zum Abtropfen abgestellt wurde, am Morgen mit der Handflockenquetsche zerkleinern. Zusammen mit den ganzen oder auch geflockten Ölsaaten mit etwas Wasser vermengen (im Winter kann es warm sein). Das klein geschnittene Obst zugeben, mit Sahne verfeinern. Orangen- oder Zitronensaft, je nach Art der Früchte, nach Geschmack zugeben. Wer gern die cremige Konsistenz möchte, kann einfach den Mixstab vom Handrührgerät in die Speise halten und alles pürieren.

3. Gekeimtes Getreide

Siehe Empfehlungen zum Ankeimen von Getreide, Seite 35.

50–60 g Keimlinge
100–125 g Obst der Jahreszeit
1 EL Mandeln

etwas Zitronensaft
2 EL Sahne

Keimlinge aus einer Weizenart, Nacktgerste, Nackthafer oder Roggen gut abgespült mit zerkleinertem Obst der Jahreszeit vermengen. Mandeln geschnitten zugeben, mit Zitronensaft abschmecken und mit Sahne, evtl. geschlagen, verfeinern.

Frischkost –
Salate und Vorspeisen

Gemüsefrischkost

Grundsätzlich: Im Sinne vom »Vollwert der Nahrung« sollte Artenvielfalt das Ziel sein, das heißt man sollte Blatt-, Blüten-, Frucht-, Knollen-, Wurzel- und Zwiebelgemüse sowie Kräuter in Wechsel und Kombination anbieten (über und unter der Erde Gewachsenes), gelegentlich auch mit Obst geschmacklich und farblich anreichern. Die Zutaten sollten möglichst aus ökologischem Anbau stammen, sie schmecken besser, sind haltbarer und farbenprächtiger.

Am einfachsten ist die Anordnung als *Salatteller* (pro Person) oder *Salatplatte* (für mehrere Esser), dabei kann jeder kleine Gemüserest verarbeitet werden, die farblichen Kombinationen sprechen das Auge an und der Anspruch auf Artenvielfalt wird am ehesten erfüllt.

Außerdem ist für Salatteller bzw. -platten lediglich eine Saucenzubereitung erforderlich. Auch kann ein Rest (ohne Sauce) gut für die nächste Mahlzeit in einem verschließbaren Gefäß aufbewahrt werden.

Unser Anspruch: Der Salat sollte eine frische Farbe besitzen und knackig sein; Gemüse und Obst sollten geschnitten, harte Wurzeln geraffelt werden.

Die folgenden Beispiele für die etwaigen Mengen und die Anordnung auf einem Salatteller sowie einer Salatplatte mögen die Vorschläge verdeutlichen:

324   *Die tiereiweißfreie Vollwertkost*

Salatteller für 1 Person

100 g Blattgemüse	1 EL gehackte Petersilie
1 kleine Möhre	*Sauce:*
1 Stück Apfel	1 TL Zitronensaft
4 Radieschen, zusammen	2 TL Wasser
ca. 200 g	1 TL Sonnenblumenöl
1 kleine Tomate	3 TL Sahne
1 Stück Gurke	1 Msp. Zitronenpfeffer
1 kleine Zwiebel	1 Msp. Honig

Zerschnittenes Blattgemüse quasi als Unterlage auf dem flachen Teller verteilen. Die geraffelte Möhre mit Apfelwürfeln in die Mitte häufen. Um den »Möhrenhügel« Radieschenscheiben legen. Der äußere Rand kann im Wechsel mit Gurken- und Tomatenscheiben belegt werden, darüber dünne Zwiebel-Halbringe (oder Zwiebelgrün) geben. Über die Möhren die gehackte Petersilie streuen, die Sauce wird separat gereicht.

Salatplatte für 3–4 Personen

50 g Feldsalat	zusammen ungefähr
1 Chicorée-Spross	600–700 g
150 g Kohlrabi ($^1/_2$ Knolle)	*Sauce:*
$^1/_2$ Orange	3 EL Orangensaft
150 g rote Paprikaschote	3 EL Wasser
10 Radieschen	1 EL Haselnussöl
1 rote Zwiebel	2 Msp. Zitronenpfeffer
10 blaue Weintrauben	4 EL Sahne
2 EL Schnittlauchröllchen	wahlweise 2 Msp. Honig

326   *Die tiereiweißfreie Vollwertkost*

Feldsalat als Unterlage auf der Platte verteilen. Chicorée-Blätter mit den Spitzen nach außen am Plattenrand anordnen. In die Mitte geraffelte Kohlrabi mit Orangenwürfeln häufen, rundherum Radieschenscheiben legen. Dünne Halbringe können über die Chicorée-Blätter verteilt werden; über die ganze Platte Zwiebelringe und halbierte, entkernte Weintrauben geben; mit Schnittlauchröllchen abschließen.

Die Sauce wird separat gereicht.

Diese Beispiele enthalten: Blatt-, Frucht- (Tomate, Gurke, Paprika), Wurzel- (Möhre, Radieschen), Knollen-(Kohlrabi) und Zwiebelgemüse sowie frische Kräuter und Obst – sie sind teils über und teils unter der Erde gewachsen.

Weitere Empfehlungen für Salatteller und/oder -platten:

- Batavia-Salat, geschnitten als Grundlage; Fenchel-Knolle grob geraffelt mit Apfelscheiben vermengt (sofort mit Zitronensaft schützen), gelbe Paprikaschote in feine Streifen geschnitten; Orange bzw. Grapefruit rosé klein schneiden, dünne Halbringe der roten Zwiebel – alles locker übereinander schichten, nicht vermengen.

  Sauce: Lediglich etwas süße Sahne übergießen oder dazureichen, Fenchelkraut fein geschnitten und Schnittlauchröllchen überstreuen.

- Sommerfrischkost: Mangold-Blätter (ohne Rippen) sehr fein geschnitten als Unterlage vorsehen. Radieschen geviertelt, junge Möhren in feine Scheiben geschnitten, einige Blumenkohlröschen und junge Erbsen verteilen, Zwiebelringe obenauf. Sofern vorhanden mit 5 halbierten Erdbeeren abschließen.

  Sauce: Zitronensaft, Wasser, Sesamöl, Sahne, Meerrettich-Apfel-Gemisch (aus dem Glas), etwas weißer Pfeffer.

- Eisbergsalat als Unterlage, Brokkoli-Röschen gemischt mit

Frischkost – Salate und Vorspeisen 327

Melonenwürfel auf der einen Hälfte, geraffelte Pastinake mit Clementinenspalten auf der anderen Hälfte, Tomaten- und Zucchiniwürfel in der Mitte anordnen.

Sauce: Essig, Wasser, Olivenöl, Kräutersalz, weißer Pfeffer, reichlich gehacktes Basilikumkraut.

- Feldsalat auf der Salatplatte verteilen; Grapefruit und Apfel würfeln, Paprikaschote und Zwiebel in feine Streifen schneiden, Sellerieknolle nach dem Putzen grob raffeln. Alles mit der Sauce vermengen und auf den Feldsalat häufen, mit reichlich gehackter Petersilie und – sofern vorhanden – Sellerieblatt bestreuen.

Sauce: Haselnussöl, Crème fraîche, Sahne.

- Endiviensalat fein schneiden als Unterlage; Möhren raffeln, Zucchini, Zwiebel, Kiwis und Clementinen klein schneiden und daraus eine bunte Mischung aufschichten; die Sauce übergießen, mit Schnittlauchröllchen bestreuen.

Sauce: Zitronensaft, Wasser, Sahne, Haselnüsse grob geschnitten.

Rohe und gekochte Saucen

Sauerrahm-Creme

150 g Sauerrahm
50 g Sahne
1 EL Sesamöl
2 Prisen Kräutersalz
$1/2$ TL Senf
$1/2$ mürber Apfel, fein geschnitten

2 Cornichons, fein geschnitten
2 Radieschen, fein geschnitten
1 EL gehackte frische Kräuter:
Schnittlauch, Basilikum,
Zitronenmelisse

Sauerrahm, Sahne, Öl und die Gewürze in eine flache Schüssel geben, mit einem kleinen Schneebesen glatt rühren. Anschließend die weiteren Zutaten sowie die Kräuter zugeben. Hierzu passen Kartoffelgerichte und Gemüse, z. B. »im Ganzen gegart«.

Kräutersauce erhitzt

20 g Hartweizen-Vollkorn-
mehl (wahlweise Kamut,
Hirse oder Reis)
$1/2$ l Wasser oder Gemüsebrühe
30 g Butter
$1/2$ TL Salz oder mehr

1 TL Zitronensaft
2 Msp. Zitronenpfeffer
3 EL Sahne
2 EL gehackte frische Kräuter:
Petersilie, Dill, Schnittlauch,
Zitronenmelisse

Das frisch gemahlene Vollkornmehl in einem trockenen Topf bei mäßiger Hitzezufuhr einige Minuten anrösten (darren), bis ein feiner Duft hochsteigt. Mit der kalten Flüssigkeit ablöschen, 1–2 Minuten kochen lassen. Die restlichen Zutaten hinzufügen, angenehm abschmecken.

Hierzu passen Kartoffel- und Gemüsespeisen, Getreidebratlinge, Klöße.

Spargelcreme-Sauce

Zutaten für ¼ l Sauce:

5–6 Spargelstangen
½ TL Salz
weißer Pfeffer
Zitronenpfeffer
1 EL Butter
2 EL Sahne

Kräuter, gehackt: Schnittlauch,
Petersilie oder: Schnittlauch,
Zitronenmelisse
1 TL Zitronensaft
etwas abgeriebene Zitronenschale

Spargelstangen schälen, in kleine Stücke schneiden, in 100 ml Wasser 15–20 Minuten kochen lassen. Von dem Kochwasser zunächst einen Teil abnehmen. Gewürze, Butter, Sahne und gehackte Kräuter zugeben, alles mit dem Mixstab fein pürieren und fein-würzig mit etwas Zitronensaft abschmecken, ggf. mit dem restlichen Kochwasser verflüssigen.

Diese sehr schnelle und schmackhafte Sauce kann aus Spargelresten zubereitet werden. Sie passt zu verschiedenen Gemüsen, z. B. Blumenkohl, Brokkoli, Möhren, Erbsen und natürlich auch Spargel.

Paprikasauce erhitzt

1 Zwiebel
Sonnenblumenöl zum Rösten
je 1/2 rote, gelbe und grüne
Paprikaschote
1/2 Lauchstange
1 kleines Stück Peperoni
1 TL Kräutersalz
1/4 TL Paprikapulver edelsüß

2 Msp. weißen Pfeffer
1 zerdrückte oder geschnittene
Knoblauchzehe
2–3 TL Tomatenketchup
oder -mark
100 g Sauerrahm oder
Crème fraîche
2 EL Schnittlauchröllchen

Die Zwiebel in sehr dünne Scheiben schneiden, in ausreichend Öl goldbraun rösten, aus dem Fettbad herausnehmen und auf einem Teller erkalten lassen. Dabei werden die gerösteten Zwiebelringe knusprig. Paprikaschoten, Lauch und Peperoni klein schneiden, in etwa 100 ml Wasser 10 Minuten bissfest garen, anschließend mit dem Mixstab pürieren. Dem Gemüsepüree die Gewürze, Knoblauchzehe, Tomatenketchup sowie Sauerrahm zugeben. Die Sauce kann scharf abgeschmeckt werden. Zum Schluss die gerösteten Zwiebelringe und Schnittlauchröllchen überstreuen.

Es passen Kartoffelgerichte und natürlich Nudeln dazu.

Pikante und süße Suppen

Frühlingssuppe mit Haferflöckcheneinlage

200 g Spargel	1 Msp. Muskatnuss
100 g junge Erbsen bzw.	2 EL gehackte Petersilie
Gefrierware	1 EL Schnittlauchröllchen
100 g Blumenkohl	*Für die Haferflöckchen:*
2 Möhren	50 g Butter
1¹/₂ TL Salz	50 g Sahne
1 Msp. Muskatblüte	60 g Hafervollkornmehl

Das Gemüse putzen, klein schneiden, Blumenkohl in kleine Röschen teilen, alles in 1 l Wasser 15–20 Minuten bissfest garen. In der Zwischenzeit Butter und Sahne in einem kleinen flachen Topf erwärmen, das Hafermehl zugeben und so lange mit einem Holzlöffel bei mäßiger Hitzezufuhr den Teig rühren, bis er sich vom Topfrand löst; er sollte sehr weich bleiben. Die Suppe mit den Gewürzen und Kräutern abschmecken. Zum Schluss den Haferteig in ein Sieb geben und mit einem Kochlöffel in die noch siedende Suppe drücken. Nur wenige Minuten sollten die »Flöckchen« mitziehen. Die Suppe jetzt sofort servieren, mit der Schöpfkelle vorsichtig rühren.

Tiereiweißfreie Vollwertkost verzichtet auf Eier, und so sind aus Haferklößchen eben Haferflöckchen geworden.

Die tiereiweißfreie Vollwertkost

Kartoffelsuppe mit Brennnesselspitzen

350 g Kartoffeln
2 Möhren
1/2 Stange Lauch
1 Stück Sellerie
1 Petersilienwurzel
1–1 1/2 TL Kräutersalz
1 Hand voll fein gehackte

Brennnesselspitzen
1 EL gehackte Küchen-
kräuter/Gewürze: Majoran
oder Thymian, Petersilie
2 EL Butter
2 EL Sauerrahm
2 EL süße Sahne

Kartoffeln schälen, Gemüse putzen, zusammen klein schneiden und in 1 l Wasser ungefähr 15 Minuten weich kochen lassen. Mit dem Mixstab nur einen Teil pürieren. Die Suppe erneut erhitzen, die fein gehackten Brennnesselspitzen zugeben, nur kurze Zeit ziehen lassen. Mit Gewürzen, Butter und Rahm pikant abschmecken.

Der Tipp: Mit dem Wiegemesser lassen sich die Nesseln sehr fein hacken, ohne dass sie brennen.

Pikante und süße Suppen 333

Doppelsuppe – 2 Suppen auf einem Teller

Zwei farblich unterschiedliche Suppen – Brokkoli- und Möhrensuppe – werden zugleich mit 2 Kellen auf einen Teller bzw. in eine Suppentasse gefüllt; die Farben bleiben weitestgehend für sich. In zwei Töpfen:

Brokkoli-Suppe	**Möhren-Suppe**
250 g Brokkoli	*250 g Möhren*
200 g Kartoffeln	*200 g Kartoffeln*
1 TL Kräutersalz	*1 TL Kräutersalz*
je 2 Msp. weißen Pfeffer,	*je 2 Msp. weißen Pfeffer,*
Muskatblüte	*Nelkenpulver*
1 EL Butter	*1 EL Butter*
1 EL Crème fraîche	*1 EL Crème fraîche*
2 EL Schnittlauchröllchen für beide Suppen	

Zerkleinerte Brokkoli und geschälte, zerkleinerte Kartoffeln, zerkleinerte Möhren und geschälte, zerkleinerte Kartoffeln in je 750 ml Wasser bissfest garen. Anschließend Gemüse und Kartoffeln mit einem Mixstab pürieren. In jede Suppe die restlichen Zutaten geben. Beim Servieren Schnittlauchröllchen über die Portionen streuen.

Sollten Reste bleiben, können sie selbstverständlich zusammen serviert werden.

Natürlich sind auch verschiedene andere Kombinationen denkbar, z. B.: Möhren und Sellerie, Blumenkohl und Erbsen.

Mein Tipp: Erfreuen Sie sich immer auch an der farblichen Zusammenstellung von Lebensmitteln!

334   *Die tiereiweißfreie Vollwertkost*

Hirsesuppe mit Apfelstücken

4 süß-saure Äpfel	*1–2 EL Honig*
50 g Hirse-Vollkornmehl	*100 ml Sahne, geschlagen*
1 Zimtstange	*3 Msp. Zimtpulver*
1 Zitronenscheibe	*1 Msp. Nelkenpulver*
1 Prise Salz	*einige Apfelminze- und*
2 TL Zitronensaft, etwas	*Zitronenmelisse-Blätter*
abgeriebene Zitronenschale	

Die Äpfel in kleine Würfel schneiden und mit der Zimtstange und der Zitronenscheibe ungefähr in 1 l Wasser 10 Minuten leise köcheln lassen. Danach Zimtstange und Zitronenscheibe entfernen, das Hirse-Vollkornmehl mit einem Schneebesen einrühren. Für 1–2 Minuten nochmals aufkochen. Zum Schluss die Gewürze zugeben. Die Sahne schlagen und auf jede Portion einen Klecks in die Mitte geben, darauf je 1 Blatt Minze und Zitronenmelisse anrichten.

Kirschensuppe

500 g Sauerkirschen	*100 g geschlagene Sahne*
50 g Reis-Vollkornmehl	*Zimtpulver*
3 EL Honig	

Kirschen entsteinen und wenige Minuten in Wasser kochen. Mit einem Schneebesen das Reis-Vollkornmehl klumpenfrei einrühren, noch einmal kurz aufkochen lassen. Mit dem Honig angenehm abschmecken. Die Suppe kann sowohl warm wie kalt gereicht werden. Die geschlagene Sahne entweder unter die gesamte Suppe rühren oder jeweils einen Klecks Sahne auf die Portion geben, mit etwas Zimtpulver bestreut servieren.

Gemüsegerichte

Wirsingkohl einmal anders

1 Wirsingkohlkopf, 600–700 g
50 g Butter
2 EL Semmelbrösel
1 TL Salz

2 Msp. Muskatnuss
2 Msp. Muskatblüte
1 EL gehackte Petersilie

Den Kohlkopf von seinen äußeren Blättern befreien, zunächst halbieren, dann vierteln. Aus den Kohlteilen den harten Strunk herausschneiden. Alsdann die Viertel in einen großen Topf geben und mit $1/2$ l Wasser ankochen und bei geringer Hitzezufuhr 20–25 Minuten weich kochen lassen. Die Butter erhitzen und darin die Semmelbrösel leicht anrösten. Mit einer Schöpfkelle die Kohlteile in einer flachen Schüssel sternförmig anrichten, die Gewürze darüber streuen und die Semmelbrösel über den Kohl verteilen. Mit gehackter Petersilie kann dies Gericht zu Pellkartoffeln, Bratkartoffeln oder Kartoffelmus gereicht werden.

Variation: Anstelle der Buttersauce passt auch gut die »Sauerrahm-Creme« (siehe Seite 328).

Gemüsegratin

1 Stange Lauch	Basilikum
1 rote Paprikaschote	300 g Pellkartoffeln
1 kleine Zucchini	1½ TL Kräutersalz
200 g Champignons	2 Msp. schwarzen Pfeffer
1 große Zwiebel	¼ TL Paprikapulver edelsüß
3 EL gehackte Kräuter:	100 g Sauerrahm
Schnittlauch, Dill, Petersilie,	50 g Butter

Den Ofen auf 225 °C vorheizen. Das Gemüse nach dem Putzen klein schneiden, die Pilze blätterig, die Zwiebel in dünne Halbringe, die Pellkartoffeln in dünne Scheiben. In einer großen Schüssel das zerkleinerte Gemüse, die Gewürze sowie 2 EL der gehackten frischen Kräuter vermengen. Das Gemisch nunmehr in eine entsprechend große, möglichst flache feuerfeste Form füllen und gleichmäßig verteilen. Die Form kann ruhig überfüllt werden, weil beim Backen das rohe Gemüse in sich zusammenfällt. Sauerrahm mit etwas warmem Wasser glatt rühren, dann gleichmäßig über das Gemüse gießen. Zum Schluss die Butter verteilt aufsetzen. Auf der 2. Schiene von unten ca. 30–40 Minuten backen. Zeigt sich die Oberfläche gebräunt, ist das Gericht fertig. Mit den restlichen Kräutern bestreut in der Form auf den Tisch bringen.

Gefüllte Paprikaschoten

3 rote Paprikaschoten	2 EL Öl
(= 6 zu füllende Teile)	2 Msp. Zitronenpfeffer
Füllung:	2 Msp. Tomaten-Gewürzsalz
100 g Hirse	1 EL Tomatenketchup
50 g Amaranth	1 TL Senf
100 g Sahne	2 EL kleine Kapern oder
40 g Butter	3 große zerschnittene Früchte
1 TL Kräutersalz	

Den Ofen auf 200 °C vorheizen. Paprikaschoten waagerecht durchschneiden, das geht am besten, wenn sie durch den Stiel geschnitten werden. Die weißen Rippen vorsichtig entfernen. Hirse und Amaranth sehr fein mahlen. Sahne und Butter in einem flachen Topf erhitzen, das Mehlgemisch zugeben und so lange mit einem Holzlöffel rühren, bis der Teig einen glänzenden, zusammenhängenden Kloß bildet. Vom Herd nehmen und die geschmacksgebenden Zutaten hinzufügen. Die Schotenhälften bis zum Rand befüllen, die Oberfläche glatt streichen, anschließend in eine feuerfeste Form setzen. Je 2 EL Öl und Wasser in die Form geben. 25–30 Minuten backen, bis sich die Füllung goldbraun zeigt.

Dazu passen Kartoffelgerichte. Sollte etwas Hirseteig übrig geblieben sein, lässt sich aus dem Rest rasch eine pikante Sauce bereiten: etwas Wasser zugeben, kurz aufkochen lassen, nachwürzen, fertig.

338   *Die tiereiweißfreie Vollwertkost*

Linsen-Paprika-Gemüse (Eintopfgericht)

200 g rote Linsen	2 EL Butter
1 Stange Lauch	2 EL frische gehackte Kräuter:
2 rote Paprikaschoten	Schnittlauch, Petersilie,
2 Msp. schwarzen Pfeffer	Majoran
gerebelter Majoran	1½ TL Kräutersalz

Linsen mit 500 ml Wasser 1–2 Stunden einweichen. Währenddessen das Gemüse klein schneiden. Die Linsen im Einweichwasser mit den klein geschnittenen Gemüsen ankochen lassen und 15–20 Minuten bei Minimalhitze garen. Mit den Gewürzen, der Butter und den Kräutern pikant abschmecken.
Variation: Alles pürieren und mit Kräutern bestreut z. B. als Beilage zu Pellkartoffeln reichen.

Weiße Bohnen als Eintopfgericht

200 g weiße Bohnen	2 Msp. weißen Pfeffer
3–4 Kartoffeln	2 EL Butter
1 Bund Suppengrün: 1 Stange	3 EL frische gehackte Kräuter:
Lauch, 2 Möhren, 1 Stück	Bohnenkraut oder Majoran,
Sellerie, Petersilienwurzel	Petersilie
2 TL Kräutersalz	

Die Bohnenkerne in 1 l Wasser über Nacht einweichen, später mit dem Einweichwasser zum Kochen bringen. Vorsicht: Der Schaum, der sich bei allen Hülsenfrüchten beim Ankochen zeigt, kann leicht zum Überkochen führen. Es sollte also rechtzeitig die Hitze auf die kleinste Einstellung zurückgedreht werden. Währenddessen die Kartoffeln und das Suppengrün klein schneiden, diese nach etwa 25 Minuten Garzeit zugeben. Weitere 15 Minuten kochen. Mit den Gewürzen, der Butter sowie den frischen Kräutern abschmecken.

Variationen: Die Kartoffeln könnten weggelassen werden.

Mit 2–3 EL Kräuteressig lässt sich eine leicht säuerliche Geschmacksrichtung erreichen.

Schließlich könnte die Speise mit dem Mixstab leicht oder gänzlich püriert werden.

Sauerkraut mit Kartoffelpüree

Sauerkraut:	*3 EL Sahne*
500 g Sauerkraut	*1 EL Butter*
2 EL Kümmel, ganz	*Außerdem:*
1 TL Salz	*3 mittelgroße Zwiebeln*
3 EL Sonnenblumenöl	*2 Äpfel*
2 EL gehackte Petersilie	*Sonnenblumenöl zum Rösten*
Kartoffelpüree:	*der Zwiebeln und Dünsten*
500 g Kartoffeln	*der Apfelscheiben*
1 TL Salz	*2 EL Schnittlauchröllchen*

Sauerkraut mit 250 ml Wasser und Kümmelsamen ankochen, bei Minimalhitze im geschlossenen Gefäß 25 Minuten kochen lassen. Später das Salz, Öl sowie die gehackte Petersilie zugeben, evtl. mit etwas Kümmelpulver nachwürzen. Zum gleichen Zeitpunkt dünn geschälte Kartoffeln mit wenig Wasser 15–20 Minuten weich kochen lassen.

Währenddessen können die Zwiebeln geröstet werden: Die halbierten Zwiebeln in sehr feine Halbringe schneiden, diese in Öl bei starker Hitzezufuhr goldbraun rösten. Anschließend sollten sie aus dem Fettbad genommen, auf einen flachen Tel-

340   *Die tiereiweißfreie Vollwertkost*

ler gefüllt werden, dann erstarren sie. Die Äpfel in dicke Scheiben schneiden, das Kernhaus mit dem Ausstecher herausdrücken. Die Lochscheiben ganz kurz im heißen Öl von beiden Seiten anrösten, zu den fertigen Zwiebeln legen.

Von dem Kartoffel-Kochwasser etwa die halbe Menge abgießen, zunächst noch bereithalten, um die Konsistenz des Pürees evtl. zu korrigieren. Die weichen Kartoffeln mit dem Kartoffelstampfer zerdrücken, Salz, Sahne und Butter zufügen. Zuletzt mit einem Schneebesen die Masse cremig schlagen, evtl. vom Kochwasser zugeben. Das Kartoffelpüree in eine flache Schale füllen, mit den Apfelscheiben und Zwiebelringen garniert, mit Schnittlauchröllchen bestreut zu dem Sauerkraut reichen.

Wer's noch üppiger mag, könnte knusprige dünne Bratlinge dazu reichen.

Buntes Pilzgemüse

300 g Zuchtpilze	*2 Msp. Chinagewürz*
1 Stange Lauch	*2 EL Butter*
1 kleine Zucchini	*2 EL Sauerrahm*
1 Gemüsezwiebel	*frische, gehackte Kräuter:*
1 TL Kräutersalz	*Schnittlauch, Basilikum*
2 Msp. Paprikapulver	

Das gesamte Gemüse nach dem Putzen klein schneiden. In einer großen Pfanne (mit Deckel) die Butter erwärmen, das Gemüse zugeben, einige Minuten andünsten. Mit ca. 100 ml Wasser auffüllen, den Deckel aufsetzen und bei geringer Hitzezufuhr 15 Minuten garen lassen. Die Gewürze, Sauerrahm und frische Kräuter zugeben, pikant abschmecken.

Dazu passen Pellkartoffeln, Kartoffelmus, Reis oder Nudeln.

Gemüseplatte

Entsprechend der Jahreszeit können 4, 5 oder mehr Gemüse-
arten gewählt, im Ganzen oder in großen Stücken gegart werden, die meisten Arten gemeinsam, nur wenige gesondert.
Beispiel: Wirsing- und Spitzkohl, Blumenkohl, Brokkoli, Rosenkohl, Kohlrabi, Möhren, Pastinaken, Petersilienwurzeln,
Sellerie, Fenchelknolle, Paprikaschoten im Farbspiel, grüne
Bohnen, Zucchini, Pilze und Zwiebeln.
Die Gemüse bissfest garen und farblich ansprechend auf einer
großen vorgewärmten Platte anrichten. Eine Gewürzmischung
aus Kräutersalz, Paprikapulver, Muskatnuss und Muskatblüte sowie Kümmelpulver über das Gemüse streuen.
Reichlich zerlassene Butter oder eine Kräutersauce kann dazu
gereicht werden.
Kräutersauce: Das übrig gebliebene Gemüsekochwasser ist die
beste Grundlage dazu. $1/2$ l Brühe erhitzen, 2 EL Hartweizen-
Vollkornmehl einstreuen, glatt rühren, kurz aufkochen lassen.
Abschmecken mit Salz, 1 EL Butter, 1 EL Crème fraîche und
2 EL frisch gehackten Kräutern: entweder Dill (Dillsauce), Basilikum (Basilikumsauce), Petersilie (Petersiliensauce), Kresse
(Kressesauce) usw.

Kartoffelgerichte

Sellerie-Kartoffel-Püree

Mit Apfelviertel und Hartweizen-Brösel.

ca. 650 g Kartoffeln	*Nelkenpulver*
300 g Sellerieknolle, ebenso	*Für die Hartweizen-Brösel*
einige Sellerieblätter	*(sehr schmackhaft):*
1 TL Salz	*3 EL Sahne*
½ TL Kräutersalz	*1 EL Butter*
1 EL Butter	*etwas Salz, Zitronenpfeffer,*
5 EL süße Sahne	*Muskatblüte*
2–3 EL gehackte frische	*etwas abgeriebene Orangen-*
Kräuter: Petersilie, Sellerieblatt,	*schale einer Bio-Frucht*
Schnittlauch	*50 g Hartweizengrieß*
2 Äpfel	*1 EL Mandeln, fein zerkleinert*

Geschälte Kartoffeln und zerkleinerte Sellerieknolle (und -blätter) in wenig Wasser innerhalb von 15–20 Minuten weich kochen lassen. Von dem Kochwasser etwa die Hälfte abgießen, zunächst noch bereithalten, um die Konsistenz des Pürees gegebenenfalls zu korrigieren, falls es zu fest werden sollte. Die weichen Kartoffeln und die Selleriestücke mit dem Kartoffelstampfer zerdrücken. Salz, Butter, Sahne und gehackte Kräuter zugeben. Mit dem Schneebesen zu einer cremigen Masse rühren – evtl. noch etwas von dem Kochwasser zugeben. Bis zum Anrichten die Speise warm stellen.

Während der Kochzeit der Kartoffeln können sowohl die Apfelviertel wie auch die Hartweizen-Brösel zubereitet werden. Ap-

344   *Die tiereiweißfreie Vollwertkost*

felviertel vom Kernhaus befreien, in wenig Wasser kurz dünsten, ungesüßt mit etwas Nelkenpulver bestreut bereithalten. Hartweizen-Brösel: Butter, Sahne und Gewürze in einen kleinen flachen Topf geben, erhitzen, Hartweizengrieß (75 g Hartweizen mittelfein schroten, [ausnahmsweise] die feinen Kornbestandteile in einem Haarsieb absieben [ca. 25 g, sie lassen sich für Suppen, Saucen hervorragend verarbeiten]. Zurück bleiben ca. 50 g eher harte Kornbestandteile, und das ist »unser« Grieß) zugeben, den Teig »abbrennen«, d. h. so lange kräftig rühren, bis er sich glänzend zeigt. Den Teig evtl. nachwürzen. Sodann in eine kleine feuerfeste Form geben und im Ofen bei 200 °C 10–15 Minuten überbacken; es sollte sich an der Oberfläche eine leichte Bräunung zeigen.

Das Kartoffelpüree in eine große flache Schüssel geben, gleichmäßig verteilen, in die Mitte die Hartweizen-Brösel häufen, rundherum die Apfelviertel umlegen. Das Ganze mit Mandeln bestreut servieren.

Dazu passt: Fenchel-Möhren-Gemüse aus 2 Fenchelknollen, 4–5 Möhren, gedünstet, mit Butter, Kräutersalz, Fenchelkraut und Kerbel abschmecken.

Ein Rest vom Püree, dem Gemüse und den Apfelstücken könnte mit dem Gemüsekochwasser zu einer Suppe verarbeitet werden.

Ofenkartoffeln

Pro Person: *Öl oder Butter*
3–4 mittlere Kartoffeln   *Salz oder Kräutersalz*

Kartoffeln mittlerer Größe aussuchen, sehr sauber bürsten, Schorfstellen o.ä. herausschneiden, denn die Kartoffeln sollen ja mit der Schale verspeist werden. Jede Knolle kann drei- bis viermal eingeschnitten werden, dann reißt sie in der Hitze auf. 4–5 Kartoffeln können in einer Reihe in Backpapier (umweltfreundliches Backpapier »ECHO natur«, siehe Adressen) gehüllt und auf ein Backblech gelegt werden.

Backen: Im vorgeheizten Ofen bei 200 °C zwischen 30 und 45 Minuten. Während der letzten 10 Minuten kann die Backhülle geöffnet und etwas Butter oder Öl (sehr vorsichtig natürlich) auf jede Kartoffel gegeben werden. Auf diese Weise gibt es mehr Bräune. Vor dem Servieren sollte die Stäbchen-Garprobe gemacht werden.

Die fertigen Ofenkartoffeln mit Salz oder Kräutersalz bestreut servieren. Sie passen gut zu einem bunten Salatteller.

Edel-Pellkartoffeln

Pellkartoffeln bereiten uns ja bekanntlich gerade dann noch Arbeit, wenn es eigentlich ans Anrichten der Speisen geht. Auch besteht immer wieder die Gefahr, dass die Pellkartoffeln inzwischen nicht mehr heiß genug sind. Hier ein Vorschlag, der in beiden Fällen Abhilfe verspricht:

Kartoffeln zu einem passenden Zeitpunkt garen, im etwas abgekühlten Zustand pellen. Kurz vor dem Anrichten der übrigen Speisen etwas Öl und Butter in einer Pfanne erhitzen, die Pellkartoffeln hineingeben, in kurzer Zeit von allen Seiten leicht anrösten. Sie werden auf diese Weise wieder heiß und schmecken, mit etwas Salz bestreut, recht gut.

Wirsing-Kartoffeln

500 g Wirsingkohl
(ca. ¹/₂ Kohlkopf)
500 g Kartoffeln
1 TL Salz
je 2 Msp. Muskatnuss

und Muskatblüte
1 große Zwiebel
50 g Butter
2 EL Semmelbrösel

Der halbe Kohlkopf sollte noch einmal geteilt und von dem harten Strunk befreit werden, sodann mit wenig Wasser 15 Minuten bissfest gegart werden. Die Kartoffeln zum gleichen Zeitpunkt als Pellkartoffeln garen, später abpellen und in Scheiben schneiden. Die Kohlteile nach dem Kochen ebenfalls klein schneiden. In eine große, eher flache feuerfeste Form zunächst die halbe Menge Kartoffeln geben, Salz überstreuen, als zweite Schicht folgt die halbe Kohlmenge. Auch hier mit Salz und Muskatnuss/-blüte leicht würzen. Nun folgen die letzten Kartoffeln und mit dem Kohl wird die Schichtung abgeschlossen; wieder würzen. Die Zwiebel in feine Ringe schneiden, auf die letzte Kohlschicht verteilen. Die Butter gleichmäßig über die Fläche verteilen, zum Schluss die Semmelbrösel überstreuen. Backen: Im vorgeheizten Ofen bei 225 °C rund 25–30 Minuten gratinieren.

Hirse-Klößchen auf Kartoffelschnee

500 g Kartoffeln	*1 EL Tomatenketchup*
1 TL Salz	*1 TL Senf*
100 g Hirse	*Kräuter: 2 EL Basilikum,*
50 g Amaranth	*Schnittlauch, Zitronenmelisse*
100 ml Sahne	*1 TL Kräutersalz*
50 g Butter	*Muskatnuss*
je 2 Msp. Zitronenpfeffer,	*1 EL Butter*
Tomaten-Gewürzsalz	

Kartoffeln schälen, 15–20 Minuten in Salzwasser weich kochen lassen. In der Zwischenzeit Hirse und Amaranth sehr fein mahlen. Sahne und Butter in einem flachen Topf erhitzen, das Mehlgemisch zugeben, »abbrennen«. Sobald der Teig einen glänzenden, zusammenhängenden Kloß bildet, von der Kochstelle nehmen. Anschließend die restlichen Zutaten zugeben. Mit nassen Händen Klößchen rollen (ca. 2 cm Durchmesser), auf eine Platte legen.

Die Kartoffeln nach dem Kochen abgießen und durch die Kartoffelquetsche drücken – evtl. gleich in eine feuerfeste Form. Über den »Schnee« etwas Muskatnuss reiben, die Butter auf der Oberfläche verteilen. Zum Schluss die Hiseklößchen leicht in die Kartoffelmasse eindrücken.

Überbacken: In den heißen Ofen schieben und 15 Minuten bei 200 °C leicht überbacken. Mit Schnittlauchröllchen bestreut servieren.

Hefe-Kartoffelpuffer

10 g Hefe	1 EL weiche Butter
150 g Vollkornmehl:	350 g rohe, geriebene
50 g Hartweizen,	Kartoffeln
50 g Kamut, 50 g Dinkel	1 TL Salz
2 EL Rosinen	Öl zum Backen
1 Zwiebel, fein geschnitten	

In 100 ml kaltes Wasser die Hefe einbröckeln, frisch gemahlenes Vollkornmehlgemisch und Rosinen einarbeiten, dem Teig 30–40 Minuten Ruhezeit geben, dabei gut zudecken. Danach die klein geschnittene Zwiebel, die weiche Butter sowie die geriebenen Kartoffeln und das Salz einkneten. Für die nächste Teigruhe noch einmal ungefähr 30 Minuten einplanen.

Backen: In einer Pfanne ausreichend Öl erhitzen, entweder 3 große Puffer – den ganzen Pfannenboden bedeckende – oder 12 kleine ausbacken und sofort servieren.

Es passt Apfelmus hierzu.

Anstelle der Rosinen könnten auch Kräuter genommen werden.

Kartoffel-Apfelscheiben mit Orangensauce

6–8 Kartoffeln (Salatware)	_Orangensauce:_
2 mürbe Äpfel	2 Orangen
1 TL Salz	2 EL süße Sahne
3 EL geraspelte Mandeln	2 EL Sauerrahm
2 EL Butter	1 TL Honig

Kartoffeln in der Schale bissfest garen, abpellen, in Scheiben schneiden. Die vom Kernhaus befreiten Äpfel ebenfalls in Scheiben schneiden. Kartoffel- und Apfelscheiben schichtweise in eine feuerfeste Form geben. Das Salz sowie die geraspelten Mandeln überstreuen, obenauf Butterflöckchen setzen. Die Backform mit Pergamentpapier abdecken, um Kartoffel- und Apfelscheiben vor dem Austrocknen zu schützen.

Backen: Im vorgeheizten Ofen bei 200 °C 20–25 Minuten. Während der Backzeit kann die Orangensauce bereitet werden: Orangen auspressen, Saft und Fruchtfleisch mit Sahne, Sauerrahm und Honig gut vermengen. Sofern dem Saft bei ständigem Rühren die Sahne zugegossen wird, gerinnt sie nicht.

Zu diesem scheinbar merkwürdigen Gericht passt ein Möhren-Zwiebel-Gemüse.

Buntes Kartoffelmus

600 g Kartoffeln	3 EL Meerrettich aus dem Glas
100 g Möhren	1$^1/_2$ TL Salz
1 Apfel	2 EL Butter
2 EL Meerrettich,	3 EL Sahne
frisch von der Wurzel oder	reichlich gehackte Petersilie

Kartoffeln dünn schälen, zerkleinern, Möhren und Apfel ebenfalls zerkleinern und alles in wenig Wasser 15–18 Minuten garen. Das Kochwasser abgießen, jedoch noch aufbewahren, um die Konsistenz des Muses korrigieren zu können, wenn es zu fest wird. Meerrettich, Salz, Butter und Sahne zugeben, mit einem Kartoffelstampfer zerdrücken und zu Mus rühren. Zum Schluss die gehackte Petersilie unterrühren.

Hierzu passen grüne Bohnen als Gemüsebeilage.

Getreidegerichte

Roggen-Amaranth-Bratlinge

100 g Roggen	1 TL Kräutersalz
30 g Amaranth	1 Zwiebel
3 EL Sahne	½ Apfel
1 EL Sauerrahm	Öl zum Braten

Roggen und Amaranth zusammen in der Getreidemühle fein mahlen. 150 ml Wasser, Sahne, Sauerrahm und Kräutersalz zugeben, zu einem eher dünnen Teig verrühren, denn er quillt noch aus. Zwiebel und Apfelhälfte klein schneiden und hinzugeben. Sofern gerade vorhanden, könnten auch 1–2 EL gehackte frische Kräuter zugegeben werden. Der Teig sollte mindestens 30 Minuten zum Ausquellen ruhen, nur dann lassen sich einwandfreie Bratlinge herstellen. Die Teigmenge ergibt 8–9 Bratlinge. Etwas Öl in eine beschichtete Bratpfanne geben, erhitzen, je 1 EL Teig in das heiße Fett geben. Meistens können 4 Teile in einem Durchgang gebacken werden. Wichtig ist, kleine, dünne Fladen recht knusprig auszubacken.

Spinat-Pfannkuchen

100 g Hartweizen-Vollkornmehl	1 TL Salz
1 EL Amaranth-Saft	schwarzer Pfeffer
3 EL Sahne	100 g Blattspinat
1 EL Sauerrahm	Öl zum Braten
2 TL Sesamcreme	

Hartweizen und Amaranth zusammen fein mahlen, 125 ml Wasser, Sahne, Sauerrahm, Sesamcreme und Gewürze zugeben. Aus diesen Zutaten einen pastenartigen Teig bereiten. Spinatblätter nach dem Waschen entweder in der Salatschleuder oder in einem Tuch gründlich abtrocknen, mit dem Wiegemesser zerkleinern und dem Teig zugeben. Bei Tiefkühlspinat muss die Wassermenge etwas reduziert werden. Der Pfannkuchenteig sollte mindestens 30 Minuten zum Ausquellen ruhen können. In einer beschichteten Bratpfanne etwas Öl erhitzen, für jeden Bratgang je 4 EL Teig ins heiße Fett geben. Die Pfannkuchen dünn und von beiden Seiten schön braun ausbacken. Wahrscheinlich werden 2 Bratgänge erforderlich.

Hartweizen-Selleriesalat

100 g Hartweizen-Ganzkorn	*etwas Selleriesalz*
1 kleine Sellerieknolle	*5 EL Sahne*
1 mürber Apfel	*1 EL Sauerrahm*
1/2 Grapefruit rosé	*Zitronensaft nach Geschmack*
50 g Haselnüsse	*3 EL frische, gehackte Kräuter:*
2 Prisen Salz	*Petersilie, Schnittlauch, Kresse*

Hartweizen mit 200 ml Wasser über Nacht einweichen, dann ca. 1 Stunde leise köcheln lassen. In der Zwischenzeit die Sellerieknolle raffeln, die Grapefruit und den Apfel klein schneiden. Sofort miteinander vermengen und zum Hartweizen geben. Die Haselnusskerne grob schneiden und zusammen mit einem Teil der Kräuter dazu geben. Sahne und Sauerrahm miteinander verquirlen und mit zwei Löffeln unterheben. Mit etwas Zitronensaft abschmecken und mit den restlichen Kräutern bestreuen.

Maisgrieß (Polenta) – süß oder herb gewürzt

250 g Maisgrieß
(Polenta grob)
Gewürze süße Richtung:
½ TL Salz
Zimtpulver
Delifrut

Gewürze herbe Richtung:
1 TL Salz
Muskatnuss
Muskatblüte
40 g Butter

In einer entsprechend großen feuerfesten Form (mit Deckel) Maisgrieß und 600 ml Wasser miteinander vermischen. Gewürze zugeben, alles verrühren. Die Butter in die Mitte der Kochflüssigkeit geben. Die Form mit Deckel in den kalten Backofen stellen, 2. Schiene von unten. Bei einer Temperatur von 225 °C quillt der Mais innerhalb von 30 Minuten voll aus, die Butter schmilzt und verteilt sich über die gesamte Oberfläche. Nach Ablauf der halben Stunde kann die Form noch 5–10 Minuten bei Nullstellung im Ofen bleiben, bis die Oberfläche gut gebräunt ist. Der Mais wird dann so ausgequollen sein, dass er fast trocken erscheint.

Paprika-Reis mit Orangen-Mandel-Klößchen

150 g Jasmin-Naturreis
1 TL Salz
je $1/4$ TL Paprikapulver und
weißen Pfeffer
2 rote Paprikaschoten
40 g Butter
Klößchen:
100 g Hartweizengrieß*
125 ml Flüssigkeit, halb
Sahne, halb Wasser

1 EL Mandelmus
1 EL Sauerrahm
$1/2$ TL Salz
2 Msp. Piccatagewürz
2 Msp. Zitronenpfeffer
$1/2$ TL abgeriebene Orangenschale
1 EL Orangensaft
3 zerkleinerte große Kapern
3 EL Schnittlauchröllchen

Reis mit 300 ml Wasser und den Gewürzen in einer Pfanne mit Deckel 1–2 Stunden einweichen. Vor dem Kochprozess die Paprikaschoten klein schneiden und hinzugeben, alles ankochen und bei Minimalhitze 10–12 Minuten leise köcheln lassen. Möglichst zu keinem Zeitpunkt den Deckel öffnen, auch nicht rühren.

Jetzt Flüssigkeit, Mandelmus und Sauerrahm, Gewürze und Orangensaft in einen flachen Topf geben, erhitzen, Hartweizengrieß hinzugeben und den Teig kräftig rühren, bis sich ein glänzender Kloß bildet. Zum Schluss die zerkleinerten Kapern zugeben, würzig abschmecken. Mit nassen Händen Klößchen rollen, die auf einem flachen Teller bereitgehalten werden, bis das Reisgericht gar ist. Nach der Garzeit die Butter gleichmäßig auf den Reis verteilen, einziehen lassen, auch jetzt mög-

---

* Grieß: 150 g Hartweizen mittelfein schroten, in ein Haarsieb geben, etwa 50 g mehligen Anteil aussieben (kann für Suppe, Sauce oder Gebäck verwendet werden). Die zurückbleibenden überwiegend harten Kornbestandteile sind »unser Grieß«.

lichst nicht rühren. Dann werden die Klößchen auf die Reisoberfläche gesetzt und ziehen noch etwas nach. Mit Schnittlauchröllchen bestreuen und in der Pfanne servieren.

Butterhirse – herb oder süß

125 g Hirse	150 g Gemüse: Paprikaschote,
1 Zitronenscheibe	Lauch, Speisepilze, Zucchini
süß:	3 EL frische Kräuter:
1 Prise Salz	Basilikum, Schnittlauch
1 EL Honig	150 g Obst der Jahreszeit
herb:	je 2 Msp. Vanille- und/oder
1 TL Salz	Zimtpulver
1 EL Butter	1 EL Butter

Die Hirse in 100 ml Wasser 1–2 Stunden einweichen. Obst oder Gemüse klein schneiden. Später mit dem Einweichwasser und der Zitronenscheibe ankochen lassen. Bei Minimalhitze und geschlossenem Topf gart die kleinkörnige Hirse in längstens 10 Minuten aus, das gesamte Kochwasser sollte aufgesogen sein. Kurze Zeit sollte die Hirse ohne Hitzezufuhr nachquellen können. Im noch warmen Zustand die Butter sowie alle geschmacksgebenden Zutaten – hier herb, dort süß – mit zwei Gabeln unterheben. Gemüse bzw. Obst sollten recht klein geschnitten werden, damit sich die Teile mit der Hirse gut verbinden.

Reispfanne mit Obst

Warm oder kalt zu servieren.

150 g Naturreis (Langkorn)
¹/₄ TL Salz
300–400 g Obst: wahlweise
Äpfel, Aprikosen, Kirschen,
Pflaumen
2 EL Honig

30 g Butter
Gewürze: je 2 Msp. Zimt- und/
oder Nelkenpulver,
Vanillepulver, Delifrut
2 EL Mandeln

Den Reis mit 300 ml Wasser und Salz in eine Pfanne mit Deckel geben, 1–2 Stunden einweichen lassen. Die Garzeit vom Reis wird dadurch erheblich verkürzt. Schnell ankochen, dann ungefähr 10 Minuten bei Minimalhitze köcheln lassen. Währenddessen das Obst zerkleinern. Ohne Hitzezufuhr den Reis weitere 5 Minuten nachquellen lassen. Honig und Butter auf der Oberfläche verteilen und einziehen lassen, nicht rühren. Das Obst (Kirschen als Ganze) auf den Reis geben, Gewürze und grob geschnittene Mandeln überstreuen. Die Speise sollte in der Pfanne serviert werden.

Basmati mit Orangen und Cashewkernen

150 g Basmatireis
1/2 TL Salz
2 Msp. Muskatblüte
2 Msp. Zitronenpfeffer
30 g Butter

1 Bio-Orange
3 EL Cashewkerne
einige Blättchen Zitronenmelisse

Den Reis in 300 ml Wasser 2 Stunden einweichen, damit wird die Garzeit erheblich verkürzt. Ankochen und bei Minimalhitze 10–12 Minuten gar kochen lassen. Anschließend sollte der Reis weitere 5 Minuten ohne Hitzezufuhr nachquellen können. Möglichst zu keinem Zeitpunkt den Deckel öffnen oder gar rühren. Kurz vor dem Anrichten Gewürze und Butter zugeben, einziehen lassen. Die Orange gewürfelt und die Cashewkerne grob zerkleinert vorsichtig unterheben, mit der gehackten Zitronenmelisse bestreut servieren.

Dazu passt Spargelgemüse oder »Leipziger Allerlei«, d. h. eine Mischung aus Spargelspitzen, jungen Erbsen und Möhren (Karotten).

Brote, Brötchen und Fladen

Tipps und Kniffe für Eigenbrötler

Was ist für Hefeteige wichtig zu wissen? Es gibt konventionelle Backhefe und Biohefe. In beiden Fällen handelt es sich um Hefepilze. Konventionelle Hefe wächst auf Zuckerrübenmelasse und synthetischen Wuchsstoffen. Biohefe wird mit Weizen, Weizenkeimen und Enzymen auf Bierhefestämmen gezüchtet. Beide Arten stellen eine Monokultur dar, die sich bei großen Gaben im Teig stark verbreitet.

Neben den Nährstoffen und Feuchtigkeit benötigen die Hefen Sauerstoff und eine Temperatur um 26 °C. Bei diesen Bedingungen können sie sich durch Sprossung vermehren, darum genügt eine kleine Menge Hefe für den Teigansatz. Mit dem Anfrischverfahren »lange Teigführung« (in den Rezepten immer wieder empfohlen) kann mit 10 g Frischhefe im ersten Teigansatz eine beliebig große Mehlmenge durch Wachstum und Vermehrung im richtigen Milieu erreicht werden. Im frisch gemahlenen Vollkornmehl sind ausreichende mehleigene Zuckerstoffe sowie Wuchsstoffe für die Hefen vorhanden. Es ist nicht erforderlich, ihnen das Wachstumsmilieu zu optimieren, wie es bei Auszugsmehlteigen mit Zuckerzugabe und mehr Wärme erforderlich ist. Kaltes Leitungswasser und mühlenwarmes Vollkornmehl ergeben quasi automatisch die Idealtemperatur für Hefekulturen, nämlich 24–26 °C. Ein Teigthermometer ist zu Beginn der »Eigenbrötelei« eine gute Hilfe.

Die Flüssigkeitsmenge bei Hefe-Weizenteigen kann im Haushaltsbereich meistens mit 70 Prozent zur Mehlmenge berechnet werden (also 1000 g Mehl, 700 g Wasser). Die unterschiedlichen Quelleigenschaften der Weizenarten machen sich bei

358   *Die tiereiweißfreie Vollwertkost*

den relativ kleinen Mengen kaum bemerkbar. Da die Messbecher zum Teil erhebliche Toleranzen zeigen, ist es besser, die Flüssigkeit stets in die Teigschüssel einzuwiegen. Butter-, Öl- und Honigzugaben können die Flüssigkeitsmenge beeinflussen.

In den Rezepten wird immer wieder empfohlen, die Teige während der Ruhezeiten gut zuzudecken. Dies soll verhindern, dass die Teighaut austrocknet, was eine erhebliche Störung der Gärvorgänge bedeuten kann.

Backen mit Dampfentwicklung (Schwaden) ist für Hefegebäcke – besonders für solche aus reinen Wasserteigen – sehr günstig. Der Dampf lässt die Gebäcke besser aufgehen, gibt Farbe an die Oberfläche und verhindert vor allem, dass sie bretthart aus dem Ofen gezogen werden.

Die Roggensauerteigführung ist etwas komplizierter. Zunächst einmal: Roggenteige benötigen von allem mehr, nämlich Feuchtigkeit, Wärme, Säure, Zeit und Zuwendung. Wenn uns schließlich gute Ergebnisse gelingen, können Roggen-Sauerteig-Brote das Höchste im Geschmack, in der Bekömmlichkeit und Lagerfähigkeit sein.

Das Brotgetreide Roggen ist überhaupt nur durch die Versäuerung backfähig. Sauerteig heißt, Roggenschrot oder Roggenmehl wird mit Wasser, Wärme, Zeit und den an diesem Milieu interessierten Kleinorganismen (oder einer entsprechenden »Starterkultur«) in ein überwiegend milchsaures Milieu überführt. Es handelt sich also um eine Eigenversäuerung. Entscheidend dabei ist die richtige Steuerung. Die Bäcker haben dafür technische Hilfen und Messgeräte, wir hingegen sind auf Erfahrung, Einfühlungsvermögen und ein gutes Rezept angewiesen.

Es wird in Mehrstufen- und Einstufen-Sauerteigführung un-

Brote, Brötchen und Fladen 359

terschieden. Die Mehrstufen-Sauerteigführung aus 100 Prozent Roggen ohne Hefezusatz ist am anspruchsvollsten. Vom ersten Teigansatz gerechnet, kann erst nach mindestens 24 Stunden das Brot aus dem Ofen geholt werden. Die eigentliche Arbeitszeit am Teig ist gering, von Bedeutung sind die langen Säuerungszeiten.

Die Temperatur im Teig gilt es zu Beginn der Fermentation ganz besonders zu kontrollieren. Weiche und warme Teige mit 30–35 °C begünstigen die Milchsäurebildung im Sauerteig, das ist erwünscht. Feste und kühle Teige (26–28 °C) begünstigen die Essigsäurebildung, was sich sehr nachteilig auf den Geschmack und die Krumenbildung des Brotes auswirkt.

Leichter nachzuarbeiten ist die Einstufen-Sauerteigführung mit einem kleinen Weizenanteil und 10 g Hefe. Ein Vorteig wird über Nacht angesetzt, morgens kann bereits der Hauptteig bereitet werden. Lediglich ein Temperaturbereich muss beachtet werden (30 °C). Biohefe eignet sich hier besser, weil sie u. a. die Milchsäurebildung begünstigt.

Die Einhaltung der Teigtemperatur über einen langen Zeitraum kann im Privathaushalt schwierig werden. Ideal ist die Arbeit mit einem thermostatisch geregelten Gärschrank (Manz-Backofen GmbH, siehe Adressen). Für Familien, die regelmäßig backen, sicher eine sinnvolle Investition.

360   *Die tiereiweißfreie Vollwertkost*

Alltagsbrötchen aus Weizenmischung

Für 1 Backblech bzw. 12–16 Brötchen.
Das schnelle Rezept mit kalter Teigführung.

500 g Vollkornmehl:	*10 g Hefe*
200 g Dinkel, 200 g Einkorn,	*10 g Salz*
100 g Kamut	*Streumehl*

Die Weizenarten zusammen fein mahlen. In eine entsprechend große Schüssel 350 ml kaltes Wasser füllen, Salz und Hefe gründlich darin auflösen, das Mehlgemisch einarbeiten. Sobald sich ein geschmeidiger Teig zeigt, die Schüssel gut zudecken und 45 Minuten Teigruhe einplanen. Nach der Ruhezeit den Backofen auf 250 °C anheizen. Auf den Boden einen Emaillebecher mit Wasser stellen. Das Wasser sollte kochen, wenn das Backblech eingegeben wird.

Ausformen: Den Teig in 4 Teile schneiden, jeweils zu einer Rolle formen, und diese noch einmal durch 3 oder 4 teilen. Die kleinen Teiglinge auf der Arbeitsfläche mit etwas Streumehl zu Kugeln formen. Mit dem Teigschluss nach unten auf das vorbereitete Backblech legen. Die Teiglinge mit Wasser oder Sahne abstreichen, nochmals zudecken und 15 Minuten ruhen lassen. Mit einem Zackenmesser die Teighaut einschneiden.

Backen: Mit Dampfentwicklung 25–30 Minuten bei 250 °C. Die Oberfläche der Brötchen sollte sich braun bis dunkelbraun zeigen. Das fertige Gebäck sofort auf einen Rost zum Auskühlen legen, damit es kross bleibt.

Alltagsbrot aus Weizenmischung

1 Brotlaib ca. 1000 g.
Die lange, kalte Teigführung im Anfrischverfahren.
Für wohlschmeckende Gebäcke, die sich relativ lange lagern und vor allem tadellos in Scheiben schneiden lassen (sie krümeln nicht!), lohnt sich der Mehraufwand.
Die eigentliche Arbeit am Teig ist kaum länger, es sind die Teigruhezeiten, die den Backtag ausfüllen. Darum die Empfehlung, die Kapazität des Backofens voll auszunutzen und gleich 2 Brote zu backen.

650 g Vollkornmehl:	*10 g Hefe*
250 g Dinkel, 250 g Einkorn,	*10 g Salz*
150 g Kamut	*Streumehl*

Die Weizenarten zusammen fein mahlen. 450 ml kaltes Wasser in eine entsprechend große Schüssel geben, Hefe einbröckeln und verrühren. Ungefähr $1/3$ der zu verarbeitenden Mehlmenge in die Flüssigkeit einrühren, die Schüssel zudecken, 30 Minuten Ruhezeit geben. Danach den noch sehr weichen Teig durchrühren, das Salz zufügen und wieder einen Teil des Mehls einarbeiten. Die Schüssel gut zudecken und weitere 45 Minuten Teigruhe einplanen. In der 3. Anfrischstufe wird das restliche Mehl eingeknetet. Der Teig sollte sich jetzt geschmeidig zeigen. Nächste Teigruhe ein letztes Mal in der Arbeitsschüssel: 30 Minuten.
Ausformen: Zunächst den Teigling kneten, dann von rund zu länglich formen, entweder in ein ausgestreutes Brotkörbchen oder auf das gefettete Backblech legen. Weitere 20 Minuten ruhen lassen.
Den Backofen auf 250 °C vorheizen, ein Gefäß mit Wasser auf

den Boden stellen. Das Wasser sollte kochen, wenn das Brot in den Ofen geschoben wird (Dampfentwicklung). Den Teigling vorsichtig aus dem Körbchen auf das Blech kippen (sofern Sie einen Manz-Backofen besitzen, könnte direkt auf der Speicherplatte gebacken werden), schnell mit einem Zackenmesser einen Längsschnitt verpassen und das Blech in den Ofen schieben (2. Schiene von unten). Bei einem konventionellen Backofen ist es ratsam, sehr zügig zu arbeiten, damit die Hitze nicht entweicht.

Backen: Mit Dampfentwicklung 25 Minuten bei 250 °C anbacken. Danach können das Wassergefäß vorsichtig entfernt und die Temperatur auf 200 °C zurückgestellt werden. Mindestens noch 30 Minuten bei abfallender Hitze ausbacken. Die Oberfläche des Brotes besonders im Einschnitt sollte sich braun bis dunkelbraun zeigen – evtl. Klopfprobe machen.

Nach dem Backen das Brot sofort auf einen Rost zum Abkühlen legen, erst später anschneiden.

Kokos-Apfel-Brötchen

1 Backblech mit 10 Brötchen.

10 g Hefe	*50 g Kokosraspel*
Prise Salz	*50 g Mandeln*
300 g Vollkornmehl:	*30 g weiche Butter*
100 g Dinkel, 100 g Einkorn,	*1 großen süß-sauren Apfel*
100 g Kamut	*2 EL Sahne zum Abstreichen*

200 ml Wasser in eine Schüssel geben, Hefe einbröckeln, mit der Prise Salz alles verrühren. Die halbe Menge des Vollkornmehls einrühren. Die Schüssel gut zudecken, ca. 45 Minuten

ruhen lassen. Jetzt die Mandeln zerkleinern und den Apfel schälen und reiben. Nach der Teigruhe den weichen Teig gut durchrühren, die Kokosraspel, zerkleinerten Mandeln und die weiche Butter sowie den geriebenen Apfel zusammen mit dem restlichen Vollkornmehl einarbeiten. Der Teig sollte nun bereits eine gute Konsistenz haben und sich geschmeidig zeigen. Wieder die Schüssel gut zudecken und den Teig weitere 45 Minuten ruhen lassen.

Ausformen: Den Teig noch einmal gründlich kneten – evtl. ist etwas Streumehl erforderlich. 2 Stränge formen, die wiederum durch 5 geteilt werden, sodass 10 kleine Teile entstehen, die über rund zu länglich (wie kleine Brote) geformt werden können. Sie werden auf das gefettete Backblech gelegt, mit Sahne abgestrichen und nochmals ca. 10–12 Minuten gehen gelassen. Inzwischen kann der Backofen auf 225 °C vorgeheizt werden; Schwaden sind nicht erforderlich, weil es sich um keinen reinen Wasserteig handelt. Vor dem Backen jedem Teigling noch 3 Quereinschnitte verpassen.

Backen: 25–30 Minuten bei 225 °C schön goldbraun ausbacken lassen.

Sonntagsbrötchen oder -brot

12–16 Brötchen oder 1 Brot ca. 800 g.

150 g Sahne	2 EL Honig
10 g Hefe	100 g ungeschwefelte
5 g Salz	Aprikosen (über mehrere
500 g Vollkornmehl:	Stunden vorgeweicht)
150 g Dinkel, 250 g Weich-	50 g Mandeln oder Mandel-
weizen, 100 g Hartweizen	mus

364 *Die tiereiweißfreie Vollwertkost*

Nach der Methode der »langen Teigführung im Anfrischverfahren« einen Hefeteig bereiten. Das heißt, zunächst einen Teil des Vollkornmehls mit 200 ml Wasser, Sahne, Hefe und der kleinen Salzmenge ansetzen. Honig, die vorgeweichten und klein geschnittenen Aprikosen sowie die geriebenen Mandeln bzw. das Mandelmus erst in der zweiten Anfrischstufe zugeben.
Die Arbeitsweise, auch das Ausformen kann wie im Rezept »Kokos-Apfel-Brötchen« beschrieben erfolgen. Vorschlag fürs Ausformen: Über rund zu länglich wie kleine Tonnen.
Backen: Ohne Schwaden bei 225 °C 25–30 Minuten.

Orangen-Fladen

200 ml Orangensaft	*schale (unbehandelt)*
½ TL Salz	*2 EL Honig*
500 g Vollkornmehl:	*75 g gehackte Mandeln*
250 g Einkorn, 250 g Kamut	*30 g Butter*
10 g Hefe	*Sahne zum Bestreichen*
1 TL abgeriebene Orangen-	

Nach der Methode der »langen Teigführung im Anfrischverfahren« unter Zugabe von 150 ml Wasser einen Hefeteig bereiten.
Ausformen: 12 Teile schneiden, zunächst rund formen, die Kugeln zwischen den Handflächen kurz flach drücken. Mit dem Teigschaber rautenförmige Eindrücke geben, die Teiglinge mit Sahne bestreichen und restliche Mandelstückchen eindrücken.
Backen: Mit Schwaden 25–30 Minuten im vorgeheizten Ofen bei 225 °C.

Zwiebelbrot oder -brötchen

12–16 Brötchen oder 1 Brot ca. 800 g.

10 g Hefe
500 g Vollkornmehl:
100 g Hartweizen, 150 g Einkorn,
150 g Dinkel, 100 g Roggen
10 g Salz

1 TL Kümmelpulver
50 g Butter
3 Zwiebeln
Öl zum Rösten

Nach der Methode der »langen Teigführung im Anfrischverfahren« einen Hefeteig bereiten. Zunächst einen Teil des Vollkornmehls mit 350 ml Wasser und Hefe ansetzen. Salz, Kümmelpulver und Butter erst in der 2. Anfrischstufe zugeben.

Während der Teigruhezeit können die Zwiebeln in feine Halbringe geschnitten und mit ausreichend Öl geröstet werden. Wenn sie braun sind, aus dem Fettbad herausnehmen, auf einem Teller auskühlen lassen, dann werden sie knusprig. Sie können in der 3. Anfrischstufe eingearbeitet werden.

Ausformen: Wie in den Rezepten vorher beschrieben, entweder als Brotlaib (letzte Ruhephase im Brotkörbchen) oder 12–16 kleine Teile als Brötchen.

Backen: 250 °C 25–30 Minuten mit Schwaden, das Brot ohne Schwaden nochmals 30 Minuten bei 200 °C.

Gemüsetasche aus Strudelteig

250 g Vollkornmehl	2 Msp. Paprikapulver
(Dinkel und Kamut)	1 Stange Lauch
50 ml Öl	1 rote Paprikaschote
50 g Butter (aufgelöst)	3 TL Sauerrahm
$^1/_2$ TL Salz oder Kräutersalz	Sahne zum Bestreichen
2 Msp. Kümmel	1 EL Schnittlauchröllchen

Aus dem frisch gemahlenen Vollkornmehl, 125 ml warmem Wasser, Öl, der aufgelösten (jedoch nicht erhitzten) Butter sowie den Gewürzen einen Knetteig bereiten. Er sollte kurze Zeit geknetet werden, bis er sich geschmeidig zeigt. Eine Ruhezeit von ca. 20 Minuten ist angezeigt. Inzwischen kann das Gemüse für die Füllung vorbereitet werden: Alle Teile recht klein schneiden. Sodann den Teig als Rechteck so dünn wie möglich ausrollen. Das geschnittene (rohe) Gemüse in der Mitte über die gesamte Fläche anordnen. Kräutersalz und Kümmelpulver über das Gemüse streuen und dreimal 1 TL Sauerrahm darauf klecksen.

Zunächst von rechts und links den Teig einholen, dann von oben und unten alles zusammenrollen. Die Tasche oder Rolle vorsichtig auf das gefettete Backblech legen, mit Sahne bestreichen, die Schnittlauchröllchen auf der Oberfläche leicht eindrücken.

Backen: Im vorgeheizten Ofen bei 200 °C ungefähr 30 Minuten. Das Gebäck kann warm und kalt in Scheiben geschnitten serviert werden.

Pikante und süße Brotaufstriche

Avocado-Creme

1 reife Avocado
1 EL Sauerrahm
1 EL Sesamöl
1 kleine Zwiebel
etwas Zitronensaft und
abgeriebene -schale

1 zerdrückte Knoblauchzehe
1 EL Schnittlauchröllchen
$^1/_2$ TL Kräutersalz
einige zerdrückte grüne
Pfefferkörner

Das Fruchtfleisch herauslösen, mit einer Gabel oder mit dem Mixstab kurz pürieren. In das Püree die geschmacksgebenden Zutaten einrühren, pikant abschmecken.
Diese Creme passt gut zu frisch gebackenen Brötchen und Baguette sowie zu Backkartoffeln und etlichen Gemüsegerichten.

Pikante Brotaufstriche

Butter und Sauerrahm können die Grundlage für viele Variationen sein. 100 g Butter, 100 g Sauerrahm abgeschmeckt mit:
- Senf, Salz, Pfeffer.
- Meerrettich, $^1/_2$ Zwiebel und $^1/_4$ Apfel fein geschnitten, Kräutersalz.
- Tomatenmark/Tomatenketchup, Kräutersalz, Zitronenpfeffer, Schnittlauch, Petersilie.
- Reichlich Kräuter, Radieschen, Tomate, grüne Gurke, alles klein geschnitten, Kräutersalz, schwarzer Pfeffer.
- Geröstete Zwiebeln, Salz, Schnittlauch, Majoran.

368   *Die tiereiweißfreie Vollwertkost*

Schoko-Butter-Creme

100 g Butter
2 EL Nussmus
2 EL grob zerkleinerte Haselnüsse

1–1½ EL Kakaopulver
1 EL Honig
Vanillepulver

Alle Zutaten in einen Haushaltsmixer geben und zu einer cremigen Substanz pürieren. In ein verschließbares Gefäß gegeben, hält sich diese Creme einige Tage frisch. Sie wird bei niedriger Temperatur allerdings fest.

> **Der Tipp:** Die Schoko-Creme eignet sich auch als Unterlage auf einem Tortenboden, der mit sauren Früchten belegt werden soll, z. B. Himbeeren, Brombeeren, Sauerkirschen, Aprikosen usw.

Erdnuss-Butter

2 EL Erdnussmus
2 EL Butter
Vanillepulver
bei Bedarf 1–2 TL Honig

5–6 Erdbeeren oder andere
weiche Früchte
etwas Zitronensaft

Die Zubereitung ist sehr einfach und gelingt in wenigen Minuten: Alle Zutaten in einen Haushaltsmixer geben und zu einer Creme pürieren, süß-säuerlich abschmecken.

Pikante und süße Brotaufstriche 369

Kokos-Mandel-Creme

50 g Butter   2 EL Kokosraspel
1 EL Sauerrahm   1 EL Honig
2 EL Mandelmus   2 EL Orangensaft
1 EL grob zerkleinerte Mandeln

Auch hier ist die Zubereitung wieder sehr einfach: Alle Zutaten
in einen Haushaltsmixer geben und zu einer Creme pürieren.

Kuchen, Torten und Kleingebäck

Hefe-Tortenboden für Obstbelag

100 ml Flüssigkeit:
halb Sahne, halb Wasser
10 g Hefe
1 Prise Salz
200 g Vollkornmehl:
75 g Einkorn, 75 g Dinkel,
50 g Hartweizen
60 g Honig

60 g Butter
500 g frische Früchte wie
Himbeeren, Erdbeeren,
Johannisbeeren (im Winter
Tiefkühlware)
150 ml Sahne
1 EL Honig, evtl. etwas mehr

Die Flüssigkeit in eine Schüssel geben, Hefe und Salz zugeben, verrühren. Die halbe Mehlmenge einarbeiten, die Schüssel gut zudecken, 30–40 Minuten Ruhezeit vorsehen. Nach Ablauf dieser Zeit Honig und weiche Butter dem Teig zugeben, das restliche Mehl gründlich einarbeiten. Erneute Teigruhe 45 Minuten, gut zugedeckt.

Eine Springform gut ausfetten bzw. mit Dauerbackfolie auslegen, nach der Ruhezeit den Teig nochmals kneten (er darf ruhig etwas weich sein) und dann in die Form geben. Mit nasser Hand lässt sich die Masse gleichmäßig über die Fläche verteilen. Letzte Teigruhe ca. 20 Minuten, wieder gut zugedeckt.

Backen: Im vorgeheizten Ofen 20–25 Minuten bei 200 °C, bis sich das Gebäck goldbraun zeigt.

Im abgekühlten Zustand aus der Form nehmen, auf einen Tortenteller legen. Die jeweiligen Früchte optisch vorteilhaft

anordnen. Die sehr steif geschlagene und mit dem Honig gesüßte Sahne gleichmäßig über die Früchte verteilen.
Das Gebäck sollte bald angeschnitten und verzehrt werden.
Variation: Der Sahne 1 EL Kakaopulver zugeben = Schoko-Sahne.

Mürbeteig-Gebäck

Tortenboden für Obstbelag.

80 g Honig *1½ TL Kakaopulver*
80 g Butter *¼ TL Vanillegewürz*
80 g Haselnussmus *150 g Hartweizen-Vollkornmehl*

Honig, Butter, Haselnussmus in eine Schüssel geben und mit dem Handrührgerät zu einer homogenen Masse rühren. Kakaopulver, Vanillegewürz und Vollkornmehl zugeben. Mit dem Teigschaber oder per Hand den Teig etwas nachkneten, bis er sich geschmeidig zeigt. Nach 30 Minuten Quellzeit lässt er sich noch besser bearbeiten. Die Teigmenge in eine ausgefettete Backform (Zackenform) geben, mit nasser Hand die Oberfläche glätten.
Backen: Im vorgeheizten Ofen 25 Minuten bei 175 °C.
Den ausgekühlten Tortenboden vorsichtig auf eine Platte kippen, mit frischen oder gefrorenen Früchten belegen, gesüßte Sahne überstreichen.

> **Der Tipp:** Anstelle des Tortenbodens könnten in kleinen Förmchen von der gleichen Teigmenge 6–8 Torteletts gebacken werden.

372 *Die tiereiweißfreie Vollwertkost*

Mürbeteig-Kekse

Einfach, schnell und schmackhaft.

80 g Honig
80 g Butter
80 g Haselnussmus
1¹/₂ EL Kakaopulver
Vanillepulver
150 g Hartweizen-Vollkornmehl
Mit anderen Zutaten:
80 g Honig

80 g Butter
80 g Mandelmus
50 g Kokosraspel
1 EL Zitronensaft
1 TL abgeriebene Zitronen-
schale
150 g Hartweizen-Vollkorn-
mehl

Honig, Butter, Haselnussmus in eine Schüssel geben und mit dem Handrührgerät zu einer homogenen Masse rühren. Kakaopulver, Vanillepulver und Vollkornmehl zugeben. Mit dem Teigschaber oder per Hand den Teig etwas nachkneten, bis er sich geschmeidig zeigt. Nach 30 Minuten Quellzeit lässt er sich noch besser bearbeiten. Die einfachste Art für die Keksherstellung geht über die Kugeln: Die Teigmenge vierteln, aus jedem Viertel einen Strang rollen und jeweils 8 oder 9 Teile abtrennen. Die kleinen Abschnitte zwischen den nassen Handflächen zu Kugeln rollen, die in Reihen von 5 mal 6 oder 6 mal 6 auf ein gefettetes Backblech gelegt werden. Mit einer immer wieder in heißes Wasser getauchten Gabel jede Kugel einmal platt drücken. Das Rezept ergibt 30–36 Kekse.

Backen: Im vorgeheizten Ofen 15–18 Minuten bei 150 °C.

Der Tipp: Das Kleingebäck unbedingt auf dem Blech auskühlen lassen, sonst zerbröseln die Kekse. In einer Dose lassen sie sich einige Zeit aufbewahren.

Grundrezept für Obstkuchen

Auf dem Blech oder in der Springform gebacken.

125 ml Flüssigkeit:
Wasser und Sahne 1:1
10 g Hefe
1 Prise Salz
275 g Vollkornmehl:
100 g Einkorn, 100 g Dinkel,
75 g Kamut
75 g Honig
75 g weiche Butter

Vanillepulver
Belag:
500 g Obst: Äpfel, Kirschen,
Aprikosen, Pflaumen o. Ä.
125 g Rosinen (bei Äpfeln)
100 g zerkleinerte Mandeln
2 EL Butter
2 EL Honig
Zimtpulver

Flüssigkeit, Hefe und Salz verrühren, die halbe Menge Vollkornmehl einrühren. Den Teig in der Schüssel gut zugedeckt ca. 45 Minuten ruhen lassen. Honig, Butter und Vanillepulver zugeben, einarbeiten, das restliche Mehl einkneten. Wieder gut zugedeckt weitere 45 Minuten Ruhezeit geben.

Inzwischen kann das Backblech bzw. die Springform gefettet und das Obst für den Belag vorbereitet werden: Äpfel in feine Plättchen schneiden, Kirschen entsteinen, Aprikosen und Pflaumen entsteinen und halbieren. Aus zerkleinerten Mandeln, Butter, Honig und Zimtpulver kurz eine weiche Masse aufkochen, evtl. 1–2 EL Sahne oder Wasser zugeben.

Nach der zweiten Ruhephase sollte der Teig noch einmal gut geknetet werden, er kann ruhig etwas weich sein. Mit nasser Hand auf die ganze Fläche des Backblechs bzw. die Springform verteilen. Das Obst auf der Oberfläche verteilen, leicht eindrücken. Zum Schluss die Mandelmasse auftragen.

Backen: Im vorgeheizten Ofen 30–35 Minuten bei 200 °C – sicherheitshalber sollte die Stäbchenprobe gemacht werden.

374   *Die tiereiweißfreie Vollwertkost*

10 Minuten vor Ende der Backzeit ist es ratsam, ein Blatt Pergamentpapier auf das Blech zu legen.
Das Gebäck kann warm und kalt serviert werden. Wer noch mehr schlemmen möchte, kann Schlagsahne dazu reichen.

Apfeltasche aus Strudelteig

50 ml Öl	*2 große Äpfel*
50 g aufgelöste Butter	*etwas Zitronensaft*
2 EL Honig	*2 EL Korinthen*
250 g Vollkornmehl: Dinkel	*3 TL Sauerrahm*
und Kamut 1:1	*Sahne zum Bestreichen*

Aus 125 ml Wasser, Öl und aufgelöster Butter (dabei jedoch nicht erhitzter), dem Honig und Vollkornmehl einen Knetteig bereiten. Er sollte per Hand noch eine kurze Zeit geknetet werden, bis er geschmeidig und glänzend erscheint. Eine kurze Ruhezeit von 20 Minuten ist angezeigt. Inzwischen können die Äpfel in feine Scheiben geschnitten und etwas mit Zitronensaft beträufelt werden.
Um eine so genannte »Tasche« zu erhalten, ist es erforderlich, den Teig so dünn wie möglich zu einem Rechteck auszurollen. Die Apfelschnitzel, vermengt mit den Korinthen, sollten im Mittelteil aufgehäuft werden. Zunächst den rechten und linken Teigrand einschlagen, dann die längeren oberen und unteren Teigteile. Die Füllung soll gewissermaßen gut »eingewickelt« werden. Die Apfeltasche vorsichtig auf das gefettete Backblech legen, mit etwas Sahne bestreichen.
Backen: Im vorgeheizten Ofen 30 Minuten bei 200 °C. Das Gebäck kann warm und kalt gegessen werden.

Süßspeisen

Cremespeisen in Variationen

Viele Arten von Obst können püriert, mit Honig gesüßt, Vanillepulver, Zimt, Nelken, Delifrut gewürzt werden und mit geschlagener Sahne vermengt als »Früchtecremes« angeboten werden. Beispiele:

- 250 g Himbeeren, 2 EL Honig, Vanillegewürz, 100 g Sahne
- 250 g Aprikosen, 2 EL Honig, Delifrut, 1 TL Mandelmus, 100 g Sahne
- 250 g Ananas, 1 EL Honig, Zitronensaft, 1 TL Cashewmus, 100 g Sahne

Birnen-Dessert

Pro Person:
$1/_2$ Birne
ca. 100 g Sommerbeeren

Reife Früchte ausnahmsweise schälen, das Gehäuse herausschneiden, die halben Früchte auf eine Glasschale legen. Sind die Birnen im Winter sehr hart, sollten sie einige Minuten in wenig Wasser gegart werden. Himbeeren, Johannisbeeren, Erdbeeren, Brombeeren etc. mit etwas Honig pürieren, mit Vanillepulver würzen. Von dem Obstpüree reichlich über die $1/2$ Birne gießen, einige Mandelblättchen drüberstreuen. Mandelblättchen lassen sich mit der Flockenquetsche gewinnen.

Kirschenspeise

200 g Süß- oder Sauerkirschen
50 g Cashewnussmus
50 g Sauerrahm
1 TL Zitronensaft bei Süß-
kirschen

2 TL Honig bei Sauer-
kirschen
wahlweise $1/2$ reife Banane
1 TL Kokosraspel

Kirschen entsteinen – pro Portion eine Frucht mit Stiel zur Garnierung zurückbehalten – zusammen mit Nussmus, Sauerrahm, Zitronensaft, Honig bzw. Banane cremig pürieren. Die Speise in Portionsschälchen füllen, Kokosraspel überstreuen, mit je 1 Kirsche garnieren.

Der Tipp: Die Speise »vergraut« im Licht, d. h. sie sollte erst kurz vor dem Verzehr zubereitet werden.

Süßspeisen 377

Mandel-Grießspeise aus Hartweizen

150 g Hartweizen
für 100 g Grieß
1 Prise Salz
2 EL Honig

3 EL fein zerkleinerte Mandeln
(3 bittere dabei)
1–2 Orangen zum Entsaften

Den Hartweizen mittelfein schroten, in ein Haarsieb geben. 50 g mehlige Bestandteile absieben. Zurück bleiben 100 g überwiegend grobe Kornbestandteile = »unser« Grieß. Den Grieß in 250 ml Wasser mit der Prise Salz 15–20 Minuten einweichen lassen, das verkürzt die Kochzeit auf nur wenige Minuten. Nach der Quellzeit Wasser und Grieß aufkochen, ca. 2 Minuten bei ständigem Rühren kochen lassen. Die Masse wird sehr dick. Honig und Mandeln zum Schluss einrühren. Entweder in mehrere kleine oder eine große Glasschale füllen.
Mit frisch ausgepresstem Orangensaft warm oder kalt servieren.
Anstelle von Orangensaft können pürierte Früchte dazu gereicht werden.

Der Tipp: Das abgesiebte feine Hartweizen-Mehl eignet sich bestens zum Andicken von Suppen und Saucen bzw. könnte mit verbacken werden. So bleiben wir weiter im Vollkorn.

378   *Die tiereiweißfreie Vollwertkost*

Kokoshirse mit Himbeeren

100 g Hirse	50 g Mandeln
1 Prise Salz	150 g Himbeeren, frische oder
1 EL Butter	Tiefkühlware
1 EL Honig oder mehr	Vanillepulver
50 g Kokosraspel	

Hirse in 300 ml Wasser mit der Prise Salz in einer Jenaer Glasform mit Deckel 1–2 Stunden einweichen, dadurch wird die Kochzeit auf wenige Minuten verkürzt. Ankochen lassen, bei Minimalhitze 8–10 Minuten leise köcheln lassen, möglichst nicht den Deckel öffnen oder rühren. Sobald alle Flüssigkeit aufgesogen ist, 5 Minuten ohne Hitzezufuhr nachquellen lassen. Sodann Butter und Honig auf die Fläche verteilen, nur einziehen lassen, nicht rühren. Kokosraspel und Mandeln im Haushaltsmixer zerkleinern, als nächste Schicht auftragen. Zum Schluss die Früchte auf die Oberfläche verteilen, Vanillepulver überstreuen. Die Speise sollte in der Jenaer Form serviert werden.

Gefrorene Früchte müssen einige Stunden vorher aufgetaut werden.

Die vegane Vollwertkost

Die Leiden der (fast) jungen (Fast-)VeganerIn –

(frei nach Goethe)

Spargelzeit! Unvorstellbar, dass ich dieses mein Lieblingsgemüse, dem zu Recht gern als Königin der Gemüse geschmeichelt wird, Äonen her mit Schinken oder gar einem Steak verspeist habe.

Nach dem Umstieg auf die vegetarische Ernährung blieb dann die Sauce Hollandaise übrig oder die zerlassene Butter und der geriebene Parmesan.

Schmeckt ja auch lecker. Aber zunehmend sensibilisierter fängt der Mensch an zu grübeln: Sollte aus dem Ei statt holländischer Sauce nicht eigentlich ein Hühnchen krabbeln?

Als sich auf meinem ehemaligen Bauernhof entzückende frisch geschlüpfte Küken tummelten, war gerade der berühmte Musikwissenschaftler Marcel Prawy zu Gast. Seine Begleiterin betrachtete fasziniert die gelben Federbällchen und bemerkte entsetzt: Und so etwas essen wir als Rührei!

Von Hitchcock wird erzählt, er habe Blut, das er ja in seinen Filmen üppig fließen ließ, appetitlich, ein Ei hingegen eklig gefunden.

Wenn ich höre, dass ein Großbauer 500 000 Hühner in Freilandhaltung – immerhin – hält, was wir Tierschützer ja eigentlich begrüßen, erhebt sich doch die Frage, was aus den vielen ebenfalls zur Welt gekommenen männlichen Küken wird …

Für Veganer heißt es also: Gar kein Ei mehr – für die anderen: weniger Eier, mehr Klasse statt Masse, und wenn schon Eier, dann von frei laufenden Hühnern.

Wie gesagt, Spargelzeit. Wenn ich vegan essen will, kommt die Holländische Sauce auch nicht mehr infrage, keine zerlassene Butter, kein geriebener Parmesan. Soll ich jetzt warmes Öl über den Spargel gießen? Hört sich nicht so toll an.

Alte Gewohnheiten sitzen fest und tief. Angeblich braucht es zwei Generationen, um Irrtümer auszumerzen ...
Nehmen wir einmal an, der Vollwertmensch in seiner Entwicklung zum Veganer verspürt Lust auf seinen geliebten Getreidekaffee – oder etwa gar ein Tässchen echten ungesunden Bohnenkaffee.
Milch oder Sahne von Kuh oder Ziege mag er aus Tierliebe nicht mehr verwenden, den Fabrikzucker hat er schon seit Jahren aus seiner Küche verbannt. Ganz schwarz will er ihn aber auch nicht trinken. Also was nehmen: Sojamilch oder Sojasahne, Hafermilch?
Ich habe mir alles mal »reingezogen«, wie meine Nachbarskinder es so »voll cool« ausdrücken. Schmeckt erstaunlich gut, aber was da alles drin ist!
Das meiste, was meine veganen Freunde so zu sich nehmen, gehört nach Kollath zu den »Präparaten«.
Bei den Zutaten für die Sojasahne lese ich neben Wasser, Sonnenblumenöl und geschälten Sojabohnen – beides aus biologischem Anbau: Weizensirup (???), als Emulgator: Lezithin, Stabilisatoren: Xanthan (?), Guarkernmehl und Carrageen (?), Meersalz, natürliches Aroma (???), Antioxidationsmittel: natürlicher Tocopherolextrakt (!?) ohne Gentechnik hergestellt, 100 Prozent pflanzlich, ohne Lactose und ohne Cholesterin – haltbar fast 1 Jahr!
Dr. Bruker würde zu einem solchen Nahrungsmittel den gleichen Kommentar abgeben wie zur H-Milch: Kein Lebensmittel, sondern eine Leiche, die man noch zusätzlich erschossen hat!

Beim Haferdrink, den manche bevorzugen, sieht es so aus: Wasser, Hafer und Rapsöl aus biologischem Anbau und Meersalz. Lactose- und cholesterinfrei, ohne Zuckerzusatz. Ebenfalls etwa 1 Jahr haltbar!

Nun probiere ich Tofu. Alle Zutaten stammen aus biologischem Anbau, die Sojabohnen aus heimischem Anbau, ohne Gentechnik gewonnen, steht auf der Packung. Und weiter:

- basisch – cholesterinfrei – reich an Vitaminen – reich an Mineralstoffen.

- Zutaten: Wasser, Sojabohnen, mit natürlichem traditionellem Gerinnungsmittel Nigari hergestellt.

Ein einziges Mal habe ich Tofu selbst zubereitet, eine riesige Prozedur: Sojabohnen kochen, zerstampfen, die entstandene »Milch« abseihen, Gerinnungsmittel zusetzen – dann ergibt sich ein geschmackloser Klumpen, den ich würzen muss, damit er überhaupt nach etwas schmeckt. Hat mit Vollwert natürlich nichts mehr zu tun. Das Pfannen-Gyros – aus Tofu, Vollkornweizenmehl und Weizengluten, Sonnenblumenöl, Kräutern, Sojasauce etc. – hat zwar geschmeckt, auch die Verdickungsmittel Johannisbrotkernmehl und Guarkernmehl sind o. k. Aber Gluten ist ja genau das, was so viele Zeitgenossen nicht vertragen! Ein Teilprodukt des Weizens und als solches wieder nicht vollwertig!

Aus Gluten wird Seitan fabriziert, vor über 1000 Jahren von buddhistischen Mönchen als Fleischersatz entwickelt. Sie haben damit begonnen, den Kleberanteil, das Gluten, aus dem gemahlenen Weizen herauszuwaschen, übrig bleibt dann eine feste, geschmacklose Masse, Seitan genannt, die aromatisiert wird, damit sie wie Fleisch schmeckt.

Man kann Seitan in allen möglichen Formen kaufen, als Rohling oder auch verschieden zugeschnitten und gewürzt. Eigentlich paradox, sich dieses Teilprodukt wieder zuzuführen, nur weil man noch am Geschmack zum Beispiel von Fleisch hängt – dem es allerdings täuschend nachempfunden ist. So wollte ich einmal in einem Restaurant ein Gericht zurückgehen lassen in der Annahme, man habe mir ein Rahmgeschnetzeltes vom Rind serviert – nein, es war Seitan! Schmeckte hervorragend. Aber, wie gesagt ...

Beim Welt-Vegetarier-Kongress im thailändischen Chiang-Mai wollte ein Lebensmittelproduzent aus Singapur mich unbedingt als Importeurin seiner Produkte gewinnen. Die Broschüre, die er mir in die Hand drückte, war allerdings nicht dazu angetan, mich zu begeistern. Fotos wie von einer Schlachtplatte – Würstchen, Leberwurst, Schinken, alles vegetarisch – sogar »gefüllter Fisch« auf vegetarisch war vertreten. Und auf meine Frage, was denn wohl diese seltsame Knusprigkeit auf meinem Teller sei, erhielt ich die Antwort, dies sei die vegetarische Version einer Schweinebratenkruste!

Kein Wort darüber, welcher Chemiecocktail da wohl in den Labors zusammengebraut worden war, bis diese Kruste oder dieser gefüllte Fisch das Licht der Welt erblickten!

Für Vegetarier ist es immer wieder ein Rätsel, warum an Naturprodukten so lange herumlaboriert wird, bis sie wie Tier-(leichen)teile aussehen, die wir ja gerade ablehnen.

Der neueste Schrei bei uns ist Lopino, ein Extrakt aus der weißen Lupinenbohne. Ihm werden neben Mineralstoffen, Eisen und Vitaminen, darunter besonders das Vitamin B_{12}, viel Eiweiß attestiert. Schön und gut, aber warum noch mehr Eiweiß, obwohl die meisten Normalbürger sowieso schon an Eiweißüberernährung leiden!

Wie gesagt, verzichte ich in diesem Buch bewusst auf alle diese, zumeist auch noch fabrikmäßig hergestellten Teilprodukte. Wir brauchen sie nicht.

384   *Die vegane Vollwertkost*

Wertvolle Erkenntnisse habe ich aus der indischen Ayurveda-Lehre gewinnen können, speziell was die Einteilung der unterschiedlichen Menschen in drei Grundtypen betrifft und deren ganz spezielle Bedürfnisse in Bezug auf die Nahrung.

Ich als luftiger nervöser Vata-Typ zum Beispiel brauche Gewürze, die meine »Luftigkeit« beruhigen und mein Verdauungsfeuer anfachen. Als da sind Ingwer, Zimt, Vanille, Schwarzkümmel, Zwiebeln, Knoblauch, alles Dinge, die ich instinktiv bevorzuge. In einer harmonisch zusammengestellten Mahlzeit sollten alle 6 Geschmacksrichtungen vertreten sein, nämlich süß, sauer, salzig, bitter, scharf und metallisch. Einen winzigen Vorgeschmack allein über die Gewürze von Anis bis Zimt finden Sie im Kapitel »Womit Veggies würzen«, das selbstverständlich nicht nur für Veggies gedacht ist.

Meine Gemüsegerichte brutzle ich jetzt mit Vorliebe in der Pfanne – noch besser ist ein Wok: Öl in die Pfanne gießen, die Gewürze darin anrösten, anschließend die Gemüse zugeben und ebenfalls rösten, erst dann mit der Flüssigkeit bzw. Gemüsebrühe ablöschen.

Der Wohlgeschmack ist erheblich größer als bei in Wasser gekochtem Gemüse. Und Sie haben gleichzeitig mehr »Yang« in Ihre Mahlzeit und Ihr Verdauungsfeuer auf Touren gebracht!

Allerdings: Im Ayurveda spielt die Milch eine erhebliche Rolle. Da bin und bleibe ich der Meinung, dass jede Milchart für das spezifische Junge gedacht ist: die Zebramilch für das Zebrakind, die Affenmilch für das Affenbaby, die Elefantenmilch für den jungen Rüsselträger, die Kuhmilch für das Kälbchen – für das Menschenkind die Milch der menschlichen Mutter – aber eben nur so lange es ein Säugling ist.

Wie auch immer, es lohnt, sich mit der ayurvedischen Kochkunst intensiver zu befassen. Entsprechende Bücher finden Sie in jeder guten Buchhandlung.

Übrigens: Unter der Überschrift »Harter Käse – weiche Knochen« brachte die »Welt am Sonntag« vom 19. 3. 2002 einen Beitrag zum Problem Tiereiweiß und Osteoporose.

... »Unser Essen saugt uns die Substanz aus den Knochen. Zu viel Fleisch, Getreide und Milchprodukte lassen im Körper Säure entstehen – Säure, die der Organismus mit Knochenmaterial neutralisieren muss (...). Basen, die chemischen Gegenstücke dazu, werden bei der Verdauung von Obst und Gemüse freigesetzt (...)«

Na also!

Was VeganerInnen
frühstücken

Gerade nach den jüngsten Lebensmittelskandalen bin ich überzeugt, die Ernährung wird in Richtung vegan gehen. Auch ich hätte nicht gedacht, wie gut ein veganes Frühstück munden kann.

Waltraud ist eine begeisterte Bäckerin, zudem Profi in allen Getreidefragen, über die sie regelmäßig in »Der Gesundheitsberater« berichtet.

Eine ganze Woche lang haben wir beide uns bei mir im Chiemgau in Klausur begeben und nach Herzenslust vegane Köstlichkeiten gebacken und gebrutzelt.

Aber vorher liefen die Telefon-, Fax- und E-Mail-Drähte heiß.

Während ich mich an die veganen Salate, Saucen, Suppen und Aufläufe machte, probierte Waltraud Getreidegerichte, besonders Plätzchen, aus, die sie mir mit Kommentaren versehen zuschickte.

»Es ist eine andere Welt, in die wir da einsteigen werden«, schrieb Waltraud ganz am Anfang, »aber keineswegs die schlechteste. In der kleinen Dose befinden sich Kostproben von 2 Keksarten. Deren Aussehen ist unbedingt noch verbesserungsbedürftig. Von den Zutaten her sind sie im Grunde noch wertvoller als die Buttergebäcke. Die besonderen Schwierigkeiten bei der veganen Gebäckzubereitung habe ich bei den Rezepten beschrieben und Alternativen genannt. Im Übrigen macht es richtig Spaß, etwas Neues auszuprobieren. Einige Keksrezepte, die bei Mann und Freunden besonderen Anklang fanden, habe ich bereits in mein Repertoire aufgenommen.«

Das Ausprobieren der Kekse mit Hanf allerdings löste bei uns beiden zum Teil heftige Lachanfälle aus. Unsere Kommentare lauteten dann: Sehr gewöhnungsbedürftig – katastrophal – bretthart – hat die Konsistenz einer Schuhsohle etc. Diese verworfenen Rezepte füllten ganze Papierkörbe. Ich will ja keinen Prozess mit der Schuhlobby riskieren (weil sich in Zukunft jeder seine Sohlen im eigenen Ofen bäckt), aber auch nicht Werbung von Seiten der Zahnärzte: Essen Sie die Kekse von Barbara Rütting und Waltraud Becker – wir reparieren dann gern Ihr Gebiss!

Für Veggies interessant: Seit einigen Jahren gibt es eine EU-Verordnung über ökologische Bienenhaltung und Imkereierzeugnisse. Einige deutsche Anbauverbände des ökologischen Landbaus haben sich zum Teil über die EU-Verordnung hinausgehende strengere Richtlinien gegeben. Unter anderem muss im Umkreis von 3 km um den Bienenstock die Bienenweide im Wesentlichen aus Pflanzen des ökologischen Landbaus und/oder Wildpflanzen bestehen, es dürfen sich in ausreichender Entfernung keine Verschmutzungsquellen wie städtische Siedlungen, Autobahnen, Industriegebiete, Abfalldeponien befinden, aber vor allem: Für die Überwinterung der Bienen müssen umfangreiche Honig- und Pollenvorräte in den Bienenstöcken belassen werden, die künstliche Fütterung ist nur dann erlaubt, wenn das Überleben des Volkes durch extreme klimatische Bedingungen gefährdet ist – dabei muss ein bestimmter Anteil Honig aus derselben ökologischen Einheit verwendet werden.

Und noch etwas: Die künstliche Königinnenzucht und das Beschneiden ihrer Flügel ist nicht erlaubt!

Dieser Bio-Honig ist natürlich teurer als der übliche Honig. Wäre aber vielleicht eine Lösung, meine Veggies? Die Adresse des »Bundesverbandes Ökologischer Bienenhaltung« steht im Anhang.

388   *Die vegane Vollwertkost*

Zum Frühstück gibt es natürlich

Frischkornbrei

Z. B. aus Weichweizen, frisch geschrotet, pro Person 50 g, mit der doppelten Menge Wasser über Nacht oder einige Stunden eingeweicht. Vor dem Verzehr wird Obst der Jahreszeit, klein geschnitten, zugegeben, etwas Zitronensaft, ein geriebener Apfel, Haselnüsse, Mandeln, Cashewkerne, Sonnenblumenkerne, Sesam etc. Fein auch mit Nuss- oder Mandelsauce (siehe Seite 397 »Rohe und gekochte Saucen«).

oder eine

Flockenspeise

50 g Getreide nach Wahl (ganze Körner) abends in ein Sieb geben, kurz mit kaltem Wasser abbrausen, über Nacht zum Abtropfen über eine Schüssel hängen, so bleiben die Getreidekörner feucht. Am Morgen in der Handquetsche flocken. Ölsaaten nach Wahl kommen hinzu (Sonnenblumenkerne können im Übrigen zusammen mit dem Getreide angefeuchtet und später geflockt werden). Mit etwas Wasser die Speise sämig rühren. Obst der Jahreszeit zerkleinert zugeben und Orangen- oder Zitronensaft je nach Säuregrad der Früchte, Nuss- oder Mandelsauce nach Geschmack.

oder

Gekeimtes Getreide

Ausführliche Empfehlungen zum Ankeimen von Getreide siehe Seite 35.

50–60 g Keimlinge aus einer Weizenart (Nacktgerste, Nackthafer oder Roggen), gut abgespült mit Obst der Jahreszeit vermengen, Nüsse oder Mandeln zerkleinert zugeben.

Alle drei Sorten Getreide-Frischkost zügig zubereiten und bald verzehren, weil Aussehen und Geschmack durch Licht- und Lufteinfluss leiden.

Auch für VeganerInnen gibt es jede Menge Brote und Brötchen (siehe Seite 437ff.) und genügend köstliche Aufstriche (siehe Seite 441ff.).

Womit Veggies würzen

- Gomasio: Gerösteter Sesam.
- Sojasauce (Tamari): salziges Würzmittel aus vergorenen Sojabohnen und Salz.
- Tahin: Salzige Paste aus gerösteten, gemahlenen Sesamkörnern.
- Miso: Nach der japanischen Mythologie war Miso ein Geschenk der Götter an die Menschen, um ihnen Gesundheit, Langlebigkeit und Glück zu geben.
  Miso gilt als das edelste Produkt aus der Sojabohne. Die Herstellung ist sehr aufwändig:
  Gekochte Sojabohnen werden mit speziellen Bakterienkulturen geimpft und unter Druck in großen Holzfässern vergoren. Je länger der Fermentationsprozess dauert, desto wertvoller, energiereicher wird das Miso. Ähnlich wie Sauerkraut enthält Miso lebendige Stoffe, die für eine gesunde Darmflora sorgen. Seine Enzyme stärken das Immunsystem und regen den Stoffwechsel an.
  Besonders bei nasskaltem Wetter ist Miso ein regelrechter Muntermacher: Einfach Miso in heißem Wasser auflösen und trinken. Mit Tahin vermischt auch ein feiner Brotaufstrich.
  Es ist wichtig, besonders bei Miso auf die Qualität zu achten. Es gibt nämlich auch chemisch hergestellte, künstlich gereifte, aromatisierte Produkte.
- Besonders für Süßspeisen zu verwenden: Cashewmus, Haselnussmus und Mandelmus.
- Von mir selbst entwickelt: Barbaras Grüne Würze (siehe Seite 113).

Gerade für Veggies hält die indische ayurvedische Küche eine Palette an Gewürzen von A–Z bereit: Anis – Asafötida – Bockshornklee – Kreuzkümmel – Schwarzkümmel – Ingwer – Kardamom – Koriander – Lorbeerblätter – Nelken – Pfeffer – Safran – Zimt, neben unseren heimischen Gewächsen wie Knoblauch und Zwiebel. Welche heilenden Kräfte allein der Zwiebel zugeschrieben werden beweist ein indischer Spruch: »Solange weiße Zwiebeln im Haus sind, wagt sich keine Schlange hinein.«

Ich habe mir mehrere kleine Mühlen in der Art einer Pfeffermühle zugelegt, in denen ich mir diese köstlichen Gewürze – auch und besonders den Schwarzkümmel – frisch über Salate etc. mahle.

Es lohnt, sich ein Buch über die ayurvedische Kochkunst und ihre Gewürze anzuschaffen. (Z. B. Verma, Vinod: »Die Lebensküche. Meine besten Ayurveda-Rezepte«, siehe Literaturverzeichnis.)

Frischkost – Salate und Vorspeisen

Grundsätzlich sollte Artenvielfalt das Ziel sein, d. h. Blatt-, Blüten-, Frucht-, Knollen-, Wurzel- und Zwiebelgemüse sowie Kräuter sollten im Wechsel und in Kombination angeboten werden, ergänzt durch Obst, möglichst aus ökologischem Anbau.

Am einfachsten ist die Anordnung auf einzelnen Salattellern (pro Person) oder auf der Platte. So genügt eine Sauce und ein eventueller Rest kann (ohne Sauce) gut in einem verschließbaren Gefäß aufbewahrt werden.

Gemüse und Obst werden geschnitten bzw. auseinander gezupft, nur harte Wurzeln geraffelt.

Vorschläge für die Anordnung: Blattgemüse als Unterlage; geraffelte Möhren mit fein geschnittenem Apfel in die Mitte häufen; rundherum 2–3 Reihen Gurkenscheiben, Tomatenscheiben oder -stücke sowie Radieschenscheiben anordnen. Auf diese äußeren Reihen dünne Zwiebelhalbringe oder Zwiebelgrün, zerschnitten, geben. Auf die Möhren reichlich gehackte Petersilie streuen.

Dieses Beispiel enthält: Blatt-, Frucht-, Wurzel- und Zwiebelgemüse plus Kräuter. Es passt eine Essig-Öl-Senf-Sauce oder eine Zitronen-Mandel-Sauce dazu, die besser separat gereicht wird.

Weitere Beispiele für Salatteller und/oder -platten

- Batavia- oder Spinat-Salat als Basis, Champignons oder Austernpilze, sehr feine Scheiben mit Zwiebelringen vermengt in der Mitte anordnen, außen herum sternförmig

394   *Die vegane Vollwertkost*

Tomaten-Halbscheiben legen, Radieschenscheiben locker obenauf, Sonnenblumenkerne und gehackte Petersilie drüberstreuen; dazu die französische Öl-Essig-Sauce mit reichlich Pfeffer.

- Der ganz schnelle Wintersalat: Etwas zerschnittenes Sauerkraut (= Blatt) in der Mitte anordnen, Tomate(n) in Würfel oder Scheiben geschnitten drum herum legen, gleichermaßen Gurken- und Radieschenscheiben, Kürbiskerne drüberstreuen; eine Sauce ist nicht erforderlich; über das Sauerkraut Kümmel ganz oder gemahlen streuen, über das andere Gemüse etwas Kräutersalz, Pfeffer und mit wenig oder reichlich Öl (Lein-, Sesam- oder Olivenöl) das Arrangement übergießen, Zwiebelringe und, sofern vorhanden, Kresseblättchen aus der Keimbox obenauf streuen.

- Spinat-Blätter als Unterlage, rundherum Frühlingsrettich (»Eiszapfen«), Frühlingszwiebeln, fein geschnitten aufhäufen, Rote Bete fein geraffelt in der Mitte anordnen, Gurkenscheiben herumlegen; gekeimte Linsen passen gut dazu.
  Sauce: Öl, Estragon-Essig, Wasser, Kräutersalz, weißer Pfeffer, Senf.

- Eisberg-Salat, geschnitten als Unterlage; in der Mitte Rettich geraffelt mit geschnittenen Paprikastreifen (rot) aufhäufen, Zucchini – im Wechsel mit Gewürzgurken-Scheiben außen herumlegen, über alles Zwiebel-Halbringe geben, mit Dill und Zitronenmelisse als frische Kräuter abschließen.
  Sauce: Zitronensaft, Wasser, Leinöl, Zitronenpfeffer, etwas Bio-Honig.

- Sauerkraut-Salat auf Rapunzel: Sauerkraut klein schneiden, mit 3–4 Cornichons vermengen, $1/4$ rote, $1/4$ grüne Paprikaschote, klein geschnitten, 1 Möhre, $1/2$ Apfel in feine Scheibchen geschnitten, 1 Zwiebel gewürfelt. Würzen mit: Sesamöl, Kümmel ganz, Schnittlauch und Petersilie als fri-

Frischkost – Salate und Vorspeisen 395

sche Kräuter. Feldsalat als Unterlage, Sauerkraut locker darauf häufen.

- Winter-Frischkost auf großer Platte anordnen – besonders hübsch auf einer Platte aus Glas: Endiviensalat als Blattgemüse fein geschnitten wird die Grundlage, Chicoréeblätter einzeln am Rand anordnen – die Spitzen nach außen, Brokkoli und/oder Blumenkohl als ganz kleine Röschen in der Mitte aufhäufen. Apfel in feine Blättchen schneiden, mit blauen oder grünen Trauben über das Blütengemüse geben, Möhre grob raffeln und in den Außenkranz zwischen die Chicorée-Spitzen häufen, über alles feine Zwiebel-Halbringe und gehackte Petersilie und Schnittlauchröllchen streuen.

Sauce: Zitronensaft, Mandelöl, Mandelmus, warmes Wasser, Honig, Zitronenpfeffer.

Rohe und gekochte Saucen

Avocado-Dressing

1 Avocado
Saft von ½ Zitrone
100 ml Wasser (oder Gemüsebrühe)

1 Bund fein gehackte Kräuter
1 Knoblauchzehe
Pfeffer
1 gestrichener TL Kräutersalz

Avocado mit der Gabel zerdrücken und mit den restlichen Zutaten im Mixer pürieren.
Wenn Sie weniger oder gar kein Wasser nehmen, haben Sie einen delikaten Brotaufstrich – ebenso wie vom

Wildkräuter-Dressing

Saft von ½ Zitrone
100 ml Wasser oder Gemüsebrühe
4 EL Olivenöl
1 Knoblauchzehe
50 g Wildkräuter (die Blätter

von Giersch, Brennnessel,
Löwenzahn, Spitzwegerich,
Beinwell, Bärlauch, Gänseblümchen etc.)
1 gestrichener TL Kräutersalz

Die Wildkräuter – außer den Gänseblümchen (bleiben ganz) – fein hacken oder pürieren, mit den übrigen Zutaten verrühren.

Die Wildkräuter sind unseren üblichen Küchenkräutern an Vitalstoffen haushoch überlegen (siehe »Delikatessen am Wegesrand«, Literaturverzeichnis).

Rohe und gekochte Saucen 397

Hoummous

Siehe Hoummous in dem Rezeptteil »Üppige Vollwertkost« unter »Für den kleinen Hunger«, Seite 100.

Mandelsauce

Für Getreide-, Gemüsefrischkost und Obstsalate.

Pro Person:
1 EL Mandelmus
¹/₂ TL Zitronensaft

oder 1 EL Orangensaft
wahlweise 2 Msp. Honig

Mandelmus in 4 EL lauwarmem Wasser auflösen. Alle Zutaten gründlich miteinander verquirlen.
Die Sauce kann ohne weiteres für 2 Tage zubereitet werden. Dann am besten mit dem Handrührgerät wieder sämig rühren.

Haselnuss-Sauce

Pro Person:
1 TL Haselnussmus
etwas Zitronensaft

oder ¹/₂ TL Honig
oder ¹/₂ TL Kakao –
wahlweise Carobpulver

Haselnussmus in 4 EL lauwarmem Wasser auflösen. Alle Zutaten gut miteinander verrühren.

> *Tipp:* Anfänglich steht besonders auf dem Haselnussmus eine Ölschicht (sie konserviert). Das Mus vorsichtig homogen rühren. Danach bleibt die Masse jedoch cremig.

398   *Die vegane Vollwertkost*

Orangen-Sauce

Für Obstsalat und Getreidefrischkost.

Für 2 Personen:
Saft von 1 Orange – ca. 3 EL
2 Msp. abgeriebene Orangen-
schale

1 EL Cashewnusscreme
1 TL Honig
3 Msp. Delifrut

Cashewnusscreme in 1 EL lauwarmem Wasser auflösen. Alle Zutaten in ein eher hohes Gefäß geben. Mit den Schaumschlägern des Handrührgerätes lässt sich ganz rasch eine cremige Sauce rühren.

Variation: Wenn Honig und Delifrut gegen 2 Msp. Zitronenpfeffer-Gewürz ausgetauscht werden, eignet sich diese cremige Sauce auch zu Gemüsefrischkost, z. B. Blatt-, Möhren-, Sellerie- und Pastinaken-Salaten.

Sonnenblumenkern-Dip

100 g Sonnenblumenkerne
150 ml Gemüsebrühe
1 Knoblauchzehe

½ Bund Petersilie
Kräutersalz
Zitronensaft

Sonnenblumenkerne mehrere Stunden oder über Nacht in Wasser einweichen, sodass sie gut bedeckt sind. Die Masse hat sich dann verdoppelt, die losgelösten Samenhäutchen lassen sich durch mehrmaliges Spülen mit Wasser entfernen. Alle Zutaten im Mixer pürieren.

Variationen: Mit Paprika – Oliven – Schnittlauch – Senf – Tomaten pürieren.

Kalte Tomatensauce

3 große, weiche Tomaten
1 EL Tomatenketchup
3 EL Olivenöl
1 kleine Zwiebel, fein
geschnitten
1 Knoblauchzehe, zerdrückt

$^1/_2$ TL Kräutersalz
3 Msp. Tomatengewürzsalz
frische Kräuter: Schnittlauch,
Basilikum, Bärlauch, klein
geschnitten

Die Tomaten pürieren, die übrigen Zutaten zugeben, alle Teile gut vermengen und pikant-scharf abschmecken. Passt zu Nudelgerichten, Kartoffelspeisen, auch zu Gemüse-Frischkost.

Heiße Ölsauce

Anstelle von Buttersauce.

Oliven- oder Sonnenblumenöl mäßig erhitzen, etwas Salz oder Kräutersalz zugeben. Diese schnelle Sauce passt zu Kartoffel- und Gemüsespeisen.
Variation: Sesamsaat oder Semmelbrösel im Öl kurz anrösten.

400   *Die vegane Vollwertkost*

Pikante Sauce

Zu Kartoffelspeisen, Gemüse, Gemüsefrischkost.

1 EL Mandelmus	*2 TL Tomatenketchup oder*
1 EL Mohnöl	*Tomatenmark*
Kräutersalz	*1/2 Zwiebel, sehr fein geschnitten*
2 Msp. Zitronenpfeffer	*Zitronenmelisse*
2 Msp. Piccatagewürz	*1 Blatt Salbei*
1 TL Zitronensaft	*Zwiebelgrün, gehackt*

Alle Zutaten unter Zugabe von 3 EL Wasser cremig rühren, pikant abschmecken. Diese Menge Sauce reicht für 2–3 Personen.

Tomaten-Oliven-Sauce

3 reife, weiche Tomaten	*1 Knoblauchzehe, zerdrückt*
1 EL Sesamcreme	*Tomatengewürzsalz*
2 EL Olivenöl	*Zitronenpfeffer*
5 entsteinte Oliven	*Kräuter: Basilikum, Schnitt-*
1 Zwiebel, fein geschnitten	*lauch*

Die Tomaten pürieren, mit den anderen Zutaten gründlich vermengen (Oliven klein geschnitten), mit den Gewürzen und Kräutern sehr pikant abschmecken. Passt zu Nudeln, Reis, Kartoffelgerichten.

Let's go veggi!

Der Vegetarier-Bund Deutschlands hat gefeiert. Seinen 110-jährigen Geburtstag, am 9. Juni 2002 im ältesten vegetarischen Restaurant Deutschlands, dem Restaurant Hiller in Hannover.

Mit einem – man höre und staune! – tatsächlich rein veganen Menü. Küchenchef Robert Beck und sein Team hatten absolute Gaumenkitzel für die 90 angereisten Festgäste – mehr fasste der Speisesaal nicht – auf die Teller gezaubert. Übrigens waren alle Gäste schlank, keiner übergewichtig – und alle enorm vergnügt, ohne Alkohol!

Und so sah das Festmenü aus:

Rucolasalat
mit gerösteten Nüssen

———

Bärlauchsuppe

———

Geschmorte Rape, Schwarzwurzeln
und Kürbis mit Roselakartoffeln
und Sojabratling

———

Dessert – 6 süße Köstlichkeiten:
Apfelchutney – Grießpudding
Nougat – Kichererbsenkonfekt
Erdbeeren – Orangensalat

Das Menü war absolut köstlich, und niemand danach müde wie nach einem herkömmlichen Essen.

Küchenchef Beck verehrte mir die Rezepte für den veganen Teil meines Buches.

402   *Die vegane Vollwertkost*

Hier sind sie – mit Ausnahme der Bärlauchsuppe (5–6 Personen) für 4 Personen berechnet, als Beilage für 6 Personen. Wenn man aus den Desserts eine Dessertvariation zaubert, sind die Mengen auch für 6 Personen ausreichend.

Rucolasalat mit gerösteten Nüssen

Mit gerösteten Nüssen im Apfel-Zwiebel-Dressing.

Rucola

Apfel-Zwiebel-Dressing:
1 Apfel
1 Zwiebel
1 EL Senf
5 EL Rotweinessig
2 Tassen Sonnenblumenöl
2 Tassen Apfelsaft

Salz, Pfeffer, Sojasauce,
Sambal Oelek nach
Geschmack
Außerdem:
Sonnenblumenkerne, Kürbiskerne, Haselnüsse, Walnüsse,
Pinienkerne, Cashewkerne

Rucolasalat waschen und mundgerecht schneiden, den Stielansatz so fein wie Schnittlauch hacken.

Apfel und Zwiebel fein würfeln, mit Senf, Essig, Sonnenblumenöl, dem Apfelsaft und den Gewürzen abschmecken und über den Salat gießen.

Die Ölsaaten alle zusammen in der Pfanne ohne Fett rösten und drüberstreuen.

Bärlauchsuppe

1 Zwiebel	1 l Sojamilch (!)
2 EL Sonnenblumenöl	1 kg Bärlauch
1 EL fein gemahlenes Weizen-mehl	Salz
	Pfeffer

Zwiebel fein würfeln und in dem Sonnenblumenöl dünsten. Mit dem Mehl bestäuben, mit der Sojamilch ablöschen und aufkochen. Den Bärlauch pürieren und untermixen. Mit Salz und Pfeffer abschmecken.

Geschmorte Rape

1 Zwiebel	Salz
2 EL Sonnenblumenöl	Pfeffer
1 kg Rape	Sambal Oelek

Zwiebel fein würfeln und in dem Öl dünsten. Rape fein schneiden, zugeben und 20 Minuten schmoren. Mit den Gewürzen abschmecken.

Mein Tipp: Veganer können ruhig auch mal in dem Rezeptteil »Üppige Vollwertkost« zappen, wo sie in allen Kapiteln auch Rezepte ohne jegliche tierische Produkte finden. Einen guten Überblick hierüber gibt das alphabetische Rezeptverzeichnis zur »üppigen Vollwertkost«.

404 *Die vegane Vollwertkost*

Gedünstete Schwarzwurzeln

500 g Schwarzwurzeln
2 EL Olivenöl
Salz

Pfeffer
Zitronensaft

Schwarzwurzeln putzen, in fingerlange Stücke schneiden, in Salzwasser 10 Minuten kochen. Im Olivenöl schwenken, mit Salz, Pfeffer und Zitronensaft abschmecken.

Gebackener Kürbis

1 kg Kürbis
4 EL Olivenöl

Salz
Pfeffer

Den Kürbis im Ofen bei 180 °C ca. 30 Minuten garen. Den Kürbis schälen, das Kürbisfleisch würfeln und in dem Olivenöl schwenken. Mit Salz und Pfeffer abschmecken.

Roselakartoffeln

1 kg Roselakartoffeln
Olivenöl

Salz
Pfeffer

Roselakartoffeln kochen, pellen, im Olivenöl schwenken, mit Salz und Pfeffer abschmecken.

Sojabratlinge

1 Zwiebel	400 g Sojatrockenmasse
1 Bund Petersilie	Salz
1 Bund Schnittlauch	Pfeffer
2 EL Senf	Öl zum Braten

Zwiebel fein würfeln, Petersilie und Schnittlauch fein schneiden. Alle Zutaten vermengen, 300 ml Wasser zufügen und abschmecken. Kleine Puffer formen und im Öl braten.

Apfelchutney

1 kg Äpfel (Boskop)	300 g Rohrzucker
1 TL geriebene Ingwerwurzel	1 TL Kurkuma
1 Chilischote	1 TL gemahlener Zimt
10 Kreuzkümmelsamen	8 EL Sonnenblumenöl

Äpfel in Scheiben schneiden. Mit den übrigen Zutaten 20 Minuten im Topf schmoren.

Grießpudding – Halaba

500 g Hartweizengrieß	100 g Rosinen
300 g Kokosnussfett	2 TL Zimt
300 g Rohrzucker	Bittermandelaroma

Grieß im Topf rösten, Kokosnussfett, Rohrzucker und 2 l Wasser zufügen, aufkochen. Dann die Rosinen, Zimt und Bittermandelaroma unterrühren.

Nougat

100 g Kokosnussfett
500 g gemahlene Hasel-
nüsse

200 g Rohrzucker
500 g Kokosnussmilch
(wahlweise Sojamilch)

Kokosnussfett im Topf erhitzen, die Haselnüsse in der Pfanne ohne Fett rösten und zugeben, ebenso den Rohrzucker und die Kokosnussmilch. 30 Minuten kochen, den Brei auf ein Blech streichen und auskühlen lassen. In Würfel schneiden.

Kichererbsenkonfekt

100 g Kokosnussfett
300 g Kichererbsenmehl
300 g Kokosnussmilch

Kokosnussfett im Topf erhitzen, Kichererbsenmehl in der Pfanne ohne Fett rösten, zugeben, ebenso die Kokosnussmilch. Aufkochen, den Brei auf ein Blech streichen und auskühlen lassen. In Würfel schneiden.

Let's go veggi! 407

Vom Vollwertstandpunkt ist einiges nicht ganz astrein: die Sojabrocken, der Rohrzucker – aber kein Problem: So können Vollwertköstler statt der Sojabrocken Grünkern für ihre Bratlinge nehmen.
Übrigens hatte kein Mensch jemals etwas von Rape gehört, ich auch nicht. Schmeckt wie ein Mittelding zwischen Mangold und Grünkohl, ist, wie ich nach langer Fahndung herausfand, mit dem Brokkoli verwandt und gehört zur Familie der *Spargelkohlgemüse*! Alles klar?

Kulinarisch gesehen würde mir vermutlich unsere üppige Vollwertkost – wenig Milchprodukte, aber schon Butter und Sahne, etwas Käse, ab und zu ein Ei – nach wie vor am besten zusagen. Aber auch darauf würde ich verzichten, wenn dadurch Tierleid gelindert oder verhindert werden kann.

Pikante und süße Suppen

Zucchini-Suppe

400 g Zucchini, 2 mittel-
große Früchte
2 süß-säuerliche Äpfel
2 mittelgroße Möhren oder
100 g Kürbis
1 TL Salz
Saft von ½ Zitrone

oder ½ Orange
2 Msp. Pfeffer
2 Msp. Muskatblüte
Nelkenpulver
3 EL Mohnöl
1 EL Mandelmus
1 EL Schnittlauchröllchen

Zucchini, Äpfel und Möhren bzw. Kürbis klein schneiden und
in 750 ml Wasser 15 Minuten garen. Mit dem Mixstab cremig
pürieren. Danach die restlichen Zutaten zufügen. Mit Schnittlauchröllchen bestreut servieren.

Dinkel-Sellerie-Suppe

400 g Sellerieknolle
einige Sellerieblätter
3 EL Sonnenblumenöl
40 g Dinkel-Vollkornmehl
1½ TL Sellerie- oder Kräutersalz

2 Msp. Koriander und Muskatblüte
Selleriekraut und Petersilie
2 EL Sonnenblumenkerne,
angeröstet, geflockt

Sellerieknolle und -blätter putzen und klein schneiden, in dem
Öl andünsten. Nach wenigen Minuten das Dinkel-Vollkornmehl zugeben, mitdünsten lassen. Nach kurzer Zeit das Was-

ser aufgießen, gut verrühren. Von nun an noch 12–15 Minuten leise köcheln lassen. Mit den Gewürzen und Kräutern die Suppe kräftig abschmecken, die leicht angerösteten und geflockten Sonnenblumenkerne drüberstreuen.

Miso-Suppe

1 Stück, ca. 10 cm Kombu (Meeresalgen)
3–4 gehackte Frühlingszwiebeln oder Schnittlauch

1 Möhre in Scheiben
1½ Tassen gehackter Kohl
3 EL Bio-Miso (traditionell Gerstenmiso)

Ca. ¼ l Wasser mit dem Stück Kombu zum Kochen bringen. Kombu herausnehmen, Zwiebeln und Möhre 10 Minuten in der Brühe kochen, dann noch 5–7 Minuten den Kohl. Den Miso in etwas von der Brühe auflösen, in die Suppe geben und das Ganze noch ein paar Minuten ziehen lassen. Mit den grünen Zwiebelstreifen oder Schnittlauchröllchen dekorieren.

Mein Tipp: Viele Suppen können auch aus dem Rezeptteil »üppige Vollwertkost« übernommen werden. Statt Butter oder Sahne verwenden Sie Öl, wo geriebener Käse steht, liefern Hefeflocken einen ähnlichen Effekt, ebenso Vollkornbrösel mit Öl vermischt. Fantasie ist gefragt!

Tomaten-Lauch-Suppe

4 große, reife Tomaten
1/2 Stange Lauch
1 Lorbeerblatt
1 EL Reis-Vollkornmehl
1 EL Tomatenmark
1 TL Tomatengewürzsalz
2 Msp. Zitronenpfeffer

2–3 EL Olivenöl oder Sesamöl
1 EL Tomatenketchup
1–2 EL frische Kräuter:
Basilikum, Schnittlauch,
Zitronenmelisse
2 EL Sesamsaat, leicht
angeröstet

Tomaten und Lauchstange zerkleinern, in 1/2 l Wasser mit dem Lorbeerblatt einige Minuten leicht kochen lassen. Anschließend das Lorbeerblatt entfernen. Die übrigen Zutaten zufügen, mit dem Mixstab pürieren. Die Suppe noch einmal kurz erhitzen, Öl und Kräuter zugeben, pikant abschmecken. Geröstete Sesamsaat auf die Portionen streuen.

Gemüsegerichte

Austernpilze auf Möhrengemüse

300–400 g Austernpilze	*1 mittelgroße Zwiebel*
3 EL Olivenöl zum Braten	*Salz*
Kräutersalz	*Nelkenpulver*
Zitronenpfeffer	*1 EL Mandelöl*
300 g Möhren	*Basilikum, fein gehackt*
1 kleiner Apfel	

Austernpilze in Streifen schneiden, in dem Öl goldbraun rösten, mit Kräutersalz und Zitronenpfeffer würzen. Die Möhren in Scheiben schneiden, Apfel und Zwiebel würfeln, in wenig Wasser bissfest garen, mit Salz und etwas Nelkenpulver abschmecken, 1 EL Mandelöl übergießen. Das Gemüse in einer flachen Schüssel anrichten, die gebratenen Pilze in der Mitte. Mit gehackten Basilikumblättern bestreuen.
Dazu ein Reis- oder Kartoffelgericht.

Selleriescheiben im Sesam-Mantel gebraten

Pro Person:	*weißer Pfeffer*
1–2 Selleriescheiben	*1 EL Sesamsaat, geschält*
Kräutersalz oder Selleriesalz	*Öl zum Braten*

Selleriestücke bzw. kleine Knollen geputzt, im Ganzen ca. 30 Minuten in Salzwasser garen. Abkühlen lassen und in 1–2 cm dicke Scheiben schneiden, mit Sellerie- bzw. Kräutersalz und weißem Pfeffer kräftig würzen. Anschließend die Scheiben in Sesam wälzen. (Geschälter Sesam bräunt besser als ungeschälter.) Die Selleriescheiben in wenig heißem Öl in einer beschichteten Pfanne von beiden Seiten goldbraun knusprig ausbacken.

Der Tipp: Sesamsaat lässt sich mit etwas Vollkornmehl vermischt als Panade verwenden. Die Selleriescheiben passen gut zu Kartoffelgerichten.

Bunte Gemüse-Tajine

ca. 1 kg Gemüse der Jahreszeit: Möhren, Sellerie, Pastinaken, Petersilienwurzeln, Fenchel, Kohlrabi, Blumenkohl, Brokkoli, Wirsingkohl, Rosenkohl, Zucchini, Pilze, Paprikaschoten, Lauch, Kartoffeln
2 TL Kräutersalz

3 EL zerpflückte oder gehackte Kräuter: Lorbeerblätter, Rosmarinnadeln, Salbeiblätter, Liebstöckelblätter
Pfefferkörner
grob gewürfelte Zwiebeln
Knoblauch
2–3 EL Olivenöl

Die Gemüse grob zerkleinert in einen breiten Topf schichten – ideal ist die Tajine (siehe »Geräte in der Vollwertküche«, Bezugsquelle siehe Adressen). Die harten Sorten sollten unten und oben, die weicheren seitlich platziert werden, die Kräuter und das Kräutersalz werden dazwischen gestreut. Ca. 500 ml Wasser und Öl drübergießen, den Deckel aufsetzen und im vorgeheizten Ofen bei 200 °C garen. Dauert ungefähr 45 Minuten. Alles im eigenen Saft gegart – eine Wonne!

Ideal im Manz-Backofen (siehe »Geräte in der Vollwertküche«, Bezugsquelle siehe Adressen).

Welche Gewürze passen zu welchem Gemüse?

- Zu Kohlarten: Muskatblüte und -nuss (frisch gerieben).
- Zu Möhren: etwas Nelkenpulver.
- Zu Sellerie: Selleriesalz und Pfeffer.
- Zu Petersilienwurzeln und Pastinaken: etwas Pfeffer.
- Zu Fenchelknolle: Fenchelpulver.
- Zu Tomaten, Zucchini, Zwiebeln: Basilikum und Tomatengewürzsalz.
- Zu Paprikaschoten: Paprikapulver und Piccata.
- Zu Lauch: Kümmelpulver.
  Im Übrigen ist es reizvoll, selbst die Gewürzkombinationen herauszufinden.

Rote Bohnen – als Salat

200 g Kidney-Bohnen	3 EL Kräuter-Essig
1 Zwiebel, fein geschnitten	(z. B. Estragon-Essig)
2 EL frisch gehackte Kräuter	Majoran
1 TL Kräutersalz	Schnittlauch
schwarzer Pfeffer	2 EL Sesamöl

Die Bohnenkerne mit der doppelten Menge Wasser (ca. 400 ml) einige Stunden – oder über Nacht – einweichen. Mit dem Einweichwasser ankochen, bei Minimalhitze 30 Minuten weich kochen. Noch übrig gebliebenes Kochwasser abgießen. Im etwas abgekühlten Zustand mit den übrigen Zutaten kräftig abschmecken.

Gemüse-Paella

150 g Rundkornreis	1 TL Kräutersalz
2 EL Sonnenblumen- oder	je 2 Msp. Muskatnuss,
Olivenöl	Paprikapulver, schwarzer
1 mittelgroße Zwiebel	Pfeffer
200 g Gemüsemischung aus:	Petersilie
2 Möhren, 1 Lauchstange,	Schnittlauch
einigen Sellerieblättern	

Den Reis einige Stunden in wenig Wasser vorweichen, damit verringert sich die Kochzeit erheblich. Das Einweichwasser (ausnahmsweise) wegschütten, den Reis gut abtropfen lassen, eventuell mit Küchenpapier abtupfen. Das Gemüse klein schneiden.

In einen flachen Topf (ideal ist ein Wok) das Öl geben, darin die Zwiebelwürfel dünsten, dann unter ständigem Rühren den Reis zugeben und glasig dünsten, der Reis darf jedoch nicht braun werden. Nun das bunte Gemüse zugeben und kurz anschmoren. Danach so viel Wasser auffüllen, dass Reis und Gemüse gerade bedeckt sind, ankochen und bei Minimalhitze ungefähr 15 Minuten leise köcheln lassen. Zwischendurch immer wieder umrühren, weil ein Teil der Flüssigkeit vom Reis aufgesogen wird. Durch das mehrmalige Rühren wird die Speise sämig, bei Risotto das gewünschte Ergebnis.

Mit den Gewürzen – eventuell auch Cayennepfeffer – abschmecken und etwas Öl unterrühren. Mit viel gehackter Petersilie und Schnittlauch bestreuen.

Reis-Brokkoli-Pfanne

125 g Naturreis, Langreis,
z. B. Basmati
1 TL Salz
300 g Brokkoli

Gewürze: Muskatnuss, Muskatblüte
2–3 EL Sesamöl
2 EL Schnittlauchröllchen

Reis in eine Pfanne (mit Deckel) geben, 400 ml Wasser zufügen, 1–2 Stunden einweichen. Das Salz sofort zufügen, damit später vor dem Servieren nicht mehr gerührt werden muss. Brokkoli zerkleinern, gleichmäßig im Reis-Wasser verteilen. Deckel aufsetzen, zum Kochen bringen. Ungefähr 15 Minuten bei Minimalhitze garen. Dabei sollte möglichst zu keinem Zeitpunkt der Deckel geöffnet werden. 5 Minuten ohne Hitze nachquellen lassen.

Vor dem Anrichten die Gewürze (eher sparsam) nur überstreuen, das Öl gleichmäßig übergießen und mit Schnittlauch bestreut das Gericht in der Pfanne servieren.

Variation: Dies könnte ein Grundrezept für unterschiedliche Zubereitungen sein. Anstelle von Brokkoli Blumenkohl, Rosenkohl, Möhren, Pastinaken, Lauch (auch kombiniert), ferner Pilze, Paprika oder Zucchini nehmen.

416   *Die vegane Vollwertkost*

Kichererbsen gebacken

Als Suppeneinlage oder Gemüsebeilage.

125 g Kichererbsen
2–3 EL Sonnenblumenöl
etwas Salz oder Kräutersalz

Kichererbsen über Nacht oder einige Stunden in $^3/_4$ l Wasser einweichen, mit dem Einweichwasser ankochen. Bei kleinster Hitzestufe ungefähr 30 Minuten leise köcheln lassen, dabei möglichst nicht den Deckel öffnen. Kichererbsen in ein Sieb schütten, gut abtropfen lassen, evtl. mit Küchenpapier etwas abtrocknen. In einer Pfanne das Öl erhitzen, die Kichererbsen hineingeben und in einigen Minuten goldbraun anrösten, mit Salz oder Kräutersalz bestreuen.

Die gebackenen Kichererbsen sind eine feine Suppeneinlage oder werden mit anderen Gemüsen zusammen serviert.

Kartoffelgerichte

Apfel-Mandel-Kartoffelmus

500 g Kartoffeln
2–3 Äpfel
1 TL Salz
je 2 Msp. gemahlene Nelken,
Muskatblüte

Schnittlauchröllchen
2 EL Mandelmus
2 EL Mandelöl (wahlweise
Haselnussöl)

Kartoffeln dünn schälen, zerteilen, in 250 ml Wasser 10 Minuten kochen. Die Äpfel ebenfalls dünn schälen, vom Kernhaus befreien, in Stücke schneiden. Die Apfelstücke zu den Kartoffeln geben, weitere 5 Minuten kochen. Den Topf von der Kochstelle nehmen, etwas von dem Kochwasser abgießen, jedoch aufbewahren, um u. U. die Konsistenz zu korrigieren. Salz und die anderen Gewürze sowie Mandelmus und -öl zugeben. Mit einem Kartoffelstampfer alles zu Mus drücken. In einer flachen Schüssel mit Schnittlauchröllchen bestreut servieren.
Dazu Möhren-Erbsen-Gemüse.

Sesam-Kartoffeln – im Ofen gebacken

Pro Person:
2–4 Kartoffeln (je nach
Größe), die längliche Form
ist günstiger

1–2 TL Sesamcreme,
gewürzt mit Kräutersalz
Sonnenblumenöl
gehackte Petersilie

418   *Die vegane Vollwertkost*

Die Kartoffeln sehr sauber bürsten – evtl. vorher warm einweichen. In jede Knolle über die ganze Länge eine ca. 1 cm tiefe Kerbe schneiden. Kartoffeln in eine feuerfeste Form bzw. aufs Blech setzen. In jede Kerbe 1/2 TL der pikanten Sesamcreme geben. Über alle Kartoffeln etwas Sonnenblumenöl träufeln.
Backen: Im vorgeheizten Ofen bei 200 °C je nach Kartoffelgröße 30–40 Minuten; mit Kräutersalz und Petersilie bestreut servieren.
Ideale Kombinationen: Ein Salatteller oder gedünstetes Gemüse.

Kartoffel-Rösti pur – Kartoffel-Möhren-Rösti

Stärkereiche Kartoffeln, also »mehlige« sind besser geeignet als Salatkartoffeln. Neue Kartoffeln brauchen lediglich gründlich gebürstet zu werden, ältere eventuell dünn schälen.

Rösti pur:	*Rösti mit Möhren:*
pro Person 3 Kartoffeln	*pro Person 3 Kartoffeln*
Kräutersalz	*1/2 Möhre*
Öl zum Rösten	*Kräutersalz*
Schnittlauch oder Petersilie	*Öl zum Rösten*

Kartoffeln grob raffeln und die Masse in ein Küchentuch zum Aufsaugen der Flüssigkeit geben. Bei neuen, noch wässerigen Kartoffeln die Flüssigkeit durch das Tuch drücken. Die zurückbleibende Kartoffelmasse mit Kräutersalz würzen.
Backen: Reichlich Öl in eine (beschichtete) Bratpfanne geben, erhitzen. Die Kartoffelmasse gleichmäßig über den Pfannenboden verteilen. Bei mäßiger Hitze ungefähr 3–4 Minuten zunächst von der Unterseite rösten. Dann vorsichtig die Rösti

wenden – und nochmals ca. 2–3 Minuten auf der anderen Seite rösten.

Die Rösti – es heißt tatsächlich *die* Rösti, auch in der Mehrzahl – aus dem Fettbad heben, auf einen vorgewärmten Teller legen, mit Schnittlauchröllchen oder gehackter Petersilie bestreuen.

Rösti mit Möhren

Bei der Rösti mit Möhren wird die geraffelte Möhre untergemischt. Sonst gleiche Vorgangsweise.

Rustikaler Kartoffeltopf

500 g Kartoffeln
2 TL Kräutersalz
500 g Gemüse: Lauch, rote
Paprikaschoten, Zucchini,
Zwiebeln, Pilze
je 2 Msp. Pfeffer und Paprika-
pulver

frische Kräuter: 2 EL gehackte
Petersilie, Dill, Schnittlauch
1 große Zwiebel
3 EL Sonnenblumen- oder
Olivenöl
3 EL Sonnenblumenkerne

Kartoffeln sauber bürsten oder dünn schälen, mit dem Gurkenhobel bzw. in der Scheibentrommel der Gemüseraffel zu dünnen Scheiben raffeln. 1 TL Kräutersalz untermischen. Das Gemüse klein schneiden, ebenfalls mit 1 TL Kräutersalz und je 2 Msp. Pfeffer und Paprikapulver sowie 1 EL frischen Kräutern würzen. In eine feuerfeste Form, eher hoch als flach, die Hälfte der rohen Kartoffelscheiben füllen, darauf die gesamte Gemüsemischung, ebenfalls roh. Letzte Schicht die restlichen

420 *Die vegane Vollwertkost*

Kartoffelscheiben. Die Zwiebel fein schneiden, auf die Kartoffelscheiben verteilen. Öl und 3 EL warmes Wasser vermischen, gleichmäßig übergießen, damit die rohen Kartoffeln und das Gemüse Flüssigkeit zum Garen bekommen. Die Sonnenblumenkerne in die Oberfläche leicht eindrücken.

Backen: Im heißen Ofen 45 Minuten bei 225 °C. Die letzten 15 Minuten sollte ein Blatt Pergamentpapier aufgelegt werden, damit die Oberfläche nicht verkohlt.

Machen Sie die Garprobe mit dem Stäbchen – das Gericht schmeckt nur, wenn die Kartoffeln auch wirklich gar sind. Mit den restlichen Kräutern bestreut in der Backform auf den Tisch bringen und wie eine Torte in Stücke schneiden, damit die einzelnen Schichten schön zu sehen sind.

Weitere interessante Kartoffelgerichte finden auch VeganerInnen in den Rezepten zur »Üppigen Vollwertkost«.

Kann denn Essen
Sünde sein ...?

Jetzt komme ich zu einem wichtigen Thema. Wetten, dass jedeR mal »rückfällig« wird? Vor allem dann, wenn die Latte der Ziele zu hoch gesteckt war.

Mein Tipp: Keine Schuldgefühle entwickeln! Sondern sich den Rückfall in alte Gewohnheiten liebend verzeihen.

Osho sagte einmal, es ist besser, Fleisch zu essen als Fleisch zu denken. Ein guter Bekannter wurde während einer Fastenwoche im Traum qualvoll von Bildern knusprigen Gänsebratens heimgesucht. Ich selbst werde sogar heute noch, nach über 30 Jahren vegetarischer Ernährung, vom Duft gebratener Hähnchen angetörnt und habe vor allem an Meer oder See immer noch Gusto auf Fisch.

Meistens genügt es, sich das Tier – Huhn, Fisch – als Lebewesen vorzustellen und die Gier vergeht. Beim Sporttauchen schwimmen die Fische neugierig neben dem Menschen her, sehen einem direkt in die Augen! Kann ich essen, was mich mit solchen Augen ansieht?

Auf dem Weg zur Veganerin
Ein Bericht

Eine rührende Begebenheit hat Dagmar zum Thema »Fleisches-(Un)Lust von VegetarierInnen« beizusteuern, Dagmar, die offensichtlich als eine Art running gag in allen meinen Büchern auftaucht. Dagmar wurde als Kind gezwungen, Fleisch zu essen, obwohl sie es nicht mochte. Sie wollte keine Tiere essen. Ihren »Weg zum veganen Leben« hat sie für mich aufgeschrieben.

422   *Die vegane Vollwertkost*

»Beängstigende Hinfälligkeit« brachte sie im Alter von 25 Jahren dazu, die Ernährung total umzustellen. Durch Are Waerlands Schriften angeregt, gab es nun viel Rohkost, Pellkartoffeln mit Quark und Leinöl und vielen Kräutern. Getreidegerichte und Brot mochte sie nicht besonders, später stellte sich heraus, dass sie beides vermutlich wegen Neigung zu Übersäuerung oder Glutenunverträglichkeit tatsächlich meiden sollte.

»Bei einer Bio-Hofbesichtigung prophezeite man mir bei meiner Ernährung mit täglichem Konsum von Milch und Quark eines Tages Gicht oder Rheuma. Tatsächlich, 1 1/2 Jahre später begannen verschiedene Gelenke zu schmerzen. Als die Fingergelenke sich auch schmerzhaft entzündeten, verabschiedete ich mich schweren Herzens von meinem köstlichen, unpasteurisierten Quark sowie der Frischmilch.

Was nun? Fleisch, Eier, Fisch aß ich schon seit 20 Jahren nicht mehr – fast nicht mehr. Denn zwischendurch hatte ich immer wieder eine regelrechte Gier auf gegrillte Hähnchen. Fast jede Woche schlich ich mich zum Metzger, in der Hoffnung, dass mich – eine bekannte Vegetarierin – niemand sieht. Aber mit einem halben Hähnchen war die Gier nie gestillt. Bis ich mir eines Tages ein ganzes erlaubte, dazu eine Flasche Bier. An einem wunderschönen Sommertag zelebrierte ich diese vermeintliche Köstlichkeit auf dem Balkon. Danach eine Müdigkeit, eine nicht enden wollende Schwere und depressive Stimmung, die stundenlang anhielt. Meine Lust auf Hähnchen war endgültig gestillt.

Seit 20 Jahren lebe ich nun auch ohne Milchprodukte, rein vegan.«

Dagmar startet morgens mit einem Glas Edelstein-Kristallwasser mit Bergkristall, Rosenquarz und Amethyst. Danach folgt ein Tee aus Brennnesseln, Zinnkraut, Löwenzahn oder Birkenblättern. Um sicher zu sein, dass sie bei ihrer veganen Ernährung ausreichend mit Vitalstoffen versorgt ist, nimmt sie – vorsichtshalber, wie sie sagt – allerdings ein Nahrungsergänzungsmittel, nämlich ein Glas Haferdrink gemischt mit einem bioaktiven Konzentrat.

Dann gibt's vormittags noch Grapefruits, Mangos, Kiwis, Avocados, im Sommer Wassermelonen, mittags zum Beispiel einen Hirsebrei mit frischem Ingwer, eingeweichtem Trockenobst aus Pflaumen oder Aprikosen sowie einem großen Löffel Sesamöl – und täglich die berühmten 7 Mandeln, die krebsvorbeugend wirken sollen.

Bereits zwischen 16 und 18 Uhr gibt es Abendessen – Rohkost aus Sauerkraut oder Möhren, darüber einen großen Löffel Leinöl und frische Kräuter, gefolgt von gedämpften Pellkartoffeln und gedämpftem Gemüse mit Sojasauce oder Kräutersalz, Gomasio (Sesam mit Meersalz), Galgantpulver samt einem kleinen Löffel Bierhefepulver und einer Menge klein gehackter Kräuter wie Borretsch, Beinwell, Petersilie, Kerbel, Liebstöckel, Rucola, Basilikum, Dill – je nach Jahreszeit. Dazu Spirulinapulver und das blaugrüne AFA-Algenpulver, jeweils einen kleinen Löffel voll, in der kalten Jahreszeit vermehrt Gekeimtes.

»So viel Grün im Essen liefert viel Kalzium und Eiweiß, ohne die Nachteile, die tierisches Eiweiß mit sich bringt. Dick kann man bei dieser Kost nicht werden. Viel Bewegung ist für die Knochen sehr wichtig. Bei mir täglich $1^1/_2$ Stunden Fußmarsch und häufig das freudige Springen, Wirbeln und Schwingen auf dem Trampolin nach meinem eigenen Rhythmus.

Mit dieser Lebensweise habe ich mich bis zum nun 67. Lebensjahr gerade, heiter, beweglich und frei von chronischen Schmerzen gehalten. Ich fühle mich wesentlich besser als mit 25 Jahren.«

424 *Die vegane Vollwertkost*

Dagmar ist die radikalste Veganerin, die ich kenne. Und die vergnügteste obendrein – trotz ihrer doch recht spartanisch anmutenden Ernährungsweise.

Sollte sich jemand angesprochen fühlen, ihr nachzueifern: Bitte nicht die Messlatte zu hoch stecken – sonst ist das Scheitern vorprogrammiert!

Die Ernährung ist dann richtig,
wenn sie nicht der Schwerkraft dient;
wenn sie dir hilft, dich unkörperlich zu fühlen,
ist sie gut. Deinen Körper fühlst du immer nur dann,
wenn du ein inneres Gefühl von Schwere hast.
Wird der Körper nicht mit falschen Speisen belastet,
bist du körperlos.

(Aus: Osho: »Der Körper ist ein einziges Fließen«)

Das 80:20-Gesetz

Zu einer interessanten – und auch tröstlichen – Schlussfolgerung in Bezug auf vegetarische Perfektion kommt Dr. Erwin Lauppert von der Österreichischen Vegetarier-Union.

Dass nämlich mit 3 Fleischessern, die ihren Fleischkonsum halbieren, zumindest der Tierwelt mehr gedient ist als mit 1 Vegetarier, mit 2 Menschen, die Lacto-Ovo-Vegetarier werden, mehr als mit 1 Veganer.

»›Ovo-Lacto-Vegetarismus‹ bedeutet bei mäßigem Milch- und Eiergenuss immerhin Reduzierung des durch Tiernutzung verursachten Tierleids um ca. 80–90 Prozent.«

Dr. Laupperts These fußt auf einer Studie des italienischen Wirtschaftswissenschaftlers Pareto. Diesem war vor 100 Jahren beim Kartoffelernten aufgefallen, dass 1 Stunde gebraucht wurde, um 80 Prozent der Kartoffeln aus der Erde zu holen, hingegen 2 Stunden nötig waren, um alle Kartoffeln, also auch die restlichen 20 Prozent, auszubuddeln. Daraus wurde das so genannte Pareto-Gesetz: 80:20.

Dr. Lauppert: »Mit anderen Worten, Perfektion kostet unverhältnismäßig viel. Sind Zeit und Mittel knapp, empfiehlt es sich also nachzudenken: Ist es sinnvoll, auf Vollendung zu beharren oder reicht es auch ein bisschen schlampiger?«

(Quelle: Die Zeitschrift »Anima« der ÖVU (Österreichische Vegetarier-Union)

Ein hübsches Gedicht zum Thema – »Das Klinik-Lied«:

»So lieg ich hier und denke mir
mein Teil zu manchen Dingen:
Nicht alles muss gelingen,
du musst's nicht immer bringen.
Du musst nicht immer siegen.
Nur lass dir eins beibiegen:
Beim Auf-der-Nase-Liegen
gib bitte nicht den Heitern –
versag nicht auch beim Scheitern.«

(Aus: Robert Gernhardt: »Gedichte 1954–1997«, Zweitausendeins)

Getreidegerichte

Maisgrieß (Polenta) – süß oder herb gewürzt

Eine sehr einfache, doch schmackhafte und sättigende Speise.
Wer es süß mag, isst einen Obstsalat dazu, wer es lieber herzhaft hat, irgendein Gemüse.

Früher war (und ist heute gebietsweise noch immer) eine Polenta (Kukuruz oder Türkensterz genannt) die tägliche Morgenspeise der Menschen im südlichen und südöstlichen Europa.

250 g Maisgrieß (Polenta grob)	*Gewürze herbe Richtung:*
Gewürze süße Richtung:	*1 TL Salz*
½ TL Salz	*Muskatnuss*
Zimtpulver	*Muskatblüte*
Delifrut	*4 EL Sesam- oder Mohnöl*

In eine entsprechend große feuerfeste Form (mit Deckel) Maisgrieß und 600 ml Wasser hineingeben, Salz und die für die gewünschte (süße oder herbe) Richtung entsprechenden Gewürze zufügen, alles verrühren und das Öl auf der Oberfläche verteilen. Die Form mit Deckel in den kalten Backofen stellen, 2. Schiene von unten. Bei einer Temperatur von 225 °C quillt der Mais innerhalb von 30 Minuten voll aus. Anschließend kann die Form noch 5–10 Minuten bei Nullstellung im Ofen bleiben, bis die Oberfläche gut gebräunt ist. Der Mais wird dann so ausgequollen sein, dass er fast trocken erscheint.

Pikante Getreide-Gemüse-Bratlinge

100 g Getreide, z. B. Dinkel,
Einkorn, Kamut
50 g Amaranth oder Quinoa
2 EL Sonnenblumenkerne,
geflockt
1 kleine Zwiebel
1/3 Stange Lauch

1/2 rote Paprikaschote
1–2 EL frische Kräuter (Dill,
Schnittlauch, Zitronenmelisse)
1 TL Salz oder Kräutersalz
je 2 Msp Pfeffer, Kümmel-
pulver, Paprikapulver
Öl zum Braten

Getreide und Amaranth bzw. Quinoa zusammen fein mahlen. Die Sonnenblumenkerne lassen sich problemlos in der Hand-Flockenquetsche flocken. Mehl- und Ölsaatengemisch mit 250–300 ml Wasser gut vermischen und mindestens 30 Minuten quellen lassen. Die klein geschnittene Zwiebel, Gemüse und gehackten Kräuter sowie Gewürze zugeben, würzig abschmecken. Der Teig sollte in seiner Konsistenz eher flüssig sein. Er neigt zum Ansetzen am Pfannenboden. Darum ist es ratsam, eine beschichtete Pfanne zu verwenden. In das erhitzte Öl an 4–5 Stellen kleine Teigmengen einfließen lassen und von beiden Seiten knusprig braun ausbacken.
Variationen: Es können auch andere Getreide, z. B. Gerste und Roggen vermischt mit einer Weizenart eingesetzt werden. Wenn die Sonnenblumenkerne vor dem Flocken leicht angeröstet werden, entsteht ein besonders würziger Geschmack.
Als Gemüse-Variationen bieten sich Kohlarten an (sehr fein geschnitten), kombiniert mit Zwiebeln und Äpfeln.

Dinkel-Pfannkuchen mit Obst

100 g Dinkelmehl
50 g Hartweizenmehl
1 EL Sesamsaat
1 Prise Salz
2 EL Mandelmus

1 süß-säuerlicher Apfel oder
3 Aprikosen oder Pflaumen
Gewürze: Vanillepulver,
Zimtpulver
Öl zum Backen

Dinkel, Hartweizen und Sesamsaat zusammen fein mahlen, mit 350 ml warmem Wasser, Salz und Mandelmus zu einem Pfannkuchenteig rühren. Er sollte mindestens 30 Minuten quellen, um die Bindefähigkeit zu erreichen. Inzwischen das Obst sehr klein schneiden und mit den Gewürzen in den Teig rühren. In einer beschichteten Pfanne Öl erhitzen und bei mäßiger Hitze zügig kleine, dünne Pfannkuchen ausbacken. Sie sollten möglichst sofort serviert werden, z. B. als warmes Dessert nach Frischkost und Suppe.

Getreidegerichte 429

Nudeln aus Hartweizen

Schnell selbst gemacht, ergibt 125–140 g getrocknete Nudeln.

100 g Hartweizen
etwas Hartweizen-Streumehl

Hartweizen fein mahlen, mit 60 ml Wasser zu einem geschmeidigen Teig kneten – geschmeidig heißt, dass beim Niederdrücken des Teigrandes keine Bruchstellen entstehen dürfen. Den Teig in 2–3 Teile schneiden, jedes Teil mit Hilfe des Streumehls zu einer dünnen Platte ausrollen. Aus den Teigplatten mit einem Kuchenrad Nudeln schneiden – schmale Streifen für Bandnudeln, Rechtecke für Lasagne etc.

Nudeln aus Hartweizen sind sofort kochfähig. Sie können jedoch auch im trockenen Zustand in einer Dose oder in einem Glas kühl und trocken aufbewahrt werden. Dazu ist es erforderlich, sie nach dem Ausradeln sofort auf einem mit Pergamentpapier ausgelegten Rost locker zu verteilen. Bei Küchentemperatur innerhalb von 24 Stunden oder in der Restwärme des Backofens sollten sie dann splittrig trocken werden.

Kochen: Verhältnis Wasser zu Nudeln 2:1 + Salzzugabe ins Kochwasser; je nach Nudelstärke beträgt die Koch- bzw. Siedezeit 10, 12, höchstens 15 Minuten. Vom Kochwasser ist danach meistens nichts mehr vorhanden. Nudeln aus Hartweizen kleben nicht, sie brauchen weder den berühmten EL Öl im Kochwasser noch müssen sie kalt abgespült werden.

Wenn Sie häufig Nudeln selbst herstellen, lohnt sich eine Nudelmaschine, entweder handbetrieben oder elektrisch. Mit der elektrischen, die (natürlich!) aus Italien kommt, lassen sich alle nur denkbaren Nudelvarianten zaubern.

430   *Die vegane Vollwertkost*

Variation Schnippelnudeln: Aus dem geschmeidigen Teig mehrere fingerdicke Stränge rollen, mit einer Küchenschere schräg zum Strang kleine Teilchen schneiden, auf Streumehl fallen lassen. Sie können sofort verwendet werden, z. B. einige Minuten in einer Gemüsesuppe bzw. einem Eintopfgericht mitköcheln. Auch ein »Obsteintopfgericht« kann mit Schnippelnudeln zubereitet werden.

Obsteintopf mit Schnippelnudeln

Warm oder kalt zu genießen.

150 g Hartweizen-Schnippel-nudeln	*Delifrut*
1 Prise Salz	*Bio-Honig nach Geschmack,*
300–500 g Obst der Jahreszeit	*je nach dem Säuregrad der*
mögliche Gewürze: Zimt,	*gewählten Früchte*
Vanillepulver, Nelkenpulver,	*1–2 TL Zitronensaft*
	2 EL Mandel- oder Nussmus

Salzwasser zum Kochen bringen, die Nudeln hineingeben, bei Minimalhitze 10 Minuten leise köcheln – ein paar Mal umrühren. Das klein geschnittene Obst zugeben, noch etwa 5 Minuten weiterkochen und kurze Zeit ohne Hitzezufuhr nachquellen lassen. Mit den Gewürzen, etwas Bio-Honig und Zitronensaft, dem Mandel- oder Nussmus süß-säuerlich abschmecken.

Der Tipp: Die weichen Obstsorten wie z. B. Himbeeren, Erdbeeren, Brombeeren werden nicht mitgekocht, sondern am Schluss roh untergezogen.

Nudelgratin

200 g Hartweizennudeln	*je 2 Msp. Pfeffer*
1 TL Salz	*Paprikapulver*
400 g Gemüse (Blumenkohl,	*Muskatblüte*
Brokkoli, rote Paprikaschoten,	*3 EL Sonnenblumenkerne,*
Pilze, Zwiebel, Apfel)	*geflockt*
Sonnenblumenöl zum Rösten	*2 EL frische Kräuter (Peter-*
Gewürze für das Gemüse:	*silie, Schnittlauch)*
1 TL Salz	

Die Nudeln, z. B. Spätzle oder Hörnchen, in 400 ml kochendes Salzwasser geben und bei geringster Hitze 12–15 Minuten garen. Die Flüssigkeit wird weitestgehend aufgesogen sein, sodass kein Kochwasser weggeschüttet werden muss. Hartweizennudeln neigen kaum zum Kleben, sodass kein Öl ins Kochwasser gegeben werden muss und auch das Abspülen mit kaltem Wasser nicht nötig ist.

Während der Kochzeit der Nudeln können kleine Röschen von Blumenkohl und Brokkoli, klein geschnittene Pilze, Zwiebeln und Paprikaschoten nacheinander in kleinen Partien in Öl innerhalb von 2–3 Minuten in einer Pfanne angeröstet werden. Das Fett sollte nach 2 Gängen gewechselt werden. Das geröstete Gemüse würzen und mit der Hälfte der gehackten Kräuter vermengen.

Dann die halbe Menge Nudeln in eine feuerfeste Form geben, darauf das geröstete Gemüse und als oberste Schicht die restlichen Nudeln. Die Sonnenblumenkerne frisch flocken und auf die Oberfläche verteilen. Im vorgeheizten Ofen bei 200 °C 30 Minuten gratinieren; restliche Kräuter überstreuen und in der Form servieren.

Gemüsepizza

275 Mehl: 100 g Einkorn,
100 g Dinkel, 75 g Kamut
50 g Amaranth
10 g Hefe
75 g Sonnenblumenöl
1 Lauchstange
1 rote Paprikaschote
$^1\!/_2$ Apfel
1 Zwiebel
1 TL Kräutersalz

je 1 Msp. Paprika- und
Kümmelpulver
Pfeffer
Knoblauch
Kräuter: 2 EL Petersilie, Dill,
Schnittlauch
Sonnenblumenkerne
Guss:
1 TL Kräutersalz
2 EL Sesamöl

Getreide und Amaranth zusammen fein mahlen. Aus Hefe, Sonnenblumenöl und 125 g Wasser einen Hefeteig nach der Methode »lange Teigführung« (siehe Seite 361) zubereiten; insgesamt 3 Stunden einplanen. Den Teig auf ein mit Backpapier ausgelegtes Backblech verteilen, am besten mit nasser Hand. Zerkleinertes Gemüse, Apfelschnitzel, Zwiebelscheiben, Gewürze, Kräuter sowie geflockte Sonnenblumenkerne gut vermengt gleichmäßig auf die Teigplatte auftragen. Kräutersalz, Sesamöl und 2 EL warmes Wasser über das Gemüse gießen (damit es saftig bleibt und nicht austrocknet). Gut zugedeckt 30 Minuten ruhen lassen. Im vorgeheizten Ofen bei 225 °C ca. 35 Minuten backen und möglichst bald verzehren.

Nudelsalat mit gedünstetem Gemüse

125 g Hartweizennudeln
(Hörnchen oder Spätzle)
1 TL Salz
300 g Gemüse: Möhren, Lauch,
Zucchini, Pilze, Blumenkohl
$\frac{1}{2}$ TL Kräutersalz

2–3 EL Sonnenblumen- oder
Sesamöl
2 EL frische Kräuter: Kerbel,
Petersilie, Schnittlauch
2 EL Sonnenblumenkerne,
geröstet

Die Nudeln in 250 ml kochendes Salzwasser geben und 12–15 Minuten bei geringer Hitze kochen. Es sollte die gesamte Flüssigkeit aufgesogen sein, sodass kein Kochwasser weggeschüttet zu werden braucht. Die Gemüse klein schneiden und in wenig Wasser bissfest garen. Nudeln und Gemüse miteinander vermengen, gut abschmecken, mit dem Öl und den gehackten Kräutern mischen. Die in einer trockenen Pfanne leicht angerösteten Sonnenblumenkerne drüberstreuen.

Getreidegerichte 435

Nudelsalat mit Obst

125 g Hartweizennudeln	*Mandelsauce:*
(Spätzle, Hörnchen, Band-	*2 EL Mandelmus*
nudeln)	*1 EL Biohonig*
300 g Obst: Orange, Apfel,	*Gewürze: Vanille-, Nelken-*
Birne, Kiwi, Banane etc.	*und/oder Zimtpulver*

Nudeln in 250 ml kochendes Salzwasser hineingeben, verrühren, bei Minimalhitze 12–15 Minuten kochen. Nach der Garzeit müsste die Flüssigkeit vollständig aufgesogen sein, Kochwasser ist also nicht wegzuschütten. Das Obst zerkleinern und mit den abgekühlten Nudeln vermengen. Je nach Obstkombination sollte mit etwas Zitronensaft abgeschmeckt werden.
Für die Mandelsauce Mandelmus mit 100 ml warmem Wasser und Bio-Honig verrühren. Die Mandelsauce kann entweder unter die Nudeln gerührt oder separat serviert werden.

Bunter Reissalat

100 g Langkornreis	*einige blaue Weintrauben*
$1/_2$ TL Salz	*etwas Zitronensaft*
1 mittelgroße Pastinake	*1 EL Haselnussmus*
1 mürber Apfel	*2 EL Haselnussöl*
1 Orange oder 2 Clementinen	

Langkornreis 2–4 Stunden in 200 ml Salzwasser einweichen. Danach ankochen und ungefähr 15 Minuten bei Minimalhitze garen. Das gesamte Kochwasser dürfte dann aufgesogen sein. Während der Kochzeit Pastinake und Apfel fein raffeln, Zitronensaft zufügen, Orange oder Clementinen klein schneiden,

436   *Die vegane Vollwertkost*

Weintrauben halbieren. Alles miteinander und mit dem Hasel-nussmus und -öl vermengen, dabei nicht mehr als nötig rühren, damit die Speise nicht matschig wird (Nussmus am besten vorher in etwas warmem Wasser auflösen).

Linsen-Pfannkuchen

125 g rote Linsen	*je 2 Msp. Delikatagewürz,*
75 g Hartweizen	*schwarzer Pfeffer*
3 EL Sesamöl	*1 EL frische Kräuter: Majoran,*
1 EL zerkleinerte Cashewkerne	*Schnittlauch, Petersilie*
1 Zwiebel, klein geschnitten	*Öl zum Braten*
1 EL Kräutersalz	

Linsen und Hartweizen in der Getreidemühle fein mahlen, mit 300 ml lauwarmem Wasser, dem Öl, den zerkleinerten Nuss-kernen, der Zwiebel sowie den Gewürzen und Kräutern zu einem eher weichen Teig verrühren. Mindestens 30 Minuten quellen lassen. Ausreichend Öl in einer beschichteten Pfanne erhitzen, jeweils 4–5 kleine Küchlein sehr dünn ausbacken und möglichst sofort servieren, damit sie knusprig bleiben. Schmeckt gut mit einem Sauerkraut-Kartoffelpüree-Gericht.

Brote, Brötchen und Fladen

Die Brote, Brötchen und Fladen für VeganerInnen entsprechen überwiegend den Rezepten aus dem tiereiweißfreien Teil. Dort finden Sie auch die »Tipps und Kniffe für Eigenbrötler«.

Nusskipferl

Rezept für 1 Backblech mit 12 Stück.

275 g Vollkornmehl
(100 g Dinkel, 100 g Ein-
korn, 75 g Kamut)
10 g Hefe
½ TL Salz

50 g Haselnussmus
50 g Haselnussöl
50 g gehackte Haselnüsse
etwas Streumehl

Einen Hefeteig entsprechend dem Grundrezept »lange Teigführung« (siehe Seite 361) in 2 Anfrischstufen zubereiten. Zunächst die Hefe in 150 ml Wasser auflösen und nur die halbe Menge Mehl einarbeiten. Erst nach der 1. Teigruhezeit Salz und die übrigen Zutaten einkneten. Kipferl, d. h. Hörnchen, formen, sie auf ein mit umweltfreundlichem Backpapier ausgelegtes Blech setzen, mit Wasser bestreichen, vor dem Backen 2–3 Quereinschnitte machen, einige Nussstückchen überstreuen.

Backen: Im vorgeheizten Ofen 25–30 Minuten bei 225 °C ohne Schwaden, d. h. ohne einen Topf mit kochendem Wasser dazuzustellen.

Sonnenblumenhörnchen

Rezept für 1 Backblech mit 16 Stück.

20 g Hefe
450 g Vollkornmehl
(150 g Dinkel, 150 g Einkorn,
75 g Roggen, 75 g Kamut)
½ EL Salz

½ TL Kümmelpulver
50 g Sonnenblumenöl
50 g Sonnenblumenkerne
etwas Streumehl

Aus den aufgeführten Zutaten einen Hefeteig nach »langer Teigführung« in 2–3 Anfrischstufen zubereiten. Zunächst in der 1. Stufe 300 ml Wasser, Hefe und einen Teil des Mehls einrühren, erst in der nächsten Stufe die Gewürze und das Öl einarbeiten. Durch den Roggenanteil neigt der Teig etwas zum Kleben, Streumehl ist daher notwendig. Nach Abschluss der Teigruhezeiten eine Teigplatte ausrollen, mit dem Tortenteiler 16 Stücke (Dreiecke) markieren, die anschließend von breit zu spitz eng aufgerollt werden. Sie werden dann aufs Backblech gesetzt, mit kaltem Wasser abgestrichen und dick mit Sonnenblumenkernen bestreut.

Backen: Im vorgeheizten Ofen 25–30 Minuten bei 225 °C mit Schwaden.

Aus dem Teig lässt sich auch ein Brot herstellen.

Hafer-Wecken

Rezept für 1 Backblech mit 6 oder 8 Stück.

250 g Mehl (75 g Nackthafer,	*2 EL Mohnöl*
50 g Hartweizen, 50 g Kamut,	*1 EL Mandelmus*
75 g Dinkel)	*1 EL Mohnsamen zum*
10 g Hefe	*Bestreuen*
$1/2$ TL Salz	*Streumehl*

Einen Hefeteig mit »langer Teigführung« im 2-fachen Anfrisch-verfahren aus Mehl, Hefe und 175 ml Wasser zubereiten. Salz, Öl und Mandelmus erst der 2. Teigstufe zugeben. Nach Ablauf der Ruhezeiten ausformen: Teig in 2 Teile trennen, je einen Strang rollen, davon je 3 oder 4 Teile schneiden. Runde Brötchen formen, aufs Backblech setzen, mit Wasser bestreichen, mit dem Apfelteiler oder »Kaisers Semmelstupfer« Muster eindrücken, etwas Mohn überstreuen.
Backen: Im vorgeheizten Ofen 25 Minuten bei 225 °C mit Schwaden.
Mit der doppelten Zutatenmenge können Sie ein Brot backen.

Kräuterfladen

Rezept für 1 Backblech mit 8 Stück.

300 g Vollkornmehl	*3 EL gehackte frische Kräuter:*
(100 g Dinkel, 100 g Einkorn,	*Schnittlauch, Dill, Petersilie,*
50 g Kamut, 50 g Roggen)	*Estragon, Basilikum*
10 g Hefe	*3 EL Sesamöl*
1 TL Kräutersalz	*1 EL Sesamsaat*
	Streumehl

440   *Die vegane Vollwertkost*

Aus den angegebenen Zutaten einen Hefeteig mit Mehl, Hefe und 200 ml Wasser nach »langer Teigführung« mit 2 Anfrischstufen herstellen. Salz, Kräuter und Öl erst der 2. Teigstufe zugeben.

Ausformen: 8 gleiche Teile schneiden, Kugeln formen, zwischen den Handflächen platt drücken, aufs Blech legen. Mit der Teigkarte rautenförmige Eindrücke machen, mit Wasser abstreichen und mit Sesamsaat bestreuen, Sesam leicht eindrücken.

Backen: Im vorgeheizten Ofen 25–30 Minuten bei 225 °C.

Orangen-Fladen

Rezept für 1 Backblech mit 8 Stück.

250 g Vollkornmehl	*2 TL Bio-Honig*
(125 g Einkorn, 125 g Kamut)	*etwas abgeriebene Schale*
100 ml Orangensaft	*einer unbehandelten Orange*
10 g Hefe	*50 g zerkleinerte Mandeln*
1 Prise Salz	*Streumehl*

Aus den Zutaten Mehl, Orangensaft, 75 ml Wasser und Hefe einen Hefeteig entsprechend der »langen Teigführung« mit 2 Anfrischstufen bereiten. Nach der Ruhezeit die restlichen Zutaten zugeben, den Teig in 8 gleiche Teile schneiden, zwischen den Handtellern zuerst Kugeln drehen und diese dann zu flachen Ovalen drücken, aufs Backblech legen. Mit der Teigkarte rautenförmige Muster hineindrücken.

Backen: Im vorgeheizten Ofen 25 Minuten bei 225°C mit Schwadeneinwirkung.

Pikante und süße Brotaufstriche

Die Aufstriche sind sehr schnell und einfach herzustellen, vorausgesetzt, Sie haben ein Handrührgerät mit dem Zusatzteil Mixstab. Die fertigen Nuss-, Mandel- und Sesammuse gibt es in Reformhäusern und Naturkostläden, ebenso die speziellen Öle. Die Brotaufstriche sind für den baldigen Verbrauch bestimmt, darum die Angaben für geringe Mengen. 2–3 Tage lassen sie sich gut im Kühlschrank aufbewahren. Reste können für eine süße oder pikante Sauce verwendet werden – einfach mit etwas warmem Wasser die Creme verdünnen und nachwürzen.

Avocado-Creme

1 reife Avocado	*1 EL Zwiebelgrün*
1 EL Sonnenblumenöl	*1 TL gehackter Dill*
etwas Salz	*2 Cornichons, fein geschnitten*
2 Msp. Zitronenpfeffer	*¼ Apfel, fein geschnitten*
1 kleine Zwiebel, fein geschnitten	

Das Fruchtfleisch aus der Avocado herauslösen, mit einer Gabel zerdrücken oder mit dem Mixstab pürieren. Mit den übrigen Zutaten pikant abschmecken.
Die Avocado-Creme schmeckt super auf frisch gebackenem Vollkorn-Baguette, aber auch als Dip zu Kartoffel- und Gemüsegerichten.

442   *Die vegane Vollwertkost*

Tomatencreme

150 g gekochter Reisbrei*	*1 TL Tomatengewürzsalz*
75 g Mandelmus	*1 TL Senf*
2 EL Tomatenmark	*2 EL Schnittlauchröllchen*
50 g Mandelöl	

Alle Zutaten sollten ungefähr Zimmertemperatur haben, d. h. der Reisbrei muss abkühlen und die anderen Zutaten sollten ungefähr 2 Stunden vor der Zubereitung aus dem Kühlschrank genommen werden. Nur bei etwa gleicher Temperatur gelingt eine Emulsion. Reisbrei, Mandelmus und Tomatenmark in ein hohes Gefäß geben, mit dem Handrührgerät auf hoher Stufe cremig rühren. Nach und nach während des Rührens das Öl zugeben und so lange weiterrühren, bis sich eine stabile cremige Konsistenz gebildet hat. Zum Schluss die Gewürze unterrühren und mit Schnittlauchröllchen bestreuen. Dieser pikante Aufstrich passt gut zu Roggen-Sauerteig-Brot.

Sesamcreme auf Grünkernbasis

100 g Grünkernbrei**	*Tomatengewürzsalz*
50 g Sesammus (Tahin)	*2 EL gehackte Kräuter:*
2 TL Zitronensaft	*Majoran, Schnittlauch-*
50 g Sesamöl	*röllchen, Petersilie*
1 kleine Zwiebel, fein geschnitten	*1 Knoblauchzehe*
¼ TL Kräutersalz und	*2 EL Tomatenketchup*

* Reisbrei: 50 g Reis-Vollkornmehl mit 200 ml Wasser kurz aufgekocht, ergeben 250 g gekochten Reisbrei. 100 g davon bleiben übrig und stehen für ein weiteres Rezept zur Verfügung.
** Grünkernbrei: 50 g Grünkern frisch mahlen, mit 100 ml Wasser kurz aufkochen.

Im abgekühlten Zustand – ungefähr Zimmertemperatur – dem Grünkernbrei zunächst das Sesammus und den Zitronensaft zugeben. Mit einem Handrührgerät gründlich miteinander verbinden. Nach und nach das Öl zufließen lassen, dabei auf hoher Stufe weiterrühren, bis eine stabile Emulsion entstanden ist. Anschließend die anderen Zutaten hineingeben, kräftig würzen. Die Creme sollte einige Stunden im Kühlschrank durchziehen, dadurch erhöht sich der Wohlgeschmack.

Cashewcreme – süß

150 g gekochter Reisbrei   2 TL Zitronensaft
75 g Cashewnussmus   2 TL Bio-Honig
50 g Mohnöl   2 Msp. Vanillepulver

Reisbrei (Zubereitung siehe Seite 442) im abgekühlten Zustand mit den übrigen (warmen) Zutaten per Handrührgerät und hoher Umdrehungsleistung zu einer cremigen Substanz rühren.

Himbeercreme – süß

100 g Reisbrei   1 EL Bio-Honig
50 g Haselnussmus   100 g frische Himbeeren
50 g Haselnussöl   Vanillepulver

Zubereitung Reisbrei siehe Seite 442. Alle Zutaten in ein hohes Gefäß geben und mit dem Mixstab zu einer homogenen Masse pürieren. Anstelle von Himbeeren können süße oder saure Kirschen oder Brombeeren genommen werden. Die Honigmenge bei süßen Kirschen verringern.

Mandelmus mit Datteln – süß

150 g Datteln
2 EL Mandelmus
1 EL Zitronensaft

abgeriebene Schale von
$1/2$ Zitrone

Datteln entkernen, einige Stunden in 1–2 EL Wasser einweichen. Anschließend mit den übrigen Zutaten im Haushaltsmixer zu cremiger Konsistenz pürieren.

Aprikosenmus – süß

125 g getrocknete Aprikosen
1 EL Mandelmus
2 EL süße Mandeln

Zimtpulver
evtl. etwas Zitronensaft

Aprikosen in wenig Wasser über Nacht einweichen. Dann mit dem Mandelmus und den Mandeln im Haushaltsmixer zermusen. Mit Zimtpulver und Zitronensaft abschmecken.
Variation: Auf die gleiche Art lässt sich Pflaumenmus zubereiten. Hier bietet sich als zusätzliches Gewürz etwas Nelkenpulver an.

Schoko-Nusscreme – süß

100 g Reisbrei
50 g Haselnussmus
50 g Haselnussöl
2 EL grob gehackte Hasel-
nüsse

1 EL Bio-Honig
1 gehäufter EL Kakaopulver
2 Msp. Vanillepulver
1 TL Getreidekaffee

Zubereitung Reisbrei siehe Seite 442. Wie bei den vorhergehenden Rezepten alle Zutaten zu einer Creme rühren.

Trockenfrüchte und frische Früchte

Trockenfrüchte und frische Früchte in Kombination 1:1 ergeben auch feine Aufstriche. Die Trockenfrüchte mit ihrer natürlichen Süße nehmen Feuchtigkeit auf, die frischen Früchte sind meistens säuerlich und wasserreich.

Vorgehensweise: Trockenfrüchte mindestens 12 Stunden einweichen, im Haushaltsmixer mit den frischen Früchten pürieren, mit Gewürzen und vielleicht etwas Bio-Honig abschmecken.

Bitte auch unter »Brotaufstriche« im Rezeptteil »Üppige Vollwertkost« stöbern!

Tierloser Landbau –
geht denn das?

Um die Antwort vorwegzunehmen: Eine Landwirtschaft ohne Tiere funktioniert durchaus, allen Zweifeln sogar vieler Bio-Bauern zum Trotz. Ich habe schon in früheren Büchern vom österreichischen Ehepaar Margarete und Jakobus Langerhorst berichtet. Die beiden, die mit 4 Kindern auf einem Bauernhof in Österreich leben, begannen als Demeter-Bauern noch mit der Haltung von so genannten »Nutztieren«. Heute betreiben sie eine tierlose Landwirtschaft, sind unabhängig von Mist, Blut und Knochenmehl etc., bauen ihr Gemüse, Nüsse und Obst wie zum Beispiel Äpfel und Kiwis ohne jeden tierischen Dünger an. Jakobus hat darüber ein interessantes Buch geschrieben, ein Buch von Margarete »Meine MischKulturenpraxis« ist im März 2003 erschienen.

Wie mühevoll der Weg eines »normalen« Fleischessers über den Makrobioten, Lacto-Vegetarier bis schließlich zum Veganer sein kann, beschreibt Margarete.

In ihrer lacto-vegetabilen Phase hielt die Familie noch Milchschafe, bis Margarete eines Tages klar wurde, dass sie den Lämmchen die Milch wegnahmen, die von Natur aus ihnen gehörte.

Die Überzeugung erhärtete sich, dass Kuh wie Schaf oder Ziege ja nur Milch geben, wenn sie 1 oder mehrere Junge zur Welt bringen, von denen die überzähligen zum Schlachter gebracht werden, und dass die einzige Möglichkeit, diesen Kreislauf zu unterbrechen, in reiner Pflanzennahrung besteht.

Einer, der das Glück hat, unter seinen Vorfahren bereits zwei Generationen von Vegetariern zählen zu dürfen, ist Gerhard

Haußmann. Sein Großvater leitete die »Wende« ein – dessen angebetete Braut verzichtete ihm zuliebe freiwillig darauf, Fleisch zu essen, ohne dass er missioniert hätte. Und als dieser Großvater und seine Frau nun wiederum die zukünftige Schwiegertochter in ein vegetarisches Restaurant einluden mit der Bemerkung, dass es dem jungen Fräulein dort wohl nicht besonders schmecken würde, bekannte dieses, das später die Mutter von Gerhard Haußmann wurde, dass es schon seit 14 Jahren kein Fleisch mehr esse.

In »Natürlich vegetarisch«, dem Magazin des Vegetarier-Bundes (siehe Adressen) berichtet Gerhard Haußmann:

»Ich bin nun in der glücklichen Lage, Vegetarier schon in der dritten Generation zu sein. Trotzdem kam auch für mich der Augenblick, in dem mir der Vegetarismus zum substanziellen und existenziellen Bekenntnis wurde. Ich habe nie Fleisch gegessen, und schon der Gedanke daran, es tun zu müssen, erfüllte mich mit Abscheu. Doch erst die Beschäftigung mit dem geistigen Hintergrund der vegetarischen Gedankenwelt ließen den Vegetarismus für mich von einer anerzogenen Verhaltensweise zu einer ureigenen Kraft und einem verinnerlichten Erlebnis werden.

Nachdem mir die untrennbaren Zusammenhänge zwischen der Aufzucht und dem Töten der Tiere bewusst geworden sind, habe ich mich dem Veganismus zugewandt.

Kühe müssen, um ausreichend Milch zu liefern, ständig geschwängert werden und Kälber zur Welt bringen. Es ist unmöglich, diese Kälberschar leben zu lassen. Die kleinen Kälbchen werden nicht lange nach ihrer Geburt ihrer Mutter weggenommen und zur Fleischproduktion separiert. Haben Sie schon einmal eine Kuh nach ihrem Kind brüllen hören?

Auch in der Geflügelzucht geht es nicht ohne das Töten des Nachwuchses. 50 Prozent der ausschlüpfenden Küken sind

448   *Die vegane Vollwertkost*

männlichen Geschlechts und damit meist überflüssig. Sie werden noch lebend durch den Fleischwolf gedreht.

Ich lehne nun also alle tierischen Nahrungsmittel wie Eier, Milch, Käse, Butter usw. ab. Kein wirklicher Vegetarier, der seine Einstellung ethisch begründen möchte, kann sich dieser Konsequenz letztlich entziehen. Das soll nun aber nicht abwertend gemeint sein gegenüber unseren Freunden, die noch nicht so weit sind. Vegetarismus ist keine starre Haltung, sondern eine nach oben offene Lebenseinstellung. Wir sind immer auf dem Wege von einer Erkenntnis zur nächsten. Mein Großvater hat einen Markstein gesetzt und eine Entwicklung eingeleitet, die für nachfolgende Generationen Auftrag zur Vertiefung der Erkenntnisse sein soll.«

In seinem großartigen kleinen Buch »Vegetarismus – Grundlagen, Vorteile, Risiken« (siehe Literaturverzeichnis) bricht auch Prof. Dr. Claus Leitzmann eine Lanze nicht nur für die vegetarische, sondern für die vegane Lebensweise. Prof. Leitzmann leitete u. a. viele Jahre das Institut für Ernährungswissenschaft der Universität Gießen und führte gründliche Studien an Vegetariern und Veganern durch. Unbedingt lesen – und an Interessierte verschenken!

Was lange für undurchführbar galt – die bio-vegane Landwirtschaft – funktioniert, und zwar bestens, und wird nun auch wissenschaftlich sanktioniert an der Uni gelehrt, nämlich an der Universität GH Kassel (siehe Adressen).

Der Begriff kommt aus England und Österreich und verbindet Aspekte des biologischen Landbaus (keine chemisch-synthetischen Zusatzmittel, Förderung der Artenvielfalt) mit ethischen Werten des Veganismus (Verzicht auf Nutzung jeglicher tierischer »Produkte«, also rein pflanzliche Landwirtschaft).

Wenn auch Raubtiere zu
Vegetariern werden ...

Spaghetti-Löwin – Raubtier verschmäht Fleisch« und »Löwin adoptiert Antilopenbaby« – diese beiden Pressemeldungen sorgten für Erstaunen und Rührung.

»Die Tierpfleger im Löwenpark von Krugersdorp bei Johannesburg staunten nicht schlecht: ›Lea‹ verschmäht Fleisch. Die vegetarisch groß gewordene Löwin wurde von ihrem Besitzer mit Spaghetti, Gemüse und Kartoffeln gefüttert und hat jetzt in ihrer neuen Heimat Südafrika arge Eingewöhnungsprobleme ... Lea war im Zoo von Neapel geboren und dann als sechswöchiges Jungtier an einen italienischen Tiernarren verkauft worden. Der fütterte sie mit rein vegetarischer Kost ...« (n-tv.de, 30. 1. 2002)
Der italienische Besitzer hat Lea, als sie zu groß wurde, an den Löwenpark in Afrika verkauft und dort versucht man nun, sie an Fleischkost zu gewöhnen!

Die zweite Sensation ereignete sich ebenfalls in Afrika im Samburu-Nationalpark in Kenia. Eine Löwin entdeckte ein Antilopenjunges, dessen Mutter sich gerade auf Futtersuche befand und adoptierte es ... anfangs erlaubte die Löwin der Antilopenmutter sogar, ihr Junges zu säugen, später aber wurde die Mutter von der Löwin verscheucht. Die einheimischen Massai sagen, sie hätten so etwas noch nie erlebt. Ein Mitarbeiter des Nationalparks sagte in einem Interview, manche Einheimische behaupteten, dieses sei ein »Zeichen für das bevorstehende Ende der Welt«. Die Löwin hat sich dann derartig um das Antilopenbaby gekümmert, dass sie nicht von seiner Seite wich

450   *Die vegane Vollwertkost*

und 2 Wochen ohne Nahrung blieb. Geschwächt vom Nahrungsentzug konnte sie ihr artfremdes Baby, als sie an einer Wasserstelle trank, nicht länger vor einem ihrer Artgenossen schützen. Ein Video, das diese Meldung dokumentiert, kann unter www.n-tv (Suchbegriff: Antilopenbaby) abgerufen werden. Hier findet sich auch der Verweis »in bester Gesellschaft« über die bekannte vegetarische Löwin »Little Tyke«.

Erfüllt sich jetzt die Prophezeiung Jesajas, dass die Zeit kommen wird, wo Rind und Löwe gemeinsam auf die Weide gehen ...?

> *»Du siehst Dinge und fragst ›Warum?‹*
> *Aber ich träume von Dingen,*
> *die es noch nie gegeben hat,*
> *und sage ›Warum nicht?‹«*
>
> George Bernard Shaw

Kuchen, Torten, Kleingebäck

Hefe-Fladen für Obstbelag

Für ein Haushaltsblech.

10 g Hefe	*Belag:*
275 g Vollkornmehl:	*500 g Äpfel (dünne Scheiben)*
100 g Einkorn, 100 g Dinkel,	*125 g Rosinen*
75 g Kamut	*250 g fertiger Reisbrei*
75 g Bio-Honig	*(Rezept siehe Seite 442)*
50 g Haselnussöl	*1 EL Honig*
75 g zerkleinerte Haselnüsse	*1 TL Zitronensaft*
Vanillepulver	*1–2 EL Nussmus*

Von den Zutaten einen geschmeidigen Hefeteig nach dem Prinzip »lange Teigführung« in 2 Stufen herstellen: Zunächst nur 125 ml Wasser, Hefe und die halbe Menge Vollkornmehl ansetzen, nach ca. 45 Minuten Ruhezeit Honig, Öl, Nüsse und Vanillepulver zugeben und das restliche Mehl einkneten. Mindestens 1 weitere Stunde Ruhezeit geben. Den Reisbrei mit den angegebenen Zutaten vermengen. Das Backblech mit umweltfreundlichem Backpapier (siehe Adressen) auslegen und den Teig gleichmäßig darauf verteilen. Die halbe Menge des Reisbreis auftragen. Dann die Platte großzügig mit Apfelscheiben und Rosinen belegen. Den Rest Reisbrei auf dem Obstbelag verteilen. Letzte Teigruhezeit etwa 20–25 Minuten, gut zugedeckt. Das Blech in den vorgeheizten Ofen (2. Schiene von oben) schieben, 30 Minuten bei 200 °C backen.
Das Gebäck kann warm und kalt gegessen werden.

452   *Die vegane Vollwertkost*

Hefe-Tortenboden

Für eine Springform.

10 g Hefe	*Vanillepulver*
250 g Vollkornmehl:	*Belag:*
100 g Einkorn, 100 g Din-	*500 g frische Früchte,*
kel, 50 g Hartweizen	*z. B. Aprikosenhälften,*
80 g Bio-Honig	*Viertel oder Achtel von*
80 g Haselnussmus	*süß-säuerlichen Äpfeln*
80 g Haselnussöl	

Einen Hefeteig nach dem Prinzip »lange Teigführung« (siehe Seite 361) in 2 Anfrischstufen herstellen. In der 1. Stufe nur 100 ml Wasser, Hefe und 1 Teil des Mehls miteinander vermischen. Den fertigen geschmeidigen Teig mit nasser Hand gleichmäßig in eine mit Backfolie ausgelegte Springform drücken. Aprikosenhälften oder Apfelschnitzel auf die Oberfläche verteilen, leicht eindrücken. Letzte Teigruhe in der Backform: 20–25 Minuten.

Backen: Im vorgeheizten Ofen 25 Minuten bei 200 °C.

Kekse aus Mürbeteig

Auch als Tortenboden geeignet.

80 g Bio-Honig	*1^1/$_2$ EL Kakaopulver*
80 g Haselnussöl	*Vanillepulver*
80 g Haselnussmus	*150 g Hartweizenmehl*

Honig, Öl und Nussmus in eine Schüssel geben. Mit dem Handrührgerät eine cremige Masse rühren, Kakaopulver und Vanillepulver zugeben, zum Schluss das sehr fein gemahlene Hartweizenmehl gründlich einarbeiten. Der Teig ist relativ weich und hat nur eine schwache Bindefähigkeit. Mit etwas Geschick und Ausdauer lassen sich 30–36 Kugeln zwischen den Handtellern rollen, die in Reihen von 5 mal 6 oder 6 mal 6 auf ein (mit Backpapier ausgelegtes) Blech gelegt werden. Mit einer immer wieder in heißes Wasser getauchten Gabel jede Kugel platt drücken. Im vorgeheizten Ofen 10–12 Minuten bei 150 °C backen. Die Kekse unbedingt auf dem Blech auskühlen lassen, sonst zerbröseln sie. In einer Dose lassen sie sich einige Zeit aufbewahren.

Tortenboden: Die gleiche Teigmenge in eine mit Öl ausgefettete Backform (Zackenform) geben, mit nasser Hand die Oberfläche glatt streichen.

Backen: Im heißen Ofen 20–25 Minuten bei 175 °C. Den ausgekühlten Tortenboden sehr vorsichtig auf eine Platte legen (die Gefahr des Brechens besteht), mit Früchten belegen. Beim Anschneiden wieder sehr vorsichtig vorgehen, damit die Kuchenstücke nicht brechen.

Variation: Einfacher ist es, aus dem Teig Torteletts – 6 oder 8 Stück – in entsprechenden Förmchen zu backen.

454   *Die vegane Vollwertkost*

Aprikosen-Taler

Für 1 Backblech.

100 g Bio-Honig
75 g Mohnöl
50 g Mandelmus
3 Msp. Delifrut-Gewürz

250 g Vollkornmehl
(125 g Einkorn, 125 g Kamut)
6 Aprikosen

Honig, Öl, Mandelmus und Gewürz in eine Schüssel geben, mit dem Handrührgerät zu einer cremigen Masse rühren. Zum Schluss das Vollkornmehl-Gemisch einarbeiten. Den Teig kurz geschmeidig kneten – oder besser zwischen den Händen drücken. 12 gleiche Teile schneiden, zunächst Kugeln rollen, diese dann zwischen den Handflächen flach drücken. Die »Taler« auf ein mit Backpapier ausgelegtes Blech legen und in jeden Taler eine halbe reife Aprikose drücken, die man zwei- bis dreimal eingeschnitten hat. Im vorgeheizten Ofen 15–18 Minuten bei 150 °C goldbraun backen. Die Taler schmecken warm oder kalt – auch noch am nächsten Tag.
Variationen: Cashewmus anstelle von Mandelmus und pro Taler 3–4 entsteinte Sauerkirschen statt der Aprikosen.

Kuchen, Torten, Kleingebäck 455

Kokos-Mandel-Kekse

Für 1 Backblech.

75 g Bio-Honig
50 g Mandelöl
50 g Mandelmus
50 g Kokosraspel
etwas abgeriebene Zitronen-
schale

1 TL Zitronensaft
(wahlweise: etwas abgerie-
bene Orangenschale und
1 EL Orangensaft)
150 g Kamut-Vollkornmehl

Die Zutaten der Reihe nach in eine Schüssel geben, mit dem Handrührgerät zu einer cremigen Masse rühren, zum Schluss das Mehl zugeben. Den Teig vierteln, jedes Viertel zu einem Strang rollen. Jeden Strang in 8 oder 9 Abschnitte teilen und diese zwischen den Handflächen zu Kugeln rollen. Die 32 oder 36 Kugeln auf ein mit Backpapier ausgelegtes Blech legen. Mit einer immer wieder in heißes Wasser getauchten Gabel platt drücken. Im vorgeheizten Ofen 15–18 Minuten bei 150 °C goldbraun backen.

Die Kekse unbedingt auf dem Blech auskühlen lassen, sonst zerbröseln sie leicht.

Variation: Wenn jeweils die doppelte Teigmenge zu großen Kugeln gerollt wird, können sie in Pergamentförmchen gebacken werden. Vorher in jede Kugel frisches oder gefrorenes Obst drücken (Himbeere, Erdbeere, Brombeere usw.). Die Backzeit verlängert sich dann um ca. 5 Minuten.

456   *Die vegane Vollwertkost*

Vollkornwaffeln

Rezept für 6 Waffeln.

200 g Vollkornmehl
(¹/₂ Kamut, ¹/₂ Einkorn)
4 EL Mohnöl
1 EL Mandelmus

(oder Cashewmus)
1 Prise Salz
Öl für das Waffeleisen

Aus den aufgeführten Zutaten unter Zugabe von 250 ml warmem Wasser einen weichen, fast flüssigen Teig rühren. Er sollte mindestens 30 Minuten quellen. Das Waffeleisen auf Stufe 4 vorheizen, mit einem Kuchenpinsel beide Seiten einölen. Mit einer kleinen Schöpfkelle eine Portion Teig in das Waffeleisen füllen, bis zum Rand glatt streichen. Innerhalb weniger Minuten ist die Waffel goldbraun ausgebacken. Mit einer Gabel die Waffel vorsichtig vom Waffeleisen lösen. Mit dem restlichen Teig ebenso verfahren.

Die Waffeln sind neutral gehalten, sie passen also zu einem Obstsalat genauso gut wie zur Gemüsefrischkost oder als Nachspeise mit Obstmus.

Siehe auch meine Weizenvollkornwaffeln unter »Üppige Vollwertkost«.

Süßspeisen

Erdbeer-Banane-Schoko-Speise

Pro Person:
ca. 50 g Erdbeeren und
50 g Bananen
1 TL Kakaopulver

etwas Vanillepulver
1 TL Honig oder weniger
etwas Zitronensaft

Erdbeeren und Bananen pürieren, mit den Gewürzen süß-
säuerlich abschmecken. Die Speise in Glasschälchen servieren, mit Teilen der Früchte dekorieren.
Selbstverständlich können anstelle der Erdbeeren auch andere Früchte gewählt werden: Himbeeren, Johannisbeeren,
Brombeeren, Aprikosen, Pfirsiche, Ananas.

Mandel-Reis-Creme

25 g Bio-Honig
2 EL Mandelmus (wahlweise
1 EL Haselnussmus,
1 EL Haselnussöl)

1–2 TL Zitronensaft
1 Apfel, fein gerieben
125 g Reisbrei, gekocht
(Rezept siehe Seite 442)

Mit dem Handrührgerät alle Zutaten rasch zu einer cremigen
Masse verrühren und bald verzehren.
Variante: Statt des Apfels frische Früchte, klein geschnitten
oder püriert.

458   *Die vegane Vollwertkost*

Kirschenspeise

200 g Süß- oder Sauer-kirschen	*1 TL Zitronensaft bei Süß-kirschen*
50 g Cashewmus	*125 g Reisbrei, gekocht*
2 TL Honig oder ½ Banane püriert	*(Rezept siehe Seite 442)*
	1 TL Kokosraspel

Kirschen entsteinen – pro Portion 1 Frucht mit Stiel zur Garnierung zurücklassen – zusammen mit den übrigen Zutaten cremig pürieren. In Portionsschälchen füllen, Kokosraspel überstreuen, mit der Frucht dekorieren.

> **Der Tipp:** Die Speise »vergraut« im Licht, darum sollte sie erst kurz vor dem Verzehr zubereitet werden.

Pflaumen-Schoko-Creme

6 Trockenpflaumen	*1 EL Kakaopulver*
1 EL Haselnussmus	*50 g gekochten Reisbrei*

Die Trockenpflaumen mit etwas Wasser über Nacht einweichen. Danach im Mixer mit den übrigen Zutaten pürieren. Die Zutaten ergeben ungefähr 150 g, d. h. die Creme ist für 2 Personen ausreichend.

Ohne den Reisbrei wäre die Creme auch ein süßer Brotaufstrich.

Süßspeisen 459

Birnendessert

Pro Person:
¹/₂ Birne
frische oder tiefgefrorene Beeren

Bio-Honig
Vanillepulver

Reife Birnen ausnahmsweise schälen, wenn sie sehr hart sind, einige Minuten in Wasser garen. Jede Birnenhälfte in ein Portionsglasschälchen legen, die Beeren pürieren, mit Honig und Vanillepulver abschmecken und dieses Obstpüree über die Birnen gießen.

Halbgefrorenes

2 Bananen
150 g Himbeeren oder
Brombeeren

1 EL Mandelmus
1 Msp. Vanillepulver
evtl. etwas Zitronensaft

Bananen klein schneiden, Himbeeren und Mandelmus zugeben und fein pürieren. Mit Vanillepulver und evtl. Zitronensaft abschmecken. 5–6 Portionen in Papierbackförmchen (in Haushaltsgeschäften erhältlich) füllen (sicherheitshalber 2 ineinander stecken) und einige Stunden ins Gefrierfach stellen.

Wie wär's denn mal
mit Rohkost pur?

Rohkostfans, frohlocket! Das wunderbare Buch von David Wolfe ist in deutsch erschienen (»Die Sonnen-Diät«, siehe Literaturverzeichnis).

Ohne David Wolfe ist jeder Vegetarier-Kongress unvollständig. Er ist immer absoluter Mittelpunkt, ein Energiebündel, ein brillanter Entertainer, wie er da mit Früchten und Gemüsen jongliert – denn er lässt seine Köstlichkeiten gleich an Ort und Stelle probieren.

Wo ich ihn kennen gelernt habe, weiß ich gar nicht mehr, es war wohl beim ersten Vegetarierkongress in einem ehemals kommunistischen Land, in Bratislava. Dann trafen wir einander im thailändischen Chiang-Mai, im Schweizer Widnau, bei jenem denkwürdigen Ereignis, als der in Sachen vegetarischer Ernährung ungeübte Koch mit seinem rohen Bohnengericht um ein Haar die Crème der weltweiten Vegetarierbewegung unter die Erde gebracht hätte. Darüber später noch genüssliche Einzelheiten.

So etwas kann David nicht passieren, denn er hat, nachdem er eigentlich Umwelt- und Politikwissenschaften an mehreren amerikanischen Universitäten studiert hat, die hohe Kunst der Rohkostzubereitung von der Pike auf gelernt. 1995 wurde er 100-prozentiger Rohkostvegetarier.

Ich zitiere aus dem Klappentext des Buches: »Wozu all das Kochen, wenn es keinen besseren Koch als die Sonne gibt? Nach mehrjährigen Experimenten hat David Wolfe eine Rohkost-Diät entworfen, die Gesundheit, Wohlbefinden und ein langes Leben schenkt. Ihr Geheimnis liegt in einem ausbalancierten System von drei Nahrungsmittelgruppen: Blattgemüse, süße

Früchte und pflanzliche Fette. In 31 Lektionen führt er den Leser in die Prinzipien seiner Diät ein. Er erklärt die Wirkung von Nahrungsmitteln auf unser Denken, Fühlen und Verhalten und zeigt, wie wir Nahrungsmittel einsetzen können, um unsere Spiritualität zu wecken, Ausdauer zu gewinnen und geistige Klarheit zu erlangen. Wolfe versteht seine Diät nicht nur als Grundlage für ein besseres Leben des Einzelnen, sondern als Botschaft für die Zukunft der Welt. Für das Überleben unseres Planeten ist es wichtig, dass die Menschheit sich auf pflanzliche Nahrungsmittel besinnt.«

Welt-Vegetarierkongress im Juli 2000 im kanadischen Toronto. Kaum bin ich angekommen und bummle gleich mal durch das berühmte Viertel mit den berauschend üppigen exotischen Gemüse-, Obst- und Gewürzauslagen – wer fällt mir strahlend – hi Barbara! – um den Hals? David. Und ich muss sofort einen Weizengrassaft probieren – den ich allerdings als gewöhnungsbedürftig empfinde. Decke mich aber gleich mit Mangos, Avocados und all den anderen köstlichen Früchten ein, die David als »Sonnen-Diät« in seinem Buch vorstellt.

Damit jedeR von uns ein so strahlendes Wesen werden kann wie er, hat David in seiner sanften liebevollen Art jede Menge Tipps, Leitlinien für die Übergangsphase parat, zum Beispiel: Wie wegkommen von 1) Fleisch und Wurst, 2) von Fisch, 3) Eiern, 4) Milchprodukten und schließlich 5) – wenn du schon vegan lebst – von der Kochkost.

Wir wissen es ja von Professor Kollath: »Der Mensch ist das einzige Lebewesen, das seine Nahrung zerstört, bevor es sie verzehrt.«

Dr. Bruker empfiehlt, wenigstens $1/3$ der Gesamtnahrung roh, als Frischkost, zu genießen. Davids Buch macht wirklich Lust auf Rohkost total. Dennoch seine Empfehlung: Nichts mit Gewalt erzwingen.

Was mich betrifft, so würde mir eine totale Rohkosternährung auf die Dauer schwer fallen. An warmen Sommertagen gelüstet es mich nach anderen Lebensmitteln als wenn es draußen stürmt und schneit. Instinktiv greife ich auch nach dem, was bei uns saisonbedingt wächst. Und das sind eben Spargel und Erdbeeren im Frühling, aber nicht zu Weihnachten; das ist zum Beispiel eine warme Kohlsuppe im Winter. So fühle ich mich am wohlsten.

Im Sommer gibt es manchmal reine Rohkosttage, andere, an denen ich morgens nur süße Früchte esse, die Kirschen eben, wenn die Kirschen reif sind, mittags einen großen Salatteller mit viel Grünzeug, Samen und Ölen – abends dann neben dem Salat noch ein gekochtes Essen wie Pellkartoffeln mit Leinöl.

David allerdings schlägt vor, die Töpfe und Pfannen am besten einer wohltätigen Organisation zu spenden ... Sehen Sie selbst, wie weit Sie gehen wollen!

Dass Rohkost Heilkost ist, zeigt sich immer wieder. Auch wie sinnlos Diäten sind, in denen entweder das Fett oder die Kohlenhydrate gestrichen werden. Diese so genannten Diäten führen immer zu Heißhunger, zu dem Bedürfnis, anschließend alles wieder anzufuttern, was man sich mühselig abgehungert hat. Die meisten von uns haben den berühmten Jojo-Effekt selbst durchlitten. Und der Körper hat Recht! Denn er braucht Fett, er braucht Kohlenhydrate, er braucht Eiweiß in einem ausgewogenen Verhältnis zueinander – aber aus Pflanzen, nicht vom Tier!

»Je mehr du dir vorstellst, wie du sein könntest, anstatt dich so wahrzunehmen, wie du bist, desto stärker wird dein Interesse an besserer Gesundheit. Du wirst beginnen, dich als

464 *Die vegane Vollwertkost*

strahlendes Wesen zu sehen.« So lautet eine der Visualisierungen, die David uns empfiehlt.

Ein anderer Tipp: Suche dir lieber positive Freunde als negative Verwandte … ein weiterer: Trinke lieber Wein als Bier! Wein ist roh! Nach meiner Erfahrung stört ein gelegentliches Glas Wein das »Sonnen-Diät-Hoch« tatsächlich nicht …

Das Sonnen-Diät-Hoch ist, laut David, zu erreichen durch eine ausgewogene Mischung aus grünem Blattgemüse (liefert Eiweiß), süßen Früchten (liefern Zucker) und fetthaltigen Lebensmitteln (liefern Fett).

David Wolfe: »Jeder, bei dem 80 oder mehr Prozent seiner Ernährung aus grünem Blattgemüse, süßen Früchten und fetthaltigen Lebensmitteln (pflanzlicher Herkunft) besteht, wird seine Gesundheit wesentlich verbessern.«

Nur noch kurz ein paar der wunderbaren Tipps: Gegen Stress und innere Unruhe mache ich einen Saft aus 5 Grünkohlblättern, $1/2$ Kopf Weißkohl, $1/2$ Kopf lockerem Kopfsalat. Bei Kopfschmerzen hilft ein Saft aus Selleriestangen, Fenchel, Apfel und Orange, bei Rückenschmerzen ein Saft aus Kopfsalat, Brokkoli und Äpfeln …

Eine Fundgrube und ein Mutmacher ersten Ranges, dieses Buch. Auch wenn es nur gelingt, einen Bruchteil der hier vorgeschlagenen Schritte in die Tat umzusetzen, ist schon viel gewonnen. Ganz sicher sind wir viel mehr unseres Glückes – und unserer Gesundheit – Schmied, als wir gemeinhin annehmen.

»Wenn du möchtest, dass etwas
Bestimmtes in deinem Leben geschieht,
so stelle dir vor, es wäre schon da.«
(aus: Richard Bach, »Illusionen«)

Silke vom Vegetarier-Bund hat mit einem tollen Rohkostkuchen allen Mitgliedern eine anstrengende Sitzung versüßt – »... und – na ja, bis auf den Puderzucker ist der ungebackene Kuchen auch vollwertig«, schreibt ein weiteres Mitglied, Hilmar, »er sieht allerdings eher unscheinbar aus und wie eine Mischung aus Bratling und Miso, aber für die Geschmacksknospen einfach traumhaft. Ich habe selten etwas Leckereres gegessen.«

Silkes Rezept

200 g entsteinte Datteln	*200 g getrocknete Bananen*
200 g klein geschnittene Feigen	*200 g Korinthen*
	200 g getrocknete Aprikosen
200 g Rosinen	*4 EL Puderzucker*
200 g zerkleinerte Mandeln	*200 g Weizensprossen*

Alle Zutaten bis auf den Puderzucker durch den Fleischwolf drehen oder im Mixer pürieren. Dann den Puderzucker unterrühren und den Teig in eine mit Backpapier ausgelegte Form drücken. Den Kuchen für 24 Stunden in den Kühlschrank stellen.

Dazu meine Anmerkung: Ich finde das Ganze süß genug ohne Puderzucker, würde eventuell eine Winzigkeit vom berühmten Bio-Honig nehmen, höchstens. Statt der Weizensprossen habe ich es mit Kokosraspel probiert. Super! Ich kann Hilmar nur zustimmen: Der rohe Kuchen schmeckt toll.

Und kaum zu glauben: Andrea Opitz hat in ihrem Buch »Köstliche Lebenskraft« (siehe Literaturverzeichnis) doch sage und schreibe 235 Rezepte aus der Rohkostküche zusammengestellt, inklusive Eiscremekreationen!

Vegetarier, die sind lustig,
Vegetarier, die sind froh ...

Und tough sind sie auch. Eine im Nachhinein amüsante Episode hat sich bei dem bereits erwähnten Europäischen Vegetarierkongress im Schweizer Widnau zugetragen. Keiner der Teilnehmer wird sie wohl je vergessen.

Am vorletzten Tag des Kongresses servierte der Koch des Tagungsortes – selbst kein Vegetarier und auch nicht in vegetarischer Kochkunst ausgebildet – zum Büfett unter anderem mexikanische Bohnen. Diese hatte er zwar eingeweicht und gehackt, aber weder gekocht noch gekeimt. Das Ergebnis: Einige Stunden nach dem Mittagessen wanden sich immer mehr von den 300 TeilnehmerInnen mit Magenkrämpfen, Brechdurchfall und Kreislaufstörungen buchstäblich am Boden, 30 davon so schlimm, dass sie mit Rettungswagen und zwei Hubschraubern in die umliegenden Krankenhäuser eingeliefert werden mussten.

Dutzende von Sanitätern gaben den sich auf dem Boden wälzenden Grüngesichtigen Infusionen beim ohrenbetäubenden Tatatü der Einsatzfahrzeuge, dem Dröhnen der Hubschrauber, dem Gurgeln der sich Übergebenden, die sich mit letzter Kraft zu den Toiletten schleppten. Das Sportcenter glich einem Lazarett nach einem Giftgasangriff.

Sofort war natürlich auch die Polizei zur Stelle, sperrte alles ab und ermittelte. Gerüchte kursierten: War es gar die Fleischmafia, die den Vegetariern eins auswischen wollte? Ein Haufen Schaulustiger hatte sich draußen angesammelt.

Die haben sicher ganz schön gefeixt. Wir saßen fest wie Gefangene und kamen uns auch so vor. Mit der russischen Delegation versuchte ich, durch die im Keller liegenden Garagen ins

Freie zu entkommen, vergeblich. Einem Teilnehmer gelang es durch eine unbewachte Hintertür, durch die er eine Stunde später mit einer Flasche Obstler wieder auftauchte, die wir paar Leute, die es noch nicht erwischt hatte, dann auch verputzten.

Der Abend nahte. Es wäre eigentlich Zeit gewesen zum Abendessen. Daran dachte natürlich kein Mensch – außer Dagmar, meinem running gag. Die hatte nichts von den vertrackten Bohnen gegessen und verspürte Hunger. Sie stieg seelenruhig über die immer noch auf dem Fußboden gestapelten Elendsgestalten hinweg in Richtung Büfett, wo eine dampfende Linsensuppe – gekocht! – verheißungsvollen Duft verströmte. Doch auch hier: Abgesperrt von der Polizei! Nix Linsensuppe!

Um 11 Uhr abends gab es schließlich Entwarnung, die Übriggebliebenen durften das Kongresshaus verlassen, um ihre Hotels aufzusuchen.

Ich hatte zwar dann einen gehörigen Durchfall – aber weiter nichts.

Am nächsten Tag Pressekonferenz, von der Polizei einberufen. Der leitende Arzt meinte erstaunt, er habe noch nie erlebt, dass nach einer derartigen Lebensmittelvergiftung die Leute so schnell wieder auf den Beinen waren – bis auf zwei, die erst gegen Mittag aus den Hospitälern eintrudelten, waren alle wieder pünktlich morgens beim Kongress!

Und das Untersuchungsergebnis – wir GGB-GesundheitsberaterInnen triumphierten natürlich, hatten wir diese Diagnose doch sofort gestellt – das Phasin in den rohen Bohnen war schuld!

Was zunächst wie eine Katastrophe für die gesamte Vegetarier-Innung aussah, mauserte sich dann fast zu einem Triumph. Nach Muschel- oder Fischvergiftungen hätte sich niemand so schnell wieder aufgerappelt. Einer der massenhaft erschiene-

nen Presseleute fragte, ob wir das Ganze als Werbegag insze-
niert hätten!

Abends wurde dann ausgiebig und ausgelassen Abschied gefeiert und getanzt.

Über meine Kochbücher fand auch die Familie eines Fotogra-
fen, der mich porträtiert hatte, zur vegetarischen Vollwertkost.
Die Kinder wuchsen bereits vegetarisch auf. Der 4-jährige
Sohn fragte eines Tages ungläubig seinen Vater: »Papi, gibt es
wirklich Menschen, die Fleisch essen?«

Eine Welt mit solchen Kindern wünsche ich mir ...

Wie sagte doch Ben Gurion? »Wer nicht an Wunder glaubt, ist
kein Realist!«

In der Bibel heißt es bei Jesaja: »... *dann wird der Wolf bei dem
Lamme wohnen und der Panther bei dem Böcklein liegen. Rind
und Löwe gehen gemeinsam auf die Weide, Kuh und Bärin be-
freunden sich und lagern ihre Jungen zusammen. Der Löwe
wird Stroh fressen wie das Rind und der Säugling wird am Loch
der Otter spielen ...«* (Jesaja)

So wird es sein. Eines Tages.

Anhang

Allerlei Köstlichkeiten
für das Partybüfett

ü = üppig
t = tiereiweißfrei
v = vegan

Vorspeisen

ü t v Artischockenherzen
marokkanisch
ü Artischocken-
Eierspeise
ü t v Auberginengericht,
französisches
ü Auberginen-Appetizer,
türkischer
ü Avocados gefüllt mit
Gorgonzola
ü Avocados mit Curry
ü Bleichsellerie gefüllt
mit Käsecreme
ü Backpflaumen,
gefüllte
ü t v Les Crudités
ü t v Champignons,
marinierte
ü Grapefruits,
gefüllte
ü Griechischer Salat
ü t v Hoummous
ü Ingwercocktail

ü t v Möhrenvorspeise
marokkanisch
ü Käsespießchen
ü Kichererbsenbällchen
ü Olivencocktail
ü Staudensellerie,
gefüllt
ü t v Tomaten, gefüllte
ü Tzatziki
ü t Waldorfsalat
ü t v Zwiebeln orientalisch,
kleine

Suppen

ü t v Borschtsch
ü Currysuppe mit
Mandeln, indische
ü t v Suppe von dicken
Bohnen
ü t v Erbsensuppe
ü Gazpacho
ü t v Kohlsuppe Schtschi,
russische
ü t v Kürbissuppe
ü t v Tomatensuppe,
griechisch
ü Kartoffelsuppe,
Vichyssoise

470 *Anhang*

Herzhaftes aus Gemüse und Kartoffeln

ü t v Gemüse, gebackenes
ü t v Gemüsepaella
ü t v Gemüsestrudel
ü t v Gemüsetorte
ü Moussaka
ü t v Ratatouille
ü t v Spießchen »quer durch den Garten«
ü t Zucchinikuchen aus Sardinien
ü Zwiebeln, gefüllte
ü Kartoffeln, gebackene
ü t v Kartoffeln, gefüllte
ü t v Kartoffel-Mini-Rösti
ü Kartoffel-Tortilla

... und aus Getreide

ü t v Bruschetta
ü t Knusper-Knäckis
ü t v Knoblauchbrot
ü Quark-Butter-Weizen-stangen
ü Quarkbrötchen, schnelle
ü Piroggen
ü Quiches
ü Käsewähe
ü Zwiebelkuchen

Brotaufstriche

ü t v Grünkernpaste (Öl statt Butter)
ü t v Gomasio
ü t v Hanfpaste
ü t v Tomaten-, Kräuter-, Champignon-, Salbei-butter etc.

Kuchen, Kleingebäck und Desserts

ü Himbeer-Biskuit-Rolle
ü Mutters Käsetorte
ü Mandelkuchen
ü Vollkorn-Sandkuchen, einfacher
ü Savarin mit Beeren, rustikaler
ü t v Silkes roher Kuchen
ü Apfelstrudel (und andere Strudel)
ü t v Weizenvollkornwaffeln
ü Miniwindbeutel
ü t v Dattelkonfekt
ü t Erdbeer-Sahne-Mousse
ü t v Marzipan
ü t v Trockenfrüchtepralinen
ü Camembert Surprise
ü Birnen mit Roquefort gefüllt
ü t Feigen in Wein, griechisch
ü Mohnpielen
ü t v Obstauflauf
ü Passcha, russische
ü Roquefort-Trüffel
ü t v Sesamkonfekt, israelisches
ü t v Süße Köstlichkeiten (aus »Let's go veggi«)
ü Bananeneis mit Ingwerpflaumen
ü t Mohn-Nuss-Zimteis
ü t Orangen-Zitronen-Halb-gefrorenes
ü t Schokoladen-Nusseis
ü Walnuss-Eis

Literatur

Becker, Waltraud: »Lust ohne Reue. 200 Vollwertrezepte ohne tierisches Eiweiß«. Emu Verlag, Lahnstein

Bruker, Dr. med. Max Otto und Gutjahr, Ilse: »Biologischer Ratgeber für Mutter und Kind«.

Bruker, Dr. med. Max Otto u. a.: »Unsere Nahrung unser Schicksal«.

—: »Ärztlicher Rat aus ganzheitlicher Sicht.«

—: »Allergien müssen nicht sein.«

—: »Der Murks mit der Milch.«

—: »Cholesterin der lebensnotwendige Stoff.«

—: »Zucker Zucker.«

Alle Bücher Emu Verlags- und Betriebs-GmbH, Dr.-Max-Otto-Bruker-Straße 3, D-56112 Lahnstein

Gabriele-Stiftung: »Das tierfreundliche Kochbuch«. Verlag DAS WORT GmbH, Max-Braun-Straße 3, D-87828 Marktheidenfeld

Ferreira, Peter: »Wasser und Salz – die Essenz des Lebens«. Zu beziehen über: Firma Lichtkraft, Vachendorfer Straße 3, D-83313 Siegsdorf

Grimm, Hans-Ulrich: »Die Suppe lügt«. Knaur Taschenbuch

Herer, Jack: »Die Wiederentdeckung der Nutzpflanze HANF Cannabis Marihuana«. Zweitausendeins

Klemme, Dr. Brigitte und Holtermann, Dr. Dirk: »Delikatessen am Wegesrand. Un-Kräuter zum Genießen«. Das WDR-Begleitbuch zu »Öko ... Umweltreport«. Walter Rau Verlag, Düsseldorf

Klingel, Brigitta: »Vegetarische Grillspezialitäten«. Südwest Verlag

Langley, Dr. Gill: »Vegane Ernährung«. Echo Verlag

Leitzmann, Prof. Dr. Claus. u. a.: »Vegetarismus – Grundlagen, Vorteile, Risiken«. C. H. Beck Verlag

Nöcker, Rose-Marie: »Sprossen und Keime – Der Garten im Zimmer«. Wilhelm Heyne Verlag München

Opitz, Andrea: »Köstliche Lebenskraft – 235 Rezepte aus der Rohkost-Küche«. Hans-Nietsch-Verlag

Robbins, John: »Ernährung für ein neues Jahrtausend«. Hans-Nietsch-Verlag

Rütting, Barbara: »Bleiben wir schön gesund«. Herbig Verlag

—: »Lachen wir uns gesund«. Herbig Verlag

Verma, Vinod: »Die Lebensküche«. Mary Hahn Verlag

Wendt, Prof. Dr. med. Lothar: »Die Eiweißspeicherkrankheiten«. EMU-Verlag, Lahnstein

»Wo speisen wir auf Reisen«. Erhältlich bei Vegetarier-Bund Deutschlands e.V.

Wolfe, David: »Die Sonnen-Diät«. Goldmann

472 *Anhang*

Adressen

- *Ärzteliste:* Liste von vegetarischen bzw. der vegetarischen Ernährung gegenüber aufgeschlossenen Ärzten erhältlich bei Vegetarier-Bund Deutschlands e.V.
- *Backpapier:* Umweltfreundliches, »ECHO natur« zu bestellen bei Emu Verlag, Dr.-Max-Otto-Bruker-Straße 3, D-56112 Lahnstein
- *BioVegan:* c/o Universität Kassel, Steinstraße 19, D-37213 Witzenhausen, E-Mail: campe@biovegan.org
- *Bundesverband ökologischer Bienenhaltung (BÖB):* Im Kirschgarten 10, D-55263 Wackernheim (Liste der ökologischen Imkereien in Deutschland erhältlich gegen Einsendung eines frankierten Umschlags)
- *Deutscher Tierschutzbund:* Baumschulallee 15, D-53115 Bonn
- *Gut für Tiere:* Hochwertige Produkte für Tiere und Menschen, Johannishof 1, D-97834 Birkenfeld, Info- und Bestelltelefon: 09398-998915, Fax: 09398-998916
- *Hofliste »Tierloser Landbau«:* Höfe, die keine Nutztiere zur Fleisch-, Milch- oder Eiergewinnung halten, erhältlich bei Vegetarier-Bund Deutschlands e.V.
- *Kristallsalz:* Infos und Bezugsquellennachweis bei: Landkaufhaus Mayer, Telefon: 08662-49340, Fax: 08662-493430
- *Lebe Gesund! Versand:* Informationen über friedfertigen Landbau sowie eine Liste der Märkte in Ihrer Nähe. Max-Braun-Straße 4, D-97828 Marktheidenfeld, Telefon (gebührenfrei rund um die Uhr): 0800-1224000, Fax: 0800-1224009
- *Manz-Backofen/Manz-Gärschrank:* Manz-Backofen GmbH, D-97993 Creglingen/Münster 124, Telefon: 07933-91400
- *Tajine:* Ali Baba Tajine, erhältlich bei: Ali Baba-Tonwaren Import & Vertrieb GmbH, Am Weldenbach 30 Ausnang, D-88299 Leutkirch/Allgäu, Telefon: 07561-70388, Fax: 07561-72704
- *Vegetarisch fit (Zeitschrift):* HCM-Verlags-GmbH, Im Buhles 4, D-61479 Glashütten/Schloßborn
- *Vegetarier-Bund Deutschlands e.V.:* Blumenstraße 3, D-30159 Hannover, Telefon: 0511-3632050, Fax: 0511-3632007, E-Mail: info@vegetarierbund.de
- *Vegetarisch Speisen auf Reisen:* Broschüre über vegetarische Restaurants in Deutschland erhältlich bei Vegetarier-Bund Deutschlands e.V.
- *Vegetarische Initiative e.V.:* Postfach 1136, D-21383 Amelinghausen, Telefon und Fax: 040-57148455
- *Vegi-Urlaubsland:* Broschüre über Hotels, Pensionen, Gästehäuser, Seminarhäuser, Kurhäuser, Ferienwohnungen und Ferienhäuser mit vegetarischer Verpflegung erhältlich bei Vegetarier-Bund Deutschlands e.V.
- *www.vegetarisch-einkaufen.de*

Sachregister

Agar-Agar 28, 297
Ahornsirup 13, 255
Aleuronschicht 176
Allergien 319
Amaranth(us) 175, 186f.
Anfrischverfahren 357
Antipathie 308
Apfeldicksaft 255
Apfelpektin 28
Artenvielfalt 323, 392
Asthma 12, 319
Ayurveda 384

Backhefe 357
Bienenhaltung, ökologi-
sche 387
Biohefe 357
Bio-Honig 387
Biotin 203
Birnendicksaft 255
Blätter 309
Blüten 309
Bohnenkaffee 40
Brechdurchfall 466
Buchweizen 175, 185f.,
318
Butter 43, 314, 318,
380f.

Carob 28
Cashewkerne 44
Crème fraîche 317f.

Dinkel 175ff., 318

Edelsteinwasser 307
Eier 380
Einkorn 175ff.
Einstufen-Sauerteigfüh-
rung 358f.
Eisen 139, 161, 206ff.
Eiweiß 124, 156, 161,
314, 317ff., 462
Eiweißkonzentrate 13
Eiweißspeicherkrankhei-
ten 124
Ekzeme 319
Emmer 175ff.
Erdnüsse 44

Erkrankungen des Bewe-
gungsapparates 21
Ernährungsumstellung 9

Fabrikzucker 13, 225,
254, 281, 381
Fermente 282
Fett 317, 462
Fette 43, 314
Fleischkonsum 16, 18
Flockenquetsche 26, 175
Frischkost 58
Früchte 281, 297, 320
Fruchtschale 176
Fruchtzucker 255, 282
Frugivoren 32

Galgant 28
Gärschrank 359
Gebissverfall 21
Gefäßerkrankungen 22,
319
Gerste 175, 181f.
Getreidekaffee 40
Getreidekeim 176
Getreidemühle 26, 174f.
Gicht 422
Gier 421f.
Glukosesirup 255
Gluten 382
Gomasio 390, 423
Grießweizen 175ff., 182
Grünkern 180

Hafer 174f., 182f.
Hafermilch 381
Hanf 48
Hartweizen 175ff., 318
Haselnüsse 45
Haushaltszucker, brau-
ner 255
Haushaltszucker, weißer
255
Hefe 318, 357ff.
Hefebrot 206f.
Hirse 174f., 182f.
Honig 254f., 281ff., 297,
320, 387
Hormone 282

Imkereierzeugnisse 387
Industriemehl 206ff.
Infektabwehr, mangelnde
22
Infektanfälligkeiten 319
Insulinausschüttung, ver-
mehrte 281

Johannisbrotkernmehl 28

Kalium 161, 206ff.
Kalzium 161, 206ff.
Kamut 175ff., 318
Karotin 139
Kohlenhydrate 156, 462
Kokosnüsse 45
Kräutersalz 27, 55, 57
Kräutertee 40, 308f.
Krebs 22
Kreislaufstörungen 466
Kristallsalz 27, 55f.
Kupfer 161

Lacto-Vegetarier 20, 314
Landwirtschaft, bio-vega-
ne 448
Lebensmittelvergiftung
467
Leinsaat 50
Lopino 383
Lust 421f.

Magenkrämpfe 466
Magnesium 161, 206ff.
Mais 174f., 183f.
Maltodextrine 255
Malzzucker 255
Mandeln 47
Mangan 161
Manz-Backofen 26, 359
Meersalz 54f.
Mehlkern 176
Mehlweizen 175f., 179
Mehrstufen-Sauerteigfüh-
rung 358f.
Melasse 255
Menü 296, 401ff.
Milch 381, 384
Milchprodukte 9

474   *Anhang*

Milchsäurebildung 359
Milchzucker 255
Mineralstoffe 282
Miso 390
Mohn 51

Nacktgerste 182
Nackthafer 182f.
Neurodermitis 12, 319
Nudelmaschine 235, 432
Nüsse 297, 320

Öle, naturbelassene 320
Ölsaaten 318ff.
Osteoporose 11, 385
Ovo-Lacto-Vegetarier 20,
   314

Pantothensäure 203
Paranüsse 46
Pareto-Gesetz (80:20-Ge-
   setz) 425f.
Peca-Nusskerne 46
Pflanzenöle, kalt gepres-
   ste 43
Phasin 467
Phosphor 161
Phytotherapie 309
Pinienkerne 46
Pistazien 48
Provitamin A 207
Pseudogetreide 175, 186
Puderzucker 255

Quarzkristalle 307
Quinoa 175, 187

Rauwolfia serpentina 308
Reis 174f., 182ff.
Reismehl 28
Reserpin 308
Rheuma 12, 314f., 422

Rinden 309
Roggen 174f., 181f., 358f.
Roggensauerteigführung
   358
Rohkost 58, 460ff.
Rübensirup 255

Sahne 43, 297, 314,
   317ff., 381
Salatplatte 323, 392
Salatteller 323, 392
Salicilate 309
Salicin 309
Salz 54ff.
Samen 309
Samenschale 176
Sauerrahm 317ff.
Sauerrahmbutter 317ff.
Sauerteig 206ff.
Schmand 317
Schwaden 358
Schwefel 161
Seitan 382f.
Sesamsamen 51
Sojamilch 381
Sojaprodukte 13
Sojasahne 381
Sonnenblumenkerne 52
»Sonnen-Diät« 460f.
Spurenelemente 282
Stängelteile 309
Stärkezucker 255
Steinsalz 27, 54f.
Stoffwechselkrankheiten
   22
Sucanat 255
Süßstoff 254
Sympathie 308

Tahin 390
Tajine 26
Tamari 390

Tee, grüner 40
Tee, schwarzer 40
Teigführung, lange 357
Tofu 382
Traubenzucker 255, 282
Triticale 182
Trockenfrüchte 281, 320

Ur-Süße 255
Ur-Zucker 255

Veganer 20, 124, 314,
   380f.
Veganismus 447f.
Vegetarismus 447f.
Vitalstoffe 92
Vitalstoffmangel 92, 124
Vitamin A 161
Vitamin B1 206ff.
Vitamin B6 207
Vitamin C 161
Vitamin E 161, 207
Vitamin K 139
Vitamine der B-Gruppe
   139, 161
Vollkornmehl 206ff., 281,
   357
Vollrohrzucker 255

Walnüsse 47
Wasser 307ff.
Weichweizen 174ff.
Weizen 174ff., 182
Würfelzucker 255
Wurzeln 309

Yoga-Frühstück 32

Zivilisationskrankheiten
   17, 314
Zucker, natürlicher 254
Zuckerkonzentrate 13

Rezeptregister

(Rezepte zur üppigen Vollwertkost, hinter denen ein »t« steht, sind auch tiereiweißfrei, Rezepte, hinter denen ein »v« steht, sind auch vegan.)

Die üppige Vollwertkost

Aïoli, die 78
Apfelkuchen, Mutters einfacher 256
Apfel-Meerrettich-Sahne-Sauce t 77
Apfelrohkost t 283
Apfelstrudel 268
Apfeltoast t, v 109
Aprikosen- oder Marillen-knödel 285
Aprikoseneis t 298
Aprikosenplätzchen t, v 273
Aprikosensauce, rohe t, v 303
Arabischer Salat t, v 61
Artischocken t, v 93
Artischocken-Eierspeise 94
Artischockenherzen marokkanisch t, v 126
Auberginen gefüllt mit Champignons t, v 126
Auberginen, gebratene t, v 95
Auberginen-Appetizer, türkischer 96
Auberginencreme t 94
Auberginen-Gericht, französisches t, v 95
Auberginenschnitzel, panierte 128
Auberginentopf, griechischer 127
Avocados gefüllt mit Gorgonzola 61
Avocados mit Curry 96
Avocados, gefüllte 97

Backpflaumen, gefüllte 98
Backpflaumenplätzchen t, v 273
Bananen, gebackene t 295
Bananeneis mit Ingwer-pflaumen 298
Banananen-Kokos-Torte 257
Bananensauce t 304
Barbaras Grüne Würze t, v 113
Barbaras Wunder-Müsli t 39
Béchamelsauce 78
Beinwell-Kartoffel-Suppe t 114
Beinwellsuppe, einfache t, v 113
Bienenstich t 260
Birnen mit Roquefort gefüllt 287
Blattspinat t 146
Bleichsellerie gefüllt mit Käsecreme 62
Blumenkohlcurry, indischer t 128
Bohnen, grüne mit Tomaten t, v 129
Bohnen, weiße mit Honig und Zimt t, v 129
Borschtsch t 115
Boston Baked Beans t 130
Bratäpfel, Oma Minnas t 284
Bratkartoffeln, indische 164
Brennnesselsuppe t, v 114
Brötchen, gefüllte 218
Bruschetta t 209
Buchweizenbliny, russische 286
Buchweizenbrei, Grund-rezept 190
Buchweizen-Käse-Auflauf 191

Buchweizenpalatschinken mit Spinat-Schafskäse-Fülle 234
Butter-Honig-Sauce, warme t 304

Camembert Surprise 287
Champignons, marinierte t, v 98
Champignonsalat mit Tomaten und Paprika t, v 62
Champignonsauce t 81
Chicorée-Rote-Rüben-Salat t 63
Chicoréesalat mit Bananen t, v 63
Crêpes gefüllt mit Ingwer-pflaumen 288
Crêpes mit geriebenem Parmesan gefüllt 288
Crêpes, gefüllt mit Mozzarella und Knoblauch-spinat 228
Crêpes, Grundrezept 228
Crudités, les t, v 64
Curry-Rosinensauce 79

Dattelkonfekt t, v 275
Dillsauce 79

Edelpilzkäsesauce 81
Eierkuchen, gefüllte, auf Blattspinat 231
Eierkuchen, Grundrezept 230
Eierkuchen-Gemüse-Gratin 232
Eierkuchen-Käse-Gratin 233
Eier-Spargelspitzen-Toast 109
Erbsensuppe t, v 117
Erdbeer-Sahne-Mousse t 295

Feigen in Wein griechisch t 289
Fenchelsalat mit Paprika,

476 *Anhang*

Tomaten und Orangen
t 64
Fenchelsauce 79
Fettucine Alfredo 236
Frankfurter Grüne Sauce
(Frankfurter Gree Soß)
82
French Dressing t, v 83
Frischkornbrei t 33
Früchtekugeln mit Sesam
für Phantasiebegabte
t, v 276
Fruchtmus mit Agar-Agar
t, v 226
Fruchtmus, rohes aus
Dörrobst t, v 227
Fruchtmus, rohes mit
Honig t, v 225
Fruchtsauce, heiße
t, v 303

Gazpacho 118
Gemüse gebackenes
132
Gemüse in Kokosmilch
t, v 137
Gemüsebrühe, frisch
gemachte t, v 112
Gemüse-Käse-Salat 66
Gemüsepfanne, griechi-
sche t, v 133
Gemüsereis mit roten
Linsen 99
Gemüsesalat roh t 65
Gemüsestrudel 134
Gemüsetopf, mein 131
Gemüsetorte 136
Gemüse-Weizenschrot-
topf, marokkanischer
138
Getreidebrei aus ganzen
gekeimten Körnern
t, v 35
Gomasio t, v 221
Gorgonzolasauce »Pepe«
83
Grapefruits, gefüllte 99
Gratin Dauphinois 169
Griechischer Salat 68
Grünkern, Grundrezept
194
Grünkernpaste t 221
Gurken-Champignon-
Salat 65

Haferflockenmüsli ein-
fach t 34
Hafergrütze t 34
Hanfölpesto t, v 84
Hanfpaste t, v 222
Harissa t, v 85
Hefeteig, Grundrezept
t 257
Hildegard von Bingens
Nervenkekse 279
Himbeer-Biskuit-Rolle
260
Hirsebrei mit Pflaumen
t 36
Hirsebrei, Grundrezept
t, v 195
Hirse-Gemüse-Auflauf
196
Hirseknödel 197
Holländische Sauce 86
Holunderblüten in Eier-
kuchenteig gebacken
289
Holundersuppe mit Hirse-
klößchen 123
Honigkekse 277
Hoummous aus Israel
t, v 100

Indianerknödel 285
Indianischer Liebestrank
42
Indische Currysuppe mit
Mandeln 116
Indischer Salat t, v 68
Ingwercocktail 100
Italian Dressing t, v 85

Kapernsauce 79
Kartofel-Lauch-Auflauf
170
Kartofel-Tortilla 172
Kartoffelauflauf mit
Champignons t 164
Kartoffel-Blumenkohl-
Tomaten-Auflauf 169
Kartoffel-Gnocchi, italie-
nische mit Salbei 171
Kartoffelgulasch indisch
t 168
Kartoffelgulasch unga-
risch t 165
Kartoffel-Mini-Rösti 171
Kartoffeln, gefüllte 167

Kartoffelpüree, feines
t 168
Kartoffelpüreekegel,
italienischer 166
Kartoffelsuppe Vichy-
ssoise t 123
Kascha – Russische
Buchweizenspeise
t, v 191
Käsekuchen, schlesischer
268
Käse-Royale 86
Käsesauce 79
Käsespießchen aus der
Schweiz 101
Käsetorte, Mutters 263
Käse-Wähe mit Hefeteig
250
Kichererbsenbällchen 101
Knoblauchbrot t 211
Knusper-Knäckis t 210
Kohlrouladen mit Grün-
kernfüllung 140
Kohlsuppe, russische
»Schtschi« t 118
Kokoscreme 290
Kollath-Frühstück nach
Professor Kollath t 37
Kräutermayonnaise t 88
Kräuter-Sahne-Sauce
t 89
Kräutersauce 88
Krautsuppe ungarisch
t, v 119
Kürbis mit Tomaten und
Paprika t 140
Kürbissuppe t 119

Latkes, süße, aus
Tel Aviv 290
Lauch auf Feinschme-
ckerart 141
Läuch im Käsemantel
142
Lauch-Möhren-Topf mit
Grünkernklößchen 142
Lauch-Quiche 247
Linsenbraten mit Cham-
pignons auf Estragon-
sauce 102
Linsensalat t, v 69

Mais-Tortillas 200
Makronen 278

Rezeptregister 477

Makronensauce 305
Mandelkuchen 264
Mango-Chutney-Sauce 79
Mangold-Quiche 247
Marzipan t, v 276
Mayonnaise, scharfe
  indische t 89
Meerrettichsauce 80
Melonensalat t, v 69
Minestrone 120
Mini-Windbeutel 274
Mohn-Nuss-Sauce t 305
Mohn-Nuss-Zimt-Eis
  t 300
Mohnpielen 291
Mohntorte 265
Möhrensalat t 70
Möhrenvorspeise,
  marokkanisch t, v 101
Moussaka 144
Mürbeteig, süßer 261
Mürbeteigtörtchen, feine,
  mit Himbeeren 264
Mürbeteigtorte mit Birnen
  263

Nudelauflauf mit Auberginen
  und Zucchini 238
Nudel-Käse-Gratin 238
Nudeln mit Trüffelsauce
  236
Nudelteig, selbst gemachter
  235
Nussmus t, v 224
Nusspudding 291

Obstauflauf 292
Obsteis aus rohen
  Früchten t 300
Obstmüsli t, v 38
Olivencocktail 103
Olivensauce 80
Orangensauce t, v 305
Orangen-Zitronen-Halbgefrorenes
  t 300

Passcha, russische 294
Pflaumenmus, rohes
  t, v 226
Pflaumenmus, wie meine
  Mutter es machte
  t, v 227
Pikanter Buchweizenring
  192

Pilzfüllung für Piroggen
  t 244
Piroggen, Grundrezept
  243
Pitta, israelische t, v 211
Pizza mit Quark 242
Pizza, Grundrezept 240
Pizza, schnelle 241
Polenta, Grundrezept
  t, v 199
Porridge t 37
Provençalisches Gratin
  144
Pudding aus rohen
  Früchten t, v 293

Quarkbrötchen, schnelle
  212
Quark-Butter-Weizen-
  Stangen 212
Quarkkäulchen russisch,
  »Tworoshniki« 294
Quarkknödel 103
Quarkpiroggen, schnelle
  245
Quiche mit Gemüse
  248
Quiches, Grundrezept
  246

Ratatouille 145
Ravioli 252
Reis mit Pilzen t, v 202
Reis, Grundrezept t 201
Reispfanne marokkanisch
  t, v 204
Reispfanne mit Eiern und
  Käse 203
Reispfanne mit Gemüse
  t 202
Roggenvollkornbrot
  mit Gewürzen, mein
  t, v 214
Roggen-Weizen-Vollkorn-
  brot t, v 213
Roqueforttoast 110
Roquefort-Trüffel 294
Rosenkohlauflauf mit
  Käse und Eiern 145
Rosenkohlgratin mit
  Walnüssen 104
Rosinensauce t, v 306
Rote Rüben gebacken
  t 104

Rote-Rüben-Rohkost
  t 71
Rote-Rüben-Suppe
  t, v 120
Rühreitoast 110

Safransauce 80
Sahne-Joghurt-Knoblauch-Sauce
  90
Salzstangen 216
Sauce Mornay 80
Savarin, rustikaler, mit
  Beeren 266
Schokoladen-Nuss-Eis
  t 301
Schokoladensauce 306
Schwarzwurzeleierkuchen
  bulgarisch 146
Selleriecocktail 72
Selleriesalat roh t 72
Selleriesuppe 121
Sellerietoast 110
Sellerie-Walnuss-Toast
  110
Senf-Apfel-Zwiebel-Toast
  110
Senfsauce 80
Sesam, gerösteter, mit
  Honig t, v 36
Sesamkonfekt, israelisches
  t, v 275
Spaghetti mit Tomatensauce
  237
Spargelsalat 73
Spätzle-Champignon-
  Auflauf 239
Spießchen »quer durch
  den Garten« t, v 148
Spinatauflauf mit Sauce
  Mornay 147
Spinat-Champignon-Salat
  t, v 74
Spinat-Hirse-Auflauf 147
Spinatknödel oder
  -gnocchi 148
Spinatpizza 242
Spinattoast 110
Staudensellerie gefüllt
  t 105
Steinpilzsalat 105
Streuselkuchen, schlesischer
  267
Suppe von dicken
  Bohnen t 116

478 *Anhang*

Tees
– Brennnesseltee t, v 309
– Frühlingstee t, v 310
– Frühstückstee t, v 310
– Hagebuttentee t, v 310
– Herbst- und Wintertee
  t, v 310
– Holunderblütentee
  t, v 310
– Pfefferminztee t, v 310
– Rosmarin-Salbeitee
  t, v 312
– Sommertee t, v 312
Toastrezepte, pikante 109
Tomaten, gefüllte 106
Tomaten-Quiche 250
Tomatensauce aus
  Korsika t, v 90
Tomatensuppe griechisch
  122
Topfenstrudel 269
Topinambur gedünstet
  t 149
Trockenfrüchte-Brotauf-
  strich t, v 224
Trockenfrüchte-Pralinen
  t, v 280
Tzatziki, griechische
  Vorspeise 66

Vinaigrette, meine 91
Vollkornbaguette, rusti-
  kales t 208
Vollkorn-Sandkuchen,
  einfacher 265

Waldorfsalat t 74
Walnusseis 301
Weihnachtsstollen 271
Weißkohl indisch t, v 139
Weißkohlfüllung für
  Piroggen 245
Weißkohlsalat pikant
  t, v 73
Weizenbrot mit Hefe,
  einfaches 216
Weizenbrötchen 217
Weizenspeise aus
  Marokko t 205
Weizentoastbrot 217
Weizenvollkornwaffeln
  t 270
Welsh Rarebits 110
Wildkräutersalat 75

Zitronensauce, einfache
  t, v 91
Zucchini-Eierspeise aus
  Sardinien 151
Zucchinikuchen aus
  Sardinien 150
Zwiebelauflauf 111
Zwiebelbrot 220
Zwiebeleier, französische
  153
Zwiebelgemüse libane-
  sisch t, v 151
Zwiebelkuchen 253
Zwiebeln, gefüllte 152
Zwiebeln, kleine, orienta-
  lisch t, v 111
Zwiebelsuppe, griechische
  122

Die tiereiweißfreie
Vollwertkost

Alltagsbrot aus Weizen-
  mischung 361
Alltagsbrötchen aus Wei-
  zenmischung 360
Apfeltasche aus Strudel-
  teig 374
Avocado-Creme 367

Basmati mit Orangen
  und Cashewkernen
  356
Birnen-Dessert 375
Brokkoli-Suppe 333
Brotaufstriche, pikante
  367
Butterhirse – herb oder
  süß 354

Cremespeisen in Variatio-
  nen 375

Doppelsuppe – 2 Suppen
  auf einem Teller 333

Edel-Pellkartoffeln 345
Erdnuss-Butter 368

Flockenspeise 322
Frischkornbrei 321
Frühlingssuppe mit
  Haferflöckcheneinlage
  331

Gemüsegratin 336
Gemüseplatte 342
Gemüsetasche aus
  Strudelteig 366
Getreide, gekeimtes 322

Hartweizen-Selleriesalat
  351
Hefe-Kartoffelpuffer 348
Hefe-Tortenboden für
  Obstbelag 370
Hirse-Klößchen auf
  Kartoffelschnee 347
Hirsesuppe mit Apfel-
  stücken 334

Kartoffel-Apfelscheiben
  mit Orangensauce 348
Kartoffelmus, buntes 349
Kartoffelsuppe mit Brenn-
  nesselspitzen 332
Kirschenspeise 376
Kirschensuppe 334
Kokos-Apfel-Brötchen
  362
Kokoshirse mit Himbee-
  ren 378
Kokos-Mandel-Creme 369
Kräutersauce erhitzt 328

Linsen-Paprika-Gemüse
  (Eintopfgericht) 338

Maisgrieß (Polenta) – süß
  oder herb gewürzt 352
Mandel-Grießspeise aus
  Hartweizen 377
Möhrensuppe 333
Mürbeteig-Gebäck 371
Mürbeteig-Kekse 372

Obstkuchen, Grund-
  rezept 373
Ofenkartoffeln 344
Orangen-Fladen 364

Paprika-Reis mit Oran-
  gen-Mandel-Klößchen
  353
Paprikasauce erhitzt
  330
Paprikaschoten, gefüllte
  337
Pilzgemüse, buntes 340

Rezeptregister 479

Reispfanne mit Obst 355
Roggen-Amaranth-Bratlinge 350

Salatplatte für 3–4 Personen 324
Salatteller für 1 Person 324
Sauerkraut mit Kartoffelpüree 339
Sauerrahm-Creme 328
Schoko-Butter-Creme 368
Sellerie-Kartoffel-Püree 343
Sonntagsbrötchen oder -brot 363
Spargelcreme-Sauce 329
Spinat-Pfannkuchen 350

Weiße Bohnen als Eintopfgericht 338
Wirsing-Kartoffeln 346
Wirsingkohl einmal anders 335

Zwiebelbrot oder -brötchen 365

Die vegane Vollwertkost

Apfelchutney 405
Apfel-Mandel-Kartoffelmus 417
Aprikosenmus – süß 444
Aprikosen-Taler 454
Austernpilze auf Möhrengemüse 411
Avocado-Creme 441
Avocado-Dressing 396

Bärlauchsuppe 403
Birnendessert 459

Cashewcreme – süß 443

Dinkel-Pfannkuchen mit Obst 428
Dinkel-Sellerie-Suppe 408

Erdbeer-Banane-Schoko-Speise 457

Flockenspeise 388
Frischkornbrei 388

Gemüse-Paella 414
Gemüsepizza 432
Gemüse-Tajine, bunte 412
Getreide, gekeimtes 389
Getreide-Gemüse-Bratlinge pikante 427
Grießpudding – Halaba 405

Hafer-Wecken 439
Halbgefrorenes 459
Haselnuss-Sauce 397
Hefe-Fladen für Obstbelag 451
Hefe-Tortenboden 452
Himbeercreme – süß 443

Kartoffel-Möhren-Rösti 418
Kartoffel-Rösti pur 418
Kartoffeltopf, rustikaler 419
Kekse aus Mürbeteig 453
Kichererbsen gebacken 416
Kichererbsenkonfekt 406
Kirschenspeise 458
Kokos-Mandel-Kekse 455
Kräuterfladen 439
Kürbis, gebackener 404

Linsen-Pfannkuchen 436

Maisgrieß (Polenta) – süß oder herb gewürzt 426
Mandelmus mit Datteln – süß 444
Mandel-Reis-Creme 457
Mandelsauce 397
Miso-Suppe 409

Nougat 406
Nudelgratin 431
Nudeln aus Hartweizen 429
Nudelsalat mit gedünstetem Gemüse 434
Nudelsalat mit Obst 435
Nusskipferl 437

Obsteintopf mit Schnippelnudeln 430
Ölsauce, heiße 399
Orangen-Fladen 440
Orangen-Sauce

Pflaumen-Schoko-Creme 458

Rape, geschmorte 403
Reis-Brokkoli-Pfanne 415
Reissalat, bunter 435
Rohkostkuchen siehe Silkes Rezept
Roselakartoffeln 404
Rote Bohnen – als Salat 413
Rucolasalat mit gerösteten Nüssen 402

Sauce, pikante 400
Schoko-Nusscreme – süß 445
Schwarzwurzeln, gedünstete 404
Selleriescheiben im Sesam-Mantel gebraten 411
Sesamcreme auf Grünkernbasis 442
Sesam-Kartoffeln – im Ofen gebacken 416
Silkes Rezept 465
Sojabratlinge 405
Sonnenblumenhörnchen 438
Sonnenblumenkern-Dip 398

Tomatencreme 442
Tomaten-Lauch-Suppe 410
Tomaten-Oliven-Sauce 400
Tomatensauce, kalte 399
Trockenfrüchte und frische Früchte 445

Vollkornwaffeln 456

Wildkräuter-Dressing 396

Zucchini-Suppe 408

Hademar Bankhofer
Das Glück, gesund zu bleiben

Die besten Tipps aus dem Fernsehen

Leicht verständliche, wirkungsvolle Hausmittel gegen Alltagsbeschwerden und Krankheiten: Professor Hademar Bankhofer, Millionen Fernsehzuschauern, Zeitungslesern und Radiohörern als »Mr. Gesundheit« bekannt, baut auf die hohe Wirkkraft der Natur. Seine Ratschläge sind stets auf dem neuesten Stand der Gesundheitsforschung, da er ständig in Kontakt mit Ärzten, Wissenschaftlern und Naturheilexperten steht und Mitarbeiter in vielen medizinischen und wissenschaftlichen Institutionen ist.

In seinem Ratgeber hat Hademar Bankhofer die wichtigsten Tipps aus seinen Fernsehsendungen gesammelt. So kann jeder auf einfache Weise dem Glück, gesund zu bleiben, nachhelfen und seine Gesundheit, Fitness und Vitalität erhalten.

272 Seiten, ISBN 3-7766-2321-7
Herbig

Lesetipp

**BUCHVERLAGE
LANGEN MÜLLER HERBIG**
WWW.HERBIG.NET